Jesus through the Centuries

예수, 역사와 만나다

인류가 역사 속에서 이해하고 표현한 예수의 모습들

이 도서의 국립중앙도서관 출판시도서목록(CIP)은
서지정보유통지원시스템 홈페이지(http://seoji.nl.goV.kr)와
국가자료공동목록시스템(http://www.nl.go.kr/kolisnet)에서
이용하실 수 있습니다. (CIP제어번호 : CIP2019051295)

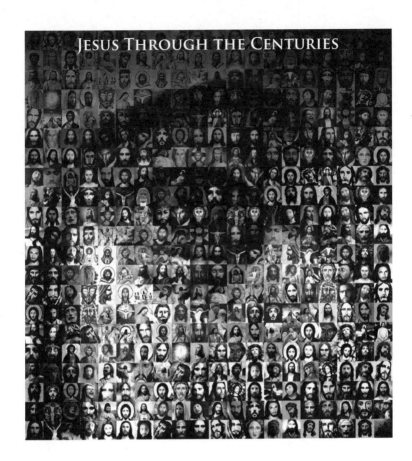

JESUS THROUGH THE CENTURIES

예수, 역사와 만나다

인류가 역사 속에서 이해하고 표현한 예수의 모습들

야로슬라프 펠리칸 지음　민경찬 · 손승우 옮김

비아

| 차례 |

· 각 장 첫머리에 나오는 십자가 문장의 의미는 다음과 같습니다.

서론: 러시아 정교회 · 제1장 : 유월절 · 제2장: 알파와 오메가
제3장: 빛과 생명 · 제4장 : 콘스탄티누스의 군기 · 제5장: 우주
제6장: 골고다 · 제7장: 비잔티움 · 제8장: 카롤루스의 상징
제9장: 우리 주님의 오른손 · 제10장: 우리들의 그리스도
제11장: 베드로의 십자가 · 제12장: 가지 · 제13장: 복음서 저자들
제14장: 십자군 문양 · 제15장: 라틴 십자가
제16장: 프랑스 왕의 문장 · 제17장: 예루살렘 · 제18장: 무지개

일러두기

· 역자 주석의 경우 *표시를 해 두었습니다.

· 성서 표기와 인용은 원칙적으로 『공동번역개정판』(1999)을 따르되 원문과 지나치게 차이가 날 경우에는 대한성서공회판 『새번역』(2001)을 따랐으며 한국어 성서가 모두 원문과 차이가 날 경우에는 옮긴이들이 임의로 옮겼음을 밝힙니다.

· 단행본 서적의 경우 『 』표기를, 논문이나 글의 경우 「 」 음악 작품이나 미술 작품의 경우 《 》표기를 사용했습니다.

· 교부 시대의 인명과 지명은 한국교부학연구회, 『교부학 인명 · 지명 용례집』(분도출판사, 2008)을 따랐습니다.

· 교부들의 저서명은 한국교부학연구회, 『교부 문헌 용례집』(수원가톨릭대학교출판부, 2014)을 따랐습니다.

미네소타주 칼리지빌의
세례자 성 요한 수도원에 있는
베네딕도회 형제들에게 이 책을 헌정합니다.

"아무것도 그리스도께 대한 사랑보다 더 낫게 여기지 말라"
Nihil amori Christi praeponere

책을 펴내며

나는 언제나 이런 책을 쓰고 싶었다. 이 책을 쓰기 전 『그리스도교 전통』The Christian Tradition에서 나는 예수 그리스도라는 인물, 그리고 그의 활동이 그리스도교 교회의 신앙과 가르침에 어떠한 영향을 끼쳤는지를 다룬 바 있다. 이번에는 시선을 돌려 이야기의 나머지 절반, 즉 예수가 인류의 일반 문화에 어떠한 영향을 끼쳤는지를 살펴보려 한다.

언젠가 조르주 클레망소Georges Benjamin Clemenceau*는 "전쟁이란 너무나 중요하기에 군인들에게만 맡겨놓을 수 없다"고 말했다. 마찬가지로 예수는 신학자들과 교회에만 맡겨놓기에는 너무나 중요한 인물이다. 예일 대학교의 요청으로 드베인 강연De Vane Lectures(이 강연은 대중 강

---

* 조르주 뱅자맹 클레망소(1841~1929)는 프랑스의 의사이자 언론인, 정치인이다. 파리에서 의학을 공부한 다음 언론사 논설위원으로 활동하다 1870년 파리 18구 구청장에 당선되면서 정치에 입문했다. 1898년 에밀 졸라, 아나톨 프랑스 등과 함께 드레퓌스 사건에 뛰어들어 그의 결백을 위해 싸웠으며 1903년 상원의원이 된 다음 내무부 장관, 이어서 총리 겸 내무부 장관이 되어 1일 8시간 노동제를 비롯한 노동자들의 생활조건 개선에 기여하였다. 1909년 총리직을 사임했으나 1917년 제1차 세계대전 중에 총리 겸 국방부 장관에 취임해 프랑스를 승리로 이끌었다.

연이지만 엄연히 학문적인 주제를 다룬다)을 하게 되면서 나는 비로소 책을 쓸 기회를 얻게 되었다. 강연을 듣는 이들 가운데는 대학교에 다니는 이들뿐만 아니라 그렇지 않은 이들도 있었다. 다양한 연령, 사회적 배경, 교육 수준, 종교적 신념을 지닌 이들이 강연을 들으러 왔다. 나는 바로 이들을 이 책의 기본 독자로 상정했다. 그래서 자료를 인용할 때는 최대한 쉽게 구할 수 있는 책들을 썼으며 번역서를 쓸때는 (내가 번역한 책을 포함해) 널리 알려진 번역본을 골랐다. 그리고 자료를 인용할 때 애써 세세한 내용까지 설명하지는 않았다. 성서를 인용할 때는 주로 개정표준판Revised Standard Version을 따랐다.

수많은 청중과 학생, 학계 동료들과 비평가들이 도움을 주었다. 모든 분에게 기쁜 마음으로 감사를 표한다. 특히 편집자 존 라이든 John G. Ryden과 바바라 호프마이어Barbara Hofmaier는 날카로운 눈과 흠잡을 데 없는 식견으로 내 원고를 다듬어 주었으며 어색한 표현과 어이없는 실수를 바로잡아 주었다.

이 책을 미네소타주 칼리지빌의 세례자 성 요한 수도원에 있는 베네딕도회 형제들에게 바친다. 이들을 통해 베네딕도회 가족이 되었다는 사실에 나는 자부심을 느낀다.

주후 2000년을 맞아 책을 다시 펴내며

주후 2000년에 이 책을 다시 펴내게 되자 몇몇 친구와 동료는 농담 반 진담 반으로 내게 책 제목을 『2천 년 동안의 예수』나 『Y2K에 만나는 예수』로 바꿔야 하지 않느냐고 말했다. 그런가 하면 시작하는 말을 좀 더 진지하게 쓰거나, 혹은 좀 더 개인적인 이야기를 덧붙이는 게 어떻겠냐고 권하는 이들도 있었다.

1985년 초판을 펴냈을 때 나는 가능하면 사적 이야기나 고백은 하지 않으려 했다. 지금까지 이 책은 삽화가 들어있는 1997년판을 포함해 여러 판이 출간되었으며 다양한 언어로 번역되어 10만 부 이상 판매되었다. 이번에 개정판을 출간하게 됨으로써 나는 이 책과 이 책이 다룬 주제를 다시 한번 돌아볼 좋은 기회를 얻게 되었다. 이번에는 "예수 그리스도는 어제나 오늘이나 또 영원히 변하지 않으시는 분입니다"(히브 13:8)라는 신약성서 구절에 비추어 이 책과 이 책의 주제를 자전적인 저작목록의 형태로 되돌아보려 한다. 이렇게 한 데에는 앞서 언급한 친구와 동료의 권고 및 조언이 결정적이었다.

1985년 이후 현실 세계에서는 눈에 띄는 변화가 일어났고 이는 이 책이 출간되어 온 역사에도 반영되었다. 그전까지 슬라브 문화권을 지배했던 전체주의와 무신론 이데올로기는 저 신약성서 구절이 빚어 낸 과거를 부정하려 했으며 예수 그리스도가 "오늘이나 또 영원히" 변치 않는다는 고백은 아무런 쓸모도 없다고, '민중의 아편'에 불과 하다고 선언했다. 그러나 이후 더는 영향력을 발휘할 수 없게 된 것 은 오히려 전체주의와 무신론 이데올로기였다. 유럽 중에서도 슬라 브 문화권은 내 가족의 전통과 신앙의 뿌리가 되는 곳이기에 공산주 의 혁명을 무너뜨린 새로운 혁명은 내게 개인적인 차원뿐만이 아니 라 공적인 차원에서도 남다른 의미가 있다. 이번 개정판은 내 첫 번 째 저서인 『루터에서 키에르케고어까지』From Luther to Kierkegaard가 출간된 지 50년 만에 나왔다는 점에서도 의미가 남다르다(이에 앞서 1946년 시 카고 대학교에서 쓴 박사 학위 논문은 단행본으로 출간되지는 않았으며 이후 쓴 책들에 쪽글이나 한 장 분량의 글로 삽입되었다). 50년 전 쓴 『루터에서 키 에르케고어까지』와 이후 쓴 많은 책은 대부분 모든 서유럽 언어로 번 역되었으며 몇몇 저서는 아시아 언어들로도 번역 출간되었다. 그러 나 슬라브어로는 한 권도 번역 출간되지 않았는데 이에는 위와 같은 이유 때문이었다.

동유럽에서 공산주의 체제가 무너지고 난 뒤 『예수, 역사와 만나 다』는 크로아티아어, 슬로바키아어, 폴란드어 등 슬라브어로 번역 출 간된 내 첫 번째 저서다. 비록 크로아티아어판은 발칸 지역에서 일어 난 또 다른 전쟁의 피해자가 되어 출간이 연기되었지만 말이다. 이후 다른 내 저서들도 로마자에 기반을 둔 슬라브어들로 번역되어 출간되었다. 5권으로 이루어진 『그리스도교 전통: 교리 발전의 역사』The Christian Tradition: A History of the Development of Doctrine(1971~1989)는 모두 러시아어로 번역 출간될 예정이다. 이 중 제2권 『동방 그리스도교 세계의 영성(600~1700)』The Spirit of Eastern Christendom이 가장 먼저 나오는데, 이를 위해 나는 기꺼이 펴내는 말을 새로 써서 러시아에 있는 동방 정교회 동료 신자들에게 전했다. 나는 예수를 영어로 "지저스 크라이스트"라고 부르는 법을 배우기 전에 슬로바키아어로 "예지스 크리스투스"Jezis Krisus라고 부르며 자란 사람이기에 『예수, 역사와 만나다』가, 그리고 내 다른 저서들이 여러 슬라브어로 출간된 것은 기쁘고 감사한 일이다. 하지만 "어제나 오늘이나" 좀처럼 변하지 않는 (부디 하느님께서 "영원히" 그렇게 되도록 하지 않으시기를 바라며) 저 세계 상황을 고려한다면 마냥 우쭐할 일은 아니다.

한편 지난 십수 년 동안 이 책의 여러 장에서 다루었던 역사적 발전은 이후 내게 또 다른 각각의 연구 과제가 되었다. 이 책과 짝을 이루는 1996년작 『마리아, 역사와 만나다』Mary Through the Centuries가 그 대표적인 예다. 어제나 지금이나 끊임없이 계속되는, 시대를 관통하는 물음, 곧 "너희는 그리스도를 어떻게 생각하느냐?"(마태 22:42)라는 복음서의 물음에 대한 관심이 깊어지자 자연스럽게 그의 어머니에 대한 관심도 깊어졌다. 그리고 그 연구 결과를 예일 대학교에서 강의했으며 책으로 펴냈다. 또한 나는 오랜 시간 세계 전역에서 수 세기에 걸쳐 그리스도교인들과 교회들이 예수에 관해 자신들이 믿고 가르치는 바를 표현하고 고백한 공식 표현들을 수집하고자 애를 썼다. 이는 발레리 R.호치키스Valerie R. Hotchkiss와 함께 『그리스도교 전통 속 신경과 신앙 고백』Creeds and Confessions of Faith in the Christian Tradition 시리즈로 편집 중이며 하느님께서 뜻하신다면 내년 즈음 작업을 마무리하고 예일 대학교 출판부에서 출간할 것이다.*

이 책의 5장 '온 우주의 그리스도'에서는 4세기에 그리스어를 사용했던 동방 정교회 전통을 '세 명의 카파도키아 사람'(카이사리아의 바실리우스Basil of Caesarea, 나지안주스의 그레고리우스Gregory of Nazianzus, 니사의 그레고리우스Gregory of Nyssa)을 중심으로 살펴본다. 에버딘 대학교에서 열린 기포드 강연을 통해 나는 그들의 사상을 좀 더 심층적으로 살펴보았으며 이는 1993년 『그리스도교와 고전 문화』Christianity and Classical Culture라는 제목을 달고 출간되었다. 이 강연을 계기로 나는 한발 더 나아가 그리스도교와 고전 문화의 관계, 그리고 플라톤Plato의 저작에 나오는 창조 설화와 성서의 창조 설화에 나타난 '우주의 그리스도'에 관한 연구를 이어갔다. 플라톤과 성서가 역사에서 어떻게 상호작용했는지를 추적한 결과는 앤아버와 로마에서 실시한 히에로니무스 강연으로 이어졌고 그 원고는 1997년 『아테네와 예루살렘이 무슨 관계가 있는가?: 티마이오스와 창세기 비교 연구』What Has Athens to Do with Jerusalem? 'Timaeus' and 'Genesis'라는 제목으로 출간되었다. 이는 이 책 3장 '이방 사람들을 비추는 빛'에서 제기한 문제를 더 깊게 다룬 것이라 할 수 있다.

---

* 『그리스도교 전통 속 신경과 신앙 고백』Creeds and Confessions of Faith in the Christian Tradition 은 4권 분량으로 2003년 출간되었다.

7장 '참된 형상'에서 제시한 개념들은 1987년(성상 파괴 운동을 단죄하고 성상 공경의 전통을 되살린 787년 제2차 니케아 공의회 1200주년을 기념하는 해) 워싱턴 국립 미술관에서 진행한 앤드루 W.멜론 강연을 통해 훨씬 더 구체화되었으며 미국에서는 프린스턴 대학교 출판부, 영국에서는 예일 대학교 출판부를 통해 『하느님의 형상: 성상을 위한 비잔티움 제국의 변증』Imago Dei: The Byzantine Apologia for Icons이라는 제목으로 출간되었다. 12장 '완전한 인간'에서 다룬 르네상스 시대의 '성서 문헌학'과 13장 '영원하신 분을 비추는 거울'에서 다룬 '성서 인문주의'는 1996년 출간한 『성서의 개혁, 종교개혁의 성서』The Reformation of the Bible/The Bible of the Reformation의 바탕이 되었다. 1996년 나는 발레리 R.호치키스, 데이비드 프라이스와 함께 댈러스, 뉴헤이븐, 뉴욕, 케임브리지에서 같은 제목으로 전시회를 열었는데 이 책은 이 전시회에 대한 해설서라 할 수 있다.

역사 연구를 할 때 나는 주류 그리스도교와 정교회 전통에 얽매인 적이 없다. 개인적으로는 그 전통에 헌신하려 노력했지만 말이다. 이 책 마지막 네 개의 장에서는 그리스도교 전통에 대한 현대의 비평과 대안을 다루고 있는데 이후 나는 각 주제에 관해 더 깊이 있는 연구를 해나갔다. 오늘날 『제퍼슨 성서: 나자렛 예수의 생애와 윤리』The Jefferson Bible: The Life and Morals of Jesus of Nazareth라고 불리는, 토머스 제퍼슨Thomas Jefferson이 복음서를 요약해 만든 대담한 책이 1989년 보스턴의 비컨 출판사를 통해 다시 나왔을 때 나는 '제퍼슨과 동시대인들'이라는 제목으로 해설을 단 바 있다. 해설에서 나는 제퍼슨과 당시 지식인들은 계몽주의의 기치 아래 합리주의와 도덕주의가 기이하게 섞인 방식을 예수라는 인물을 해석하는 열쇠로 삼았다는 이야기를 했는데 이는 이 책 15장 '상식의 교사'에서 다룬 제퍼슨 사상의 기초를 좀 더 상세히 설명하려는 시도에서 나왔다. 16장 '영혼의 시인'은 랄프 왈도 에머슨Ralph Waldo Emerson이 쓴 첫 번째 책이자 그의 열정이 넘치는 책인 『자연』Nature 초판본을 1985년 다시 펴냈을 때 내가 쓴 서문의 토대가 되는 글이라 할 수 있다. 또한 이 장 끝에서 나는 문학에서 다룬 가장 심오한 그리스도상이라 할 수 있는, 도스토예프스키 F. M. Dostoevsky의 『카라마조프가의 형제들』Brat'ya Karamazovy 중 '대심문관 이야기'Grand Inquisitor를 언급했는데 이와 관해서는 곧 있을 학술 대회에서 발표할 짧은 글을 준비하고 있다. 도스토예프스키가 그린 죄수의 모습과 가장 극명한 대조를 이루는 예는 레프 톨스토이Leo Tolstoy가 그린 그리스도다. 톨스토이는 개인 내면의 변화에 집중하여 그리스도와 그리스도교를 묘사했는데 이는 그의 사상적 제자라 할 수 있는 마하트마 간디Mahatma Gandhi, 그리고 간디의 제자라 할 수 있는 마틴 루터 킹Martin Luther king의 사상과 행적에 영향을 끼쳤다. 이것이 17장 '해방자'의 중심 주제다. 이후 나는 이를 강의 형태로 다듬어 1989년 시튼홀 대학교에서 '러시아의 위대한 이단자들'Russia's Greatest Heretic이라는 제목으로 강연을 했고 책으로 출간했다. 18장 '온 세계에 속한 이'에서는 결론으로 '보편적 전망'을 이야기했는데 이 덕에 나는 지금은 고

인이 된 친구 클리프턴 패디먼Clifton Fadiman*에게 제안을 받아 『현대 종교 사상의 보고』The World treasury of Modern Religious Thought의 편집을 맡게 되었다. 이 책은 패디먼의 격조 있는 서문과 함께 1990년 출간되었다.

이 책의 마지막 장들, 그리고 이를 바탕으로 나온 책들을 쓰면서 나는 이른바 정통 그리스도론이 아닌 다른 그리스도론들, 제퍼슨과 에머슨, 톨스토이 같은 이들의 그리스도 이해에 눈과 귀를 닫지 않았다. 『예수, 역사와 만나다』 초판 출간 이후 15년 동안 일부 현대 신약 학자들은 자신들의 추정과 가설에 근거해 예수 그리스도를 진술함으로써 그 어느 때보다 예수 그리스도에 대한 그리스도교인들과 그리스도교 교회의 믿음, 가르침, 고백과 학문적 진술 사이에 커다란 괴리를 낳았다. 이는 매우 안타까운 일이다. 나는 건강한 신앙과 건강한 학문은 서로 대립하지 않으며 서로를 보완한다고 굳게 믿기 때문이다. 이 책과 다른 저작들에서 나는 내가 오늘날 신약학의 흐름을 따르고 있다고 이야기하지 않았다. 나는 내가 연구하는 것이 '신약성서 각 구절의 본래 의미가 무엇이냐'가 아니라 '사람들이 신약성서 전체를 어떠한 의미로 받아들였냐'는 것이라고 말하곤 했다. 지난 15년 간 신약학계에서 논의된 방대한 방법들, 이야기들의 홍수 속에서 나 자신을 지켜내고자 했기 때문이 아니다. 몇몇 독자들은 나에게 저 논

---

* 클리프턴 패디먼(1904~1999)은 미국의 작가, 비평가다. 또한 라디오 퀴즈쇼 사회자로도 널리 알려졌다. 컬럼비아 대학교를 졸업하고 사이먼&슈스터 출판사 편집장을 거쳐 10년간 「뉴요커」 도서 편집자로 활약했고 50년 동안 '이달의 책' 클럽에서 수석 심사위원을 지냈다. 고전들을 대중에게 소개하는 데 힘썼으며 1960년에 쓴 『평생 독서계획』The New Lifetime Reading Plan(연암서가)은 고전적인 독서 안내서로 평가받고 있다.

의들, 몇몇 급진적 비평가들이 내놓은 이런저런 가설들을 평가해주기를 요구했다. 이러한 요구들에 대해 침묵하는 것은 그리스도교인다운 행동은 아닐지도 모른다. 그러나 나는 역사학자로서 역사적 사건은 그 사건에서 더 멀리 떨어져 있을수록 더 분명하게 바라볼 수 있다는 원리에 근거해 20세기라는 시점과 예수가 활동했던 시기 사이에 놓인 수많은 세월에 별다른 관심을 기울이지 않아도 예수에게 접근할 수 있다는 주장을 참을 수 없다. 내 책은 바로 그 '수많은 세월'을 되돌아보려는, 혹은 그 세월 속에서 흐르고 있는 것들을 꿰뚫어 보려는 시도라 할 수 있다. 나는 교회가 전례, 공의회, 신조를 통해 예수에 관한 올바른 이해를 지켜 왔다고 믿는다. 내 책을 읽는 이들(그리고 내 강연과 강의에 참석한 학생들)에게 이러한 내 생각과 믿음에 동의해달라고 강요한 적은 없으며 그럴 생각도 없다. 다만 나는 그들이 이를 진지하게 여겨주기를 바란다. 내 생각과 믿음을 거부한다 할지라도 말이다.

이제야 이 모든 이야기가 초판 서문 첫 문장, "나는 언제나 이런 책을 쓰고 싶었다"라는 말에 이미 담겨 있었음을 깨닫는다. 저 말은 일평생 내게 학문적인 영감을 주었던 사람, 동시에 신학적으로는 전혀 동의하지 않았던 사람이었던 아돌프 폰 하르낙Adolf von Harnack*이 지

---

* 아돌프 폰 하르낙(1851~1930)은 독일 프로테스탄트 신학자이자 교회사가이다. 오늘날 에스토니아와 라트비아에 속한 리보니아에서 태어나 리보니아에 있는 타르투 대학교에서 신학을 공부하고 독일 라이프치히 대학교에서 신학 전공으로 박사 학위를 받았다. 이후 라이프치히, 기센, 마르부르크, 베를린 훔볼트 대학교에서 교회사를 가르쳤다. 1890년에는 프로이센 아카데미 회원이 되었으며 훗날 막스 플랑크 연구소의 전신이 되는 카이저 빌헬름 협회의 초대 협회장을

금으로부터 꼭 100년 전인 1899~1900년, 한 세기가 넘어가는 것을 기념해 '그리스도교란 무엇인가'라는 강의를 시작하며 했던 말과 뜻이 통한다고도 할 수 있을 것이다.

언젠가 영국의 위대한 철학자 존 스튜어트 밀John Stuart Mill은 인류가 소크라테스Socrates라는 사람이 있었다는 사실을 좀처럼 기억하지 못하는 날이 올지도 모른다고 말한 적이 있다. 맞는 말이다. 그러나 훨씬 더 중요한 사실은 한때 예수 그리스도라는 사람이 인류 가운데 있었음을 인류가 여전히 잊지 않고 있다는 것이다.

이는 지금도 마찬가지이며, 앞으로 다가올 새 천 년에도 그러하다.

맞았다(이 때문에 오늘날 막스 플랑크 연구소가 수여하는 최고상은 '아돌프 폰 하르낙 메달'이라고 불린다). 근대의 가장 위대한 교회사가로 꼽히며 신학적 자유주의의 대표 주자로도 꼽힌다. 저작으로 『유일신론, 그 사상과 역사』Das Mönchtum, seine Ideale und Geschichte, 『그리스도교의 본질』Das Wesen des Christentums, 『마르키온』Marcion, 오늘날까지 가장 탁월한 교리사로 평가받는 『교리의 역사』Dogmengeschichte 등이 있다. 한국에는 『기독교의 본질』(한들)이 소개된 바 있다.

서론

진, 선, 미

우리는 모두 그의 충만함에서 선물을 받되,

은혜에 은혜를 더하여 받았다. (요한 1:16)

✝ 나자렛 예수는 2,000년 동안 서구 문화사에서 가장 커다란 비중을 차지한 인물이다. 사람들이 그에 관해 어떻게 생각하든, 그를 믿든 믿지 않든 간에 말이다. 거대한 자석을 가지고 쇳가루를 솎아내듯 저 기나긴 역사에서 예수라는 이름의 흔적을 솎아낸다면 과연 무엇이 남게 될까? 오늘날에도 인류 대부분이 그가 태어난 해를 기준으로 달력의 날짜를 헤아리며 수많은 사람이 그의 이름으로 저주를 퍼붓거나 기도를 올린다.

예수 그리스도께서는 어제나 오늘이나 영원히 한결같은 분이십니

다. 여러 가지 이상한 교훈에 끌려다니지 마십시오. (히브 13:8~9)

히브리인들에게 보낸 편지(히브리서)라 불리는 1세기 문서를 쓴 익명의 저자는 유대교에서 개종한 지 얼마 되지 않은 독자들에게 예수 그리스도에 관한 참되고 권위 있는 전승과 유산에 충실해야 한다고 훈계했다. 이 전승과 유산은 그때까지도 일부는 생존해 있던 그리스도교 첫 번째 세대인 사도들을 통해 전해졌다.

"어제나 오늘이나 영원히 한결같은 분"이라는 표현은 시간이 흐르며 형이상학적이고 신학적인 의미를 갖게 되었다. 이러한 가운데 "한결같다"는 말은 예수 그리스도가 영원한 존재, "결코 변하지 않는 하느님의 형상이므로 결코 변하지 않는다"는 뜻을 얻게 되었다.[1] 그러나 이 책의 목적, 그리고 주된 관심사는 위 구절의 형이상학적이고 신학적인 의미가 아니라 역사적 의미다. 역사를 애써 다 살피지 않아도 시대에 따른 예수상들을 보면 (혼란스러울 정도로) 가장 두드러진 특징은 '한결같음'이 아니라 '변화무쌍함'이기 때문이다. 그러한 면에서 앞에서 인용한 히브리인들에게 보낸 편지보다는 20세기 알베르트 슈바이처Albert Schweitzer가 했던 말이 이 책의 특징을 좀 더 잘 드러낼지도 모르겠다.

모든 시대는 그때마다 예수에게서 자신의 사상을 발견했다. 실은 이

---

1   Athanasius, *Discourses against the Arians* 1.10.36.

것만이 그를 살게 하는 유일한 길이었다. 각 시대는 자신의 특성에 맞추어 예수를 창조했다.

그는 이렇게 결론지었다.

누군가 예수의 생애에 관해 쓰는 것만큼 자신의 참된 모습을 드러내는 역사적 작업이란 없다.[2]

이 책은 바로 저 예수상의 역사, 1세기부터 20세기까지 나타난 예수상들의 역사를 다룬다. 슈바이처가 말했듯 각 시대는 자신의 특성에 맞추어 예수를 그림으로써 자신의 특징을 드러냈다. 그러므로 이 책에서는 각 예수상을 그 예수상이 속한 시대의 역사적 맥락에 비추어 살펴보고자 한다. 각 시대의 정황이 그 시대의 예수상에 어떠한 영향을 미쳤는지를 헤아려 보는 것이다. 시대마다 예수의 생애와 가르침은 인간의 실존과 운명에 관한 가장 근원적인 물음에 답을 제시했다. 각 시대의 사람들은 복음서가 전한 예수라는 인물에서 자신들이 던진 질문에 대한 답을 찾았다. 그러나 지난 시대 사람들이 예수에게서 얻은 답들을 이해하기 위해 우리는 대부분의 경우 우리 자신이 던지는 물음, 많은 경우 당시 사람들이 명시적으로 던졌던 물음 저변에 깔려 있는 의미를 파악해야 한다. 이와 관련해 알프레드 노스

---

2 Albert Schweitzer, *The Quest of the Historical Jesus* (Newyork: Macmillan, 1961), 4. 원서를 보고 번역을 다듬었다. 『예수의 생애 연구사』(대한기독교출판사)

화이트헤드Alfred North Whitehead는 도발적인 이야기를 남긴 바 있다.

> 한 시대의 철학을 비판할 때(혹은 해석할 때) 그 철학의 대표자들이 명
> 백히 옹호해야겠다고 생각했던 그들의 지적인 입장에만 지나치게
> 주의를 집중해서는 안 된다. 거기에는 그 시대에 속한 다양한 학설
> 의 지지자들 모두가 무의식적으로 상정한 근본 전제들이 있다. 이
> 전제들은 그들에게 너무나 분명해서 그들은 자신들이 전제하고 있
> 는 것이 무엇인지조차 모른다. 그들에게 현실을 이해하는 다른 길은
> 존재하지 않기 때문이다. 이러한 전제 위에서 철학 체계의 몇 가지
> 유형이 성립되며, 이러한 체계들이 그 시대의 철학을 형성한다.[3]

지난 2,000년 동안 각 시대의 "근본 전제들"을 파악하려는 시도는 거
의 이루어지지 않았으며 각 시대가 나자렛 예수라는 인물에게서 어
떠한 의미를 얻었는지를 파악하고자 하는 시도 역시 마찬가지였다.

화이트헤드가 "한 시대의 철학"이라 부른 것과 그 시대 예수상 사
이의 관계는 그 역易도 참이라 할 수 있다. 즉 특정 시대의 예수상을
이해하기 위해서는 그 시대의 모습을 알아야 하듯, 특정 시대가 예수
를 어떻게 그렸는지를 파악함으로써 우리는 그 시대 정신을 해독할
수도 있다. 역사학 전공자든 역사를 취미로 공부하는 사람이든 과거
특정 시대를 제대로 이해하려 애쓰다 보면 예외 없이 좌절을 겪기 마

3　Alfred North Whitehead, *Science and the Modern World* (1925, New York: Mentor Editions, 1952), 49~50. 『과학과 근대세계』(서광사)

련이다. 이는 비단 그 시대의 특징을 가장 잘 보여주는 결정적인 정보와 만나기 어렵기 때문만은 (그리고 오늘날까지 전해지는 것은 파편 같은 정보, 그 시대를 대표한다고 볼 수 없는 정보뿐이기 때문만은) 아니다. 우리는 다른 시대와 장소가 보내는 신호를 제대로 감지할 안테나 또한 갖고 있지 않다. 우리는 과거라는 외국어를 제대로 번역할 능력을 갖고 있다고 확신할 수 없으며 그래서도 안 된다. 과거는 그 자체로 낯선 언어다. 과거의 언어가 모국어로 되어 있다 해도 마찬가지다. 역사학자라면 이를 통해 일어나는 좌절을 감수해야 한다. 물론 이는 자칫 역사학자의 직업병이 될 수도 있다. 때때로 역사학자는 무수한 노력을 기울이면서도 아무런 성과도 내지 못한 채 '분석 마비증'paralysis of analysis 의 희생양이 될 수 있다.

이러한 좌절에서 벗어날 수 있는 방법 중 하나는 저 변화와 다양성 가운데 연속성이 드러나는 예를 찾는 것, 할 수만 있다면 변화와 연속성을 모두 보여주는 주제나 문제를 찾는 것이다. 이 책과 직접적인 관련은 없지만 역사 연구의 한 분야를 예로 들어 보자. 올리브유는 히브리 성서와 호메로스의 시대부터 지중해 연안에 사는 이들의 중요한 식재료이자 약재, 교역 물자였다. 그 때문에 오늘날 가장 탁월한 사회사학자이자 경제사학자인 페르낭 브로델Fernand Braudel은 지중해 지역을 올리브나무를 중심으로 정의했다.

지중해 지역은 올리브나무의 북방서식한계선에서부터 야자나무의 북방서식한계선까지 뻗어 있는 지역이다. 북에서 남으로 내려오다

가 올리브나무를 처음 만날 때 지중해 지역은 시작되며 조밀한 야자 숲을 만나게 되는 곳에서 끝난다.[4]

하지만 호메로스의 작품들과 히브리 성서를 비교해 보면 올리브유를 언급할 때(실제 올리브유를 언급하든 일종의 은유로 언급하든) 커다란 차이가 있음을 알 수 있다. 그러므로 지중해 지역 사람들이 올리브유를 식재료, 약재, 화장품으로 사용한 역사, 문화에서 올리브유가 지닌 의미의 역사, 물자로 활용되던 역사를 연구한다면 지난 3,000년 동안 지중해 세계에서 꾸준히 이어져 내려온 것은 무엇인지, 변화한 것은 무엇인지를 발견할 수 있다.

이와 마찬가지로, 예수상의 역사는 지난 2,000년 동안 인류 문화사의 연속성과 불연속성을 동시에 보여준다. 현대 미국 학계에서 관념사history of ideas를 하나의 학문 분야로 정착시킨 사람인 아서 O. 러브조이Arthur O. Lovejoy*는 예수상의 역사에서 불연속성만을 강조했다. 저서 『존재의 대사슬』The Great Chain of Being에서 그는 말했다.

---

4 Fernand Braudel, *The Mediterranean and the Mediterranean World in the Age of Philip II* (New York: Harper and Row, 1972), 1:168.

* 아서 러브조이(1873~1962)는 미국의 철학자이자 역사학자다. 캘리포니아 대학교, 하버드 대학교, 소르본 대학교에서 공부했으며 스탠퍼드 대학교, 워싱턴 대학교, 존스홉킨스 대학교에서 가르쳤고 세상을 떠날 때까지 존스홉킨스 대학교 명예교수로 활동했다. 학술지 『관념사학보』Journal of the History of Ideas를 창간했으며 존 듀이John Dewey와 함께 미국교수연합회를 창립했다. '관념사'라는 말을 쓰고 이에 관한 체계적 연구를 진행한 최초의 인물로 꼽힌다. 주요 저서로 『존재의 대연쇄』The Great Chain of Being(탐구당), 『관념사에 관한 에세이들』Essays in the History of Ideas, 『이성, 이해, 그리고 시간』The Reason, the Understanding, and Time 등이 있다.

'그리스도교'라는 말은 특정한 관념을 연구하는 역사가가 추구하는 형태의 단일체를 이르는 이름이 아니다. 이는 단지 자신을 그리스도 교인이라고 부르는 사람들이 역사 과정에서 '그리스도교'라는 이름 아래 무수히 대립하는 신념들을 가지고 왔다는 유명한 사실을 지적 하는 것이 아니다. 마찬가지로 강조하고 싶은 것은 사람들과 종파들 이 그리스도교라는 이름 아래 매우 잡다한 관념의 집합물을 주장했 다는 사실이다. 하나의 이름을 지닌 … 이 집합체는 고도로 복합적 이고 기이한 역사적 과정의 결과였다. … 그 과정은 … 전체적으로 볼 때 이름을 제외하면 공통점이 거의 없는 일련의 사실들이다.[5]

물론 그조차 모든 그리스도교인이 예수 그리스도라는 "특정 인물을 숭배" 했음을 인정하지 않을 수는 없었지만, 그들은 그 "본질과 가르 침"에 대해 "너무도 다양하게 생각"했기 때문에 예수라는 "통일성은 단지 이름의 통일성"에 불과하다고 그는 생각했다. 하지만 예수라는 이름, 그 본질과 가르침을 해석하는 방식이 거의 무한하다(그리고 서 로 무한히 다르다) 할지라도 그 원천이 네 편의 복음서가 그린 예수라는 초상(혹은 초상들)에 바탕을 두고 있음을, 그리고 그 원천을 근거로 삼 아 자기 해석의 정당성을 주장하고 있음을 부정할 수 없다. 그러므로 예수상의 역사에는 분명한 연속성이 있다. 물론 예수 그리스도의 의 미를 서술하는 방식들에는 연속성 못지않은 불연속성도 있다. 이러

---

5 Arthur O. Lovejoy, *The Great Chain of Being: A Study of the History of an Idea* (Cambridge, Mass: Harvard University Press, 1936), 6. 『존재의 대 연쇄』(탐구당)

한 불연속성의 결과 예수 그리스도의 의미를 서술하는 데 사용된 개념들과 용어들은 엄청나게 다양하며 그 수준의 차이도 크다. 때로는 소박하고 세련되지 못한 표현이 있는가 하면 심오하고 복잡한 표현도 있다. 복음서에서 예수는 기도한다.

> 하늘과 땅의 주님이신 아버지, 이 일을 지혜 있는 사람들과 똑똑한 사람들에게는 감추시고, 철부지 어린아이들에게는 드러내 주셨으니, 감사합니다. (루가 10:21)

신학자들과 철학자들은 이 기도를 통해 "인간의 분별력은 너무도 결점이 많고 무력하기 때문에 … 어린아이들에게 드러난 하느님의 신비에 이르지 못한다"는 깨달음을 얻었다.[6]

같은 복음서 바로 다음 구절에서 예수는 선언한다.

> 아버지께서 모든 것을 내게 맡겨 주셨습니다. 아버지 밖에는 아들이 누구인지 아는 사람이 없습니다. 또 아들 밖에는, 그리고 아버지를 계시하여 주려고 아들이 택한 사람 밖에는, 아버지가 누구인지 아는 사람이 없습니다. (루가 10:22)

이 선언에 함축된 의미를 파헤치기 위해 수백 년 동안 사상사에서 가

---

6 John Calvin, *Institutes of the Christian Religion* 3.2.34, (Philadelphia: Westminster Press, 1960), 1:581. 『기독교 강요』(CH북스)

장 "지혜롭고 명민한" 지성인들이 씨름하고 논쟁을 벌였다.[7] 아우구스티누스Augustine에서 헤겔Hegel에 이르는, 삼위일체를 존재의 모든 신비 가운데서도 가장 심오한 것으로 해석한 형이상학 전통은 바로 그러한 노력의 산물이었다. 이 때문에 이 책에서 이야기하는 예수상 가운데 어떠한 내용은 분명하고 단순하나 어떠한 내용은 모호하고 난해할 것이다. 이 모든 것이 역사의 일부다. 교부들이 즐겨 쓰던 은유를 빌려 말하면 복음서라는 강은 모기가 헤엄칠 수 있을 만큼 얕고 코끼리가 빠져 죽을 수 있을 만큼 깊다. 마찬가지의 이유로 이 책의 후반부에서 다룰 예수상들은 전반부에서 다루는 예수상들보다 훨씬 더 복잡할 것이다. 두 번째 천 년이 진행되는 동안 서구 사회에서 제도로서 그리스도교가 갖고 있던 위상은 점점 작아졌다. 그러나 역설적으로 그러한 과정에서 조직화된 교회의 경계를 훌쩍 뛰어넘어 예수의 위상은 커졌고 명성은 널리 퍼져 나갔다.

예수의 초상이 이토록 많다는 사실은 예수를 "어제나 오늘이나 영원히 한결같은" 분으로 고백하는 신앙의 눈으로 보면 혼란스러운 일일지도 모른다. 그러나 인류가 예수를 각양각색으로 그린 역사야말로 문화사의 숨은 보화라 할 수 있다. 이 역사는 연속성과 불연속성을 모두 갖고 있기 때문이다. 예수의 초상은 그리스도교 역사의 중심에 있었으나 어떠한 시대에도 그리스도교 역사에만 국한되지 않았다. 물론 그리스도교의 역사, 특히 예수 그리스도에 대한 신앙의 역

---

7 예를 들면 Athanasius, *On Luke 10:22*, Gregory of Nissa, *Against Eunomius* 2:4.

사는 그 자체로 학문 연구와 탐구의 주제가 될 만한 충분한 값어치를 지니고 있다(성공회 기도서의 표현을 빌리면 이는 "적절하고, 옳으며, 유익하다"). 19세기 초 역사학의 한 분과로 시작된 그리스도교 교리사(이는 철학사, 그리스도교 교회사, 교의학과 밀접한 관련을 맺고 있으면서도 구별된다) 역시 근대 학문의 역사에서 중요한 부분을 차지한다.[8] 그러나 ("예수 그리스도의 교회가 하느님의 말씀에 근거하여 믿고, 가르치며 고백하는 바"로 정의할 수 있는) 그리스도교 교리가 복잡하게 전개된 이야기는 인류 문화가 발전하는 가운데 예수가 미친 영향, 그리고 그 의미의 역사를 온전히 드러내지는 못한다.[9] 요한 복음서가 전하는 말을 빌리자면 "우리는 모두 그의 충만함에서 선물을 받되, 은혜에 은혜를 더하여 받았기"(요한 1:16) 때문이다. 예수 그리스도의 "충만함"은 고갈되지 않으며 정통 교리의 성립 과정으로 축소될 수 없다. 언젠가 베르너 엘러트Werner Elert*는 "그리스도에 대한 교리"dogma of Christ와 "그리스도에 대한 상"image of Christ을 구별한 바 있다(그에 따르면 그리스도에 대한 교리는 일정한 '그리스도에 대한 상'과 밀접한 관련을 맺고 있다).[10] 이 책에서

---

8 Jaroslav Pelikan, *Historical Theology: Continuity and Change in Christian Doctrines* (New York: Corpus Books, 1971), 33~67('The Evolution of the Historical')

9 Jaroslav Pelikan, *The Christian Tradition: A History of the Development of Doctrine* (Chicago: University of Chicago Press, 1971~1990), 1:1

10 Werner Elert, *Der Ausgang der altkirchlichen Christologie* (Berlin: Lutherisches Verlagshaus, 1957), 12~25('Christusbild und Christus-dogma')

* 베르너 엘러트(1885~1954)는 독일 루터교 신학자이자 교회사가다. 독일 헬트룽엔에서 태어나 에어랑엔 대학교에서 철학과 신학을 공부했고 박사 학위를 받았다. 1923년 에어랑엔 대학교 교회사 교수가 되어 1943년까지 활동했다. 주요 저서로 『그리스도교 윤리』Das christliche Ethos, 『그리스도교 신앙』Der christliche Glaube, 『루터교의 형성』Morphologie des Luthertums 등이 있다.

다루는 것은 바로 후자, 즉 인류 역사에 등장한 '그리스도에 대한 상'들의 역사다.

따라서 이 책은 예수에 관한 전기가 아니며 운동 혹은 제도로서의 그리스도교에 관한 역사서도 아니다. 엄밀하게 말하면 '예수의 생애'Life of Jesus와 같은 전기 문학 장르는 근대의 발명품이다. 이 시기 학자들은 역사비평이라는 방법론을 복음서의 원자료에 적용함으로써 예수의 생애를 복원할 수 있다고 믿었다. 알베르트 슈바이처가 쓴 『역사적 예수 탐구』Quest of the Historical Jesus는 18세기부터 20세기까지 '예수에 관한 전기'라는 문학 장르가 어떻게 발전했는지를 다룬 권위 있는 책이다. 물론 어느 시대에 이루어졌든 복음서를 재구성해 예수의 생애를 복원하려는 시도들 또한 무수한 세월을 거쳐 이어져 내려온 '예수에 관한 역사'의 일부이다. 그러나 여기서 다루려는 것은 신학적 관념이든, 비신학적 관념이든, 반신학적 관념이든 관념사 그 이상의 것이다. 이를테면 이 책에서는 예수라는 인물을 눈에 보이는 형상으로 담아낸 '창작물'들 또한 중요하게 다룬다. 이는 비단 이러한 창작물들이 8~9세기 비잔티움 제국이나 16세기 종교개혁 시기처럼 이러한 노력의 정당성이 격렬한 논쟁의 주제가 되어서 예술사, 미학사뿐만 아니라 동방과 서방 유럽 정치사에 커다란 영향을 미쳤기 때문만은 아니다. 앵글로색슨 노섬브리아에 있는 길가의 십자가나 캐롤링거 시대의 세밀화, 르네상스 시대의 그림 등 각 장에서 예수를 그린 미술작품들은 문화사 속 예수에 관한 원재료가 된다. 이 책에서는 다양한 작품 가운데 몇 가지를 집중적으로 다룰 것이다. 이와 마찬

《에고 숨 비타 베리타스 에트 비타》(6세기), 모자이크, 아르키에피스코팔 예배당

가지로 이 책에서는 예수가 인류 문화에 미친 영향을 가늠해 보기 위해 고대 영어로 기록된 「십자가의 꿈」Dream of the Rood에서 『신곡』La Divina Commedia을 거쳐 도스토예프스키의 『카라마조프가의 형제들』중 대심문관 이야기에 이르기까지 다양한 문학 작품들 또한 살펴볼 것이다.

'문화사에서 예수가 차지하는 위치'라고 말했을 때 '문화'라는 말은 오늘날 '고급 문화'high culture라고 불리는, 시인과 철학자, 예술가들이 만들어낸 것만을 뜻하지 않는다. 고상하고 점잖은 사회에서 낙오된 이들과 어울린다는 이유로 동시대인들로부터 지탄의 대상이 되었던 이를 다루면서 그가 부유하고 학식 있는 계층의 삶과 사유를 얼마나 풍요롭게 하고 고양시켰는지만을 살핀다면 이처럼 모순적인 일도 없을 것이다. 그러므로 여기서 쓰는 '문화'라는 말은 인류학에서 통용되는 '문화'와 같은 말이다. 즉 문화는 문학, 철학, 미술뿐만 아니라 사회와 국가의 생활 문화까지를 아우른다. 그러므로 이 책에서는 정치, 사회, 경제 영역에서 인류가 예수를 어떻게 해석했는지에도 관심을 기울일 것이다. 그리고 이러한 가운데 자신의 정치 활동을 정당화하기 위해 예수의 이름을 끌어다 쓰는 (오늘날에도 발견되는) 관행도 살펴볼 것이다. 이러한 관행은 역사 속에서 진보적인 운동이나 보수적인 운동 모두에서 발견된다.

지금까지 언급한 예수상들의 의미를 가장 포괄적으로 표현하는 개념은 진, 선, 미일 것이다. 이 세 요소는 그 자체로 그리스도교 사상사에서 커다란 비중을 차지한다.[11] 예수가 요한 복음서에서 자신을 가리켜 한 말인 진리, 길, 생명은 위의 세 요소와 (동일하지는 않으나) 상응한다(요한 14:6 참조). 요한 복음서에 나오는 이 표현은 라벤나에 있는 아르키에피스코팔 예배당Archiepiscopal Chapel 벽에 그려진 탁월한 모자이크화 예수상《에고 숨 비타 베리타스 에트 비타(나는 길이요 진

---

11 Jaroslav Pelikan, *Fools for Christ: Essays on the True, Good, and the Beautiful* (Philadelphia: Muhlenberg Press, 1955) 참조

리요 생명이다》EGO SUM VIA VERITAS ET VITA의 핵심 주제이기도 하다.[12] 한 고대 그리스도교 저술가는 그 전 세기에 "'나는 길'이라고 말씀하신 분은 우리가 당신의 형상을 닮도록 새로이 빚으신다"고 말했고 또 다른 고대 저술가는 "아름다움이라는 속성" 가운데 진리이신 그리스도께서 모든 참된 것을 성취하고 구현한다고, "모든 사람을 비추"는 참 빛(요한 1:9)이자 생명이신 그리스도는 모든 진정한 선의 "원천"이라고 말했다.[13,14,15] 이러한 맥락에서 라벤나의 모자이크는 그리스도를 길, 진리, 생명으로 요약함으로써 그가 진리이자 선이며 미임을 보여주었다고 할 수 있다.

1899~1900년 베를린 대학교에서 열린 공개강좌에서 당시 그곳에서 가장 저명했던 학자 아돌프 폰 하르낙은 '그리스도교란 무엇인가?'라는 주제를 다루었다. 이 강의를 바탕으로 펴낸 책은 초판 판매 부수만 10만 부를 훌쩍 넘겼으며 12개가 넘는 언어로 번역되었고 지금까지도 독일어판과 영어판이 나오고 있다.[16] 하르낙이 책 서론을 시작하며 한 말은 이 책 서론을 끝맺는 말로 어울린다.

언젠가 영국의 위대한 철학자 존 스튜어트 밀은 인류가 소크라테스

---

12 이 상에 관해서는 다음을 참조하라. Spiro K. Kostof, *The Orthodox Baptistery of Ravenna* (New Haven: Yale University Press, 1965), 67~68.

13 Gregory of Nyssa, *Against Eunomius* 2:10

14 Augustine, *On the Trinity* 6.10.11. 『삼위일체론』(분도출판사)

15 Augustine, *Tractates on the Gospel of John* 22.8.

16 Agnes von Zahn-Harnack, *Adolf von Harnack* (Berlin: Walter de Gruyter, 1951), 181~188.

라는 사람이 있었다는 사실을 좀처럼 기억하지 못하는 날이 올지도 모른다고 말한 적이 있다. 맞는 말이다. 그러나 훨씬 더 중요한 사실은 한때 예수 그리스도라는 사람이 인류 가운데 있었음을 인류가 여전히 잊지 않고 있다는 것이다.[17]

이 책이 다루는 역사 속 예수상들은 수많은 세월이 흐르는 와중에도 인류가 그를 잊지 않게 해주었다.

---

17 Adolf von Harnack, *Das Wesen des Christentumes* (Gütersloh: Gütersloher Verlagshaus, 1985), S.15. 『기독교의 본질』(한들출판사)

01

랍비

당신의 백성 이스라엘에게는 영광의 빛 (루가 2:32)

T 문화사에서 예수가 차지하는 위치를 연구할 때 그 출발점
은 신약성서일 수밖에 없다. 이는 1세기 이래 나온 모든
예수상이 신약성서를 기초로 한다는(적어도 신약성서를 기초
로 한다고 주장한다는) 자명한 이유 때문만은 아니다. 하지만 예수를 묘
사한 모든 것의 역사를 이해하기 위해서는 가장 먼저 우리에게 전해
진 네 편의 복음서라는 자료들의 특징과 문학적 형태를 살펴야만 한
다. 신약성서에 나타난 예수에 관한 설명 자체가 애초에 예수를 묘사
한 것이기 때문이다. 그러한 면에서 네 편의 복음서는 사진보다는 그
림에 가깝다.

각 복음서의 저자가 누구인가, 각 복음서는 언제 쓰였는가와 같

은 골치 아픈 문제는 차치하더라도 우리는 예수가 실제로 활동한 시기부터 복음서들이 쓰인 시기 사이 몇십 년 동안 예수가 말하고 행동한 것에 관한 기억이 입말oral로 수많은 그리스도교인과 공동체, 그리고 어쩌면 그들을 넘어서까지 퍼져 나가고 있었음을 잊어서는 안 된다. 사도 바울은 주후 55년경(예수 사후 약 20년 뒤) 고린토에 있는 한 공동체에 편지를 써 보냈는데, 이때 그는 몇 년 전 자신이 고린토에 방문했을 때(아마도 50년대 초) "전해 받은 중요한 것"을 자신의 목소리로 공동체 구성원들의 마음에 되새겨주었다고 말한다. 이때 그가 전해 받은 것이란 그보다 전인 40년대에 전해 들은 것으로, 곧 예수의 죽음과 부활(1고린 15:1~7), 그리고 주의 만찬 제정(1고린 11:23~26)에 관한 내용이었다. 여기서 주목해야 할 것은, 주의 만찬 제정에 관한 말을 제외하면, 바울은 그가 쓴 서신들 중 어디서도 예수가 한 말을 오늘날 우리가 복음서에서 보는 형태로 인용하지 않는다는 것이다. 게다가 그는 (주의 만찬 제정을 제외한) 예수의 활동, 그의 탄생과 십자가 죽음 사이에 일어난 사건 역시 언급하지 않는다. 바울이 쓴 글들에는 예수가 비유와 격언을 활용해 제자들을 가르쳤다거나 기적을 행했다거나 동정녀에게서 탄생했다는 내용이 나오지 않는다. 초기 그리스도교 공동체들의 구전에 의존하는 이러한 정보들은 모두 복음서에 담겨 있으며 대다수 복음서, 혹은 모든 복음서는 바울이 쓴 서신 이후에 나타났다.

그러므로 연대를 따지든 논리로 따져보든 간에 그리스도교 전통은 그리스도교 성서보다 우선한다. 신약성서, 그보다 시간을 거슬러 신약성서에 속한 각각의 책이 생기기도 전에 교회에는 전승된 전통이 있었다. 입에서 입으로 전해지던 내용들은 책으로 기록될 때까지 교회의 생활과 경험을 거쳤다. 초기 교회의 구성원들은 하느님의 성령, 곧 예수가 세례를 받았을 때 그에게 내렸던 성령, 부활의 날부터 50일이 지난 날 최초의 신자들에게 내린 성령이 자신들에게도 임했다고 주장했다. 그리스도교인들은 이 성령의 활동을 통해 "옛 계약"의 책이 성취되었고 "새로운 계약"의 책이 만들어졌다고 생각했다. 예수가 한 말과 활동, 그의 삶에서 일어난 사건들에 관한 이야기는 이러한 방식으로 복음서 편집자들 혹은 저자들에게 전해졌으므로, 복음서에 담긴 예수의 말이나 이야기를 해석하려 한다면 누구든지 그러한 것들이 예수의 생애와 가르침에서 차지하는 위치뿐만 아니라 그러한 것들이 이를 기억한 공동체에서 어떠한 기능을 했는지를 물어야 한다. 물론 이것이 예수라는 역사적 인물이 초기 그리스도교 교회의 가르침이라는 연기 속에 사라져 다시는 찾을 수 없게 되었다는 극단적인 회의론을 뒷받침할 만한 근거가 되지는 못한다. 다만 후대의 모든 예수상은 아무런 덧칠도 되지 않은 복음 그 자체에 근거한 그림이 아니라 신약성서라는 그림을 보고 그린 그림이라는 점을 유념할 필요가 있다.

가장 초기에 예수를 그린 기록과 자료들에 따르면 그가 유대인이었다는 점은 너무나 명백하다(그러나 후대, 특히 20세기에 많은 이는 이 명백한 사실을 간과했다). 그렇기에 문화사에서 그가 차지하는 자리를 이해하려는 시도 역시 여기서 시작되어야 한다. 신약성서는 그리스어로 기록되었지만, 예수와 그의 제자들이 사용한 언어는 아람어였다. 이 언어는 히브리어와 함께 셈어족에 속해 있으나 동일한 언어는 아니다.[1] 당시 팔레스타인 지역에 살던 유대인들은 대화할 때 주로 아람어를 썼으며 히브리어는 예배를 드릴 때와 학문 연구를 할 때만 제한적으로 썼다. 알렉산드리아 같은 곳에 자리 잡은 디아스포라 유대인 다수는 히브리어는커녕 아람어도 쓸 줄 몰랐으며 그리스어만을 알고 있었다. 이들은 때때로 "그리스 말을 하는 유대 사람들"이라고 불리곤 했다.[2] 복음서들, 그리고 초기 그리스도교 공동체가 만든 다양한 책에는 그리스어로 옮긴 아람어 단어와 구절들이 여기저기 흩어져 있으며 이를 통해 우리는 그리스도교의 가르침과 예배에서 쓰이는 언어가 그리스어로 완전히 전환되기 전까지 아람어로 된 다양한 어록과 예배용 문구가 반복해서 쓰였음을 알 수 있다. 이 중에는 호산나 같은 친숙한 표현도 있으며 십자가에서 예수가 울부짖은 말 "엘로이, 엘로이, 레마 사박타니"('나의 하느님, 나의 하느님, 어찌하여 나를 버리셨습니까?'라는 뜻을 지닌 이 말은 본래 시편 22편에서 유래했으며 히브리어 원문은 '엘리, 엘리, 라마 아자브타니'다)도 있다.[3]

신약성서에 있는 아람어 단어 중에는 예수를 부르는 호칭이 적어

---

1 이 문제에 대한 간략하면서도 유익한 분석은 다음의 글을 참조하라. Matthew Black, 'The Recovery of the Language of Jesus', *New Testament Studies* 3 (1956~1957), 305~313. 좀 더 긴 분석을 보고 싶다면 다음을 보라. Matthew Black, *An Aramic Approach to the Gospel and Acts* (Oxford: Clarendon Press, 1967)

2 사도 6:1, 9:29

3 마르 15:34, 마태 27:46

도 네 개(랍비(선생teacher), 아멘(예언자prophet), 메시아(그리스도Christ), 마르(주 Lord))가 있는데 이 호칭들은 처음 예수를 따르던 이들이 그를 어떠한 존재로 여겼는지 유대교 관용어와 유대교 사유틀에 비추어 살펴보는 데 도움을 준다.

이 중 가장 가치 중립적이고 논쟁적이지 않은 호칭은 랍비(그리고 이와 연관이 있는 라부니ραββουνι)다.[4] 두 구절을 제외하면 복음서는 이 호칭을 예수에게만 붙인다.[5] 그리고 '선생' 혹은 '스승'을 뜻하는 호칭(그리스어 신약성서에서는 디다스칼로스διδάσκαλος)을 아람어 랍비를 번역한 말로 본다면(이러한 판단은 타당하다), 예수 생전에 예수를 따르던 이들과 그 밖의 사람들은 그를 랍비로 알고 있었으며 랍비라고 불렀을 확률이 높다. 물론 복음서들은 겉으로 보기에 예수와 다른 랍비(선생)들의 유사성보다는 차이를 강조하고 있는 것처럼 보인다. 그러나 예수와 동시대, 혹은 가까운 시대의 유대교에 대한 학문 연구가 진전을 보임에 따라 예수와 다른 랍비들의 유사성도 분명하게 드러났다. 복음서와 랍비 자료들의 연관성을 탐구한 학자들은 그리스도교 공동체가 전승 과정에서 유대교 자료들을 물려받아 이를 예수의 것으로 돌렸다는 데 의견을 같이한다. 다른 한편 그들은 유대교 랍비에게서 빌려온 것처럼 보이는 많은 구절에서 "유대교와는 구별되는 새로운" 면모

---

4 이에 관해 개괄적인 이해를 하기 위해서는 다음을 참조하라. Eric M. Myers and James F. Strange, 'Archeology', *the Rabbis and Early Christianity* (Nashville: Abingdon Press, 1983)

5 예외는 마태 23:7~8과 요한 3:26이다.

또한 발견했다.[6] 이러한 두 특성을 모두 보여주는 좋은 예는 루가 복음서에 나오는 한 일화다. 이 일화에서 랍비 예수는 본격적으로 설교 활동을 시작한다.

예수께서는 자기가 자라난 나자렛에 가셔서 안식일이 되자 늘 하시던 대로 회당에 들어가셨다. 그리고 성서를 읽으시려고 일어서서 이사야 예언서의 두루마리를 받아 들고 이러한 말씀이 적혀 있는 대목을 펴서 읽으셨다. "주님의 성령이 나에게 내리셨다. 주께서 나에게 기름을 부으시어 가난한 이들에게 복음을 전하게 하셨다. 주께서 나를 보내시어 묶인 사람들에게는 해방을 알려주고 눈먼 사람들은 보게 하고, 억눌린 사람들에게는 자유를 주며 주님의 은총의 해를 선포하게 하셨다." 예수께서 두루마리를 말아서 시중들던 사람에게 되돌려주고 자리에 앉으시자 회당에 모였던 사람들의 눈이 모두 예수에게 쏠렸다. 예수께서는 "이 성서의 말씀이 오늘 너희가 들은 이 자리에서 이루어졌다" 하고 말씀하셨다. 사람들은 모두 예수를 칭찬하였고 그가 하시는 은총의 말씀에 탄복하며 "저 사람은 요셉의 아들이 아닌가?" 하고 수군거렸다. 예수께서는 "너희는 필경 '의사여, 네 병이나 고쳐라' 하는 속담을 들어 나더러 가파르나움에서 했다는 일을 네 고장인 여기에서도 해보라고 하고 싶을 것이다" 하시고는 또 이렇게 말씀하셨다. "사실 어떤 예언자도 자기 고향에서는 환영

---

6 Rudolf Bultmann, *Die Geschichte der synoptischen Tradition* (Göttingen: Vandenhoeck & Ruprecht, 1967), 132~133. 『공관복음 전승사』(대한기독교서회)

을 받지 못한다. 잘 들어라. 엘리야 시대에 삼 년 반 동안이나 하늘이 닫혀 비가 내리지 않고 온 나라에 심한 기근이 들었을 때 이스라엘에는 과부가 많았지만 하느님께서는 엘리야를 그들 가운데 아무에게도 보내시지 않고 다만 시돈 지방 사렙다 마을에 사는 어떤 과부에게만 보내주셨다. 또 예언자 엘리사 시대에 이스라엘에는 많은 나병환자가 살고 있었지만 그들은 단 한 사람도 고쳐주시지 않고 시리아 사람인 나아만 만을 깨끗하게 고쳐주셨다." 회당에 모였던 사람들은 이 말씀을 듣고는 모두 화가 나서 들고 일어나 예수를 동네 밖으로 끌어냈다. 그 동네는 산 위에 있었는데 그들은 예수를 산 벼랑까지 끌고 가서 밀어 떨어뜨리려 하였다. 그러나 예수께서는 그들의 한가운데를 지나서 자기의 갈 길을 가셨다. (루가 4:16~30)

여기서 루가는 예수가 세례를 받고 악마에게 유혹을 받은 뒤(마태오와 마르코 복음서에서도 이 두 사건은 본격적으로 그의 공적 활동(공생애)이 시작되었음을 보여준다) "예수께서는 자기가 자라난 나자렛에 가셔서 안식일이 되자 늘 하시던 대로 회당에 들어가셨다"고 전한다. 그다음 전형적인 유대교 관습을 따라 그는 히브리 성서 두루마리를 받아 읽는데 아마도 두루마리에는 본문의 아람어 의역과 이에 대한 주해가 딸려 있었을 것이다. 루가에 따르면 예수가 읽은 히브리 성서 본문은 이사야서 61장에 나오는 구절이었다.

주님의 성령이 나에게 내리셨다.

주께서 나에게 기름을 부으시어

가난한 이들에게 복음을 전하게 하셨다.

주께서 나를 보내시어 묶인 사람들에게는 해방을 알려주고

눈먼 사람들은 보게 하고, 억눌린 사람들에게는 자유를 주며

주님의 은총의 해를 선포하게 하셨다. (루가 4:18~19)

예수는 당시 랍비라면 흔히 할 만한 행동, 곧 이전의 해석들을 비교하고 대조하면서 본문 해설을 하고 이를 청중에게 적용하는 대신 "이 성서의 말씀이 오늘 너희가 들은 이 자리에서 이루어졌다"고 선포한다. 루가에 따르면 이 대담한 선언을 들은 사람들은 처음에는 예수가하는 "은총의 말씀에 탄복" 했으나 말이 이어지자 화를 내며 공격적인 반응을 보였다.

이처럼 랍비 예수와 기존 랍비 전통을 대표하는 이들 간의 대립을 보여주는 일화는 복음서에 다양하게 등장한다. 하지만 일화들 이면, 그리고 예수가 전한 가르침의 형식에는 기존 랍비 전통과 더 밀접한 연관성이 있다. 복음서에서 빈번하게 나타나는 물음과 대답 형식의 이야기 또한 마찬가지다. 이때 물음은 예수를 곤혹스럽게 하려는 의도에서 제기될 때가 많다. 한 여자에게 남편이 일곱 명이 있었다면(동시에 일곱 명을 남편으로 둔 것은 아니었지만) 저세상에서 그 여자는 누구의 아내가 되겠는가? 독실한 유대인이 로마 당국에 세금을 내는 일이 합당한가? 영원한 생명을 물려받으려면 무엇을 해야 하는가? 하늘나

라에서 가장 큰 자는 누구인가?[7] 복음서에서 이러한 질문을 던진 이들(이들은 예수를 적대하는 이일 때도 있고 예수의 제자일 때도 있다)은 연극에서 조연처럼 행동한다. 때때로 논쟁 사화controversy dialogues라 불리기도 하는 적대자들이나 제자들과 예수의 대화는 랍비 예수가 자신의 논점을 충분히 드러낼 수 있게 하는 기회를 제공하며 이때 그는 대체로 질문자가 던진 물음을 근본적으로 뒤집는다. 이와 관련해 문하생들에게 질문을 받는 랍비와 관련한 오래된 이야기가 있다. 문하생은 묻는다. "랍비여, 당신은 왜 그리도 자주 물음의 형태로 가르치십니까?" 그리고 랍비는 대답한다. "물음이 뭐가 문제란 말인가?" 이와 같은 랍비식 교수법을 한눈에 보여주는 (동시에 기존의 랍비 전통과 예수 가르침의 차이를 보여주는) 이야기가 마태오 복음서에 등장한다.

예수께서 성전에 들어가서 가르치고 계실 때에, 대제사장들과 백성의 장로들이 다가와서 말하였다. "당신은 무슨 권한으로 이런 일을 하시오? 누가 당신에게 이런 권한을 주었소?" 예수께서 그들에게 이렇게 대답하셨다. "나도 너희에게 한 가지를 물어보겠다. 너희가 대답하면, 나도 무슨 권한으로 이런 일을 하는지를 말하겠다. 요한의 세례가 어디에서 왔느냐? 하늘에서냐? 사람에게서냐?" 그러자 그들은 자기들끼리 의논하며 말하였다. "'하늘에서 왔다'고 말하면, '어째서 그를 믿지 않았느냐'고 할 것이요, 또 '사람에게서 왔다'고 하자

---

7 마태 22:23~33, 마태 22:15~22, 마르 10:17~22, 마태 18:1~6.

니, 무리가 무섭소. 그들은 모두 요한을 예언자로 여기니 말이오."
그래서 그들은 예수께, 모르겠다고 대답하였다. 그러자 예수께서 말
씀하셨다. "나도 내가 무슨 권한으로 이런 일을 하는지를 너희에게
말하지 않겠다." (마태 21:23~27)

그러나 신약성서 저자들이 보기에 예수가 전한 가르침의 가장 전
형적인 문학 형식은 비유였다. 이와 관련해 마태오 복음서는 말한다.

예수께서 이 모든 것을 비유로 무리에게 말씀하셨다. 비유가 아니고
서는, 아무것도 그들에게 말씀하지 않으셨다. (마태 13:34)

여기서 "비유"(그리스어 '파라볼레'παραβολή)라는 단어는 70인역 성서에 등
장하는 것으로, 유대교 학자들이 히브리 성서를 그리스어로 번역할
때 히브리어 '마샬'מָשָׁל을 옮긴 말이다. 그러므로 복음서 저자들이 쓴
예수가 비유를 들어 가르침을 전하는 기사들도 유대교 배경이라는
맥락에서만 온전히 이해할 수 있다. 예수의 비유를 이러한 맥락에서
해석한 최근의 시도들은 하느님 나라와 인간의 삶에서 일어나는 사
건들을 비교하는 복음서 이야기들이 (겉으로 보기에는 특별히 문제 될 것
이 없는) 전통적인 설명과는 사뭇 다른 의미를 지니고 있음을 드러냈
다.[8] 그 대표적인 예는 널리 알려진 탕자의 비유다.

---

8 William Oscar Emil Oesterley, *The Gospel Parables in the Light of Their Jewish Background*
(New York: Macmillan, 1936).

예수께서 또 말씀하셨다. "어떤 사람이 두 아들을 두었는데 작은아들이 아버지에게 제 몫으로 돌아올 재산을 달라고 청하였다. 그래서 아버지는 재산을 갈라 두 아들에게 나누어주었다. 며칠 뒤에 작은아들은 자기 재산을 다 거두어가지고 먼 고장으로 떠나갔다. 거기서 재산을 마구 뿌리며 방탕한 생활을 하였다. 그러다가 돈이 떨어졌는데 마침 그 고장에 심한 흉년까지 들어서 그는 알거지가 되고 말았다. 하는 수 없이 그는 그 고장에 사는 어떤 사람의 집에 가서 더부살이를 하게 되었는데 주인은 그를 농장으로 보내어 돼지를 치게 하였다. 그는 하도 배가 고파서 돼지가 먹는 쥐엄나무 열매로라도 배를 채워보려고 했으나 그에게 먹을 것을 주는 이는 아무도 없었다. 그제야 제정신이 든 그는 이렇게 중얼거렸다. '아버지 집에는 양식이 많아서 그 많은 일꾼들이 먹고도 남는데 나는 여기서 굶어 죽게 되었구나! 어서 아버지께 돌아가, 아버지, 제가 하늘과 아버지께 죄를 지었습니다. 이제 저는 감히 아버지의 아들이라고 할 자격이 없으니 저를 품꾼으로라도 써주십시오 하고 사정해 보리라' 마침내 그는 거기를 떠나 자기 아버지 집으로 발길을 돌렸다. 집으로 돌아오는 아들을 멀리서 본 아버지는 측은한 생각이 들어 달려가 아들의 목을 끌어안고 입을 맞추었다. 그러자 아들은 '아버지, 저는 하늘과 아버지께 죄를 지었습니다. 이제 저는 감히 아버지의 아들이라고 할 자격이 없습니다' 하고 말하였다. 그렇지만 아버지는 하인들을 불러 '어서 제일 좋은 옷을 꺼내어 입히고 가락지를 끼우고 신을 신겨주어라. 그리고 살진 송아지를 끌어내다 잡아라. 먹고 즐기자! 죽었던 내 아들이 다시 살아왔다. 잃었던 아들을 다시 찾았다' 하고 말했다. 그래서 성대한 잔치가 벌어졌다. 밭에 나가 있던 큰아들이 돌아오다가 집 가까이에서 음악 소리와 춤추며 떠드는 소리를 듣고 하인 하나를 불러 어떻게 된 일이냐고 물었다. 하인이 '아우님이 돌아왔습니다. 그분이 무사히 돌아오셨다고 주인께서 살진 송아지를 잡게 하셨습니다' 하고 대답하였다. 큰아들은 화가 나서 집에 들어가려 하지 않았다. 그래서 아버지가 나와서 달랬으나 그는 아버지에게 '아버지, 저는 이렇게 여러 해 동안 아버지를 위해서 종이나 다름없이 일을 하며 아버지의 명령을 어긴 일이 한 번도 없었습니다. 그런데도 저에게는 친구들과 즐기라고 염소 새끼 한 마리 주지 않으시더니 창녀들한테 빠져서 아버지의 재산을 다 날려버린 동생이 돌아오니까 그 아이를 위해서는 살진 송아지까지 잡아주시다니요!' 하고 투덜거렸다. 이 말을 듣고 아버지는 '얘야, 너는 늘 나와 함께 있고 내 것이 모두 네 것이 아니냐? 그런데 네 동생은 죽었다가 다시 살아왔으니 잃었던 사람을 되찾은 셈이다. 그러니 이 기쁜 날을 어떻게 즐기지 않겠느냐?' 하고 말하였다."(루가 15:11~32)

최근의 해석에 따르면 이 이야기는 (탕자가 아닌) 큰아들의 비유라고 부르는 게 나을지도 모른다. 비유 전체의 핵심은 마지막에 아버지가 이스라엘 민족을 상징하는 큰아들에게 한 말("얘야, 너는 늘 나와 함께 있고 내 것이 모두 네 것이 아니냐? 그런데 네 동생은 죽었다가 다시 살아왔으니 잃었던 사람을 되찾은 셈이다. 그러니 이 기쁜 날을 어떻게 즐기지 않겠느냐?")

에 담겨 있기 때문이다(그리스도교 해석가들은 아버지의 사랑을 되찾은 방탕한 작은 아들을 교회로 보고 그 유일성과 독특성을 강조하는 데 너무 힘을 기울인 나머지 이를 간과할 때가 많았다). 예수의 이 비유는 하느님과 이스라엘 민족이 맺은 영속적인 계약에 다른 민족들도 합류하게 되었음을 보여준다. 그는 하느님과 이스라엘 민족이 맺은 관계라는 '전통'과 교회와 맺은 새로운 관계라는 '혁신' 모두를, 이중 계약을 긍정한다.

이처럼 전통과 혁신을 오감으로써 랍비 예수가 무엇을 했는지를 기술하고 동시에 그가 새롭고 특별한 권위를 지니고 있음을 이야기하는 가운데, 예수의 정체를 좀 더 적절하게 설명할 새로운 호칭과 범주가 필요하게 되었다. 예언자라는 호칭은 이러한 요청에 부응한 결과다. 복음서의 한 일화에서, 종려주일에 예수를 만난 사람들은 그를 보며 환호한다.

사람들은 그가 갈릴리 나자렛에서 나신 예언자 예수라고 말하였다.

(마태 21:11)

이러한 호칭이 드러나는 가장 흥미로운 장면은 아마도 아람어를 사용하는 이 구절일 것이다.

아멘이신 분이시요, 신실하시고 참되신 증인이시요,
하느님의 창조의 처음이신 분이 말씀하신다. (묵시 3:14)

히브리 성서 이래 계속해서 "아멘"은 기도를 끝맺는 선언으로 공식처럼 사용되었다. 이를테면 모세가 이스라엘 백성에게 마지막으로 그들이 지켜야 할 법을 열거했을 때 그들은 각각의 명령에 대해 "아멘"이라고 외쳐야 했다("…하면, 모든 백성은 '아멘' 하고 응답하십시오." (신명 27:14~26)). 초기 그리스도교 공동체에서도 아멘은 동일한 기능을 했다. 2세기 순교자 유스티누스Justin Martyr는 비그리스도교인인 이방인 독자들을 위해 그리스도교 공동체 전례서를 쓰며 말했다.

> 자리에 있는 모든 이는 아멘으로 찬성을 표하십시오
>
> (이 '아멘'이라는 말은 히브리어로 '그리 되옵소서'에 상응하는 말입니다).[9]

그러나 동시에 신약성서에서는 아멘의 의미를 확장해 쓰는 경우도 있다. 복음서에서 가장 유명한 메시지 모음집인 이른바 '산상 설교'Sermon on the Mount에서 아멘은 문법학자들이 '단언적 불변화사'asserverative particle라 부르는 형태로 등장한다.

> 아멘 레고 휘민ἀμὴν λέγω ὑμῖν(내가 진정으로 너희에게 말한다)

아멘의 이러한 용법은 복음서 전체에서 75회 정도 사용되나 권위 있는 선언을 시작할 때 쓰이는 경우는 오직 예수 어록뿐이다. 이러한

---

9 Justin Martyr, *First Apology* 65.4.

맥락에서 예수는 권위 있는 선언을 할 수 있는 예언자였다. 이때 예언자라는 말은 오늘날 이 말을 쓸 때 주된 의미인 '앞일을 내다보는 이'를 뜻하지 않는다(물론 예수 어록에는 앞일을 내다보며 하는 말들도 등장하지만 말이다). 여기서 예언자란 '널리 말하는 이', '하느님을 대신해 말할 수 있는 권위를 지닌 이'를 뜻한다. 묵시록에서 "아멘이신 분이시요, 신실하시고 참되신 증인"이라고 했을 때는 예수에 대한 이러한 호칭을 암묵적으로 전제하고 있으며 산상 설교에서 아멘 공식을 쓰는 이유 또한 마찬가지다(산상 설교는 초기 예수상 가운데서도 랍비 전통과 예언자의 혁신 사이를 오가는 예수의 모습을 담고 있다).

다시 돌아가 유대교와 그리스도교 학자들은 '산상 설교'와 랍비 유대교 문헌을 비교함으로써 예수가 기존의 유대교 전통을 따르면서도 혁신을 이루어냈음을 발견했다. 산상 설교에서 '팔복'Beatitudes이라고 불리는 선언을 한 후 예수는 말한다.

내가 율법이나 예언자들의 말을 폐하러 온 줄로 생각하지 말아라. 폐하러 온 것이 아니라, 완성하러 왔다. 내가 진정으로(아멘) 너희에게 말한다. 천지가 없어지기 전에는 율법은 일점일획도 없어지지 않고, 다 이루어질 것이다. (마태 5:17~18)

시나이 산에서 이스라엘 백성에게 주어진 모세의 율법이 영구히 유효하다고 선포한 뒤 예수는 그 율법 중 몇 가지를 연이어 인용한다. 각 인용은 "옛사람들에게 말하기를 … 한 것을 너희는 들었다"는 공식과 함께 시작되며 "그러나 나는 너희에게 말한다"라는 근엄한 어조의 공식과 함께 설명이 이어진다.[10] 이를 통해 예수는 율법을 겉으로만 준수하는 것이 아니라 내면의 정신과 마음을 다해 지켜야 함을 강조한다. 과거 계명을 한층 보강하는 예수의 설명은 예수를 따르는 이라면 반드시 다른 율법 전문가들을 따르는 이보다 더 의로워야 한다는 것을 상세히 풀어낸 것이라 할 수 있다(마태 5:20 참조).

산상 설교 결론부에서 복음서 저자는 랍비일 뿐 아니라 예언자이기도 한 예수의 특별한 지위를 확증한다.

> 예수께서 이 말씀을 마치시니, 무리가 그의 가르침에 놀랐다. 예수께서는 그들의 율법학자들과는 달리, 권위 있게 가르치셨기 때문이다. 예수께서 산에서 내려오시니, 많은 무리가 그를 따라왔다.
>
> (마태 7:28~8:1)

이어서 몇 가지 기적 이야기가 나온다. 최근 연구에 따르면 이 이야기들은 "랍비 전통에서 기적이 지니는 역할을 다시금" 상기시킴으로써 "예수의 활동, 특히 그의 율법 해석에 권위를 부여"한다.[11] 물론 신약성서는 예수와 그를 따르는 이들에게만 기적을 일으키는 능력이 있었다고 말하지 않는다. 일례로 예수가 마귀들의 왕 베엘제불과 공

---

10 마태 5:21~48

11 Howard Clark Kee, *Miracle in the Early Christian World: A Study in Socio-historical Method* (New Haven: Yale University Press, 1983), 188.

모하고 있다고 사람들이 비난하자 그는 자신을 변호하며 말한다.

> 내가 베엘제불의 힘을 빌어서 귀신을 쫓아낸다고 하면, 너희의 아들
> 들은 누구의 힘으로 귀신을 쫓아낸다는 말이냐? (마태 12:27)

복음서에서 예수가 기적을 일으켰다고 기술하는 이유는 그가 랍비이
자 예언자로서 명성을 얻고 있었음을 입증하기 위한 것일 뿐이다(예
수에 관한 아람어 호칭들을 살펴보는 것과 관련하여 기적 이야기 중 일부 이야
기에서 그가 아람어로 기적을 일으켰음을 주목해야 한다. 귀먹은 사람을 치유할
때 예수가 한 "에파타"라는 말은 '열려라'는 뜻을 지니고 있고, 어린아이를 소생
시킬 때 한 말인 "탈리다 쿰"이라는 말은 '소녀야, 일어나거라'라는 뜻을 지니고
있다).[12]

복음서 저자들은 예수를 예언자로 규정함으로써 그가 이스라엘
예언자들과 이어져 있으면서도 동시에 저 예언자들이 오리라고 예견
했던 예언자, 그들이 굴복하기를 기다리던 권위 있는 이로서 그들보
다 우월한 존재임을 이야기하고자 했다. 모세 오경에서 이스라엘의
하느님은 모세에게, 그리고 모세를 통해 이스라엘 백성에게 말한다.

> 주 당신들의 하느님은 당신들의 동족 가운데서 나와 같은 예언자 한
> 사람을 일으켜 세워 주실 것이니, 당신들은 그의 말을 들어야 합니

---

12 마르 7:34, 5:41.

다. (신명 18:15)

본래 이 구절은 모세의 합법적인 계승자인 여호수아에게 권위를 부
여하는 구절이다. 그러나 신약성서 저자들, 그리고 주후 200년경 알
렉산드리아의 클레멘스Clement of Alexandria 같은 후대 그리스도교 저술가
들은 저 구절이 여호수아와 동일한 이름을 지닌 예수를 가리키는 것
으로 여겼다.[13] 그리하여 그들은 예수를 모세의 가르침을 온전히 성
취하고 대체한 예언자, 모세의 율법을 준수하면서도 이를 넘어서는
랍비로 그렸다. 이와 관련해 요한 복음서는 말한다.

  율법은 모세를 통하여 받았고, 은총과 진리는 예수 그리스도로 말미
  암아 생겨났다. (요한 1:17)

은총과 진리가 생겨났다는 것을 묘사하기 위해 랍비와 예언자라는
범주는 필요했지만 그것으로 충분하지는 않았다. 신약성서 시대 이
후 유대교 전통이 기술한 예수에 관한 연구들은 유대교 전통이 예수
를 저 두 범주 안에 담아내려 했음을 보여준다. 그러나 그리스도교는
유대교와 논쟁하는 가운데 그가 저 범주들을 넘어선다고 주장했다.
그뿐만 아니라 훗날 생겨난 이슬람교가 예수를 위대한 예언자(여러 측
면에서 모세보다 위대하지만 무함마드Mohammed의 선구자 이상이라고는 할 수

---

13 사도 3:22~23, 7:37, Clement of Alexandria, *The Tutor* 1.7.

없는 예언자)로 규정하면서 예언자라는 범주는 예수에게 충분하지도 정확하지도 않은 범주라고 (8세기 다마스쿠스의 요한John of Damascus 같은 반 이슬람 그리스도교 변증가들에게) 비판받게 되었다.[14] 이러한 맥락에서 그리스도교와 유대교, 그리스도교와 이슬람교의 공통 영역으로서 예수라는 인물이 지닌 중요성은 구체적으로 충분히 실현되지 못했다고 할 수 있다.

선생과 예언자라는 범주는 서서히 '그리스도'와 '주'라는 범주로 대체되어갔다. 이 범주들 또한 처음에는 아람어였으나 이후 그리스어로, 즉 아람어 '메시아'מְשִׁיחָא는 '기름 부음 받은 자'를 뜻하는 그리스어 '그리스도'χριστός로, '우리 주'를 뜻하는 '마라나'מָרָנָא(전례시 사용되는 문구 '마라나타'(우리 주여, 오소서)가 여기서 유래했다)는 그리스어 '호 퀴리오스'ὁ κύριος로 번역되었으며 바울 서신, 그리고 초기 그리스도교 기도문에 쓰였다.[15,16] 이후 그리스도교는 '그리스도'와 '주'라는 호칭을 주로 썼으며 예수를 하느님의 아들이자 삼위일체의 제2 위격으로 보게 되었다. 황제 유스티니아누스Justinian가 콘스탄티노플에 아야 소피아 성당을 세웠을 때, 그리고 요한 제바스티안 바흐Johann Sebastian Bach가 《미사 b단조》를 작곡했을 때 이는 단지 어떤 위대한 선생을 위한 것이 아니었고 한때 생존했던 가장 위대한 인물을 기리기 위한 것도 아니었다. 그 어디에도 소크라테스를 기념하는 성당은 없다. 물론 랍비와

---

14 Jaroslav Pelikan, *Christian Tradition* 2:209~210, 238~240.

15 요한 1:41, 4:25.

16 1고린 16:22, *Didache* 10.6.

예언자가 그랬듯, 그리스도와 주라는 호칭과 그 의미가 확립되는 가운데 그 셈어가 지니고 있던 의미는 많은 부분 사라졌다. 사도들에게 예수가 랍비라는 말은 자연스럽고도 분명한 뜻을 지닌 표현이었지만 2세기 그리스도교인들에게는 당혹스러운 표현이, 3세기 그리스도교인들에게는 받아들일 수 없는 표현이 되어버렸다.

그레고리 딕스Gregory Dix*가 "그리스도교의 탈유대교화"de-Judaization of Christianity라고 꼬리표를 붙인 이러한 변화는 신약성서에서도 이미 진행되고 있었다.[17] 사도 바울이 지중해 세계에 있던 유대교 회당들에서 설교를 하다가 "이방 사람들에게"(사도 13:46) 가기로 하면서, 그리고 예루살렘이 티투스Titus 치하 로마 군대에게 약탈당하고 주후 70년 성전이 파괴되면서, 그리스도 운동은 지지층에 있어서나 전망에 있어서나 유대교적인 면모를 버리고 점점 이방화되었다. 이번 장과 다음 장에서 살펴보겠지만, 이러한 상황에서 예수의 생애에 나타난 유대교적 요소들은 그리스도교에서 갈수록 문제가 되었으며, 이를 복음서를 읽는 이방 독자들에게 설명하는 것은 중요한 과제가 되었다. 이를테면 요한 복음서 저자는 예수가 가나의 혼인 잔치에서 포도주

---

17 Gregory Dix, *Jew and Greek: A Study in the Primitive Church* (New York: Harper and Brothers, 1953), 109.

* 그레고리 딕스(1901~1952)는 영국의 성공회 사제이자 신학자, 수도사다. 런던에서 태어나 옥스퍼드 머튼 칼리지에서 공부했으며 1925년 사제 서품을 받고 1940년 성공회 베네딕도회 수도사로 수도 서원을 한 뒤 세상을 떠날 때까지 수도 생활을 했다. 신학자로서는 20세기 전례학 연구에 매우 중요한 공헌을 남긴 이, 성공회 전례 개혁에 커다란 영향을 미친 이로 평가받으며 특히 1945년작 『전례의 형성』The Shape of the Liturgy은 현대판 고전으로 꼽힌다.

로 변한 물이 담겨 있던 항아리를 언급하며 "유대 사람의 정결 예법을 따라"(요한 2:6) 놓여있었다고 했는데, 주요 독자가 유대인 독자였다면 애써 언급하지 않아도 되는 것이었다. 이 같은 맥락에서 사도행전은 일종의 '두 도시 이야기'로 읽을 수 있다. 부활 이후 예수와 그의 제자들이 등장하는 사도행전 1장은 예루살렘을 배경으로 하는데 여기서 예수는 명령한다.

> 너희는 예루살렘을 떠나지 말고 내가 전에 일러준 아버지의 약속을 기다려라. (사도 1:8)

그러나 이 책의 전체 방향은 사뭇 이와는 다르게 움직인다. 책의 마지막인 28장에서 저자는 사도 바울의 마지막 여행을 그리는데, 짧으면서도 인상적인 표현이 등장한다.

> 우리는 마침내 로마로 갔다. (사도 28:14)

적잖은 이가 사도 바울을 그리스도교 사상에서 복음을 탈유대교화한, 나아가 예수라는 인물을 유대교적 의미에서의 랍비에서 그리스적 의미에서의 신적 존재로 변형시킨 장본인으로 여기곤 한다. 19세기 성서 비평 학파들은 바울에 대한 이러한 해석을 거의 정설로 여겼으며 그중에서도 페르디난트 크리스찬 바우어Ferdinand Christian Baur[*]의 학파가 특히 많은 주목을 받았다. 그는 바울과 베드로의 논쟁을, 복음을 "유대교적"으로 왜곡해 새로운 율법으로 보려 한 베드로파와 복음을 온 인류를 위한 예수에 관한 보편적 메시지로 보려 한 바울파의 갈등으로 보았다.[18] 그리고 베드로와 바울, 율법과 복음이라는 대립은 (베드로를 초대 교황으로 여기고 이를 계승하는) 로마 가톨릭 주의와 (바울 서신에 관한 루터의 해석에 바탕을 둔) 프로테스탄트 주의의 대립으로 이어졌다. 후자를 따르는 이들에게, 바울의 서신 중에서도 루터가 가장 좋아했던 로마인들에게 보낸 편지(로마서)는 유대교로부터 그리스도교의 독립을 선언하는 헌장과도 같았다.

그러나 이후 학자들은 예수상을 1세기 유대교 배경에 놓았을 뿐만 아니라 신약성서에 있는, 특히 사도 바울에게 있는 유대교적 요소를 재발견했다. 이는 로마인들에게 보낸 편지도 마찬가지였다. 신약학자 크리스터 스텐달Krister Stendahl[**]은 로마인들에게 보낸 편지를 두고

---

18 Peter C. Hodgson, *The Formation of Historical Theology* (New York: Harper and Row, 1966)

* 페르디난트 크리스찬 바우어(1792~1860)는 독일 프로테스탄트 신학자다. 튀빙엔 대학교에서 신학을 공부하고 튀빙엔 대학교에서 신학을 가르쳤다. 헤겔의 역사 철학의 영향을 받아 초기 그리스도교의 역사, 성서를 연구했다. 이후 그의 학문 방법을 따른 많은 학자가 등장했으며 이른바 '튀빙엔 학파'로 불리며 오랜 기간 신약학 및 초기 그리스도교 형성사 연구에 영향력을 행사했다. 주요 저서로 총 5권으로 된 『그리스도교 교회의 역사』Geschichte der christlichen Kirche가 있다.

** 크리스터 스텐달(1921~2008)은 스웨덴 루터교 감독이자 신학자다. 학자로서는 웁살라 대학교에서 신학학을 공부해 하버드 대학교 신학과에서 오랜 기간 신약학을 가르쳤고 목회자로서는 스톡홀름 교구의 감독을 지냈다. 이른바 바울에 대한 '새 관점' 연구의 선구자로 꼽히며 1963년에 쓴 소논문 「사도 바울과 서양의 내면적 양심」Apostle Paul and the Introspective Conscience in West이 특히 유명하다.

말했다.

이 편지에서 바울의 진정한 관심사는 유대인과 이방인의 관계이지 칭의론이나 예정론과 같은 개념이나 엄밀하되 추상적인 신학적 주제가 아니다. (이러한 관점으로 서신을 읽는다면) … 로마인들에게 보낸 편지의 절정은 교회와 유대교 회당의 관계, 교회와 유대 민족의 관계에 대한 바울의 생각이 드러나는 9~11장이다. 그는 '그리스도교'와 '유대교'의 관계를 고찰하지 않았으며 율법적 태도와 대비를 이루는 복음적 태도를 설파하지 않았다.[19]

실제로 로마인들에게 보낸 편지 9~11장은 교회와 회당의 관계에 대한 바울의 논의를 상세히 기술하고 있으며 "온 이스라엘이 구원을 받게 되리라"는 예측과 약속으로 마무리된다. 여기서 특별히 주목해야 할 것은 유대인들이 그리스도교로 개종하지 않고서도 "구원을 받게" 되리라고 말했다는 것이다. 이어지는 바울의 말은 이를 뒷받침한다.

이스라엘 사람들은 … 하느님의 선택이라는 견지에서 보면 그들의 조상 덕택으로 여전히 하느님의 사랑을 받는 백성입니다. 하느님께서 한 번 주신 선물이나 선택의 은총은 다시 거두어가시지 않습니다. (로마 11:26~29)

---

19 Krister Stendahl, *Paul among Jews and Gentiles* (Philadelphia: Fortress Press, 1976), 4.

또한 스텐달은 말한다.

바울이 로마인들에게 보낸 편지의 해당 부분(10:18~11:36)에서 예수 그리스도라는 이름을 한 번도 언급하지 않았다는 사실은 놀라운 일이다.

로마인들에게 보낸 편지에 담긴 바울의 생각을 이러한 방식으로 읽는 데 동의한다면 (1장 "이 아들은, 육신으로는 다윗의 후손으로 태어나셨으며 … 우리 주 예수 그리스도이십니다" 에서부터 마지막 장인 16장 "지금은 예언자들의 글로 환히 공개되고, … 모든 이방 사람들에게" 알려진 "예수 그리스도에 관한 가르침"을 언급하는 데 이르기까지) 그가 이 서신의 나머지 부분에서 예수 그리스도의 이름을 수차례 언급한다는 것 또한 특별한 의미를 갖게 된다. 로마인들에게 보낸 편지가 이야기하는 예수 그리스도는 언젠가 바울이 자신을 가리켜 말했던 것처럼 "이스라엘 민족 … 히브리 사람 가운데서도 히브리 사람"(필립 3:5)인 것이다. 바울의 메시지가 유대교의 특수성과 구별되는 보편성을 지니고 있다고 하더라도 그 보편성의 밑바닥에는 예수가 유대인이라는 사실이 깔려 있다. 그에게 이는 필연적인 일이었다. 바울이 생각하기에 하느님께서 이스라엘 백성과 맺으신 계약, 곧 하느님의 은총이 담긴 선물과 그분이 주신 소명, 그 거스를 수 없는 부르심이 온 세상 모든 민족을 위한 것이 되려면, 즉 이방인들이 이스라엘 백성에 접붙여져 "참올리브 나무의 뿌리에서 올라오는 양분을 함께 받게"(로마 11:17) 되려면 예수는 유대인이어야 했다.

세월이 흐르면서, 예수를 그리는 수많은 방식이 생겨나면서 예수의 유대교적 배경을 새삼스럽게 강조하는 일은 점점 더 중요한 일이 되었다. 적어도 예수가 랍비라는 말을 숙고한다면 유대교 회당과 그리스도교 교회의 관계, 예수가 속했던 민족과 예수에게 속한 사람들의 관계를 무시할 수는 없으니 말이다. 물론 이를 살필 때 우리는 한학자의 이야기를 귀담아들어야 하겠다.

우리에게는 최근에 일어난 사건을 바라보는 오늘날의 눈으로 먼 과거를 판단할 자격이 없다.[20]

그리스도교인과 유대교인의 종교적, 도덕적, 정치적 관계는 문화사에서도 복잡하게 얽힌 채 오랜 시간 첨예한 갈등 중에 있다. 우리에게 남겨진 특별한 책임은, 특히 인류가 수 세기에 걸쳐 어떻게 예수를 그렸는지를 연구할 때는 더더욱, 그러한 갈등이 여전히 존재하고 있음을 잊지 않는 것이다. 산 자와 죽은 자를 심판할 최후의 심판자가 있으며 그가 우리 또한 심판하실 것이기에, 우리는 경솔하게 판단하고 심판하지 말아야 한다는 경고에 귀를 기울여야 한다.

20세기 마르크 샤갈Marc Chagall은 작품 《하얀 십자가형》White Crucifiction을 통해 우리에게 이러한 메시지를 분명하게 보여준다. 이 작품 속

---

20   Robert L. Wilken, *John Chrysostom and the Jews* (Berkley and Los Angeles: University of California Press, 1983), 162.

《하얀 십자가형》(1938년), 마르크 샤갈, 시카고 미술관.

십자가에 달린 사람은 무수한 십자가에 달린 예수상이 그러하듯 밋밋한 천으로 아랫도리를 가린 것이 아니라 독실하고 율법을 철저하게 준수하는 랍비가 입는 탈리스를 두르고 있다. 요한 복음서에서 예수는 예언했다.

사람들이 너희를 회당에서 내쫓을 것이다. 그리고 너희를 죽이는 사람마다, 자기네가 하는 그러한 일이 하느님을 섬기는 일이라고 생각할 때가 올 것이다. (요한 16:2)

역설적으로 그의 예언은 그를 따르는 제자라 주장하던 이들이 유대인들을 박해하며 이를 하느님을 섬기는 일이라고 여겼을 때 이루어진 것처럼 보인다. 그러나 샤갈의 그림 한가운데 있는 사람, 예수는 분명 이스라엘 백성에 속한 인물이다. 동시에 그는 이스라엘 백성에 속해 있기에 교회에, 그리고 온 세계에 속한 인물이다.

물음에 답하는 일보다는 물음을 던지는 일이 더 쉬우며, 물음을 던지는 일보다는 묻기를 포기하는 일이 더 쉬운 법이다. 그러나 우리는 묻지 않을 수 없다. 모든 교회와 가정이 마리아 성상을 보며 그녀를 하느님의 어머니, 천국의 여왕일 뿐 아니라 유대인 처녀이자 새로운 미리암으로 여기고, 그리스도 성상을 보며 그를 세계의 지배자일 뿐 아니라 랍비 예수아 바르 요셉, 나자렛의 랍비 예수, 다윗의 자손으로 여겼더라도 인류사에서 반유대주의가 그토록 횡행할 수 있었을까? 무수한 대학살, 아우슈비츠가 일어날 수 있었을까?

02
—
역사의 전환점

기한이 찼을 때에, 하느님께서는 자기 아들을 보내셔서,
여자에게서 나게 하시고, 또한 율법 아래에 놓이게 하셨습니다. (갈라 4:4)

 예수와 같은 시대를 살던 이들은 그를 랍비로 여겼다. 그러나 그 랍비가 가르치고 설교할 때 그 중심 내용은 '하느님의 복음'the gospel of God이었다.

때가 찼다. 하느님의 나라가 가까이 왔다.
회개하여라. 복음을 믿어라. (마르 1:15)

그렇기에 처음 그를 따르던 이들 중 많은 이는 그를 예언자라고 부르지 않을 수 없었다. 그리고 그를 알면 알수록 예수를 따르던 이들은

예수의 예언 활동이 지닌 특별함 또한 알게 되었다.

> 하느님께서 옛날에는 예언자들을 통하여, 여러 번에 걸쳐 여러 가
> 지 방법으로 우리 조상들에게 말씀하셨으나, 이 마지막 날에는 아들
> 을 통하여 우리에게 말씀하셨습니다. 하느님께서는 이 아들을 만물
> 의 상속자로 세우셨습니다. 그를 통하여 온 세상을 지으신 것입니
> 다. 그는 하느님의 영광의 광채시요, 하느님의 본체대로의 모습이십
> 니다. 그는 자기의 능력 있는 말씀으로 만물을 보존하시는 분이십니
> 다. (히브 1:1~3)

"때가 찼다", "이 마지막 날에"라는 말을 비롯해 그리스도교 초기
세대들의 진술들을 보면 우리는 그들이 예수가 이 땅에 온 의미를 온
전히 표현할 수 있는 언어를 찾기 위해 노력했으며 이를 수행하면서
역사의 문법을 새롭게 만들어내야 했음을 알 수 있다. 그들은 자신들
의 작업을 수행하는 가운데 역사, 시간이라는 범주뿐만 아니라 세계,
공간이라는 범주 또한 활용했다. 그리고 이 작업을 마무리하면서 그
들은 자신들이 그리스 철학에서 물려받은 형이상학 체계들을 변형시
켰다. 이 과정에 대해 가장 인상적이고도 깊이 있는 분석을 남긴 학
자인 찰스 노리스 코크레인Charles Norris Cochrane*은 말했다.

---

* 찰스 노리스 코크레인(1889~1945)은 캐나다의 역사학자이자 철학자다. 토론토
 대학교와 옥스퍼드 코퍼스 크리스티 칼리지에서 공부한 뒤 토론토 대학교에서
 고대사를 가르쳤다. 주요 저서로 『투키디데스와 역사학』Thucydides and the Science of
 History, 『그리스도교와 고전 문화』Christianity and Classical Culture 등이 있으며 특히 『그리

그리스도교와 고전주의의 차이는 다른 어떤 것보다 역사에 관한 입장에서 가장 분명하게 드러난다. 이것이야말로 두 시대를 가르는 분기점이자, 둘 사이에서 일어난 쟁점의 핵심이었다.[1]

역사에 관한 입장은 교회와 회당 사이에서 일어난 논쟁의 핵심이기도 했다. 교회는 자신을 새로운 이스라엘, 참된 이스라엘이라고 불렀는데 이는 기본적으로 하느님께서 이스라엘 민족을 이집트에서 탈출시킴으로써 그들을 구원하셨다는 역사적 해석을 차용한 것이다. 이러한 기존의 해석에 교회는 예수 그리스도가 죽음에서 부활함으로써 인류의 구원을 이루었다는 해석을 덧씌웠다. 이러한 예수상 역시 이후 예수를 묘사한 역사에서 나타난 다른 모든 상이 그러하듯 유대교 전통에서 유래한 것이다. 초기 한 그리스도교인(그는 예수가 자신을 "처음이자 마지막", 곧 역사의 주인Lord of history이라고 말하는 것을 들었다)은 에스겔서, 다니엘서, 그리고 이후 저술된 유대교 묵시 문학 작품들을 떠올리게 하는 언어로 선언했다.

그래서 나는 내게 들려 오는 그 음성을 알아보려고 돌아섰습니다. 돌아서서 보니, 일곱 금 촛대가 있는데, 그 촛대 한가운데 '인자와

스도교와 고전 문화』는 고전 문화와 그리스도교의 상관관계, 아우구스티누스의 지적 위상을 정립한 고전적인 지성사 저작으로 꼽힌다.

1 Charles Norris Cochrane, *Christianity and Classical Culture: A Study of Thought and Action from Augustus to Augustine* (Oxford: Clarendon Press, 1944), 456. 『기독교와 고전 문화』(한국장로교출판사)

같은 분'이 계셨습니다. 그는 발에 끌리는 긴 옷을 입고, 가슴에는 금띠를 띠고 계셨습니다. 머리와 머리털은 흰 양털과 같이, 또 눈과 같이 희고, 눈은 불꽃과 같고, 발은 풀무불에 달구어 낸 놋쇠와 같고, 음성은 큰 물소리와 같았습니다. 또 오른손에는 일곱 별을 쥐고, 입에서는 날카로운 양날 칼이 나오고, 얼굴은 해가 강렬하게 비치는 것과 같았습니다. (묵시 1:12~20)

알브레히트 뒤러Albrecht Dürer가 그린 《일곱 촛대의 환상》Vision of the Seven Candlesticks은 그 "공간의 삼차원성이 강조되면서도 동시에 부정되는 … 기이한 비현실감" 때문에 ("달구어 낸 놋쇠와 같은" 발 대신 신발이 등장하는 등 몇몇 세부 사항을 빼면) 되려 묵시록이 이 그림을 기초로 한 것은 아닌지 착각이 들 정도다.[2] 뒤러는 자신의 목판화에 예수를 위풍당당한 인물, 역사의 주인, 하늘과 땅을 지배하며 영원과 시간을 관장하는 군주, "알파요 오메가, 처음이요 마지막"인 이로 그렸다.[3]

당대 유대교 자료들을 통해, 우리는 하느님 나라에 관한 예수의 선포, 그리고 그를 따르던 이들이 예수에 관해 외친 선포에 이스라엘 백성의 하느님이 자신의 적을 물리치고 승리하리라는 (오랫동안 약속받았으나 끝없이 지체된) 기대감이 유대교 묵시 사상의 어조로 표출되고 있음을 알 수 있다. 예수, 그리고 앞서 세례자 요한이 하느님 나라가

2　Erwin Panofsky, *The Life and Art of Albrecht Dürer* (Princeton: Princeton University Press, 1955), 56~57. 『인문주의 예술가 뒤러 1,2』(한길사)

3　묵시 21:6, 1:8

《일곱 촛대의 환상》(1498년경), 알브레히트 뒤러, 『요한묵시록』 중.

도래했다고 선포한 시대는 모두 이를 "고대하고 있던"(루가 3:51) 시대였다. 사도행전에 따르면 예수의 제자들은 성금요일과 부활절 이후에도, 예수의 모습을 볼 수 없게 되기 직전까지도 그에게 묻는다.

주님, 주님께서 이스라엘에게 나라를 되찾아 주실 때가
바로 지금입니까? (사도 1:6)

그러자 예수는 답한다.

때나 시기는 아버지께서 아버지의 권한으로 정하신 것이니,
너희가 알 바가 아니다. (사도 1:7)

그러나 유대교와 초기 그리스도교가 하느님 나라의 도래를 기대했다는 사실과 관련한 가장 중요한 문제들을 회피하고 덮어두기란 어려운 일이었다. 특히 20세기 들어 신약학계는 예수의 말을 들은 이들만 종말에 대한 기대를 한 것이 아니라 예수가 전한 메시지 자체에 그러한 기대가 있었다고 주장했다.[4] 그들의 말에 따르면 예수가 전한 메시지에 담긴 참회하라는 부름과 윤리적으로 변화하라는 요구는 파루시아Parousia, 곧 인자가 영광의 구름 속에서 도래해 인간의 역사

---

4 이 문제를 다룬 중요한 저작은 다음과 같다. Amos Wilder, *Ethics and Eschatology in the Teaching of Jesus* (New York: Harper, 1950), Rudolf Otto, *The Kingdom of God and the Son of Man* (London: Lutterworth, 1938)

에 종지부를 찍고 하느님 나라라는 새로운 질서로 인도한다는 약속에 근거를 두고 있다. 특히 산상 설교에 나오는 도덕적 가르침, 이를테면 오른뺨을 때리거든 왼뺨도 대라는 터무니없어 보이는 요구(톨스토이는 그렇게 생각하지 않았겠지만)는 예수가 이 땅에서 활동할 때와 역사가 종말에 이를 때 사이의 짧은 중간기 동안 자신을 따르는 이들이 지켜야 할 바였다. 마태오 복음서에서 예수는 제자들에게 말한다.

> 너희가 이스라엘의 고을들을 다 돌기 전에 인자가 올 것이다.
>
> (마태 10:23)

또한 공관복음에 속하는 세 권의 복음서 모두 예수가 자신의 활동이 곧 끝나리라는 말을 했다고 전한다.

> 내가 진정으로 너희에게 말한다. 이 세대가 끝나기 전에, 이 모든 일이 다 일어날 것이다. 하늘과 땅은 없어질지라도, 나의 말은 결코 없어지지 않을 것이다.[5]

그러나 그 세대는 살아서 그 모든 일을 보지 못했다. 인자는 오지 않았으며 하늘과 땅도 없어지지 않았다. 이를 두고 슈바이처는 말했다.

---

5 마태 10:23, 24:34, 마르 13:30, 루가 21:32

오늘날에 이르기까지 '그리스도교'의 모든 역사, 즉 그리스도교의 진정한 내적 역사는 파루시아의 지연, 혹은 파루시아가 일어나지 않았다는 사실, 곧 종말론의 포기에 바탕을 두고 있다.[6]

이처럼 재림에 대한 묵시적 희망이 사라진 상황에서 "나의 말은 결코 없어지지 않을 것"이라던 약속은 무슨 의미가 있을까? 역사의 종말이 임박했다고 선포한, 그리고 이로 인해 지지와 권위를 얻었던 예수라는 인물은 어떻게 그 권위를 유지할 수 있었을까? 20세기 학자들은 이러한 실망감에서 비롯한 위기를 초기 그리스도교 공동체의 가장 큰 트라우마로 여겼으며 제도 교회와 예수의 위격에 관한 교리가 생겨난 이유로 보았다. 그러나 놀랍게도 파루시아가 지연되었기 때문에 트라우마가 생겼다는 가설은 2~3세기 자료들을 살펴보았을 때 별다른 설득력이 없다. 오히려 이 자료들은 역사가 종말에 이를 것이라는 강렬한 묵시적 기대와 인류의 역사가 계속되리라 전망하며 기꺼이 살아가려는 마음이 공존하고 있었음을, 그리고 이 둘은 예수라는 구심점을 점점 더 강조하는 모습으로 나타났음을 보여준다.

2세기 말 이러한 공존을 보여주는 좋은 예는 북아프리카의 사상가이자 라틴어를 사용한 최초의 주요 그리스도교 저술가인 테르툴리아누스Tertullian다.[7] 그는 동료 신자들에게 로마 사회가 제공하는 타락한 공연과 구경거리에 현혹되지 말라고 경고하며 그리스도인은 마지

---

6   Albert Schweitzer, *Quest of the Historical Jesus*, 360.

7   Jaroslav Pelikan, 'The Eschatology of Tertullian', *Church History* 21 (1952), 108~22.

막 날 일어날 위대한 공연과 구경거리를 고대해야 한다고 이야기했다. 마지막 날에는 승리한 그리스도가 로마의 정복자처럼 승전 행진을 할 것이며 그의 뒤를 따라 하느님의 백성을 박해했던 군주들과 총독들, 그의 메시지를 욕보였던 철학자들과 시인들, 그의 명령을 조롱했던 배우들과 그 밖의 "죄를 퍼뜨리고 전파한 이들"이 죄수가 되어 끌려올 것이라고 말했다. 또 다른 저서에서 그는 말했다.

> 그러므로 우리는 저 행진에 참여할 준비를 해야 합니다. … 기도하며 천사들의 나팔 소리가 울려 퍼지기를 고대해야 합니다.[8]

그러나 다른 곳에서 테르툴리아누스는 그리스도교가 로마 제국에 반역한다는 비난에 대해 이렇게 응하기도 했다.

> 우리는 황제들과 재상들과 그 외 모든 권력자를 위해, 이 세상이 안녕하기를, 평화가 널리 퍼지기를, 최후의 완성이 지연되기를 기도합니다.[9]

이러한 진술은 어찌 보면 4세기 예수 그리스도의 이름으로, 그의 권능으로 이 세상을 통치하는 그리스도인 로마 황제라는 생각이 싹트고 있음을 보여주는 것인지도 모른다. 그러나 이 맥락에서 우리는 그

---

8 Tertullian, *On Spectacles* 30, *On Prayer* 29.

9 Tertullian, *Apology* 39

리스도교인들이 예수 그리스도의 재림이 지연되기를 기도했다는 주장에 좀 더 주목해 볼 필요가 있다. 테르툴리아누스의 주장은 역사의 의미에 대한 새로운 이해를 제시하기 때문이다. 이러한 이해에 따르면 예수는 소박하고 문학적인 묵시 사상이 보았던 것처럼 단순히 미래에 재림해 역사에 종지부를 찍지 않는다. 그는 이미 역사의 전환점이다. 그렇기에 역사가 설사 계속된다 해도 그가 이 세상에 옴으로써 이 세상은 전복되고 변혁되었다고 할 수 있다.

테르툴리아누스는 이후 3세기와 4세기를 뒤덮은 논쟁들의 최종 결과 중 많은 부분을 앞서 자신의 신학 사상에 제시한, 삼위일체 교리와 그리스도의 위격에 대한 교리 발전에 중요한 공헌을 한 인물이기도 하다. 이러한 맥락에서 3~4세기 삼위일체 교리를 정립하는 작업에서 주요하게 작용했던 것은 예수가 하느님의 아들이라는 신학적이며 교리적인 의미뿐만이 아니다. 예수가 역사를 전환시킨 경첩이며 따라서 역사 과정에 대한 새로운 해석의 척도이자 역사 서술의 새로운 기준이라는 문화적 의미 또한 이러한 작업에서 커다란 비중을 차지했다. 그 새로운 해석의 출발은 이스라엘의 역사였으며 이제 그 역사의 목적은 예수의 삶과 죽음, 그리고 부활에 있다. 그리고 이는 유대교 성서에 대한 예언자들의 해석(어느 정도 의도적으로 변형하는 것까지를 포함해)에 분명하게 나타난다. 이스라엘의 자녀들이 포로 생활에서 탈출한 일을 두고 예언자 호세아는 하느님의 이름으로 말했다.

이스라엘이 어린아이일 때에, 내가 그를 사랑하여 내 아들을 이집트

에서 불러냈다. (호세 11:1)

그리스도교 복음서 저자는 이 구절을 예수의 가족이 헤로데 왕의 잔인한 음모를 피해 이집트로 도망할 것을 예견하는 구절로 보았다.[10] 또한 히브리 성서에 있는 '대관시'enthronement psalms들은 이스라엘에 다윗과 같은 왕들이 있었을 때조차 진정한 왕은 하느님이라고 고백했다. 이 같은 맥락에서 시편 96편은 선언한다.

주님께서 다스리시니! (시편 96:10)

그리스도교 철학자들과 시인들은 이 본문에 그리스도의 십자가를 암시하는 내용을 덧붙였고 그 결과 초기 그리스도교 성서에서 이 본문은 "주님께서 나무에서 다스리시니"가 되었다. 그들은 유대인들이 "나무에서"라는 표현을 일부러 삭제했다고 주장했다.[11] 이처럼 그리스도교인들은 히브리 성서를 뒤지며 그리스도를 언급하는 구절을 찾았으며 자신들이 찾아낸 구절들을 엮어 다양한 모음집과 주석을 만들었다.[12] 그들은 이스라엘 예언자들이 한 예언의 궁극적인 목적과 의의가 예수를 가리키고 있다고 보았다.

마찬가지로 그리스도교인들은 이스라엘이라는 왕국과 관련해서

---

10 마태 2:15 참조

11 Justin, *Dialogue with Trypho* 73.1, Venantius Fortunatus, *Carmina* 2.7.

12 Irenaeus, *Proof of the Apostolic Preaching*, Cyprian, *Testimonies*.

도 이 왕국을 이제는 십자가에 달린 이가 "나무에서" 다스린다고, 그렇게 그 왕국은 진정한 하느님의 나라가 되었다고 보았다. 본래 이스라엘은 사울이 왕이 됨으로써 왕국이 되었으나 "그는 하느님께 버림을 당하고 전쟁의 참화 속에 쓰러졌으며, 그의 집안이 배척을 당해서 더는 그 집안에서 국왕들이 나오지 않게 되자 다윗이 왕권을 계승했다"(그리스도는 누구보다도 다윗의 후손으로 불리었다). "하느님 백성이 장성한 청년의 시기를 보내는 출발점"이 된 다윗은 예루살렘을 왕국의 수도로 삼았다. 그는 "지상 예루살렘"에서는 왕이지만, "천상 예루살렘"에서는 "아들"이다. 히브리 성서에 따르면 그는 "그의 후손들이 끊임없이 왕위를 계승해 예루살렘을 통치하게 되리라"는 약속을 받았다.[13] 이를 두고 그리스도교인들은 왕이었던 다윗이 자신과 자신이 다스리던 왕국을 넘어 예수 그리스도라는 진정한 왕이 오리라는 약속을 받은 것이라고 재해석했다. 그리하여 시편 34편은 왕이신 그리스도를 가리키는 선언이 되었다.

> 오 하느님, 당신의 보좌는 영원무궁토록 견고할 것입니다.
> 당신의 통치는 정의의 통치입니다.
> 당신은 정의를 사랑하고 악을 미워하시니,
> 그러므로 하느님, 곧 당신의 하느님께서 다른 사람 제쳐 놓고
> 기쁨의 기름을 당신에게 부으셨습니다.[14] (시편 34:6~7)

---

13 Augustine, *City of God* 16.43, 17.20, 17.4. 『신국론』(분도출판사)
14 '기름을 당신에게 부으셨다'는 표현은 70인역 성서에서 그리스어 '에크리센

아우구스티누스에 따르면 다윗은 첫 행부터 예수를 하느님이라 부르고 그리스도를 "상징적으로 기름 부음 받았던 옛사람들과는 다르며 그들보다 우월한", 참된 기름 부음 받은 왕으로 보았다.[15] 이스라엘 왕국이 유다와 이스라엘로 분열된 역사가 "하느님의 섭리가 명령하거나 허락한" 것이라면, 비록 솔로몬의 아들 르호보암부터 시작된 왕들에게서 "수수께끼 같은 말이나 행적"을 발견하기 어렵고 그들이 "그리스도와 교회에 해당하는 내용을 예언했다고 보기는 힘들"다고 해도 그들의 역사는 그 자체로 미래의 그리스도를 암시하고 있다고 그는 생각했다. 그래서 분열된 두 왕국이 마침내 예루살렘에서 한 왕 아래 다시 통일되었을 때 아우구스티누스는 그 사건이 유일한 왕인 그리스도를 예기豫期한다고 보았다. 그들의 나라는 더는 권세나 통치권을 갖고 있지 못했기 때문이다. "그리스도께서 오셨을 때 유대인들은 로마인들에게 조공을 바치고 있었다."[16]

이러한 그리스도교적 관점을 따르면 이스라엘 사제직의 변화 및 계승 형태의 역사 또한 예수를 역사의 전환점으로 볼 때만 타당성을 지닌다. 여기서 아론의 레위인 사제직은 일시적이고 그림자에 지나지 않는다. 사제직의 본질은 참 대사제, 제사장인 예수 그리스도를 통해 실현되었다. "예수는 영원히 계시는 분이므로, 사제직을 영구히 간직"(히브 7:24) 하시기 때문이다. 하느님이 엘리에게 전한 "나는

세 ἔχρισέν σε로 번역되었다. 이는 '당신을 그리스도로 삼으셨다'는 뜻이다.

15 Augustine, *City of God* 17.16, Eusebius, *Ecclesiastical History* 1.3.14~15.

16 Augustine, *City of God* 17.20~23.

충성스러운 사제를 세워 그로 하여금 내 마음과 내 뜻을 그대로 이루게" 하겠다는 경고와 예언(1사무 2:27~36)은 일시적이었던 이스라엘 사제들과 그들의 계보를 통해서는 성취되지 않았으며 영원한 대사제인 "그리스도 예수를 통하여 성취되었다".[17] 신약성서에서도 '사제'라는 말은 그리스도교 교회의 사목자들, 당시 활동하던 사도들이 아니라 사제인 그리스도 혹은 구약성서에 나오는 사제들, 혹은 사제로서 모든 신자를 가리키는 말이었지만, 교회는 얼마 되지 않아 이 말을 서품받은 성직자를 가리킬 때 사용했다.[18] 사제직의 역사는 "빵과 포도주를 가지고" 나온 멜기세덱이라는 베일에 가린 인물에서 시작되어 모세의 형제 아론에 이르러 그 구체적인 형태를 갖추게 되었고 이 모든 것은 예수 그리스도에게로 가서, 그를 통하여, 그를 거쳐 신약성서 속 교회의 사제직과 미사라는 희생 제의로 바뀌게 되었다.[19]

이처럼 예언자이자 대사제이자 왕인 예수는 이스라엘 역사의 전환점이었다.[20] 그리고 그리스도교인들은 마찬가지 맥락에서 그가 세계 모든 나라의 역사, 인류사의 전환점이기도 하다고 생각했다(당시 사람들은 세계 역사가 "모든 나라의 여왕"인 로마 제국의 역사로 압축될 수 있다고 생각했기 때문이다). 이러한 생각은 3~5세기에 나온 많은 신학 저

---

17 Augustine, *City of God* 17.5~6.

18 Jaroslav Pelikan, *Christian Tradition* 1:25~26.

19 Fred L. Horton, Jr., *The Melchizedek Tradition: A Critical Examination of the Sources to the Fifth Century A.D. and in the Epistle to the Hebrews* (Cambridge: Cambridge University Press, 1976)

20 Eusebius, *Ecclesiastical History* 1.19, Augustine, *City of God* 17.4, John Calvin, *Institutes of the Christian Religion* 2.15.

서들에서 엿볼 수 있지만 다른 어느 저작보다 거대하게, 그리고 강력하게 이러한 생각을 드러낸 기념비적인 저작은 아우구스티누스가 쓴 『신국론』De civitate Dei이다(저자 스스로 서언에서 이 책이 "실로 거대하고도 험난한 작업"이었다고 밝힌다).[21] 주로 유대교 출신 그리스도교인들이 쓴 신약성서에서는 이스라엘 역사에서 예수가 어떠한 위치에 있는지를 밝힐 뿐 예수가 세계사에서 어떠한 위치에 있는지를 기술할 때, 예수라는 인물과 그가 전한 메시지를 이방 세계에 전하는 과업을 수행할 때 이를 어떻게 해야 하는지 구체적인 지침을 제공하지 않는다. 신약성서는 다만 이렇게 말할 뿐이다.

> 때가 차면 이 계획이 이루어져서 하늘과 땅에 있는 모든 것이 그리스도를 머리로 하고 하나가 될 것입니다. (에페 1:10)

> 때가 찼을 때 하느님께서 당신의 아들을 보내시어 여자의 몸에서 나게 하시고 율법의 지배를 받게 하시어 율법의 지배를 받고 사는 사람을 구원해 내시고 또 우리에게 당신의 자녀가 되는 자격을 얻게 하셨습니다. (갈라 4:4~5)

이러한 바울과 바울계 서신들의 영향 아래 한 초기 그리스도교 저술가는 하느님께서 왜 그렇게 오랫동안 기다리셨는지를 설명하면서

---

21   Peter Brown, *Augustine of Hippo. A Biography* (London: Faber and Faber, 1969), 299~312. 『아우구스티누스』(새물결)

세계사를 두 '기간', 혹은 '시대'로 나누었는데 이때 분기점은 (물론) 예수였다. 그는 예수를 통해 하느님께서 우리를 구원하기 위한 "방법"이 드러나고 확립되었다고 보았다.[22] 예수가 이 땅에 온 것과 로마의 역사를 연결하려는 흔적은 루가 복음서에서도 발견된다. 복음서가 시작되면 얼마 되지 않아 이런 내용이 나온다.

> 아우구스투스 황제가 칙령을 내려 온 세계가 호적 등록을 하게 되었는데 (루가 2:1)

> 티베리우스(티베리오, 디베료) 황제가 왕위에 오른 지 열다섯째 해
> (루가 3:1)

그러나 그리스도교에서 예수와 로마의 역사를 연결하려는 시도가 본격적으로 이루어진 것은 로마가 몰락하자 이를 로마 신들의 자리를 그리스도가 대신 차지해 그 신들이 분노하여 벌을 내린 결과라고 사람들이 혐의를 씌웠을 때부터다. 이러한 혐의에 맞서 아우구스티누스는 "그리스도가 육신으로 현존하면서 가르침을 내리기 시작하기 전이었을 뿐 아니라 동정녀에게서 탄생하기도 전"에 로마의 역사는 이미 "많고 혹심한 해악"으로 점철되어 있었다고 말했다. 더욱이 로마가 이러한 상태에 빠진 것은 전쟁에서 패해 고통받았을 때가 아니

---

22 *Epistle to Diognetus* 9. 『디오그네투스에게』(분도출판사)

라 승전을 거두고 났을 때라고 그는 역설했다. 그가 보기에 이미 로마에는 "도저히 견디기 어려울 정도"로 "갖가지 악덕들이 난무"했다.[23] "카르타고가 망하여 공화정 로마에 큰 공포가 축출되고 소멸되자 그 환경에서 즉시 엄청난 해악이 발생하고 뒤따랐"다고, 무엇보다 "소수의 세도가"들이 "지배욕"에 사로잡히게 되어 "제압당하고 쇠약해진 다른 모든 (로마) 사람"은 "예속의 멍에"를 짊어지게 되었다고 아우구스티누스는 지적한다.[24] 그에 따르면 로마가 감당치 못했던 것은 패배와 불황이 아니라 승리와 번영이었다. 로마 제국이 확장된다고 해서(그리스도가 이를 거스른다고 비난했지만) 인류가 저절로 분명하게 이익을 얻게 되지는 않는다. 아우구스티누스는 반문했다(이 말은 종종 금언으로 인용되곤 한다).

정의가 없는 제국은 거대한 강도 떼가 아니고 무엇이란 말인가?[25]

물론 아우구스티누스 역시 로마가 많은 위대한 업적을 남겼음을 부정하지 않았다. 로마 역사가 살루스티우스Sallustius의 말을 빌려 그는 로마가 "명예를 탐하고 … 위대한 영광과 정직한 부를 바랐"다고, "영광이라는 것을 열렬히도 사랑했고 … 이 한 가지에 대한 지대한 욕망으로 여타의 욕망들을 억눌"렀기에 자유 국가, 그리고 지배하

---

23 Augustine, *City of God* 2.18~19.

24 Augustine, *City of God* 1.30.

25 Augustine, *City of God* 4.3~4.

는 국가가 될 수 있었다고 말했다.[26] 아우구스티누스는 그리스도 안에서, 그리스도를 통해 활동하고 드러나는 하느님은 역사를 완성하기 위해 로마의 이러한 특성 또한 활용하셨다고 생각했다(역사는 운이나 운세 따위가 아니라 "사물의 질서와 시간의 질서"를 따라서 결정되는데 이는 "우리에게는 감추어져 있지만 하느님에게는 아주 환하게 알려져 있다").[27] "사물의 질서와 시간의 질서"라는 개념, 성서가 "세대의 연속"이라고 부른 것을 옹호함으로써 아우구스티누스는 역사가 반복된다는 이론, "똑같은 일이 항상 반복되고, 그 똑같은 일이 영원히 반복되면서 흘러" 간다는 생각에 반대했다.[28] 이를 뒷받침하는 결정적인 근거는 다름 아닌 예수 그리스도의 삶과 인격이다. 예수는 우리의 죄를 사하기 위해 단 한 번 죽었고, 죽음에서 살아나 다시는 죽지 않았다. 이와 마찬가지로 플라톤이 아카데미에서 가르친 일은 역사 속에서 단 한 번 일어난 일이지, 아직 오지 않은, 셀 수 없는 순환 중에 반복해서 일어나는 일이 아니다.[29] 그렇게 아우구스티누스는 그리스도의 삶, 죽음, 부활을 단 한 번 일어난, 유일회적인 사건이자 "인류의 시원부터 알려진 신비"로 보았다.[30] 이러한 맥락에서 크리스토퍼 도슨Christopher

---

26 Sallust, *Catilina* 7, Augustine, *City of God* 5.12~13.

27 Augustine, *City of God* 4.33, 5.1, 5.11.

28 Augustine, *City of God* 16.10, 12.18.

29 Augustine, *City of God* 12.13, Origen, *Against Celsus* 4.67.

30 Augustine, *City of God* 7.32.

Dawson[*]은 아우구스티누스가 "그리스도교 역사 철학의 창시자일 뿐 아니라 시간의 의미를 발견한 최초의 인물"이라고 평가했다.[31]

이처럼 아우구스티누스에게 시간과 역사, 그리고 시간과 역사에서 예수의 의미는 '결정적'crucial인 것이었다(이 같은 뜻을 지닌 라틴어 '크루시알리스'crucialis는 '크룩스 크리스티'crux Christi, 곧 그리스도의 십자가와 관련이 있다. 크루시알리스라는 말의 이러한 용례는 이전 고전이나 교부학 문헌에는 없던 새로운 것이었다. 그리고 이에 해당하는 영어 표현 '크루셜'crucial은 프랜시스 베이컨Francis Bacon이 만들었다).[32] 그리스도의 십자가에 이르는 역사는 곧 인류 구원의 역사이며 그리스도는 인류가 따라야 할 모범이다.[33] 역사의 전환점인 예수의 생애, 그의 생애에서 일어난 사건들은 역사 해석에만 영향을 미치지 않으며 역사 기록에도 새로운 활력을 불어넣었다. 아우구스티누스의 경우 다양한 문학 작품을 썼고 『고백록』 Confessiones이라는 전례 없는(당대는 물론 그리스, 로마 시대에도 없던) 새로

---

31 Christopher Dawson, 'St. Augustine and His Age', *St. Augustine* (New York: Meridian Books, 1957), 69.

32 *Oxford English Dictionary*, 'crucial' 항목 참조.

33 Augustine, *On the Creed* 9.

* 크리스토퍼 도슨(1889~1970)은 영국의 역사가다. 윈체스터 칼리지와 옥스퍼드의 트리니티 칼리지에서 공부했고, 대학원에서 역사학과 사회학을 전공했다. 엑서터 대학교에서 문화사를 강의했으며 1958~1962년에는 하버드 대학교 신학대학원 석좌교수를 지냈다. 영향력 있는 중세문화사가로 인정받았으며 20세기 영미권의 대표적인 가톨릭 사학자로 평가받는다. 중세가 '암흑시대'라는 기존의 주장에 반대했고 그리스도교가 유럽 문명 형성 과정에 핵심적인 역할을 수행했다는 입장을 취했다. 주요 저작으로 『유럽의 형성』The Making of Europe, 『신들의 시대』The Age of Gods, 『그리스도교와 새로운 시대』Christianity and the New Age, 『종교와 문화에 대한 연구』Enquiries into Religion and Culture 등이 있다. 한국에는 『유럽의 형성』(한길사), 『세계사의 원동력』(현대지성사)이 소개된 바 있다.

운 문학 장르를 창조했으며 몇몇 논쟁적인 저작 중 한두 작품에서 역사 기록을 남기려 한 흔적은 보이나 본격적인 의미에서 '서사'로서 역사를 기술하려 하지는 않았다. 그러나 아우구스티누스보다 한 세기 전 그리스도교 저술가인 카이사리아의 에우세비우스Eusebius of Caesarea와 알렉산드리아의 아타나시우스Athanasius of Alexandria의 저작들에서 우리는 예수 그리스도라는 인물을 중심으로 새롭게 역사 전체를 기술하려는 모습과 그 결과를 볼 수 있다. 공교롭게도 그들은 4세기 예수 그리스도라는 인물과 하느님의 관계를 두고 일어난 논쟁에서 서로 반대편에 서 있었지만 역사 기술과 관련해서는 유사한 공헌을 남겼다.

지나친 낙관론과 때로는 정직하지 못한 기록으로 비난을 받았지만, 역사가로서 에우세비우스가 남긴 기록은 초기 그리스도교 역사를 이해하는 데 필수적인 자료다.[34] 오늘날 그 시기를 다루는 교회사 저작 중 아무 책이나 고르더라도 거기서 에우세비우스에게서 유래한 자료들을 지워버린다면 남는 것은 잡동사니뿐일 것이다. 그리스도교를 변증하고자 쓴 두 권의 책(『복음의 준비』Praeparatio evangelica와 『복음의 논증』Demonstratio Evangelica)의 저자로서, 또한 앞선 시기에 나왔던 그리스도교 변증들에 대한 역사가로서 그는 지난 시기 변증가들을 향해 '사건'event이 아닌 '논증'argument에만 몰두했다며 비판했다.[35] 저작 『교회사』Historia ecclesiastica에서 에우세비우스는 이러한 불균형을 바로잡기로

---

34 Martin Werner, *Die Entstehung des christlichen Dogmas* (Bern: Paul Haupt, 1941), 50, 112~113.

35 Eusebius, *The Preparation of the Gospel* 1.3.6~7.

마음먹고 예수의 생애에 비추어 역사를 기록한다.

서문에서 그는 이교도 비평가들이 그리스도와 그리스도교를 반대하는 두 가지 주장(그리스도가 "인류사에서 등장한 지 얼마 되지 않은 이"라는 주장과 그리스도의 나라가 "세계의 구석 어딘가에 숨어 있다"는 주장)을 언급한다. 그들이 보기에 그리스도는 "새로우면서도 기이한" 존재였다. 이에 대한 응답으로 에우세비우스는 다른 무엇보다 예수를 중심으로 역사를 다시 썼다.[36] 이 역사는 인류의 기원까지 거슬러 올라가는데 하느님을 만난 이들은 "이름만 빼고는 사실상" 그리스도인이라 할 수 있다고 그는 말한다.[37] 그리고 이 역사는 에우세비우스가 속한 시대까지도 뻗어 나간다. 그리스, 로마 시대 역사학자들처럼 에우세비우스 역시 역사 기록을 하며 당대 일어난 사건들을 집중적으로 다루었다. 그러나 여기에는 근본적인 차이가 있다. 인류사에서 결정적인 사건은 자신이 속한 당대에 일어난 사건들이 아닌, 예수 그리스도의 출현이라고 그는 이야기했다. 한 학자가 말했듯 에우세비우스의 "관심사는 세계를 향한 하느님의 계획에 바탕을 둔, 인류를 향한 예수의 보편적이고 역사적인 의미를 파악"하고 이를 전달하는 데 있었다.[38] 그가 논증 대신 사건을 기술하기, 곧 역사 기술을 택한 것은 바로 이 때문이다. 그리고 이러한 문제의식 아래 그는 "아우구스투스가 지배

---

36 내용 중 일부를 내 책에서 인용했다. *Finality of Jesus Christ in an Age of Universal History* (London: Lutterworth, 1965), 48~56.

37 Eusebius, *Ecclesiastical History* 1.4.6.

38 C. F. Georg Heinrici, *Das Urchristentum in der Kirchengeschichte des Eusebius* (Leipzig: Dürr, 1894), 21.

하던 때", 즉 예수 그리스도가 태어난 때를 전환점으로 삼아 역사를 기술했다.[39]

에우세비우스와 동시대인이자 적수이기도 했던 알렉산드리아의 주교 아타나시우스는 주로 그가 쓴 교리적이고 논쟁적인 신학 저작들로 알려져 있다. 그러나 여러 가지 측면에서 그가 쓴 책 중 가장 커다란 영향력을 행사한 책은 정작 교리와 논증을 거의 다루지 않는다. 그 책은 바로 이집트에서 일어난 그리스도교 수도원 운동의 창시자 안토니우스Antony the Great에 관한 전기 『안토니우스의 생애』Vita Antonii다. 아타나시우스를 혹독하게 비판했던 이들조차 찬사를 보낸 이 책은 어느 정도는 서방 독자들을 의식하고 쓰였으며 아타나시우스가 살아 있을 때 그리스어에서 라틴어로 번역되었다(그리고 이 라틴어 번역본은 아우구스티누스의 회심에 일정한 영향을 미쳤다).[40,41] 지금까지의 맥락에서 본다면 『안토니우스의 생애』는 역사 기술이 예수를 통해 어떻게 새롭게 되었는지를 보여주는 가장 좋은 예다. 이 전기는 기본적으로 예수의 생애를 그린 복음서에서 영감을 받았다.

물론 이 책은 그리스 이교도 저자들이 쓴 전기들과도 일정한 연관성이 있다. 널리 알려진 『플루타르코스 영웅전』Bíoi Parálleloi과 견주어 보면 차이점이 더 도드라져 보인다 해도 몇 가지 유사점이 보인다. 그리스 성인들의 생애라는 문학 형식에 관해 가장 깊이 연구한 학자인

---

39 Eusebius, *Ecclesiastical History* 4.26.7, 사르디스의 멜리토Melito of Sardis를 인용.

40 Eduard Schwartz, *Zur Geschichte des Athanasius* (Berlin: Walter de Gruyter, 1959), 286, n. 3.

41 이 책 271 참조.

칼 홀Karl Holl*은 『안토니우스의 생애』가 포시도니우스Posidonius 전기, 티아나의 아폴로니우스Apollonius of Tyana 전기를 본으로 삼았다고 주장하기도 했다.[42] 실제로 아타나시우스가 전기를 쓴 근본적인 목적은 앞서 나온 전기들처럼 안토니우스가 이상을 체현한 인물이었음을 보여주는 데 있었다. 하지만 그는 매우 구체적인 언어로 그의 삶을 실존적인 투쟁으로, 죽기까지 끝나지 않은 투쟁으로 그렸다. 이를 통해 아타나시우스는 "구세주께서 안토니우스 안에서 활동"했음을 드러내려 했다.[43,44] 이 책이 기적 이야기로 가득 차 있으며, 이단에 맞서 안토니우스가 한 설교들에 상세한 설명이 실린 이유는 이 때문이다. 초기 그리스도교 문헌 연구의 대가인 요한네스 콰스텐Johannes Quasten**은

---

42 Karl Holl, 'Die schriftstellerische Form des griechischen Heiligenlebens', *Gesammelte Aufsätze zur Kirchengeschichte* (Darmstadt: Wissenschaftliche Buchgesellschaft, 1964), 2:249~269.

43 Athanasius, *The Life of Antony* 7. 『사막의 안토니우스』(분도출판사)

44 Athanasius, *The Life of Antony* 1~2.

* 칼 홀(1866~1926)은 독일의 프로테스탄트 신학자이자 교회사가다. 튀빙엔 대학교와 베를린 대학교에서 신학을 공부했으며 튀빙엔 대학교 교회사 교수를 거쳐 베를린 대학교에서 교회사 교수로 활동했다. 루돌프 헤르만, 파울 알트하우스 등과 함께 마르틴 루터의 생애와 문헌에 관한 세밀한 연구를 바탕으로 개신교 종교개혁 사상을 체계적으로 재구축하려는 이른바 '루터 르네상스'를 이끈 학자로 평가받는다. 주요 저서로 『프로테스탄트 역사에 비추어 본 칭의 교리』 Die Rechtfertigungslehre im Licht der Geschichte des Protestantismus, 『초기 그리스도교와 종교사』 Urchristentum und Religionsgeschichte 등이 있다.

** 요한네스 콰스텐(1900~1987)은 독일의 로마 가톨릭 사제이자 신학자다. 1926년 사제 서품을 받았으며 뮌스터 베스트팔렌 빌헬름 대학교, 교황청립 그리스도교 고고학 연구소에서 신학을 공부했다. 1938년 미국으로 가 아메리카 가톨릭 대학교의 교수가 되어 1970년까지 활동했으며 이후에는 프라이부르크 대학교의 명예교수가 되어 가톨릭 신학을 가르쳤다. 교부 문헌에 대한 방대한 연구물을 남겼으며 특히 방대한 분량의 『교부학』Patrology은 영미권에서 필수 참고문헌으로 읽힌다.

전기라는 문학 장르의 역사에서 『안토니우스의 생애』가 차지하는 위치를 압축하여 설명한 바 있다.

영웅의 일대기Vita 같은 고전적인 유형이나 이후 등장한 현자의 일대기가 아타나시우스에게 영감을 주었다는 데는 의심의 여지가 없다. 그럼에도 그가 위대한 성취를 이루었다는 사실은 퇴색하지 않는다. 그는 이상적인 인물들을 표현하는 법을 물려받아 이를 그리스도교라는 틀로 재구성해 은총에 기대어 그리스도를 닮아가는 이의 삶을 그림으로써 기존과 동일한 영웅 정신을 드러냈다. 그렇게 그는 이후에 등장하는 모든 그리스어, 라틴어 성인전의 모범이 되는 새로운 전기 유형을 창조했다.[45]

『안토니우스의 생애』가 확립한 전통을 이어받은 대표적인 작품으로는 중세 시기 베다*Bede가 쓴 『커트버스의 생애』Vita Sancti Cuthberti를 들 수

---

45 Johannes Quasten, *Patrology* (Westminster, Md.: Newman Press, 1951~), 3:43.

* '가경자' 베다(672/3~735)는 잉글랜드의 수사이자 신학자, 역사가다. 고대 영어로 '베다'Baeda라고 표기되었으나 현대 영어는 '비드'Bede로 표기하기 때문에 흔히 '비드'라고도 불린다. 노섬브리아 왕국에서 태어났으며 캔터베리에 있는 성 베드로 수도원으로 보내져 교육을 받고 685년부터는 성 바울 수도원으로 옮겨 체올프리두스의 지도를 받았다. 베네딕도회의 수사가 되었고 30세에 사제 서품을 받았다. 몇 차례의 짧은 여행을 제외하고는 늘 수도원 안에서 생활하면서 성서 연구에 전념했으며, 수도원 내 교육과 저술 활동에 평생을 바쳤다. 당대에 박식함으로 이름을 날렸으며 영문학사에 커다란 영향을 끼쳤다. 당대에 사람들에게 널리 읽혔던 것은 성서 주해서들이었지만 오늘날에는 역사가로 더 잘 알려져 있으며 '영국 역사의 아버지'라고도 불린다. 『영국민의 교회사』Ecclesiastical History of the English People는 교회사뿐 아니라 영국 역사의 고전으로 꼽힌다. 단테의 『신곡』 '천국 편'에 등장하는 유일한 잉글랜드인이기도 하다. 한국어로 『영국민의 교회사』(나남)가 소개된 바 있다.

있다. 최근의 한 연구서가 지적하듯 "커트버스와 같은 성인이 그리스도와 이전 성인들의 삶을 닮으려 했다는 것은 지극히 당연한 일이다. 그보다 전기에 관해 이야기할 때 간과하지 말아야 할 것은 이러한 모방의 함의와 모방이 담고 있는, 모방을 통해 드러내려 한 실재다".[46] 커트버스의 생애(커트버스의 실제 생애)와 『커트버스의 생애』(베다가 기술한 커트버스의 생애) 모두에게 전환점은 네 편의 복음서가 전한 예수의 생애였다.

오늘날 세계 대부분의 나라가 사용하는 역법曆法이 된 유럽의 역법은 예수가 (과정으로서든, 이야기로서든) 역사의 전환점이자 분기점이라는 관점을 채택한 결과다. 루가에서부터 에우세비우스 그리고 그 이후 이러한 관점이 온전히 정착하기 전까지 그리스도교 역사가들은 로마 황제의 통치 기간을 기준으로 사건이 일어난 날짜를 세는 로마식 체계를 사용했다. 황제의 통치 기간을 기준으로 한 날짜는 점차 로물루스와 레무스가 로마를 세웠다는 전설 속의 날부터 셈한 연대기를 들어 표기하게 되었는데 이 표기가 바로 A.U.C.Ab Urbe Condita(로마 건국 이래라는 뜻이다. 흔히 『로마사』The History of Rome라고 부르는 리비우스Livius 저작의 원제이기도 하다). 그리스도교인들도 이를 따랐으나 디오클레티아누스Diocletian 황제(284~305년 재위)가 교회를 박해하자 일부 그리스도교 공동체는 자신들의 달력을 이른바 순교자 시대Age of the Martyrs로부터 셈했다. 예를 들어 4세기 아타나시우스가 쓴 『축일 서간집』

---

46 Judith H. Anderson, *Biographical Truth: The Representation of Historical Persons in Tudor-Stuart Writing* (New Haven: Yale University Press, 1984), 21~22.

Epistulae festales에서 '월'과 '일'은 이집트식 역법을 따랐지만, 첫 번째 축일 서간을 쓴 연도는 "디오클레티아누스 치세 44년"(주후 327년)이라고 적혀 있다.[47] 이집트에 있는 콥트 그리스도교인들과 에티오피아 그리스도교인들은 오늘날에도 이 역법을 사용한다.

6세기에 이르러 로마에 살던 스키타이인 수도사 디오니시우스 엑시구스Dionysius Exiguus("작은 데니스")는 새로운 셈법을 제안했다. 로물루스와 레무스가 로마를 세웠다는 이교 전설이나 박해자 디오클레티아누스에 의존할 것이 아니라 예수 그리스도의 성육신을 기준으로, 좀 더 정확하게는 천사 가브리엘이 동정녀 마리아에게 예수의 탄생을 고지한 날인 A.U.C. 753년 3월 25일을 기준으로 하자고 말이다. 오늘날까지도 분명하게 밝혀지지 않은 이유로 디오니시우스 엑시구스는 4~7년 정도를 잘못 계산했는데, 이로 인해 예수가 주전 4년에 태어났다고 말하게 되는 우스꽝스러운 상황이 발생했다. 그러나 이러한 사소한 문제에도 불구하고 디오니시우스가 제시한 "그리스도력"은 점차 자리를 잡아 나갔고 수 세기의 시간이 흐른 뒤 오늘날에는 보편적으로 쓰이고 있다.[48] 오늘날 역사나 전기를 기술할 때 그 날짜는 '우리 주의 해'the years of Our Lord를 따라 '주전'Before Christ 혹은 '주후'Anno Domini로 표기하고 있다. 이는 반그리스도교인의 일대기라 해도 마찬가지다. 그리스도의 적에 관한 전기라 할지라도 날짜 표기는 예수 그

---

47 다음 저작의 번역과 대조표는 유익하다. Archibald Robertson, *Nicene and Post-Nicene Fathers of the Church* 4:502~503.

48 Bruno Krusch, *Studien zur christlich-mittelalterlichen Chronologie: die Entstehung unserer heutigen Zeitrechmun* (Berlin: Akademie der Wissenschaften, 1938), 2:59~87.

리스도가 기준이 되는 표기를 따라야 한다. 그래서 우리는 네로가 주후 68년에 세상을 떠났다고, 스탈린이 주후 1953년에 세상을 떠났다고 말한다. 그러니 이러한 의미에서 나자렛 예수로 인해 역사가 동일하게 반복되지 않게 되었다는 말은 참이다.

03

이방 사람들을 비추는 빛

하느님께서는 항상 당신 자신을 알려주셨습니다. (사도 14:17)

 라인홀드 니버Reinhold Niebuhr는 말했다.

묻지도 않았는데 하는 대답만큼 믿을 수 없는 것은
없다.[1]

그는 이 경구를 기준 삼아 인류 문화를 "그리스도를 기대하는 문화"
와 "그리스도를 기대하지 않는 문화"로 나누었다. 그러나 예수를 따
르던 이들은 "그리스도를 기대하지 않는 문화"란 없다고, 예수라는

---

1   Reinhold Niebuhr, *The Nature and Destiny of Man* (New York: Charles Scribner's Sons, 1941~1943), 2:6. 『인간의 본성과 운명 1,2』(종문화사)

인물과 그의 가르침, 그의 삶과 죽음은 이 세상 모든 곳에서 제기된 물음에 대한 하느님의 답이라고, 인류의 보편적인 열망에 대한 하느님의 성취라고 생각했다. 한 초기 그리스도교 저술가는 저 보편적인 열망을 "온 인류가 회심하고 우리의 공동의 이름이자 공동의 희망인 그리스도 예수를 통하여 하느님을 향해 가는 길을 걷게 되리라는 희망의 근거"로 여겼다.[2] 이러한 확신 가운데 초기 그리스도교인들은 자신들이 살았던 1~3세기(혹은 4세기) 세계에 예수의 메시지와 그가 한 일의 의미를 설명하려 애썼다.

이방 세계에 저 희망의 메시지를 보내면서 그들은 그리스-로마 문화에서 예수 그리스도라는 공동의 이름이 답이 되었던 물음이 무엇인지를 찾으려 했다. 당시 그리스도교인들은 어린 예수를 두고 한 예언을 염두에 두고 있었다.

주님께서 구원을 모든 백성 앞에 마련하셨으니,
이는 이방 사람들에게는 계시하는 빛이요,
주님의 백성 이스라엘에게는 영광입니다. (루가 2:32)[3]

신약성서에서 시작된, 히브리 성서를 이용해 예수를 이스라엘 백성의 영광이라고 해석하는 것은 매우 성공적으로 보였다. 그리스도교인들은 여기서 예수가 이방 사람들에게 "계시하는 빛"이라고 해석할

---

2 Ignatius, *Ephesians* 10.1, 1.2.
3 Prosper of Aquitaine, *The Call of All Nations* 2.18.

수 있는 몇 가지 방법을 유추해냈다. 그 방법은 크게 세 가지(그리스도에 대한 유대교 이외의 예언들, 예수에 관한 교리를 예상한 것처럼 보이는 이방인의 발언들, 그리고 예수의 죽음을 통해 이루어지는 구원을 가리키는 전조나 '전형')로 나눌 수 있다.

메시아가 오리라는 희망과 메시아에 대한 예언은 유대 민족 역사에서 두드러지게 나타나는 특징이기는 하나 이스라엘의 전유물은 아니었다. 아우구스티누스는 말했다.

> 다른 민족에 속하는 이들에게도 이러한 신비가 드러난 적이 있으며 그들은 이를 선포하지 않을 수 없었다.[4]

히브리 성서는 '이방인 성인'으로 욥, 모세의 장인 이드로, 예언자 발람 세 사람을 들었으며 유대교 랍비들과 그리스도교 교부들은 이들의 존재를 받아들여야만 했다.[5]

이러한 성서의 보증에 힘입어 그리스도교 변증가들은 이방인들의 문헌에서 예수를 암시하는 메시아 예언의 증거를 찾았다. 이중 가장 극적이면서도 널리 알려진 작품은 로마 시인 베르길리우스Vergil가 『목가』Eclogues 4편에서 한 예언일 것이다.[6] 여기서 그는 "시대의 새로운 질

---

4 Augustine, *City of God* 18.47.

5 Judith Baskin, *Pharaoh's Counsellors: Job, Jethro, and Balaam in Rabbinic and Patristic Tradition* (Chico, Calif: Scholars Press, 1983)

6 Vergil, *Eclogues* 4.5~52.

서"가 이 세계에 돌입하리라고 예견했다. "이제 처녀는 돌아오고", "새로운 인류가 하늘 높은 곳에서 내려온다". 이러한 변화로 인해 "한 아이가 태어나고, 그와 함께 인류의 철기 시대는 끝나고 황금시대가 시작될 것이다". 아이의 탄생은 인간 본성을 변혁할 것이다.

> 그대의 인도에 따라, 아주 오래도록 남아 있던 우리 악함의 흔적은
> 자취를 감추고 이 땅은 끝없는 공포에서 자유를 얻으리니

아이의 탄생은 자연에도 변화를 일으킨다.

> 오 아이여, 너로 인해 대지는 일구지 않아도
> 기꺼이 선물을 쏟아내리라. …
> 그대의 요람은 한 아름 꽃을 피워
> 그대를 어루만질 것이며, 뱀도 죽음을 맞이하리라.

> 그러니
> 그대의 위대한 영예를 취하라. 머잖아 때가 오리라,
> 신들의 사랑스러운 아이여, 유피테르의 위대한 자식이여.
> 보라, 세상의 지붕 아래 힘들이 휘청이는 것을,
> 보라, 대지와 드넓은 바다, 하늘 깊은 곳,
> 그 모든 것이 다가올 시대를 기다리며 기쁨에 차 있음을.

초기 그리스도교인들이 이 시를 이스라엘 민족이 아닌 다른 이들도 메시아가 오리라는 희망을 품었다는 증거로 여겼다는 점은 그리 놀랄 일이 아니다. 그들은 이 시를 이사야서에 담긴 예언들과 유사하다고 생각했을 뿐만 아니라 성서가 강조하는 다른 부분과도 유사성이 있다고 보았다. 이를테면 새 하늘과 새 땅을 예견한다는 점, 새로운 인류, 곧 지상이 아닌 하늘의 시민을 고대한다는 점, 타락한 세계에 빠진 인간의 본성에 들러붙어 있던, 오래도록 이어 내려온 악의 그림자가 사라지리라고 예견했다는 점이 그렇다. 심지어 시는 에덴 동산에서 하느님이 아담과 하와에게 약속했던 "뱀", 곧 인류의 오래된 적의 파멸까지 그리고 있으며 그러한 일이 "처녀"가 등장하고 "신의 … 아이", 지극히 높으신 분의 자손이 태어남으로써 일어난다고까지 이야기하는 것처럼 보였다.[7]

한때 사람들은 이 시를 아우구스투스 황제를 찬양하는 시로 여겼으나 아이러니하게도 주후 313년경 콘스탄티누스Constantine 황제는 「성인들을 향한 연설」에서 이 시가 예수를 예언하는 것이라고 주장했다. 그는 이 시를 그리스어로 번역해 인용했으며 행마다 그리스도교적인 관점으로 해설을 달았다.[8] 훗날 히에로니무스Jerome는 베르길리우스가 메시아를 예언하고 있다는 해석을 받아들이지 않았지만, 아우구스티누스는 콘스탄티누스처럼 "이 널리 알려진 시인은 그리스도에 관해

---

7 이사 61:17, 묵시. 21:1, 필립 3:20, 이사 53:5, 창세 3:15, 이사 7:14, 이사 9:6와 비교하라.

8 Constantine, *Oration to the Saints* 19~21.

말하고 있다"고 주장했다.[9] 그런가 하면 만토바에서 중세 시기까지 불렸던 《성 바울 미사곡》은 사도 바울이 나폴리에 있는 베르길리우스의 묘를 찾아 그가 살아 있을 때 찾아오지 못했음을 슬퍼했다는 전설을 가사에 담았다.[10]

『목가』 4편을 예수의 출현과 연결 지은 가장 중요한 작품은 『신곡』 「연옥편」 제22곡이다.[11] 여기서 단테Dante Alighieri는 베르길리우스의 시구들을 이탈리아어로 번역해 인용한다.

새로운 시대가 시작된다.
정의가 돌아오고 인류의 첫 시기가 돌아오며
한 자손이 새로이 내려온다.

그러고 나서 그는 베르길리우스에게 경의를 표한다.

그대로 인해 나는 시인이 되었으며
그대로 인해 나는 그리스도인이 되었다.

예수에 대한 예언으로서 『목가』 4편의 명성은 이 시가 그리스-로

---

9 Jerome, *Epistles* 53.7. Augustine, *City of God* 10.27, Augustine, *Epistles* 137.3.12.

10 Domenico Comparetti, *Vergil in the Middle Ages* (London: George Allen & Unwin Ltd., 1966), 98, n. 6.

11 Dante, *Purgatorio* 22.70~73. 『신곡』(열린책들)

마 시대의 여성 예언자 쿠마에의 시빌레Cumean Sibyl를 인용하면서 더 높아졌다. 『아이네이스』Aeneid에서도 베르길리우스는 시빌레를 언급한 바 있는데 여기서 그녀는 "무시무시한 수수께끼를 노래"horrendas canit ambages한다.[12] 시빌레의 신탁에 나오는 환상과 어록을 모아놓은 책들이 몇 권 있었지만 가장 중요한 책은 주전 83년 유피테르 신전에서 발생한 화재로 소실되었으며 이는 이교도, 유대교인, 그리스도교인에게 새로운 신탁 모음집을 조작하는 계기가 되었다. 그 결과 이후 수 세기 동안 그리스도교화된 신탁 모음집이 나왔다. 초기 그리스도교를 비판했던 이들 중 한 사람은 말했다.

예수를 하느님의 아들이라 부르는 대신 시빌레에게 그 영예를 돌려야 한다.

그러나 그리스도교인들이 시빌레의 말을 인용한 것은 예수가 하느님의 아들이라는 주장을 뒷받침하기 위해서였다. 오늘날 우리도 (조작된 것이기는 하나) 같은 자료를 통해 그들이 이를 위해 신탁을 인용했음을 알 수 있다.[13] 그들은 시빌레의 신탁 모음집들을 성령의 영감을 받은 권위 있는 예언서, 히브리 성서와 동등한 권위를 지닌 책으로 여기고 이를 인용했다.[14]

---

12 Vergil, *Aeneid* 6.99. 『아이네이스』(숲)

13 Origen, *Against Celsus* 7.56, 7.53. 『켈수스를 논박함』(새물결)

14 Theophilus, *To Autolycus* 2.9, Lactantius, *Divine Institutes* 1.6.

《델피카(델포이 출신의 시빌레)》(1509~10년), 미켈란젤로, 시스티나 경당 벽화.

《이사야》(1509~10년), 미켈란젤로, 시스티나 경당 벽화.

그들에게 시빌레는 "예언자임과 동시에 시인"이었다.[15] 『성인들을 향한 연설』에서 콘스탄티누스 역시 시빌레의 권위에 호소하며 그녀가 쓴 시 하나의 첫 글자들을 연결하면 그리스어로 이크튀스ΙΧΘΥΣ, "예수 그리스도, 하느님의 아들, 구원자, 십자가"가 된다고 말했다(이크튀스는 그리스어로 물고기를 뜻하며 결과적으로 그리스도를 가리키는 상징이었다).[16,17] 이렇듯 당시 그리스도교인들은 로마의 이교도 무녀도 예수 그리스도를 예견했다고 믿었다(물론 실제로는 알려지지 않은 어떤 그리스도교인이 위조한 것일 테지만 말이다).

그들은 고대 로마 예언이 그리스도의 출현, 그의 이름을 예언했을 뿐만 아니라 세상이 끝날 때 그리스도가 심판하러 오리라는 것도 예언했다고 생각했다. 이때도 증거 자료로 활용된 것은 시빌레 전승이었다. 물론 그리스도교인들이 손대기 전부터 시빌레의 예언에는 미래에 신이 인류를 벌하러 오리라는 위협과 경고가 담겨 있었다. 그리고 이 예언이 유대교인, 그리스도교인들의 손을 거치자 위협의 범위는 넓어졌으며 위협의 내용에는 더 구체적인 살이 붙었다. 예수가 다시 이 땅에 돌아와 산 자와 죽은 자를 심판하리라는 신경의 예언을 입증하기 위해 그리스도교 신경을 변증한 이들은 변하고 부패하는 모든 것은 최후의 심판 때 하느님에 의해 파멸하리라는 시빌레의 예언을 인용했으며 그녀가 신(하느님)이 기근, 역병, 그리고 그 외 모든

---

15 Clement of Alexandria, *Exhortation to the Greeks* 2.

16 Constantine, *Oration to the Saints* 18.

17 Augustine, *City of God* 18.23.

끔찍한 징벌을 내리는 이라고 한 말을 근거로 삼았다.[18] 중세 시기에도 그리스도가 다시 이 땅에 돌아와 산 자와 죽은 자를 심판하리라는 예언의 기능을 맡은 시빌레의 신탁들은 그리스도교 신학자들과 민간인들에게 사랑받았으며 예술 분야에서도 광범위하게 활용되었다. 중세 후기 이탈리아, 르네상스 예술도 예외는 아니었다.[19]

이를 보여주는 작품 중에서 가장 탁월한 작품은 미켈란젤로 Michelangelo가 시스티나 경당Sistine Chapel의 왼쪽과 오른쪽 벽을 따라 그린 천장 프레스코화일 것이다. 여기에는 다섯 명의 시빌레, 그리고 이에 상응하는 구약의 다섯 예언자가 그려져 있다. 이를 두고 예술사가 샤를 드 톨네Charles de Tolnay*는 미켈란젤로가 시빌레와 예언자를 강조점을 달리해 표현했음에도 불구하고 둘 모두 "예로부터 내려오는 문학, 예술 전통", 즉 "그리스도의 도래와 수난을 예견하는 전통"을 상기시킨다고 말한 바 있다.[20] 드 톨네의 말대로 미켈란젤로가 시빌레를 예언자와 대비시켜 표현했다고 하더라도 이들의 크기나 위치를 염두에

---

18 Justin Martyr, *I Apology* 20, Clement of Alexandria, *Exhortation to the Greeks* 8.27.4.

19 A. Rossi, 'Le Sibille nelle arti figurative italiane', *L'Arte* 18 (1915), 272~285.

20 Charles de Tolnay, 'The Sistine Ceiling', *Michelangelo* (Princeton: Princeton University Press, 1945), 46, 57.

* 샤를 드 톨네(1899~1981)는 헝가리의 역사가이자 예술가다. 독일 베를린 대학교와 프랑크푸르트 대학교에서 역사학과 고고학을 공부했으며 빈 대학교에서 히에로니무스 보스에 관한 연구로 박사학위를 받았으며 다시 독일로 돌아와 미켈란젤로에 관한 연구로 교수자격을 취득했다. 1939년 미국으로 이주해 프린스턴 고등연구소 연구원을 거쳐 콜롬비아 대학교의 예술사 교수로 활동했다. 플랑드르 화가들, 그리고 미켈란젤로에 관한 연구로 명성을 떨쳤다. 주요 저서로 총 5권으로 된 『미켈란젤로』Michelangelo, 『히에로니무스 보스』Hieronymus Bosch 등이 있다.

둔다면 그는 델포이 신전에 있던 시빌레와 이사야 예언자 모두 예수의 초림과 재림을 예언한 증인으로 본 전통을 따른다고 할 수 있다. 시빌레가 그리스도를 예견했다는 내용은 제2차 바티칸 공의회 이전까지 죽은 이를 위한 미사에서 수없이 불렸던 첼라노의 토마스Thomas of Celano*의 「진노의 날」Dies irae에도 들어있다.

> 진노의 날, 바로 그날,
>
> 온 천지가 잿더미 되는 그날,
>
> 다윗과 시빌레가 예언한 그날

예수를 이방 사람의 빛으로 그리는 두 번째 방식은 이방 사람들의 사상에서 그리스도에 관한 교리를 예견한 부분을 찾는 것이다. 2세기 말 알렉산드리아의 클레멘스의 작품들은 이러한 방식의 가장 전형적인 예라 할 수 있다. 그는 고전 그리스 문학 작품들, 특히 호메로스Homer와 플라톤의 작품들을 (깊게 읽었다고는 할 수 없을지라도) 광범위하게 훑었다. 하지만 그는 언제나 자신이 거룩한 스승 예수의 신실한 학생이라고 여겼다. 『교육자』Paedagogus에서 그는 말했다.

---

* 첼라노의 토마스(1185~1260)는 이탈리아 출신의 프란치스코회 수사이자 시인이다. 1215년경 프란치스코회에 합류해 아씨시 프란치스코의 첫 번째 제자들 중 한 사람이 되었다. 교황 그레고리우스 9세의 명령으로 프란치스코에 대한 생애를 저술했는데 이 저작은 프란치스코에 관한 최초의 권위 있는 전기로 평가받는다. 아씨시 프란치스코에 관한 전기들 외에도 성녀 클라라에 관한 전기를 기술했다.

우리의 스승은 그의 아버지이신 성부 하느님과 같으며 그는 그분의 아들이시니 죄도, 흠도, 욕정도 없으십니다. 그분은 인간의 형상을 지니신 하느님, 흠이 없으신 분, 성부의 뜻을 받드는 분이며, 하느님이신 말씀, 성부 안에 계신 분, 성부의 오른편에 계신 분, 하느님의 형상으로 계신 하느님이십니다. 그는 우리에게 티끌 하나 없는 모습을 보이셨으니 우리는 온 힘을 다해 우리 영혼이 그분과 같이 되게 하려 애써야 합니다.[21]

당대 모든 사상가의 글 중에서 가장 분명하면서도 완전한 형태의 고백인 이 글은 훗날 예수와 하느님의 관계에 관한 정통 신앙으로 인정받았다. 그는 또 말했다.

그분은 자신이 어디서 왔는지, 자신이 누구인지를 자신의 가르침과 삶을 증거로 보여주셨습니다. 그분은 자신이 전령, 조정자, 우리의 구원자, 말씀, 온 땅에 흘러넘치는 생명과 평화의 샘임을 보여주셨습니다. 간단히 말해 그분을 통해 우주는 이미 축복의 바다가 되었습니다.[22]

이를 교부학자이자 신약학자 에릭 프랜시스 오스본Eric Francis Osborn[*]은

---

21 Clement of Alexandria, *Tutor* 1.2.
22 Clement of Alexandria, *Exhortation* 10.110.
* 에릭 프랜시스 오스본(1922~2007)은 오스트레일리아의 신약학자이자 초기 그리

이렇게 풀어 썼다.

주님께서는 낮아지심으로써 멸시당하셨으나 하느님의 말씀, 우리에
게 알려진 참 하느님이시니 만물의 주님과 같은 분이십니다. 그분은
육체를 입고 인류 구원이라는 극을 몸소 이끌어가셨습니다.[23]

그러나 오스본은 클레멘스의 글을 지적하기도 했다.

예수의 인격에 대한 이러한 열정 어리면서도 서정적인 진술은 성자
가 가장 탁월하며 완전한 존재, 가장 거룩하고 강한 권능을 지닌 군
주이자 제왕, 선한 존재라는 플라톤주의와 결합해 있다.[24]

클레멘스는 예수의 인격을 독실하게, 정통을 따라 옹호하면서 동시
에 플라톤 철학을 옹호했다. 그에게 플라톤 철학은 높고도 거룩한 역
할을 담당하고 있었으며 그리스도교의 복음과 전혀 모순이 없었다.
『양탄자』Stromata에서 그는 주장했다.

스도교 연구자다. 멜버른 대학교와 케임브리지 대학교에서 신학을 공부했으며
퀸즈 칼리지에서 신학과 초기 교회사를 가르쳤다. 초기 그리스도교 사상가
연구 및 그리스도교 신학의 발전에 관한 연구로 명성을 떨쳤다. 주요 저작으로
『서방 최초의 신학자 테르툴리아누스』Tertullian, First Theologian of the West, 『그리스도교
신학의 발흥』The Emergence of Christian Theology 등이 있다.

23 Eric Francis Osborn, *The Beginning of Christian Philosophy* (Cambridge: Cambridge University
Press, 1981), 219.

24 Eric Francis Osborn, *Beginning of Christian Philosophy*, 219.

주님(예수)께서 오시기 전까지 철학은 그리스인들이 의로움을 이해하기 위해 필요했습니다.[25]

하나이며 동일한 "하느님께서 모든 선한 것의 원인"이기에, 그러므로 구약과 신약성서에 담긴 그리스도라는 계시의 원인임과 동시에 그리스인들의 철학에 담긴 이해의 원인이기에 철학은 그러한 역할을 수행할 수 있다. 더 나아가 그는 말했다.

애초에 하느님께서는 그리스인들에게 철학을 주셨던 것 같습니다. (다만 이는 영원하지 않으며) 주님께서 그들을 부르실 때까지 말이지요.

사도 바울은 갈라디아인들에게 보낸 편지(갈라디아서)에서 모세의 율법이 교사의 역할, 곧 "그리스도가 올 때까지 우리의 후견 구실"(갈라 3:24)을 했다고 이야기한 적이 있다. 그리고 이와 유사하게 클레멘스는 주장했다.

철학은 복음을 준비하는 길, 그리스도 안에서 완전해지는 이를 위해 하느님께서 닦아놓은 길입니다.

달리 말하면 철학은 "그리스인의 정신을 그리스도에게로 인도하는

---

25 Clement of Alexandria, *Stromata* 1.5

교사"다.[26] 헨리 채드윅Henry Chadwick[*]이 말했듯 클레멘스에게 "구약성서와 그리스 철학은 모두 우리를 그리스도에게로 인도하는 교사이며 그리스도교라는 거대한 강에 합류하는 지류"였다.[27]

클레멘스의 이 이야기를 해석하는 연구자들은 (그 이야기에 동의하든, 그렇지 않든) 그가 철학에 관해 남긴 말에 주의를 기울였다. 그러나 이 이야기의 목적이 "그리스인의 정신을 그리스도에게로 인도"하는 데 있다는, 그리스인들이 발견한 "진정한 철학"the real philosophy의 목적은 그리스도가 드러낸 "참된 신학"the true theology으로 나아가는 데 있다는 그의 말에는 상대적으로 귀를 기울이지 않았다.[28]

클레멘스나 다른 그리스도교 철학자들이 그리스도에 관한 교리를 예견했다고 본 철학 저작 가운데서도 가장 중요한 저작은 플라톤이 쓴 『티마이오스』Timaeus다. 세계가 어떻게 창조되었는지를 다루는 이 책에서 창조주는 "아버지"로 그려지며 신의 실재가 세 단계로 이루어져 있다고 보는 진술들 또한 담겨 있다. 클레멘스에게 이는 "다름 아

---

26 Clement of Alexandria, *Stromata* 1.5

27 Henry Chadwick, *Early Christian Thought and the Classical Tradition* (New York and Oxford: Oxford University Press, 1966), 40.

28 Clement of Alexandria, *Stromata* 5.9

* 헨리 채드윅(1920~2008)은 영국의 신학자이자 교회사학자, 성공회 사제다. 처음에는 음악을 공부했으나 전공을 바꾸어 케임브리지 리들리 홀에서 신학을 공부했고 성공회 사제가 되었다. 이후 옥스퍼드 대학교와 케임브리지 대학교를 번갈아 가며 명예교수Regius professor로 신학, 교회사를 가르쳤다. 초대 그리스도교 역사 분야에서 방대한 업적을 남겼으며 아우구스티누스의 『고백록』에 대한 그의 영역본은 영미권에서 표준적인 텍스트로 꼽힌다. 주요 저서로 『초대 교회사』The Early Church(CH 북스), 『고대 사회 속 교회』The Church in Ancient Society, 『아우구스티누스』Augustine 등이 있다.

닌 성 삼위일체"를 가리키는 증거로 보였다.[29]

『법률』Nomoi과 함께 플라톤이 말년에 쓴 대작인 『티마이오스』는 플라톤이 남긴 대화편 중 중세 라틴 세계에서 가장 널리 알려진 대화편이기도 하다.[30] 여기서 플라톤은 티마이오스의 입을 빌려 말한다.

이 우주의 창조자와 아버지를 찾아내는 것은 힘든 일이거니와, 찾아낸다 한들 온 인류에게 말해 준다는 것은 불가능할 것입니다.[31]

그러나 그는 동시에 "모든 것과 관련해 처음에 탐구해 마땅한 것", 즉 모든 물음 중에서 가장 근본적인 물음은 "우주(세계)가 그 어떤 생성의 근원도 갖지 않고 언제나 있었는지, 아니면 어떤 근원에서 시작해 생성되었는지"라는 물음이라고 말한다. 그리고 플라톤은 답한다.

우주는 생성되었습니다. 우주는 볼 수 있고 접촉할 수 있으며 몸통을 갖고 있기 때문입니다. 그리고 그 모든 것은 감지할 수 있습니다.

그가 생각하기에 혼돈에서 질서가 발생한 것은 창조라는 행위 때문

---

29 Clement of Alexandria, *Stromata* 5.14.

30 Raymond Klibansky, *The Continuity of the Platonic Tradition during the Middle Ages* (Millwood, N.J.: Kraus International Publications, 1982)

31 Plato, *Timaeus* 28~29. 티마이오스 번역은 다음 저작을 참조했다. Francis Macdonald Cornford, *Plato's Cosmology* (London: Routledge and Kegan Paul, 1937) 『티마이오스』(아카넷)

이다. 창조주는 "선한 존재이니 ··· 어떤 질투심이든 이는 일이 결코 없고 ··· 만물이 최대한 자기 자신과 비슷한 상태가 되기를 바란다." 플라톤은 덧붙인다.

이는 생성과 우주의 무엇보다도 가장 주된 원리로 ··· 받아들임이 마 땅합니다.

이러한 "생성"은 지고의 신보다는 못하되 피조물보다는 높은 창조의 중재자, 데미우르고스가 활동함으로써 일어난다. 그는 태초의 혼돈에서 질서와 이치를 만들어냄으로써 '질료'에 '형상'을 부여했다.
   클레멘스는 『티마이오스』의 많은 구절을 언급하고 인용했다. 그는 말했다.

철학자들은 세상이 창조되었다고 가르쳤으며 이는 그들이 모세에게 배운 것입니다.[32]

클레멘스는 플라톤이 모세에게 창조 사상을 배웠다고 확신했기에 창세기 1장에 근거해 『티마이오스』를 해석하는 것을 당연하게 여겼다. 또한 그에게 이는 창세기를 플라톤 사상에 근거해 해석할 수 있다는 뜻이기도 했다. 이러한 해석의 열쇠는 두말할 것 없이 하느님의 아들

---

32 Clement of Alexandria, *Stromata* 5.14

인 예수였다. 플라톤은 『티마이오스』에서 신은 "신의 자식들"을 통해서 이해할 수 있다고 이야기했으며 예수 또한 이와 유사한 이야기를 했다.[33]

> 아버지 밖에는 아들이 누구인지 아는 사람이 없습니다. … 그리고 아버지를 계시하여 주려고 아들이 택한 사람 밖에는, 아버지가 누구인지 아는 사람이 없습니다. (루가 10:22)

그러므로 클레멘스는 『티마이오스』에 나오는 데미우르고스가 창세기와 요한 복음서 서문에 등장하는 하느님의 말씀이라고 생각했다. 이에 따르면 만물은 하느님의 말씀 혹은 로고스에서 나왔으며 그렇게 말씀은 세계를 창조한다. 선재하는 데미우르고스이자 로고스, 하느님의 말씀이자 이치로서 예수는 태초의 혼돈에서 질서와 이치를 만들어냈다. 그리고 창세기와 『티마이오스』가 모두 이야기하듯 인간은 저 이치를 따라 하느님의 형상으로 창조되었다. 클레멘스는 말했다.

> 예수는 신적이며 왕 같은 로고스이신 하느님의 형상이며 고통을 받지 않는 인간입니다. 그리고 이 형상을 본뜬 상이 인간의 정신입니다.[34]

---

33 Clement of Alexandria, *Stromata* 5.13.84, *Timaeus* 40, 루가 10:22를 참조.

34 Clement of Alexandria, *Stromata* 5.14.

인간의 이성은 하느님의 이치를 따라 만들어진 것이다.

예수가 이스라엘 민족의 영광인 만큼이나 이방 사람에게 빛임을 입증하는 세 번째 방법은 문학 고전에서 예수를 예견한 대목, 예수와 같은 '전형'을 보여주는 인물, 그리고 예수를 통한 구원의 예시나 전형이 되는 사건을 다룬 역사 작품이나 문학 작품을 살펴보는 것이었다. 3세기 알렉산드리아의 오리게네스Origen of Alexandria에 따르면 "전형이란 구약성서 시대(우리보다 이전 시대) 선조들에게 나타났던, 그러나 우리 시대에 이르러 성취된 것"을 말한다. 이를테면 첫 번째 여호수아, 즉 눈의 아들 여호수아가 여리고를 정복한 일은 두 번째 여호수아, 즉 마리아의 아들 예수가 성취한 구원의 전형이다('여호수아'와 '예수'는 같은 이름을 아람어와 그리스어로 표기한 것이다). 마찬가지로 "모세가 광야에서 (놋쇠로 만든) 뱀을 든 것 같이, 인자도 (십자가에서) 들려야 한다. 이는 그를 믿는 사람마다 영생을 얻게 하려는 것이다".[35]

순교자 유스티누스는 트뤼포Trypho라는 랍비(그는 미쉬나에서 언급되는 유명한 랍비 타르폰Tarphon이었을지도 모른다)에게 예수를 변론하며 구약성서에 나무가 나오는 모든 구절은 십자가를 가리키는 전형이라고 주장했다. 한편 로마 황제 안토니누스 피우스Antoninus Pius에게 예수를 변론할 때는 비유대교 자료와 예를 인용하며 십자가가 예수의 "힘과 통치를 가리키는 위대한 상징"이라고 이야기했다.[36]

---

35 다음의 내용과 비교하라. Henri de Lubac, *Histoire et Esprit: L'Intelligence de l'Ecriture d'après Origène* (Paris: Aubier, 1950), 144~145.

36 Justin Martyr, *I Apology* 55, *Dialogue with Trypho* 86.

『티마이오스』에서 플라톤은 데미우르고스가 세계를 창조하며 "전체 구조를 … 둘로 가르고서, 그 둘을 'X' 모양으로 중점이 서로 교차하게 했다"고 이야기 한 바 있다(훗날 아이리스 머독Iris Murdoch*은 이를 "유럽 철학에서 가장 인상적인 장면"이라고 말했다).[37,38] 플라톤이 히브리 성서를 차용했다고 주장한 여느 유대교 및 그리스도교 변증가들처럼 유스티누스는 저 플라톤의 이야기 또한 십자가를 가리키는 것이라고 주장했다. 물론 플라톤이 모세를 오해한 나머지 "그것이 십자가의 모습임을 파악하지 못했"지만 말이다. 하지만 그럼에도 불구하고 그는 플라톤의 저 이야기가 로고스, "곧 첫 번째 하느님의 곁에 있는 능력이 세계에 십자가 모양으로 자리 잡게" 되었음을 가르쳐주고 있다고 말했다.[39]

유스티누스가 십자가를 가리킨다고 이야기한 것 중 가장 흥미로운 것은 바로 돛대다. 당시 돛대는 항해할 때 없어서는 안 되는 것이었다. 십자가를 돛대와 연관 지은 설명은 선원들의 머리에 빠른 속도로 자리 잡았다. 그리고 이를 통해 예수의 인격, 그의 의미를 이방 사

---

37 Plato, *Timaeus* 36B.

38 Iris Murdoch, *The Fire and the Sun: Why Plato Banished the Artists* (Oxford: Clarendon Press, 1977), 87.

39 Justin Martyr, *I Apology* 60.

* 아이리스 머독(1919~1999)은 영국의 소설가이자 철학자다. 아일랜드 더블린에서 태어나 옥스퍼드 대학교 서머빌 칼리지에서 그리스, 라틴 문학과 철학을 공부하고 비트겐슈타인에 관한 연구로 박사학위를 받았다. 케임브리지 대학교, 옥스퍼드 대학교에서 철학을 가르쳤으나 소설, 희극 창작도 겸해 『바다여, 바다여』The Sea, the Sea로 맨부커상을 받았다. 주요 소설로는 『바다여, 바다여』, 『그물을 헤치고』Under the Net, 철학 관련 주요 저작으로는 『사르트르』Sartre, 『불과 태양』The Fire and the Sun 등이 있다.

람들에게 설명하고자 했던 이들은 모세가 놋쇠 뱀을 들어 올렸던 장대와 상응하는 십자가의 '전형'을 그리스 고전 문학 작품에서 발견할 수 있었다.[40] 그 대표적인 예로 호메로스의 『오뒷세이아』Odýsseia 12권에 나오는 돛대에 묶인 오뒷세우스 이야기를 들 수 있다. 여기서 오뒷세우스는 마녀 키르케가 지시한 내용을 동료들에게 전한다.

> 그녀는 먼저 우리더러 놀라운 세이렌 자매의 목소리와 그들의 꽃이 핀 풀밭은 피하라고 명령했소. 그리고 그녀는 오직 나만이 그들의 목소리를 들으라고 했소. 그러니 그대들은 돛대를 고정하는 나무통에 똑바로 선 채 그 자리에서 꼼짝하지 못하도록 나를 고통스러운 밧줄로 묶되 돛대에다 밧줄의 끄트머리들을 매시오. 그리고 내가 그대들에게 풀어달라고 애원하거나 명령하거든 그때는 그대들이 더 많은 밧줄로 나를 꽁꽁 묶으시오.[41]

유스티누스나 테르툴리아누스 등 일부 초기 그리스도교 저술가들은 호메로스를 향한 플라톤의 비판을 답습했다.[42] 테르툴리아누스의 경우 호메로스가 "시인 중의 왕, 시의 거대한 물결이자 바다"임을

---

40 Hugo Rahner, 'Odysseus am Mastbaum', *Zeitschrift für Katholische Theologie* 65 (1941), 123~152, 영어 요약본은 다음의 책에 있다. *Greek Myths and Christian Mystery* (New York: Harper and Row, 1963), 371~386.

41 Homer, *Odyssey* 12.158~164 (New York: Harper and Row, 1967) 번역은 부분적으로 내가 원문을 읽고 다듬었다. 『오뒷세이아』(숲)

42 Justin Martyr, *II Apology* 10, Tertullian, *Apology* 4.

114 | 예수, 역사와 만나다

인정하지 않을 수 없었지만 말이다.[43] 그러나 알렉산드리아의 클레멘스는 돛대에 매달린 오뒷세우스의 모습을 예수에 대한 전조로 효과적으로 활용했다. 그에 따르면 키르케가 오뒷세우스와 동료 선원들에게 한 명령은 이중적인 의미(귀를 틀어막아 세이렌들의 유혹을 피하라는 것, 돛대에 묶인 오뒷세우스가 홀로 세이렌들의 목소리를 듣고 그들의 유혹에 맞서 이기리라는 것)를 지니고 있다. 그리고 이것이 모두 그리스도교 신자들에게 적용된다고 그는 생각했다. 그는 그리스도교인들이 "위험천만한 곳이나 카리브디스(배를 집어삼키는 것으로 알려진 시칠리아 섬 앞바다의 소용돌이)의 위협, 신화 속 세이렌을 피하듯" 죄와 실수를 피해야 한다고 이야기했다. 오뒷세우스가 조타수에게 명령했던 것처럼 말이다.

그대는 배를 저기 저 물보라와 너울에서 떨어지게 하여 바위 옆을 바싹 붙어 통과하도록 하시오. 그대가 그런 줄도 모르고 배를 저쪽으로 급히 몰아 우리를 재앙으로 빠뜨리는 일이 없도록 말이오.[44]

그들이 그렇게 할 수 있는 것은 하느님의 로고스이자 말씀인 그리스도교의 오뒷세우스, 예수 때문이다.

그들의 노래를 지나 항해를 이어가십시오. 그 소리를 두고 떠나십시

---

43 Tertullian, *To the Nations* 1.10.

44 Homer, *Odyssey* 12.219~221.

오. 그렇지 않으면 그 노래가 여러분을 죽음으로 몰고 갈 것입니다. 이를 이겨내면 여러분을 파멸의 힘을 이긴 승리자가 될 수 있습니다. 십자가 나무에 묶였을 때 여러분은 그 파멸로부터 자유를 얻게 될 것입니다. 하느님의 로고스가 여러분의 안내자가 되시며 성령께서 여러분을 인도해 하늘 항구에 닻을 내리게 해주실 것입니다.[45]

비잔티움 시대에는 수많은 그리스도교 저술가가 『일리아스*Ilias*』와 『오뒷세이아』에 대하여, 특히 저 장면에 대하여 주석을 남겼다. 그렇게 함으로써 그들은 종교적 편견에 휩싸여 이교 고전들을 단죄하거나 없애버리려는 충동에서 이 고전들을 지켜냈다.[46] 4세기 한 그리스도교 석관(대리석으로 만들어졌으며 지금은 로마 국립 미술관에서 보관하고 있다)에는 돛대에 묶인 오뒷세우스의 모습이 새겨져 있는데 여기서 오뒷세우스는 돛대 끝에 매달려 있어 십자가 모양을 하고 있다.[47] 비잔티움 시대 후기에는 이와 관련한 설교가 하나 있다.

여러분, 인생이라는 바다에서 몰아치는 파도에 두려워 마십시오. 십자가는 결코 깨지지 않는 힘을 표상하니, 십자가에 달리신 분을 향한 한없는 경외로 여러분의 몸을 거기에 못 박으십시오. 그리하면

---

45 Clement of Alexandria, *Exhortation* 12.118.4.

46 Karl Krumbacher, *Geschichte der byzantinischen Literatur* (Munich: C.H. Beck, 1897), 529~530, 538.

47 Joseph Wilpert, *I Sarcofagi Cristiani Antichi* (Rome: Pontificio Istituto di Archeologia Cristiana, 1919), 1:24

커다란 고통이 따를지라도 안식처에 이르게 될 것입니다.[48]

이처럼 오뒷세우스가 돛대에 달린 이야기는 이방 사람들에게 그리스도의 전형을 논할 때 **빼놓을** 수 없는 요소가 되었다.

히브리 성서와 유대교 전통을 활용하여 예수의 의미를 설명할 때도 그리스도교인들은 세 가지 방법(십자가의 예시, 교리의 예견, 그리스도의 도래에 대한 예언)을 적용했다. 그리고 이 방법들이 가장 많이 적용된 인물과 문헌은 모세와 모세오경이었다. 특히 아브라함이 이삭을 묶어 희생제물로 바치려 했다는 이야기는 예수를 통해 하느님께서 이루신 구원을 떠올리게 하는 가장 흔한 상징이 되었다. 그리스도교인들은 아브라함이 이삭에게 그랬듯 하느님께서 자신의 맏아들을 제물로 바쳤다고 이야기했다.[49] 또한 하느님의 말씀으로 세계가 창조되었다는 모세의 이야기는 그리스도교인들이 예수를 하느님과 영원히 함께 있으며 하느님의 뜻을 창조세계에 전하는 하느님의 로고스, 혹은 말씀과 동일시하는 바탕이 되었다.[50] 그리고 모세가 또 다른 예언자 여호수아(예수)가 자신의 적법한 계승자로 세워지리라고 한 예언을 근거 삼아 그리스도교인들은 선언했다.

---

48 Hugo Rahner, *Greek Myths and Christian Mystery*, 381.

49 David Lerch, *Isaaks Opferung christlich gedeutet. Eine auslegungsgeschichtliche Untersuchung* (Tübingen: Mohr, 1950)

50 George Leonard Prestige, *God in Patristic Thought* (London: SPCK, 1956), 117~124.

모세는 예언자답게 로고스에게 완전한 교사의 자리를 내주었으며 그 교사의 이름이 무엇인지, 그가 어떠한 활동을 할지를 내다보았습니다.[51]

그리스도교인들이 예수의 메시지를 이방 사람들에게 전할 때 모세와 비슷한 역할을 맡게 된 인물은 소크라테스였다.[52] 당시 그리스도교인들에게 소크라테스는 그리스도의 전조이자 전형으로 보였다. 그들은 예수에게 드러난 하느님의 로고스가 소크라테스 안에서도 활동했으며, 그 결과 그가 그리스 사람들의 다신교 신앙과 악마 숭배를 고발했다고 생각했다. "이치를 따라 살았던, 즉 로고스와 조화를 이루며 살았던" 인물인 소크라테스는 "그리스도가 이 세상에 오기 전 존재했던 그리스도인"이었다. 이러한 맥락에서 그가 그리스도처럼 이치와 로고스의 적에게 처형된 것은 당연한 일이었다. 유스티누스는 말했다.

소크라테스는 우리와 똑같은, 그리고 예수와 똑같은 죄목으로 기소되었습니다.[53]

51 신명 18:15~22, Clement of Alexandria, *Tutor* 1.7.

52 Adolf von Harnack, 'Sokrates und die alte Kirche', *Reden und Aufsätze* (Giessen: Alfred Töpelmann, 1906), 1:27~48, Geddes MacGregor, *The Hemlock and the Cross: Humanism, Socrates, and Christ* (Philadelphia: Lippincott, 1963)

53 Justin Martyr, *I Apology* 5, 46, *II Apology* 10.

그러므로 그리스도교인들은 예수 그리스도에 관한 많은 가르침이 소크라테스에도 마찬가지로 적용된다고 생각했다. 또한 그들은 소크라테스를 그리스도교 교리, 그중에서도 영생에 관한 교리를 예견한 이로 여겼다. 신약성서는 예수가 "죽음을 폐하고 복음을 통해 생명과 불멸을 빛 가운데로 가져왔다"고 주장했지만, (시리아의 타티아누스 Tatianus of Syria 같은 소수를 제외하면) 대다수 초기 그리스도교 사상가들은 이 말이 예수 이전에는 불멸에 대한 아무런 의식도 없었다는 뜻은 아니라고 생각했다.[54] 좀 더 나아가 클레멘스는 시편과 플라톤의 『국가』 Politeia의 최후의 심판에 관한 내용을 인용하면서 말했다.

이들로부터 영혼은 불멸하게 된다는 결론에 이르게 됩니다.

그는 영혼 불멸이 성서와 그리스 철학 모두가 동의한 가르침이라고 생각했다.

당시 그리스도교인들에게 소크라테스와 플라톤은 예수에 관한 예언의 원천으로도 기능했다. 많은 이가 그리스도를 해석할 때 이들 저작의 도움을 받았다. 베르길리우스와는 달리 소크라테스와 플라톤은 예수의 탄생뿐 아니라 그의 십자가 죽음까지도 예견했다고 당시 그리스도교인들은 생각했다. 창조, 안식일 및 그 외 성서에 나오는 주제들을 이교 문헌들에서 어떻게 예견했는지를 다루며 클레멘스는 플

---

54 2디모 1:10, Jaroslav Pelikan, *The Shape of Death: Life, Death, and Immortality in the Early Fathers* (New York: Abingdon Press, 1961)

라톤의 저작에 주목했다. 그리고 그는 말했다.

사실상 플라톤은 구원의 역사를 예언했습니다.[55]

클레멘스가 주목한 구절은 플라톤의 『국가』 제2권에서 소크라테스와 글라우콘이 나누는 대화 속 구절이다.[56] 여기서 글라우콘은 정의와 불의를 구별하면서 우리 중 대부분이 그러하듯 때로는 정의롭고 때로는 불의한 존재들이 아니라, 불의하기만 한 존재와 온전히 정의로운 한 사람이 있다고 가정한다. 그리고 이 중 정의로운 한 사람, "단순하고 고귀한 사람, 아이스킬로스Aeschylos의 표현대로 훌륭한 사람으로 '보이기'를 바라는 것이 아니라 실제로 훌륭한 사람'이기를' 바라는 사람을" 불의한 인간이라는 "최대 악명"을 얻게 해서 재판을 받게 하면 어떻게 될지를 묻는다. 그러한 와중에도 그는 "죽음에 이를 때까지 변함이 없으며, 다른 이에게는 불의한 이로 보인다 하더라도 실제로는 정의롭다". 그러면 그는 어떻게 될까? "표현이 너무 섬뜩할지도 모른다"며 소크라테스에게 미리 용서를 구한 글라우콘은 불의한 이들이 그를 어떻게 대할지를 이야기한다.

그는 채찍질 당하고, 사지가 비틀리는 고문을 받으며 결박된 채 두 눈이 불 지짐을 당하고, 그렇게 온갖 나쁜 일을 겪은 후에 마침내는

---

55 Clement of Alexandria, *Stromata* 5.14.

56 Plato, *Republic* 2.360~361 『국가』(서광사)

십자가에 매달린 채 몸이 창에 꿰뚫릴 것입니다.[57]

이렇게, 예수 그리스도의 사도였던 바울이 그리스인들에게 그들이 "알지 못하는 신"을 이야기했듯 바울의 후계자들은 그리스인들에게, 나아가 모든 이방 사람에게 그들이 '알지 못하는 예수'를 전했다.

그러므로 나는 여러분이 알지 못하고 예배하는 그 대상을 여러분에게 알려 드리겠습니다. (사도 17:23)[58]

---

57 Gilbert Murray, *Five Stages of Greek Religion* (Boston: Beacon Press, 1951), 163. 그리고 그리스어 동사 아나스킨뒬레우오ἀνασχινδυλεύω에 대한 각주를 참고하라.

58 Clement of Alexandria, *Stromata* 5.12.

04

만왕의 왕

세상 나라는 우리 주님의 것이 되고,

그리스도의 것이 되었다.

주님께서 영원히 다스리실 것이다. (묵시 11:15)

XΡP 복음서에 따르면 예수가 태어나기 전 천사가 그의 어머
니를 찾아와 말했다(이 사건을 수태고지annunciation라고 한다).

주 하느님께서 그에게 그의 조상 다윗의 왕위를 주실 것이다.

그는 영원히 야곱의 집을 다스리고, 그의 나라는 무궁할 것이다.

(루가 1:32~33)

그리고 예수가 태어나자 동방에서 현자 세 명이 찾아와 물었다.

유대인의 왕으로 나신 이가 어디에 계십니까? (마태 2:2)

종려주일, 예수가 예루살렘에 입성할 때 그를 따르는 이들은 예언자
의 말을 떠올렸다.

보아라, 네 임금이 네게로 오신다.
그는 온유하시어, 나귀를 타셨으니⋯ (마태 21:5)

그 주 마지막 날 예수가 십자가에 매달려 숨을 거두었을 때, 본티오
빌라도는 그의 머리 위에 세 가지 언어로 쓴 명문銘文을 달아 두었다.

유대인의 왕 나자렛 사람 예수 (요한 19:19)

신약성서 마지막 책은 이 땅 군주들의 칭호를 빌려 예수를 찬미한다.

만주의 주요 만왕의 왕 (묵시 17:14)

예수를 향해 본티오 빌라도는 물었다.

그러면 당신은 왕이오? (요한 18:37)

이 물음에는 다양한 방식으로 답할 수 있을 것이며 실제로 그래 왔

다. '왕'이라는 칭호는 십자가에 머물러 있지 않고 온 나라, 제국에 퍼져 나갔다. 그리고 십자가 또한 퍼져 나가 온갖 제국, 나라들의 왕관과 깃발, 건축물, 그들이 벌인 전쟁으로 인해 나온 희생자들의 무덤을 수놓았다. 아우구스티누스는 말했다.

그분이 조롱당하며 숨을 거두신 십자가가 이제는 왕들의 이마 위에 새겨져 있습니다.[1]

예수를 만왕의 왕으로 추대하는 과정이 완결되기 전에, 이미 십자가는 인류의 정치적 영역의 많은 부분을 뒤바꿔놓았다. 이후 장들에서 거듭 살펴보겠지만 '왕권신수설'divine right of kings이나 '거룩한 전쟁 이론'theory of holy war은 상당 부분 예수 그리스도가 왕이라는 전제에 기대고 있으며, 이와는 정반대로 모든 전쟁을 반대하고 왕권신수설을 거부하는 근거 역시 예수 그리스도가 왕이라는 전제에 기대고 있다. 예수가 왕이라는 이해가 어떻게 바뀌어 왔는지를 다른 정치적 주제나 상징들과 연관 지어 살펴보면, 서구 정치사의 어떤 면이 고결했으며 어떤 면이 악마적이었는지를 헤아려 볼 수 있을 정도다. 나치가 사용한 하켄크로이츠Hakenkreuz,□도 그 형태는 그리스도교 이전부터 있었지만 사실상 그리스도의 십자가를 저열하게 흉내 낸 것이라 할 수 있다(그 이름조차 '하켄크로이츠'(갈고리 십자가) 아닌가). "그러면 당신은 왕이

---

1 Augustine, *On the Psalms* 76.7.

오?"라는 빌라도의 물음은 나름의 정당성을 갖고 오늘날까지 이어지고 있다.

예수를 만왕의 왕으로 보는 관점은 그가 이 세상에 자신의 나라를 세우리라는, 그리고 그 나라에서 성도들이 그와 함께 천 년 동안 다스리리라는 기대감에서 비롯했다. 이러한 기대감이 실린 고전적인 진술로는 요한 묵시록(요한계시록) 20장을 들 수 있다.* 초기 그리스도교인들은 이 땅에서 네 나라가 소멸하리라는 다니엘의 예언이 이루

---

* "나는 또 한 천사가 끝없이 깊은 구렁의 열쇠와 큰 사슬을 손에 들고 하늘로부터 내려오는 것을 보았습니다. 그는 늙은 뱀이며 악마이며 사탄인 그 용을 잡아 천 년 동안 결박하여 끝없이 깊은 구렁에 던져 가둔 다음 그 위에다 봉인을 하여 천 년이 끝나기까지는 나라들을 현혹시키지 못하게 했습니다. 사탄은 그 뒤에 잠시 동안 풀려 나오게 되어 있습니다. 나는 또 많은 높은 좌석과 그 위에 앉아 있는 사람들을 보았습니다. 그들은 심판할 권한을 받은 사람들이었습니다. 또 예수께서 계시하신 진리와 하느님의 말씀을 전파했다고 해서 목을 잘린 사람들의 영혼을 보았습니다. 그들은 그 짐승이나 그의 우상에게 절을 하지 않고 이마와 손에 낙인을 받지 않은 사람들입니다. 그들은 살아나서 그리스도와 함께 천 년 동안 왕노릇을 하였습니다. 이것이 첫째 부활입니다. 그 나머지 죽은 자들은 천 년이 끝나기까지 살아나지 못할 것입니다. 이 첫째 부활에 참여하는 사람은 행복하고 거룩합니다. 그들에게는 둘째 죽음이 아무런 세력도 부리지 못합니다. 이 사람들은 하느님과 그리스도를 섬기는 사제가 되고 천 년 동안 그리스도와 함께 왕노릇을 할 것입니다. 천 년이 끝나면 사탄은 자기가 갇혔던 감옥에서 풀려 나와서 온 땅에 널려 있는 나라들 곧 곡과 마곡을 찾아가 현혹시키고 그들을 불러모아 전쟁을 일으킬 것입니다. 그들의 수효는 바다의 모래와 같을 것입니다. 그들은 온 세상에 나타나서 성도들의 진지와 하느님께서 사랑하시는 도성을 둘러쌌습니다. 그 때에 하늘로부터 불이 내려와서 그들을 삼켜버렸습니다. 그들을 현혹시키던 그 악마도 불과 유황의 바다에 던져졌는데 그곳은 그 짐승과 거짓 예언자가 있는 곳입니다. 거기에서 그들은 영원무궁토록 밤낮으로 괴롭힘을 당할 것입니다." (묵시 20:1~10)

** "'이 큰 짐승 네 마리는 세상 나라의 네 임금을 가리키는데 마침내는 지극히 높으신 하느님을 섬기는 거룩한 백성이 그 나라를 물려받아 길이 그 나라를 차지하고 영원토록 이어 나가리라는 뜻이다.' 나는 그중에서도 유별나게 무서운 모양을 하고 쇠 이빨과 놋쇠 발톱으로 바수어 먹으며 남은 것은 모조리 발로 짓밟는 넷째 짐승의 정체를 알고 싶었다. 머리에는 뿔이 열 개나 돋아 있었고 새로

어졌다고,** 네 번째 나라는 바로 로마 제국을 가리킨다고 생각했다.[2] 일부 초기 그리스도교 저술가들은 그리스도가 "세속의 나라들을 멸망시키고 영원한 나라를 열리라"고 선포했으며 더 나아가 만왕의 왕 그리스도가 왔을 때 인류와 자연에 일어날 변화를 상세하게 묘사했다.[3] 새로운 나라가 오리라는 이 천년왕국의 소망을 뒷받침이라도 하듯 묵시록의 저자는 하늘에서 외침 소리를 들었다고 기록했다.

세상 나라는 우리 주님의 것이 되고, 그리스도의 것이 되었다. 주님께서 영원히 다스리실 것이다. (묵시 11:15)

그러나 천년왕국에 대한 소망을 주창한 이들 중 많은 이는 그리스도

뿔 하나가 나오자 뿔 셋이 떨어져 나갔는데 그 뿔은 눈도 있고 입도 있어서 건방진 소리를 하고 있었다. 또 그 뿔이 다른 뿔보다 커졌는데, 그것들이 모두 무엇인지 알고 싶었다. 내가 보니, 그 뿔은 거룩한 백성을 쳐서 정복하였다. 그러나 태곳적부터 계시는 이, 지극히 높으신 하느님께서 오셔서 재판을 하시고 당신을 섬기는 거룩한 백성의 권리를 찾아주셨다. 거룩한 백성이 나라를 되찾을 때가 되었던 것이다. 그는 이렇게 대답하였다. '넷째 짐승은 네 번째로 일어날 세상 나라인데 그 어느 나라와도 달라, 온 천하를 집어삼키고 짓밟으며 부술 것이다. 뿔 열 개는 그 나라에 일어날 열 임금을 말한다. 이들 임금 다음에 다른 임금 하나가 일어날 터인데 그 임금은 먼저 일어난 임금들과는 달라 그중 세 임금을 눌러버릴 것이다. 그는 지극히 높으신 하느님에게 욕을 퍼부으며 지극히 높으신 하느님을 섬기는 거룩한 백성을 못살게 굴 것이다. 축제일과 법마저 바꿀 셈으로 한 해하고 두 해에다 반 년 동안이나 그들을 한 손에 넣고 휘두를 것이다. 그러나 마침내 재판을 받아, 주권을 빼앗기고 송두리째 멸망하여 버릴 것이며, 천하만국을 다스리는 권세와 영광이 지극히 높으신 하느님을 섬기는 거룩한 백성에게 모두 돌아올 것이다. 그 나라는 영원히 끝나지 않아 모든 나라가 그 나라를 섬기고, 그 명을 따를 것이다.'" (다니 7:17~27)

2 Justin Martyr, *I Apology* 31.

3 Irenaeus, *Against Heresies* 5.26.2, 5.33~34

가 다스리리라는 이야기를 문자 그대로 믿지는 않았다. 2세기를 살던 그리스도교인들 사이에서도 이러한 문자주의는 보편적인 것이 아니었음을 유의해야 한다. 이레네우스Irenaeus의 경우 천년왕국에 관한 이야기를 천국에서 사는 영원한 삶을 비유하는 것이라고 해석한 이들이 있음을 시인했다(그러나 그 자신은 이들에게 동의하지 않았다). 순교자 유스티누스 역시 자신은 "다른 이들과 마찬가지로" 이 땅에 그리스도의 나라가 오리라는 말을 문자 그대로 믿지만 "순전하고 경건한 신앙을 갖고 있으면서도 다르게 생각하는 참된 그리스도인들"이 있다고 인정했다.[4]

천년왕국설을 믿든 믿지 않든, 빌라도가 당시 그리스도교인들에게도 예수가 왕이냐는 물음을 던졌다면 그들은 모두 유스티누스처럼 답했을 것이다.

진실로 그리스도는 영원한 왕이십니다.[5]

빌라도가 티베리우스Tiberius라는 카이사르(황제)를 대변해 물은 것처럼 이후 수백 년 동안 수많은 이가 수많은 '카이사르'를 대변해 그리스도교를 향해 질문을 던졌다. 주후 180년 북아프리카 스킬리움Scillium에서 일곱 남자와 다섯 여자가 순교했을 때 그들은 예수를 "만왕의 왕"

---

4 Irenaeus, *Against Heresies* 5.35.1, Justin Martyr, *Dialogue with Trypho* 80. 그리고 다음을 참고하라. Richard Patrick Crosland Hanson, *Allegory and Event* (Richmond, Va: John Knox Press, 1959), 333~356.

5 Justin Martyr, *Dialogue with Trypho* 135.

이라 불렸다. 이는 분명 순교자들에게나 그들을 박해했던 이교도들에게나 카이사르가 가장 높은 왕이라는 주장에 대한 저항을 뜻했다.[6] 비슷한 시기 카이사르의 대변자들은 스미르나의 폴리카르푸스polycarp of smyrna에게 물었다.

'카이사르가 주'라 말하고 그를 경외하며 네 목숨을 구하는 게 무엇이 손해라는 말인가?

『폴리카르푸스의 순교』Martyrium Polycarpi에 따르면 그는 이렇게 답했다.

여든여섯 해 동안 나는 그분을 섬겼습니다. 그분은 나에게 어떤 그릇된 행위도 하지 않으셨습니다. 그런데 내가 나를 구원하신 왕을 어떻게 모독할 수 있겠습니까?[7]

이와 비슷한 이야기가 『이그나티우스의 순교』Martyrium Ignatii Antiochenum에도 나와 있다. (이 사건이 실제로 일어난 일이라면 앞서 언급한 사건들보다 먼저 일어났을 것이다) 여기서 이그나티우스는 트라야누스Trajanus 황제를 앞에 두고 말한다.

---

6 *Martyrum Scillitanorum Acta* 6, in *The Acts of the Christian Martyrs* (Oxford: Clarendon Press, 1972), 86~89.

7 *Martyrdom of Polycarp* 8~9. 『편지와 순교록』(분도출판사)

저는 (제 안에) 하늘의 왕, 그리스도를 모시고 있습니다. … 이제 그분의 나라를 누리기를.[8]

이처럼 예수를 세상의 모든 왕 위에 있는 하늘의 왕으로 보고 그를 향해 충성을 맹세하면서도 그리스도교 변증가들은 그렇다고 해서 예수를 따르는 이들이 세상의 왕들을 거역하는 것은 아니라고 거듭 말했다. 그들은 로마 황제에게 말했다.

우리가 어떤 나라를 기다린다는 말을 들었을 때, 당신은 더 알아보지도 않고 우리가 인간의 나라를 이야기한다고 생각해 버립니다.

그들은 자신들이 말하는 '나라'는 정치적인 국가가 아니라고, "하느님과 함께하는" 나라라고 주장했다. 이들이 말하는 '나라'가 이 세상 정치 체제로서의 국가를 뜻했다면 그들은 그리스도를 부정해 일신의 안위를 위해 타협하기를 주저하지 않았을지도 모른다. 그러나 예수 그리스도는 "영광의 왕", 곧 인간의 삶에 대한 궁극적인 권리를 쥐고 있는 존재였다. 그러한 예수가 자신을 따르라는 의미에 대해 초기 그리스도교인들은 황제에게 이렇게 설명했다.

우리는 하느님만을 경배하지만, 그 외의 것에 관해서는 기꺼이 당신

---

8 *Martyrdom of Ignatius* 2.

이 왕이요 통치자임을 인정하고 섬깁니다.[9]

그리고 그들은 그 근거로 그리스도교 예배 때 올리는 '군주들의 안위를 비는' 기도를 들었다.

영원하시며 참되시고 살아계신 하느님, 당신은 모든 군주가 다른 그 무엇보다 은혜를 갈망해야 할 분이십니다. … 비오니 제국을 지키시고, 황실을 보호하소서.

그러므로 초기 그리스도교인들인이 거부한 것은 단순히 황제를 따르는 것이 아니라 황제를 신성한 존재로 여겨 "카이사르는 주"라 말하고 황제의 "수호신"genius의 이름으로 맹세하는 것이었다.[10] 이 세계에서 자신들이 속한 나라는 하느님께서 세우신 것이지 일부 이단자들이 주장하듯 악마가 세운 것이 아니라고, 그렇기에 그 나라의 통치자들에게는 하느님보다 낮은 수준에서 복종할 수 있다고 그들은 생각했다.[11] "왕과 황제들에게 돌려야 할 경의"와 관련해 자신들이 해야 할 일은 복종, 곧 우상 숭배가 아닌 한도에서의 복종이었다.

카이사르의 것은 카이사르에게 돌려주고,

---

9 Justin Martyr, *I Apology* 11, 51, 17.

10 Tertullian, *Apology* 30~32, 1디모 2:2.

11 Irenaeus, *Against Heresies* 5.24.1, 로마 13:1,4,6.

하느님의 것은 하느님께 돌려드려라. (마르 12:17)[12]

초기 그리스도교인들에게 카이사르는 (그가 자신을 주라 부를 때조차) 이 세상의 왕이자 황제일 뿐이었으며, 예수는 수많은 '군주 중 하나'가 아니라 모든 왕 위에 있는 왕이자 모든 군주 위에 군림하는 '주님'이었다.[13] 그러므로 그들은 자신의 삶에 대한 권한은 가장 먼저 하느님께 돌려야지 카이사르에게 돌려서는 안 된다고 생각했다.

최근 고대 후기 사회사 및 정치사 학자들의 세밀한 연구 덕에 우리는 로마의 그리스도교 박해의 기저에 깔려 있는 종교적 요인뿐 아니라 정치, 사회, 경제, 심리, 이념적 요소들이 얽힌 복합적인 요인들을 더 잘 이해할 수 있게 되었다.[14] 그렇다고 해도 커다란 맥락에서 예수를 왕이자 '주'로 본 그리스도교인들의 이해가 카이사르의 통치권과 거듭 충돌했다는 점은 바뀌지 않는다. 물론 당시 그리스도교인들은 예수가 제국을 멸망시키고 이를 다른 체제로 대체하는 '아래로부터의' 정치 혁명을 이끄는 정치 지도자라고 생각하지 않았다. 그러나 그들이 실제로 세계의 종말이 지연되기를 바랐다고 하더라도, 제국이 안정을 누리게 해달라고 기도했다 하더라도 궁극적으로는 '위로

---

12 Tertullian, *On Idolatry* 15, 마태 22:21.

13 1고린 8:4~6. 그리고 아우구스티누스의 이야기를 참조하라. Augustine, *City of God* 9.23.

14 이와 관련해서는 다음을 참조하라. William Hugh Clifford Frend, *Martyrdom and Persecution in the Early Church: A Study of a Conflict from the Maccabees to Donatus* (Oxford: Blackwell, 1965)

부터' 세계의 종말이 이루어지기를, 제국의 종말을 이끌 그리스도의 재림을 기다렸다는 점 또한 분명하다. 이러한 맥락에서 로마 제국이 지속된다는 것은 종착지로 가는 길을 가로막는 것과 다름없었다. 로마 제국은 최후의 장애물이었다. 세계가 무너지기 위해서는 결국 로마가 무너져야만 했기 때문이다. 이러한 복잡한 상황을 한 그리스도 교인은 단순하면서도 설득력 있는 말로 요약해냈다.

하느님께서 주님을 사람들에게 보내신 이유는 … 인간의 두뇌가 쉽게 상상할 수 있는 두려움을 불러일으키기 위해, 정치적 폭정을 행사하기 위해서가 아닙니다. 마치 왕이 그 아들 왕을 파견하듯이, 하느님께서는 같은 하느님이신 그분을 폭력이 아닌 온유하고 관대한 권유로 사람들을 구하시고자 파견하셨습니다. 하느님에게 폭력은 없습니다. … 어느 날 하느님께서는 심판하러 그분을 다시 보내실 것입니다. 누가 그 심판을 감당할 수 있겠습니까?
그리스도인이라고 해서 다른 사람들과 다른 사람들과 나라를 달리하는 것도, 언어를 달리하는 것도, 의복을 달리하는 것도 아닙니다. 자신만의 고유한 도시에 살지도 않으며 어떤 특수한 언어를 쓰지도 않습니다. 그들의 생활에 기이한 면은 전혀 없습니다. … 그들은 각자의 운명에 따라 그리스 혹은 다른 도시들에 흩어져 삽니다. 그들은 자신들이 속하는 영적 세계의 특수하고 역설적인 법을 따라 살며, 의식주 생활 방식은 자신들이 사는 지방의 관습을 온전히 따릅니다. 그들은 각자 자기 조국에 살면서도 마치 나그네와 같습니다.

··· 모든 낯선 나라가 그들에게는 조국이며 모든 조국이 그들에게는 낯선 나라입니다.[15]

그리스도교인들을 혹독하게 박해한 황제 중에는 마르쿠스 아우렐리우스Marcus Aurelius나 디오클레티아누스처럼 도덕적으로나 정치적으로나 훌륭한 황제들도 있었다. 이에 훗날 로마사 연구자들은 몹시 어리둥절해했지만 이러한 박해 뒤에는 위에서 살펴본 것 같은 그리스도교인들의 태도가 자리 잡고 있었다. 예수가 왕이었기에 그리스도교인들은 '일시적으로' 황제에게 충성할 수 있었다. 그러나 동시에 예수가 왕이었기에 그리스도교인들은 탁월한 황제들이 로마 제국을 유지하기 위해 요구하는 만큼의 충성을 바칠 수는 없었다. 저 황제들에게 로마 제국은 베르길리우스의 말을 빌리면 "임페리움 시네 피네"imperium sine fine, 끝나지 않을 제국이어야 했기 때문이다.[16]

이처럼 초기 그리스도교인들은 역사와 정치를 다양한 방식으로 도식화했지만 한 가지 경우의 수는 미처 예상하지 못했다. 그 경우의 수란 황제가 만왕의 왕인 그리스도의 통치권을 인정할 가능성이었다. 테르툴리아누스가 "그리스도인들이 황제가 될 수 있었다면, 황제 역시 그리스도를 믿었을 것"이라고 말했지만 이는 형용모순이었다.[17] 그러나 이 같은 모순은 4세기 정치 상황에서 현실이 되었다. 황제 콘

---

15 *Epistle to Diognetus* 7, 5. 『디오그네투스에게』(분도출판사)

16 Vergil, *Aeneid* 1. 279.

17 Tertullian, *Apology* 21.

스탄티누스 1세가 그리스도교인이 되어 예수 그리스도에게 충성을 바친다고 선언하고 십자가를 군대와 황제 개인의 공식 문장紋章으로 채택한 것이다.

콘스탄티누스의 그리스도교 개종이 '진정성'이 있느냐는 물음은 지극히 근대적인 물음이다. 이에 관한 논의가 근대에 들어 본격적으로 이루어지기 시작했다는 점에서도 그렇고, 이러한 논의 자체가 근대에 이르러 형성된 의식 덕분에 가능하다는 점에서도 그렇다. 그렇기에 이 물음은 어떤 면에서 시대착오다. 당시 사람들에게 이는 별다른 문제가 아니었다. 콘스탄티누스와 동시대를 살았던 궁정 신학자이자 역사가였던 카이사리아의 에우세비우스가 쓴 『콘스탄티누스의 생애』Vita Constantini는 성인 일대기를 본떠 만든 황제 찬가다. 19세기와 20세기 역사학계에서 이 저작은 도마 위에 올랐고 에우세비우스는 "철저하게 거짓된 최초의 고대 역사가"로 낙인이 찍혔다. 에우세비우스에 맞서 19, 20세기 역사학자들은 (나폴레옹Napoleon의 모습에 바탕을 두고) 콘스탄티누스를 "위대한 천재, 도덕에 대한 관심은 조금도 없었으며 철저하게 정치적 공리주의에 비추어 종교 문제를 다룬 사람"으로 묘사했다.[18] 하지만 실제로 남아 있는 사료들을 살펴보면 "콘스탄티누스는 조금의 망설임도 없이 자신을 그리스도교인으로 여겼다".[19] 그러므로 램지 맥멀렌Ramsay MacMullen*이 주장했듯 콘스탄티누스는 "이

18 Jacob Burckhardt, *Die Zeit Constantins des Großen* (Vienna: Phaidon), 242.

19 Hermann Doerries, *Constantine the Great* (New York: Harper Torchbooks, 1972), 229~230.

*   램지 맥멀렌(1928~)은 미국의 역사학자다. 필립스 엑시터 아카데미와 하버드 대

교 신앙에서 그리스도교로 신앙으로 순식간에 바꾼 것이 아니라 눈에 띄지 않을 정도로 미묘하게, 한쪽 신앙의 흐릿한 가장자리에서 다른 신앙의 가장자리로 옮겨갔을 뿐" 어느 쪽이든 중심부에 있지는 않았다고 보는 것이 가장 신중한 판단일 것이다.[20]

적어도 현재까지 남아 있는 사료들만 살핀다면 320년대가 될 때까지 콘스탄티누스가 예수 그리스도라는 이름을 언급한 적은 없다. 하지만 그보다 10여 년 전 일어난 사건, 312년 10월 28일 일어난 밀비우스 다리 전투*를 재구성해놓은 그리스도교 역사 자료 두 가지에는 예수 그리스도라는 이름이 가득하다. 그중 하나는 락탄티우스Lactantius가 썼는데, 그는 콘스탄티누스 가문의 개인 교사였으며 320년 세상을 떠났다. 또 하나는 앞서 언급한 바 있는 에우세비우스의 『콘스탄티누스의 생애』로 콘스탄티누스가 세상을 떠난 337년부터 에우세비우스 자신이 죽은 340년 사이에 완성되었다. 락탄티우스에 따르면 전투가 벌어지기 전날 밤 "콘스탄티누스는 꿈에 하늘에서 내려온 표식을 군

학교에서 공부하고 후기 로마 제국 연구로 박사학위를 받았다. 이후 1967년부터 1993년까지 예일 대학교 역사학 교수로 재직했으며 현재 같은 대학 명예교수로 활동 중이다. 학문 활동 초기에는 로마 제정기 사회경제사에 관심을 갖고 연구를 진행했으나 점차 초기 그리스도교사로 관심사를 바꾸어 이에 관한 주요 저작을 발표했다. 오늘날 가장 탁월한 로마사가 중 한 명으로 꼽힌다. 주요 저서로 『후기 로마 제국의 군인과 민간인』Soldier and Civilian in the Later Roman Empire, 『콘스탄티누스』Constantine, 『로마 제국의 그리스도교화: 100~400년』Christianizing the Roman Empire: AD 100-400 등이 있다.

20 Ramsay MacMullen, *Constantine* (New York: Dial Press, 1969), 111.

* 312년 10월 28일 콘스탄티누스와 막센티우스가 로마 근교의 밀비우스 다리에서 벌인 전투. 이 전투에서 콘스탄티누스는 승리를 거두고 단독 황제가 되며 이로써 로마의 사두 정치 체제는 막이 내린다.

사들의 방패에 그려 넣고 전투에 나서라는 명령을 받았다. 그는 명령 받은 대로" 방패에 (그리스도를 뜻하는) 그리스어 카이χ와 로ρ가 합쳐진 표식을 그려 넣었다.[21] 312년 사건에 대한 락탄티우스의 기록에 따르면 예수 그리스도라는 큰 별에 자신의 운명을 건 콘스탄티누스는 그리스도가 이기게 했기에 전쟁에서 승리를 거두었고, 그날 이후 영원불멸한 예수의 왕권을 통해 자신의 왕권을 행사했다.

만왕의 왕인 그리스도가 십자가를 통해 콘스탄티누스의 승리와 왕권을 이루었다는 신학적 역사 해석은 에우세비우스에 의해 본격적인 역사 신학, 그리스도교 로마 제국이라는 발상에 대한 변증으로 발전했다.[22] 그는 썼다.

> 그때 만물의 하느님, 온 우주의 최고 통치자께서는 당신의 뜻을 따라 콘스탄티누스를 … 군주이자 왕으로 지명하셨다.

에우세비우스에 따르면 콘스탄티누스는 여러 해가 지난 뒤 312년 10월 27일에 일어났던 일을 맹세하며 이야기해 주었다. 그날 그는 기도를 드렸고 그러자 "태양보다 높은 하늘에서 빛으로 된 십자가 모양"이 나타났으며 이를 콘스탄티누스는 "눈으로 똑똑히 보았다". 거기에는 "이것으로 정복하라"Touto mika는 말이 새겨져 있었다. 그뿐만 아니

---

21 Lactantius, *On the Manner in Which the Persecutors Died* 44, *Divine Institutes* 4.26~27, Epitome 47.

22 Eusebius, *The Life of Constantine* 1.24~31.

라 전군이 하늘에 있는 저 환영을 목격하고선 "놀라움에 휩싸였다". 에우세비우스는 콘스탄티누스가 꿈을 꾼 것은 그 이후라고 말한다.

> 꿈에 하느님의 그리스도가 그에게 나타나 하늘에서 본 것과 같은 모양을 보여주셨고, 그가 본 그 모양에 따라 표식을 만들어 이를 써 그가 적과 싸울 때마다 자신을 지키라고 명령하셨다.

그는 그대로 했다. 이에 에우세비우스는 결론짓는다.

> 황제는 늘 이 구원의 표식을 사용해 모든 적대 세력에게서 자신을 지켰으며 그의 아래 있는 모든 군사의 머리에 이와 같은 표식을 붙이라고 명했다.

에우세비우스가 『교회사』에 기술한 콘스탄티누스의 승리 이야기에 따르면, 밀비우스 다리 전투가 끝난 후 콘스탄티누스는 자신의 조각상이 손에 "구세주의 수난상像 … 구원의 상징인 십자가"를 들고 있도록 지시했다. 밀비우스 다리 전투의 승리를 기념하기 위해 로마에 세운 이 상에는 라틴어로 다음과 같은 문구가 새겨져 있었다.

> 이 구원의 상징, 용맹의 시금석을 통하여 나는 너희의 도시를 폭정의 굴레로부터 구해내고 원로원과 로마 시민을 해방해 옛 명성과 광채를 되찾았다.

이제 로마는 그리스도의 보호를 받는 나라가 되었다. 로마 황제들의 계승자 콘스탄티누스에게 십자가에 못 박힌 왕 예수는 승리자 그리스도일 뿐 아니라 원로원과 로마 시민의 전통과 명예를 회복시켜 준 이였다.[23]

그는 은혜를 갚았다. "콘스탄티누스는 모든 적에게서 얻은 승리에 대해 구세주에게 감사하는 뜻에서"[24] 교회와 제국의 일치를 회복하고자 니케Nike(승리의 여신)의 이름을 딴 도시인 비티니아의 니케아에서 최초의 교회 공의회를 소집했다. 당시 불협화음을 낳았던 근본적인 문제는 하느님과 그의 아들 예수의 관계였다. 근대의 한 학자는 이를 두고 말했다.

이 땅에 나타나 인간을 하느님과 다시 결합하게 한 신적 존재the divine 는 하늘과 땅을 다스리는 지고의 신적 존재the supreme divine와 동일한 가? 그렇지 않다면 반인반신인가?[25]

이 물음에 니케아 공의회는 하느님의 아들 예수는 "참 하느님에게서 나신 참 하느님 … 창조되지 않고 나시고 성부와 본질이 같"다고 선언했다.[26] 그리고 이는 그리스도교 정통 교리로 자리 잡았다. 에우세

---

23 Eusebius, *Ecclesiastical History* 9.9.10~11.

24 Eusebius, *The Life of Constantine* 1.6~7.

25 Adolf Harnack, *Grundriss der Dogmengeschichte* (Tübingen: J. C. B. Mohr, 1905), 192

26 이와 관련한 상세한 논의를 보려면 다음을 참조하라. Jaroslav Pelikan, *Christian Tradition* 1:172~225.

비우스에 따르면 이 교리 공식은 콘스탄티누스가 공의회의 심의에 직접 개입한 결과였다.

> 하느님께 가장 사랑받는 우리의 황제께서는 (라틴어로, 그리고 통역사를 통한 그리스어 번역으로) (그리스도의) 신적 기원과 그분이 만세 전에 존재하셨다는 것에 관하여 추론하셨다. '그분은 사실상 발생함이 없이, 그가 실제로 나시기 전에도 성부 안에 계셨다. (아들이) 언제나 왕이요 구세주였던 것처럼, 아버지는 언제나 아버지이시다.'[27]

공의회가 이 공식을 받아들이자 공식은 교회뿐 아니라 제국의 법이 되었다. 콘스탄티누스는 알렉산드리아 교회에 글을 써서 보냈다.

> 어떤 자들이 부끄러운 줄 모르고 입에 올리는, 우리의 생명이며 소망이신 위대한 구세주에 대한 극악무도한 신성모독은 이제 부적절하며 금지된다. 300인의 주교들이 함께 판단을 내린 것은 다름 아닌 하느님에 관한 교리이기 때문이다.[28]

또한 그는 자신이 다스리는 모든 곳에 있는 교회에 명령을 내렸다.

> 주교들의 거룩한 회의에서 결정한 바가 무엇이든 이는 하느님의 뜻

---

27 Theodoret, *Ecclesiastical History* 1.11~12.
28 Socrates, *Ecclesiastical History* 1.9.

이 드러난 것으로 여겨야 한다.

이를 바탕으로 콘스탄티누스는 이단에 대한 칙령을 내렸다. 칙령에 따르면 이단들의 집회는 금지되며 그들이 사용하던 건물과 장소는 몰수된다.[29] 그는 이교도보다도 그리스도교 내부의 이단자들에게 이를 훨씬 엄격하게 적용했다. 콘스탄티누스는 이교도들에게는 상당한 관용을 베풀었으며 누구도 그리스도교 신앙을 받아들이도록 "강요하지" 못하게 했다.[30] 이 칙령은 향후 그리스도교인 황제들이 이단에 관한 모든 법령을 제정할 때 기준이 되었다.[31] 이후 법령들의 기초는 주이자 하느님의 아들인 예수 그리스도가 성부와 하나이며 "그의 왕권은 다함이 없다"는 니케아 공의회의 내용을 재확인하는 것이었다. 테오도시우스 법전Theodosian Code에 따르면 니케아 신경의 "사도들의 규율"을 준수하는 이만이 그리스도교 제국에서 공직에 오를 권리를 가질 수 있었다(이 규정은 16세기 신성 로마 제국의 법에도 남아 있었다. 이러한 맥락에서 당시 프로테스탄트 종교개혁자들이 정통 삼위일체 교리에 충실했던 것은 신학적이라기보다는 정치적인 이유에서였다). 4세기에 일어난 이러한 일들의 결과로 이후 천 년이 넘는 시간 동안 현세의 (일시적인) 왕이 되려는 자는 반드시 그리스도를 영원한 왕으로 받아들여야만 했다.

---

29 Eusebius, *The Life of Constantine* 3.20, 64~65.

30 Eusebius, *The Life of Constantine* 2.56~60.

31 Hermann Doerries, *Constantine and Religious Liberty* (New Haven: Yale University Press, 1960), 110.

그러나 이로써 정치적 통치권의 문제가 저절로 해결되지는 않았다. 그리스도의 영원한 왕권과 세속 통치자들의 일시적인 왕권을 연결할 방법은 하나가 아니었기 때문이다. 이미 콘스탄티누스의 세기에 로마와 콘스탄티노플이라는 두 도시에서는 예수 그리스도를 왕으로 정의하는 데 대한 서로 다른 정치 이론이 등장했다. 한 이론은 콘스탄티누스 자신이 주장한 이론으로, 이후 2~300년 동안 비잔틴 그리스도교 세계에서 발전해 유스티니아누스 대제의 업적과 사상에서 정점을 이루었다. 니케아 공의회가 진행되는 동안 콘스탄티누스가 주교들을 연회에 초청한 것을 두고 에우세비우스는 말했다.

> 누군가는 이를 두고 그리스도 왕국의 전조라고 생각했을지도 모르겠다.[32]

이 말은 저자가 의도했던 것 이상의 무언가를 뜻하게 되었다. 복음서에서 그리스도는 "아버지의 나라에서 너희와 함께 새것을" 먹고 마시리라고 제자들에게 약속했다(마태 26:29). 그전까지 이 본문을 포함해 복음서들이 전하는 주의 만찬 제정 이야기를 해석하며 그리스도교인들은 성찬을 할 때마다 그리스도께서 이를 집전하는 성직자를 통해 주인이 되시며 성찬에 참여하는 이들은 손님이 된다고 여겼고 이것이 그리스도께서 지배하시는 영원한 나라의 전조가 된다고 보았다.

---

32 Eusebius, *The Life of Constantine* 3.15.

그러나 에우세비우스가 그리스도 왕국의 전조라고 여긴 콘스탄티누스의 연회에서 주인은 하느님에게 임명받은 황제였고 주교들은 손님이었다.

그러므로 이 연회는 특정한 정치 체제를 함축하고 있었다. 콘스탄티누스는 주교들과 성직자들에게 적절한 예를 갖추었지만 그러한 존중 뒤에는 참된 권세를 지닌 이의 보이지 않는 강한 손이 있었다. 에우세비우스가 『교회사』 결론부에서 말했듯 콘스탄티누스뿐 아니라 황제들은 이제 "하느님 곧 온 세상의 왕, 하느님의 아들, 만물의 구원자를 자신의 안내자이자 협력자로 두고 … 하느님을 비방하는 이들에게 맞섰다".[33] 온 세상을 창조하신 성부 하느님은 예수에게 권위를 주었다. 승천하기 직전 예수는 말했다.

나는 하늘과 땅의 모든 권세를 받았다. (마태 28:18)

콘스탄티누스를 기점으로 황제가 이 땅에서는 저 "권세"를 받았다는 생각이 싹텄다. 그리고 그리스도께서 온 세상을 통치하기 위해 황제를 택했고 환상으로 그에게 나타났다는 이야기가 이를 뒷받침했다. 하느님께서 황제에게 왕관을 씌워주셨다는 믿음은 비잔티움 제국의 대관식에 고스란히 반영되었다.[34] 457년 콘스탄티노플 총대주교 아

---

33 Eusebius, *Ecclesiastical History* 10.9.4.
34 Frank Edward Brightman, 'Byzantine Imperial Coronations', *Journal of Theological Studies* 2 (1901), 359~392.

나톨리우스Anatolius는 황제 레오 1세Leo I the Emperor의 대관 의식을 거행했다. 그러나 서방 라틴 세계와는 달리 비잔티움 세계에서 이는 황제의 권위가 교황이나 교회의 권위에서 나온다는 것을 뜻하지 않았다. 반대로 총대주교의 주교 서품식에서 비잔티움 제국의 황제는 "하느님의 은총으로, 또한 하느님의 은총에서 비롯한 황제의 권능으로, 이 사람을 콘스탄티노플 총대주교로 지명한다"고 선언했다. 왕은 동시에 사제였다. 유스티니아누스 황제는 왕임과 동시에 멜기세덱이었다.[35] 콘스탄티노플에 있는 아야 소피아 대성당의 남측 회랑에 있는 한 모자이크화에는 이러한 정치 신학이 그림으로 표현되어 있다. 왕인 그리스도는 가운데 보좌에 앉아 있고, 그가 앉은 자리는 그가 만물의 주인임을 분명히 보여준다. 그리고 양측에는 콘스탄티누스 9세 모노마쿠스Constantine IX Monomachus와 조에Zoe 황후가 그 사이를 중재하는 성직자 없이 서 있다. 이는 그들의 통치권이 그리스도의 통치권에서 직접 유래했음을 보여준다(물론 이러한 계보가 실제 정치 영역에서는 불분명할 때도 있었다. 콘스탄티누스는 조에 황후의 세 번째 남편(로마노스 3세, 미하일 4세, 콘스탄티누스 9세)이었으며 현재 남아 있는 모자이크는 본래의 것을 덮어씌워 전임자의 그림을 대체한 것이다). 물론 성상 논쟁 때에는 이러한 권위에도 한계가 있음이 분명히 드러났다. 황제는 만왕의 왕인 그리스도의 이름으로 통치할 수 있으나 하느님의 형상인 그리스도 성상까지 손댈 수는 없었다.

---

35 창세 14:18, 시편 110:4, 히브 7:1~17

《콘스탄티누스 9세 모노마쿠스와 조에 황후 사이 보좌에 앉아 있는 그리스도》(11세기),
모자이크, 아야 소피아 대성당 남측 회랑.

330년 5월 11일 비잔티움을 콘스탄티노플(종종 새로운 로마라고 불렸
다)로 재건하여 봉헌한 것은 (다른 이유도 있겠지만) 콘스탄티누스 1세가
자신의 제국을 재통일하려는 결정과 이교도의 수도인 옛 로마를 대
체하고 새로운 그리스도교의 수도를 세우려는 소망의 결과였다. 그
러나 수도를 로마에서 콘스탄티노플로 옮겼을 때, 로마에는 옮길 수
없는 기운이 있었다. 그 기운을 간직하고 있었던 이는 로마의 주교
였다. 452년 교황 레오 1세Leo I the Pope는 만토바에서 훈족의 왕 아틸
라Attila를 찾아가 그들이 로마를 포위하지 말아 달라고 설득했다. 또

한 그는 다른 야만족 정복자들에게서도 이 도시를 지켜냈다.[36] 상황이 이렇게 되자 만왕의 왕으로서 그리스도가 지닌 권위는 옛 로마와 새로운 로마에서 사뭇 다른 정치적 함의를 지니게 되었다. 옛 로마에서는 예수 그리스도가 승천하기 전 "하늘과 땅의 모든 권세를 받았다"고 선언하고 자신의 "지상명령"을 최초의 주교들이었던 사도들에게 내렸다고, 그리고 그중 한 사람, 초대 교황으로 불리는 베드로에게 "매고 푸는" 권세를 맡겼다고 해석했다. 이는 죄를 매고 푸는 권세를 의미했으나 차차 정치적 권위를 매고 푸는 권세를 의미하기도 한다고 해석되었다.[37]

800년 성탄절, 교황 레오 3세Leo III는 로마 성 베드로 성당에서 카롤루스 대제Charles the Great의 대관식을 집전했는데 이 대관식은 서방에서 정치적 통치권이 어떤 방식으로 이양되었다고 믿는지(하느님에게서 그리스도로, 그리스도에게서 사도 베드로로, 베드로에게서 "베드로의 보좌"에 앉은 그의 계승자들로, 그리고 그들에게서 황제와 왕으로) 잘 보여주는 사례라 할 수 있다. 그러므로 신성 로마 황제 하인리히 4세Heinrich IV가 교황 그레고리우스 7세Gregory VII의 권위를 거역했을 때 이는 왕에게 거역한 것이 아니라 사도 베드로에게 거역한 것이었다. 그래서 교황은 1076년 사순절 기간 종교회의를 열어 하인리히를 파문하고 황제직에서 폐위한다는 교서를 공포했다. 그러나 중세 후기에 이르러서는 단

---

36 C. Lepelley, 'Saint Léon le Grand et la cité romaine', *Revue des sciences religieuses* 35 (1961), 130~150.

37 마태 16:18~19, Jaroslav Pelikan, *Christian Tradition* 4:81~84.

테 알리기에리를 포함한 수많은 사상가가 정치 체제의 자율성이라는 이름 아래 그리고 그리스도의 (세속temporary 왕권의 상대 개념으로서의) 영원한eternal 왕권이라는 이름 아래 그리스도가 정치 영역에서도 왕권을 갖고 있다는 이론을 반대했다. 흥미로운 것은 저 이론(교황이 정치 영역에서도 권위를 갖고 있다는 이론)을 정당화할 때 그 공을 콘스탄티누스 황제에게 돌렸다는 점이다. 「콘스탄티누스의 증여」Donatio Constantini로 알려진 8세기 가짜 문서는 그리스도께서 교황 실베스테르 1세Sylvester I를 통해 자신의 나병을 고쳐준 일에 대한 보은으로 콘스탄티누스가 교황에게 황제의 권위와 영속적인 관할권을 부여했다고 전한다. 여기서 그리스도는 왕이고, 교회는 군주국가였으며 교황은 그 군주다. 그리고 세속 군주들은 교황의 권위를 통해 자신들의 권위를 행사한다. 오래전 그리스도는 제자들이 손에 든 칼 두 자루를 보고 "넉넉하다"(루가 22:38)고 말했고 제자들은 이를 입증해냈다. 베드로와 그를 계승한 이들은 교회의 통치라는 '영적인 검'과 정치 영역의 통치라는 '세속의 검'을 모두 갖고 있었다. 후자의 경우 세속 통치자들을 도구삼아 행사한 것이라 할지라도 말이다.[38]

"그러면 당신은 왕이오?" 빌라도는 예수에게 물었고 십자가에 달아 둔 명문에서 그를 왕이라 불렀다. 그러나 비잔티움 제국의 황제나 로마 주교가 승리주의에 젖어 예수의 왕권을 찬미할 때, 예수에게 순종할 것을 맹세한 이들은 왕인 예수와 왕의 대리인인 본티오 빌라도

---

38 Walter Ullmann, *Medieval Papalism: The Political Theories of the Medieval Canonists* (London: Methuen, 1949)

의 만남에 담긴 의미를 다시 생각해 보지 않을 수 없었다. 요한 복음서 18장에 따르면 그 만남에서 빌라도는 사뭇 다른 물음을 던진다.

> 빌라도가 다시 관저 안으로 들어가, 예수를 불러내서 물었다. "당신이 유대 사람들의 왕이오?" … 예수께서 대답하셨다. "내 나라는 이 세상에 속한 것이 아니오. … 빌라도가 예수께 물었다. "그러면 당신은 왕이오?" 예수께서 대답하셨다. "당신이 말한 대로 나는 왕이오. 나는 진리를 증언하기 위하여 태어났으며, 진리를 증언하기 위하여 세상에 왔소. 진리에 속한 사람은, 누구나 내가 하는 말을 듣소." 빌라도가 예수께 물었다. "진리가 무엇이오?" (요한 18:33~38)

진리가 무엇이냐는 빌라도의 마지막 물음 또한 수 세기에 걸쳐 수많은 대답을 끌어냈다. 그리고 그 모든 답은 예수의 모습으로 제시되었다.

05

온 우주의 그리스도

모든 것이 그분으로 말미암아 창조되었고,

그분을 위하여 창조되었습니다.

그분은 만물보다 먼저 계시고,

만물은 그분 안에서 존속합니다. (골로 1:17~18)

20세기 가장 탁월한 지성인 중 한 사람이었던 알프레
드 노스 화이트헤드는 『과학과 근대 세계』Science and the
Modern World라는 강연집 서두에서 과학적, 철학적 신념
에 관해 말한 바 있다.

모든 사건 하나하나가 자신에 앞서 있는 사건들과 일정한 방식으로
명확하게 연관되어 일반 원리를 예증해 보이고 있다는 확고부동한
신념 … 이러한 신념이 없다면 과학자들의 엄청난 노력도 가망이 없

는 것이 되고 말 것이다. 과학자들이 연구를 계속하게 하는 원동력
은 상상력에 앞서 생생하게 자리하고 있는 이 본능적인 확신이다.
베일을 벗겨내면 본 모습을 드러낼 비밀이 있다는 확신 말이다.

이어서 그는 묻는다.

대체 어떻게 해서 이러한 확신이 그처럼 생생하게 유럽인의 정신에
뿌리내리게 되었던 것일까?

이 질문에 화이트헤드는 스스로 대답한다.

유럽 사상이 띠고 있는 이 색조를 다른 문명들의 태도와 비교해 본
다면 그 기원이 되는 것은 하나뿐인 것 같다. 유럽 특유의 사상은 야
훼가 인격적 힘을 지니고 있다는 믿음과 그리스 철학자의 합리적 정
신에서 비롯한, 하느님이 이성적 존재라는 믿음을 중세인들이 끝까
지 고집했기에 나올 수 있었음이 분명하다.[1]

이러한 고집, "야훼가 인격적 힘을 지니고 있다는 믿음"과 "그리스
철학자의 합리적 정신"이 결합된 것이 바로 예수 그리스도가 성육신
한 로고스라는 그리스도교의 교리였다.

---

1 Alfred North Whitehead, *Science and the Modern World*, 13.

4세기에 이르기까지, 예수가 세상을 떠난 후 그리스도교인들이 "그리스도의 위엄을 가리키는" 데 썼던 수많은 칭호 중 로고스라는 칭호만큼 사상사에 커다란 영향을 미친 것은 없다.[2] 그 영향력은 예수의 또 다른 칭호인 '왕'이 정치사에 미친 영향과 유사하다. 4세기한 그리스도교 철학자는 "로고스를 부르는 칭호는 너무나 많고 너무나 숭고하며 너무나 위대"하다면서 다른 모든 칭호를 로고스라는 칭호의 서술어로 간주했다.[3] 오늘날에도, 벤 존슨Ben Jonson[*]이 셰익스피어William Shakespeare를 두고 했던 말을 빌리자면 "라틴어는 잘 모르고 그리스어는 더 모르는" 사람들조차 요한 복음서의 첫 구절, "엔 아르케 엔 호 로고스"Ἐν ἀρχῇ ἦν ὁ Λόγος를 암송하곤 한다. 또한 괴테Johann Wolfgang von Goethe가 쓴 『파우스트』Faust 초반부에서 늙은 철학자 파우스트는 서재에 앉아 저 문장을 독일어로 이렇게 저렇게 번역해보려 했다.

---

2 Ferdinand Hahn, *Christologische Hoheitstitel: Ihre Geschichte im frühen Christentum* (Göttingen: Vandenhoeck & Ruprecht, 1963)

3 Gregory of Nazianzus, *Orations* 36.11.

* 벤 존슨(1572~1637)은 영국의 극작가, 시인, 비평가다. 희극, 희비극, 풍자극, 비극, 가면극 등 다방면에 걸친 작품을 남겼으며 그리스, 라틴 고전 문학을 영어로 번역하기도 했다. 제임스 1세의 연금을 받아 사실상 최초의 계관시인이 되었다. 오랫동안 셰익스피어와 대척점에 있는 극작가로 평가되어왔으나 최근에는 그 문학사적 가치가 재평가되고 있다. 주요 작품으로 『볼포네, 또는 여우』Volpone, or the Fox(문학과지성사), 『연금술사』The Alchemist 등이 있다. 펠리칸이 인용한 벤 존슨의 글은 그가 셰익스피어를 추모하며 쓴 글의 일부다. "그는 한 시대를 뛰어넘는 모든 시대의 사람이었다. 그는 라틴어를 잘 몰랐고 그리스어는 더욱 몰라서 그런 말들로 영예를 높이고자 하지 않았으되, 나는 우레 같은 명성을 지닌 아이스킬로스, 유리피데스, 소포클레스를 찾지 않으리라. 오히려 그들을 불러내서, 다시 살아나 그의 비극을 관람하라 하리라. …"

'태초에 말씀das Wort이 계셨다' …

이렇게 쓰면 '태초에 뜻der Sinn이 있었다.'

… (하지만) 만물을 창조하고 다스리는 것이

과연 '뜻'이라 할 수 있을까?

차라리 이건 어떨까. '태초에 힘die Kraft이 있었다.'

하지만 내가 이렇게 써내려가는 동안

벌써 거기에 집착하지 말라고 경고하는 것이 있다.

… 갑자기 좋은 생각이 떠올라

기쁜 마음으로 기록하니 '태초에 행위die Tat가 있었다'.[4]

실제로 로고스라는 말은 이 중 어떤 뜻도 될 수 있으며 저 모든 것을 뜻할 수도 있다. 그 외에도 로고스에는 '이성', '구조', '목적' 같은 뜻도 있다.

예수를 로고스로 본 4세기의 사유 중 가장 중요한 기념비는 니케아 신경에 소중히 간직된 성 삼위일체 교리다. 그리스도교 역사 중 대부분의 기간 삼위일체 교리는 의심할 여지가 없으며 의심할 수도 없는, 참된 정통 신앙과 가르침의 시금석이었다. 이 교리는 장 칼뱅John Calvin의 『그리스도교 강요』Christianae Religionis Institutio 같은 조직신학 저서, 교리문답, 설교에 틀을 제공했다. 그러나 삼위일체 신앙을 신학보다 더 잘 표현한 것은 라틴 전례 때 불리는 《소영광송》Gloria Patri에

---

4 Goethe, *Faust* 1224~1237. 『파우스트 1,2』(민음사)

서 레지날드 히버Reginald Heber* 주교가 쓴 찬송가 《거룩 거룩 거룩》Holy,
Holy, Holy**에 이르는 찬양과 찬송이었다. 심지어 칼뱅조차 니케아 신
경은 말로 고백하는 것보다 찬송으로 부르는 것이 더 낫다고 생각했
다. 돌아가서, 삼위일체 교리의 발전은 그리스도교 교리 역사에서 커
다란 비중을 차지한다. 어쩌면 가장 중요한 단 하나의 교리라 해도
무방할 정도다. 그렇기에 교리사에서 삼위일체 교리에 관한 부분이
가장 많은 분량을 차지한다는 것은 그리 놀라운 일이 아니다. 그러나
예수를 로고스라 하는 것은 교리사뿐만 아니라 지성사, 철학사, 과학
사에서도 커다란 비중을 차지한다. 4, 5세기 그리스도교 철학자들은
예수가 누구이며 그가 무엇을 했는지를 설명할 때 그에게 로고스라
는 칭호를 붙임으로써 그를 실재의 구조(형이상학)를 해석할 수 있게
해주는 신성한 실마리, 형이상학 안에서 존재의 수수께끼(존재론)를
풀 수 있게 해주는 하느님의 증거로 삼았다. 그리하여 예수는 우주적
인 차원까지를 아우르는 그리스도, 온 우주의 그리스도가 되었다.

예수를 온 우주의 그리스도로 해석한 또 다른 기념비가 4세기에
나왔는데 바로 로마 바티칸 미술관이 소장하고 있는 한 그리스도교
인의 석관이다. 이 석관에는 우주를 다스리는 통치자 그리스도가 분

---

* 레지날드 히버(1783~1826)는 영국 성공회 주교이자 신학자, 찬송가 작가다. 옥스
  퍼드 대학교 브레이지노스 칼리지에서 공부하고 1807년 사제 서품, 1823년 주
  교 서품을 받았다. 찬송가를 만드는 것 외에도 해외 선교 활동에 관심을 가져 다
  양한 선교 단체를 후원했으며 콜카타 주교가 되어 인도에서 3년간 활동하다 세
  상을 떠났다. 그가 편집한 성가집은 큰 인기를 끌었고 오늘날에도 그가 만든 몇
  몇 찬송은 교회에서 쓰이고 있다.

** 한국찬송가공회, 『찬송가』(2006) 8장, 대한성공회, 『성가』(2015) 323장 《거룩 거룩
   거룩 전능하신 주님》

《의인화된 우주 위에 앉아 있는 그리스도》(4세기), 로마의 석관, 로마 바티칸 미술관.

명하게 묘사되어 있다. 석관의 측면에는 일련의 대리석 조각들이 일종의 띠를 이루고 있다. 일정한 간격으로 정밀한 조각이 새겨진 기둥들이 있고 한가운데에는 그리스도가 보좌에 앉아 있는데 그는 양옆에 있는 사람들보다 높은 위치에 있다. 그리스도의 왼손에는 두루마리 하나가 있으며 오른손은 축복과 권위를 뜻하는 자세를 취하고 있다. 그리고 그의 발 아래에는 의인화된 우주가 있다. 언젠가 사도 바울은 선언했다.

> 하느님께서 모든 원수를 그리스도의 발 아래에 두실 때까지, 그리스도께서 다스리셔야 합니다. 맨 마지막으로 멸망 받을 원수는 죽음입니다. (1고린 15:25~26)

다른 편지에서 그는 찬미가처럼 들리는 말을 전한다.

> 그 아들은 보이지 않는 하느님의 형상이시요, 모든 피조물보다 먼저 나신 분이십니다. 만물이 그분 안에서 창조되었습니다. 하늘에 있는 것들과 땅에 있는 것들, 보이는 것들과 보이지 않는 것들, 왕권이나 주권이나 권력이나 권세나 할 것 없이, 모든 것이 그분으로 말미암아 창조되었고, 그분을 위하여 창조되었습니다. 그분은 만물보다 먼저 계시고, 만물은 그분 안에서 존속합니다. 그분은 교회라는 몸의 머리이십니다. 그는 근원이시며, 죽은 사람들 가운데서 제일 먼저 살아나신 분이십니다. 이는 그분이 만물 가운데서 으뜸이 되시기 위

함입니다. 하느님께서는 그분의 안에 모든 충만함을 머무르게 하시기를 기뻐하시고… (골로 1:15~19)

이 석관은 바울이 이야기했던 저 말, 즉 "죽은 사람들 가운데서 제일 먼저 살아나신 분"이 "마지막 원수"인 죽음을 이기셨음을, 우주적 차원에서 이루어진 그리스도의 승리와 그의 주권을 눈에 보이는 형태로 드러낸 것이라 할 수 있다. 같은 시기 삼위일체 교리가 이를 개념의 형태로 표현했듯 말이다.

"태초에 '말씀'이 계셨다"는 요한 복음서 첫머리는 분명 창세기의 첫머리("태초에 하느님이 천지를 창조하셨다. … 하느님이 말씀하시기를 …")를 달리 표현한 것이다. 초기 그리스도교인들은 저 두 본문을 나란히 두고 읽었다.[5] 하느님의 '말씀'(로고스의 번역어 중 하나)이 세계를 존재하게 했으므로, 세계를 이해할 수 있게 하는 것도 하느님의 말씀이다. 그러므로 로고스인 예수 그리스도는 이 세계에 세계를 향한 하느님의 뜻과 이 세계를 운행하는 그분의 방법을 드러낸 '하느님의 말씀'이다. 하느님의 계시를 매개하는 이로서 그는 하느님의 계시, 특히 우주와 우주의 창조에 대한 계시를 수행하는 이이기도 했다. 그에 대한 '믿음'은 저 모든 것에 대한 '이해'의 바탕이었다.[6] 이 같은 맥락에서 4세기 카이사리아의 바실리우스는 저서 『6일 창조에 관한 강해』

---

5 Gregory T. Armstrong, *Die Genesis in der alten Kirche: die drei Kirchenväter* (Tübingen: Mohr. Siebeck, 1962)

6 Gregory of Nyssa, *On the Making of Man* 25.2.

Homiliae in hexaemeron에서 우주의 의미를 해석하며 창세기에 기록된 6일 간의 창조 이야기로 시작한 뒤 이를 자세히 설명했다. 신학과 철학, 과학과 미신이 뒤섞여 있는 이 기이한 책은 훗날 밀라노의 암브로시우스Ambrose of Milan가 물려받았으며 그는 이를 라틴어로 의역했다.

앞에서 살펴보았듯 많은 초기 그리스도교 사상가는 성서의 창조 이야기를 해석할 때 플라톤의 『티마이오스』에서 틀을 갖춘 우주의 기원론에 대한 이해를 받아들였다. 그들은 플라톤이 창세기를 읽었으며 어렴풋하게나마 『티마이오스』에서 우주의 구조가 십자가 모습을 하고 있다고 이야기하고 있다는 믿음으로 그 의미를 강화했다.[7] 그러므로 처음부터 그리스도교인들의 창조관은 (예수로 성육신한 로고스를 통한 창조를 말한다 하더라도) 이후 세대들이 "혼합된 교리"라 부른, 하느님의 계시와 인간의 이성이 말하는 바의 혼합물이었다. 앎이 이루어지게 하는 저 두 가지 방식은 (그것이 조화로웠든 모순이었든 간에) 서로 관계를 맺으며 19세기, 그리고 20세기까지 신학사뿐 아니라 철학사와 과학사가 형성되는 데 도움을 주었다.[8] 4세기 대다수 교회 교부들은 니케아 신경이 말하는 종교-신학적 우주기원론("한 분이신 하느님, 전능하신 아버지, 유형 무형한 만물의 창조주를 저희는 믿나이다")과 플라톤과 플라톤주의자들이 말한 철학-과학적 우주론(이는 『티마이오스』와 그리스도교인 주석가들을 포함한 이 책의 주석가들의 주석에서 유래했다)을 하나로

---

7 이 책 106~112 참조.

8 Jaroslav Pelikan, 'Creation and Causality in the History of Christian Thought', *Issues in Evolution* (Chicago: University of Chicago Press, 1960), 329~340.

묶는 방법은 (비록 니케아 신경에 로고스라는 표현이 나오지는 않지만) "한 분이신 주 예수 그리스도 … 하느님의 외아들로 말미암아 만물이 … 생겨났다"는 로고스 교리의 내용을 더욱 확신하는 것이었다. 그러나 이러한 확신은 우주의 실재를 감지해내는 두 방식에 질적 차이가 있음을 분명히 하기도 했다.

계시와 이성의 관계를 보여준 대표적인 사례는 창조가 '무로부터의 창조'creatio ex nihilo라는 정의였다.[9] 이 정의는 물질이 영원하다는, 그러므로 창조주와 영원히 공존한다는 생각을 겨냥하고 나왔다.[10] 그리스도교인들이 보기에 "그리스의 철학자들은 자연을 설명하려 온갖 노력을 기울였지만" 그들이 할 수 있는 최선은 『티마이오스』같은 저작을 엿보면 알 수 있듯 창세기에 "숨겨진 교리", 곧 모세에게 그리고 모세를 통해 드러난 하느님의 말씀에 대한 "일종의 상상일 뿐" 분명한 이해는 아니었다.[11] 그러므로 세상의 지혜가 아닌 하느님의 지혜에 비추어 우주에 대해 숙고해보는 이유는 태초부터 지금 이 순간에 이르기까지 "하느님의 말씀이 창조세계에 만연하다"는 사실을 깨닫는 데 있다.[12] 또한 그리스도교인들은 창세기에서 하느님이 "우리가 우리의 형상을 따라서 … 사람을 만들자"고 말씀하신 분은 다름 아닌 "그분의 협력자, 그를 통해 하느님께서 존재하는 것의 모든 질서를

---

9 Jaroslav Pelikan, *Christian Tradition* 1:35~37, 3:290~291.

10 Gregory of Nyssa, *On the Making of Man* 24.

11 Basil of Caesarea, *Hexaemeron* 1.2, 3.8. Gregory of Nyssa, *On the Making of Man* 8.4.

12 Basil of Caesarea, *Hexaemeron* 6.1, 9.2.

창조하신 분, 그분의 능력의 말씀으로 우주를 유지하시는 분", 삼위일체의 "제2 위격"이자 온 우주의 그리스도인 로고스 예수 그리스도라고 생각했다.[13]

그리스 그리스도교 사상을 해석한 한 4세기 라틴 학자는 말했다.

> 존재하는 만물의 기원은 아버지에게 있습니다. 그리스도 안에서 그리스도를 통하여 그분은 만물의 원천이십니다. 다른 만물과 달리 그분은 스스로 존재하십니다.[14]

이렇게 정의하려면 창조의 때 하느님이 하신 말씀, 이제는 예수 안에 있는 로고스가 "주님께서 일을 시작하시던 그 태초에 ⋯ 나를 지으셨다"던 잠언의 말 속 "나"인지 아닌지를 명확히 해야 한다.[15] 만일 그렇다면 로고스는 피조물 가운데 첫 번째이지만, 그럼에도 결국 일개 피조물이자 창조 질서의 일부에 불과하기 때문이다. 그리스도교 정통 교리에 따르면 가능성은 둘, 즉 피조물이든지 창조주든지 둘 중 하나다. 4세기 삼위일체 교리를 두고 일어난 격렬한 논쟁은 천지를 창조하시며 하신 하느님의 말씀인 로고스가 창세 전부터, 영원히 있었으며 따라서 "성부와 본질이 같다"homoousios고 고백하는 것으로 마무리되었다. 『고백록』 11권에서 아우구스티누스는 창조를 찬미하며

---

13   창세 1:26, 히브 1:2~3, Basil of Caesarea, *Hexaemeron* 9.6.

14   Hilary of Poitiers, *On the Trinity* 2.6.

15   잠언 8:22, Athanasius, *Discourses against the Arians* 2.18~82.

설명한 부분에서 묻는다.

당신께서 '태초에' 어떻게 하늘과 땅을 만드셨는지 듣고 싶고 또 알고 싶습니다.

그리고는 하느님께서 영원한 말씀으로, 모든 피조물을 영원한 말씀으로 창조하셨다고 답한다.

하느님, 이 태초에서 당신께서 하늘과 땅을 만드셨습니다. 당신의 말씀에서, 당신의 아들에서, 당신의 능력에서, 당신의 진리에서 오묘하게 말씀하시고 오묘하게 만드셨습니다.[16]

그러나 하느님의 로고스가 예수 그리스도라고 했을 때 이는 '하느님의 말씀'이라는 의미, 그리고 '하느님의 계시'라는 의미를 넘어선다. 사실 로고스처럼 폭넓은 의미를 지니지는 않았으나 그와 유사한 그리스어는 분명 여럿 있었으며 그 중 몇몇은 신약성서와 초기 그리스도교 문헌에 쓰이기도 했다. 그러나 그리스도교인들은 예수 그리스도가 하느님의 말씀이자 계시라는 것을 넘어 예수 그리스도를 통해 온 우주의 '이치', '정신'이 드러났음을 암시하기 위해 로고스라는 말을 택했다. 그래서 '로고스가 없다는 것'alogos은 (고전 그리스어도 마찬

---

16 Augustine, *Confessions* 11.3.5~11.9.11.

가지인데) 이치가 없는 것, 이치에 반하는 것을 뜻했다.[17] 이 같은 맥락에서 로고스 교리, 로고스론을 담고 있는 요한 복음서를 반대한 2세기 그리스도교 이단자들에게는 '로고스 없는 자들'Alogoi이라는 별명이 붙었으며 로고스의 영원성을 부정한 4세기 그리스도교 사상가들은 하느님이 로고스 없이 있던 때가 있었다고, 즉 제정신이 아니었던 때가 있었다고 가르친다며 지탄을 받았다.[18] 이들에 맞서 정통 교리는 주장했다.

> 하느님께서는 단 한순간도 로고스 없이 계시지 않았으며 한순간도 아버지가 아닌 적이 없었습니다.[19]

이처럼 그리스도교 철학자들이 예수가 영원한 로고스라는 규정에 담긴 함의를 탐구함으로써 창조 교리라는 틀 안에서 이치로서 로고스가 지니는 우주론적 의미가 점점 더 강조되었다.

한 그리스도교 철학자는 "그렇다면 인간의 위대함은 무엇에 있는가?"라는 수사적인 물음을 던진 뒤 "창조주의 형상을 닮은 그의 존재에" 있다고 답했다. 그리고 그는 그리스도와 창조세계의 관계에 관한 교리에 담긴 함의를 분석했다.

---

17 Plato, *Theaetetus* 203. 이 저작에서 이 말은 각각의 의미로 두 번 등장한다. 『테아이테토스』(이제이북스)

18 Epiphanius of Salamis, *Against All Heresies* 51.3, Gregory of Nyssa, *The Great Catechism* 1.

19 Gregory of Nazianzus, *Theological Orations* 3.17.

여러분이 하느님의 아름다움이 드러나는 다른 지점들을 살펴본다면, 그 속에서도 역시 지금 이야기한 하느님의 형상과 닮은 모습이 온전히 보존되어 있음을 발견할 것입니다. 하느님은 정신이며 말씀입니다. "태초에 말씀이 있었"고, 바울을 따르던 이들에게는 그들 안에서 "말씀하시는 그리스도의 영"이 있었습니다. 인간됨이라는 것도 이와 동떨어져 있지 않습니다. 여러분에게는 말word과 이해력understanding이 있음을, 이는 참된 말씀Word과 정신Mind(즉 로고스이신 그리스도)을 닮았음을 여러분도 알고 있지 않습니까.[20]

그러므로 예수 안에서 성육신한 하느님의 로고스와, 모든 인간 안에서 육화해 모든 이가 감지할 수 있는 인간의 로고스 사이에는 유사한 점이 있다. 말이 정신과 관계가 있듯 성부 하느님과 관계가 있는 하느님의 로고스는 하느님의 데미우르고스다. 이를 통해서 우주 만물이 존재하기 때문에 "이 이름(로고스)이 그에게 주어진 이유는 그가 존재하는 모든 것 안에 존재하기 때문"이라는 생각으로 이어진다.[21]

하느님의 창조세계인 우주와 하느님의 이치인 로고스와의 관계에 관한 이러한 이해는 그리스도교 인식론과 관련해 두 가지 함의를 지니고 있다. 첫째, 로고스가 우주의 이치와 정신이라는 규정은, 비합리성을 미화하는 게 아닌가 싶을 정도로 그리스도 신앙의 역설을 강

---

20 Gregory of Nyssa, *On the Making of Man* 16.2, 5.2. (요한 1:1, 1고린 2:16, 2고린 13:3 참조)

21 Gregory of Nazianzus, *Theological Orations* 4.20.

조하던 흐름(그리스도교는 시작될 때부터 이러한 특징을 지니고 있었다)을 상쇄하는 역할을 했다. 많은 사람이 알고 있는 것과는 달리 테르툴리아누스는 "나는 불합리하기 때문에 믿는다"Credo quia absurdum고 말하지 않았다. 좀 더 정확히 말하면 그는 이렇게 말했다.

하느님의 아들이 죽었다는 것, 이는 어떻게든 믿어야 할 것이다. 이는 말이 안 되는 일이기 때문이다. 그리고 그는 무덤에 묻혔다가 다시 살아났다. 이는 확실한 사실이다. 그것이 불가능한 일이기 때문이다.[22]

다른 저작에서 그는 말했다.

그리스도 예수를 믿는 이상 별난 논쟁은 필요 없다. 복음을 누린다면 무언가를 더 알려 하는 것은 무의미하다. 아테네가 예루살렘과 무슨 관계가 있단 말인가?[23]

(물론 세대마다 그리스도교에는 문자주의와 반지성주의 흐름은 언제나 있었으나) 당시 대다수 그리스도교인이 이러한 정서를 가졌거나 테르툴리아누스의 말을 곧이곧대로 받아들였다면 (우주는 합리적인 질서를 따르고 있다는 것을 전제로 한) 철학적 사유와 과학적 탐구는 막을 내렸을 것

---

22 Tertullian, *On the Flesh of Christ* 5.
23 Tertullian, *On Prescription against Heretics* 7.

이다. 하지만 4세기 후반까지 그리스도 신앙의 역설을 받아들인 이들도 합리적 과정의 타당성을 긍정하고 "우리 눈에 보이는 증거와 자연의 법칙"에 호소할 수 있었다.[24] 그들은 성부 하느님께서 자신의 영원한 아들 로고스를 통해 이루신 창조는 임의적이고 무계획적일 수 없고, "우연히 그리고 아무런 이유도 없이" 생길 수 없으며 "유의미한 목적"을 갖고 있다고 믿었다.[25] 이러한 우주의 합리성에 대한 믿음은 자연스럽게 고대에 유행한 점성술로 대표되던 특정 형태의 임의성, 우연성을 거부하는 것으로 이어졌다.[26] 인간과 다른 피조물의 근본적인 차이는 인간은 하느님의 형상으로, 창조하는 로고스의 특별한 활동으로 창조되었기에 "말할 수 있고"(λογικός(로기코스), "이성을 사용하는 데 적합"하며 그렇기에 "창조하는 로고스의 모습"을 닮았다는 점에 있다고 그리스도교인들은 믿었다.[27]

이처럼 한편에서 많은 4세기 그리스도교 철학자는 하느님의 이치가 인간의 이성에게 창조된 자연의 활동을 꿰뚫어 보는 능력을 주었다고 자신했으나, 다른 한편에서 이를 견제한 것은 (그 역시 그리스도 안에서 그리스도를 통해 나타난 계시에 기초를 둔) 인간이 궁극적인 실재를 이해하는 데는 능력에 한계가 있다는 깊은 통찰이었다. 언제나 그랬듯 이러한 근본적인 통찰에 이르게 하는 촉매 역할을 한 것은 그리스

---

24   Gregory of Nazianzus, *Theological Orations* 2.6.

25   Basil of Caesarea, *Hexaemeron* 1.6.

26   Basil of Caesarea, *Hexaemeron* 6.5~7.

27   Gregory of Nyssa, *On the Making of Man* 8.8.

도교 이단자였다. 4세기 가장 탁월한 그리스도교 철학자였던 유노미우스Eunomius에 대해 정통 교리를 지지하는 많은 이는 그가 하느님의 본질을 하느님만큼 잘 알 수 있다고 주장한다며 비판했다. 이러한 이야기가 실제로 얼마나 타당한지는 알 수 없지만, 적어도 정통에 서서 그의 신학 사상을 반대하던 이들은 인간이 하느님에 관해 온전히 알수는 없음을 강조하려 애썼다. 그들에 따르면 피조물을 탐구할 때 그 '본질'을 알기 위해서는 그의 '이름'을 아는 것으로 충분하다. 그러나 "성부, 성자, 성령을 통해 받아들이게 되는 하느님의 창조되지 않은 본성은 이름에 담긴 모든 의미를 뛰어넘는다".[28] "하느님을 말로 온전히 표현하는 것은 불가능하며", "우리는 이를 다만 그 속성을 가늠해 윤곽을 그릴 수 있을 뿐이다". 그렇게 해서 얻는 것은 "하느님에 관한 희미하고 미미하며 부분적인 앎" 뿐이다. 그러므로 "최상의 신학자"는 이렇게 얻은 파편적인 앎에 기초해 하느님에 관해 말하는 이라 할수 있다.[29] 그 결과 '성서 실증주의'biblical positivism라 불리는 흐름이 등장했는데 푸아티에의 힐라리우스Hilary of Poitiers는 이를 짧은 문장으로 표현했다.

하느님께서 자신에 관하여 말씀해주시는 만큼만 우리는 믿어야 한다.[30]

---

28 Gregory of Nyssa, *Against Eunomius* 2.3.

29 Gregory of Nazianzus, *Theological Orations* 4.17.

30 Jaroslav Pelikan, *Development of Christian Doctrine: Some Historical Prolegomena* (New

또한 하느님은 예수 그리스도라는 육신으로 역사 속에 성육신한 로고스를 통해 결정적으로 말씀하셨다. 그러므로 우주는 이성을 통해 알 수 있으나 동시에 신비로 남아 있다. 이는 모두 로고스가 하느님의 정신이자 이치라는 점에서 도출될 수 있는 이야기다.

예수 안에서 성육신한 로고스는 하느님의 이치이기에 로고스를 우주의 구조 자체라고 볼 수도 있다. 카이사리아의 바실리우스는 창세기의 창조 이야기와 플라톤주의의 형상선재설을 결합해 우주의 구조를 묘사했다.

> 지금 우리의 주의를 끄는 만물이 존재하기 전에, 하느님은 존재를 갖지 않은 것들을 존재하게 하고자 마음으로 계획하셨고 그렇게 하기로 결심하셨습니다. 그 후 그분은 세계를 세계가 존재해야 할 방식으로 상상하시고, 당신이 주고자 하셨던 형상과 조화로운 모습으로 질료를 창조하셨습니다. … 그분은 우주의 모든 부분을 끊어지지 않게 연결하시고 그 둘 사이에 완전한 유대와 조화를 이루게 하셨으므로 우리에게서 가장 멀리 떨어져 있는 것조차 우리는 보편적인 공감을 가지고 우리와 연결된 것으로 볼 수 있습니다.[31]

바실리우스가 묘사한 우주는 원자에서 은하에 이르기까지 모든 것이 조화를 이루는 체계systema였다. 그리고 나지안주스의 그레고리

Haven: Yale University Press, 1969), 129~131, Hilary of Poitiers, *On the Trinity* 4.14.

31 Basil of Caesarea, *Hexaemeron* 2.2.

우스에 따르면 이 모든 것은 "창조주 로고스의 장엄함"에서 비롯된 것이다.[32] 그리스어 쉬스테마συστημα로 표현된 조화로운 우주는 앞서 우주의 그리스도와 관련해 언급했던 신약성서의 구절에서도 어렴풋이 발견된다. 바실리우스의 말에 따르면 만물은 우주의 그리스도를 통하여 지속되고 구성된다. 그리스도는 창조된 모든 것에 앞서 있으며, 그를 통해 그 안에서 "하늘과 땅의 모든 것이 창조되었다". 또한 그 안에서 "만물이 존속한다"(달리 말하면 "우주적 체계가 된다"συνέστηκεν(쉬네스테켄)).[33]

예수 안에 있는 창조주 로고스를 우주의 구조를 떠받치는 기초로 여기고 "하느님의 로고스가 온 우주 안에 있다"고 믿는 것은 좀 더 근본적인 규정, 곧 로고스가 '무로부터의 창조'(성서와 철학에서 공통으로 사용하는 언어로 말하면 '비존재로부터의 창조')를 수행하는 이라는 규정에 바탕을 두고 있다.[34] 창조주는 "존재하는 자"라고 말할 수 있지만, 피조물은 창조주에게서 존재를 받을 때만, 창조주에게 참여할 때만 존재할 수 있을 뿐 "스스로 존재할 수 없다".[35] 엄밀한 의미에서는 창조주만이 "존재한다"고 할 수 있다. 그러므로 하느님에게 아버지(성부)라는 이름을 붙인 것은 수사적 표현이 아니다. 아버지라는 말이 인간의 혈연관계에도 적용될 수 있는 것은 하느님이 아들인 로고스의 아

---

32 Gregory of Nazianzus, *Orations* 38.10~11.

33 골로 1:15~17, Basil of Caesarea, *On the Holy Spirit* 7.

34 로마 4:17, Athanasius, *The Incarnation of the Word* 42.

35 Athanasius, *Discourses against the Arians* 3.63, *Defense of the Nicene Definition* 3.11.

버지이기 때문이다. 오히려 인간의 혈연관계라는 맥락에서 아버지라
는 말을 썼을 때 그 말이 수사적 표현이다. 신약성서에 따르면 로고
스의 아버지인 하느님은 "하늘과 땅에 있는 모든 족속에게 이름을 붙
여"(에페 3:15) 주었다. 인간 '족속'의 아버지와 자녀는 이 신적인 원형
을 모방한 것이다.[36] 이는 로고스가 (설사 가장 고귀하고, 가장 앞선다 할지
라도) 피조물일 수 없는 또 다른 이유이기도 하다. 모든 피조물은 비
존재로부터 창조되었으며 이 창조를 실행한 창조주-로고스는 비유적
인 의미에서가 아니라 온전한 의미에서 "존재를 가져야" 하기 때문이
다.[37]

따라서 우주의 이치인 로고스는 "우주(세계)를 질서 있는 우주(세
계)로 빚는 이"다.[38] 비존재로부터 질서 있게 존재를 빚어내는 이 로고
스를 통해 창조되었기에, 우주는 "질서와 섭리"를 따라 "만물 위에서
만물을 다스리시는 하느님의 로고스"를 드러낸다.[39] 우주는 불합리하
거나 로고스를 잃지 않았다. 로고스로 인해 우주는 합리적이며 질서
를 이룬다. 다시 말하면 우주가 실제로 있을 수 있는 이유는 로고스
를 지니고 있기 때문이다. 로고스가 없다면 우주는 본래 상태인 (그리
고 우주를 창조할 때 로고스가 재료로 삼았던) 비존재로 돌아가고 말 것이
다.

---

36 에페 3:14~15, Athanasius, *Discourses against the Arians* 1.23, 3.19~20

37 Athanasius, *Discourses against the Arians* 1.25.

38 Athanasius, *Against the Heathen* 45.

39 Athanasius, *To the Bishops of Egypt* 15.

선善이신 그분은 어떠한 것도 아까워하지 않으십니다. 하느님은 존재조차 주기를 아까워하지 않으시고 만물이 존재하기를, 그리하여 당신의 변함없는 사랑을 드러내기를 바라십니다. 하느님은 모든 피조물이, 자신의 원리에 맡겨둔다면 끊임없이 변화해 소멸의 지배를 받음을 보셨습니다. 이를 막아 우주가 비존재로 분해되지 않게 하고자 그분은 당신의 영원한 로고스로 만물을 지으셨고 존재를 주셨습니다. … 하느님은 로고스로 우주를 인도하시기에 로고스의 지시, 섭리, 명령을 통해 창조세계는 환히 빛나며 든든히 머물 수 있습니다.[40]

이러한 구도에서 죄란 하느님에게서, 그리고 로고스에게서 눈을 돌리는 것이며, 그렇기에 죄인은 로고스의 창조 활동으로 자신이 나오기 전 비존재라는 심연으로 다시 떨어질 위험에 처해 있다고 할 수 있다.

이러한 위험을 극복하고 이기기 위해 우주의 구원자인 로고스는 예수 안에 성육신했다. 그리하여 예수 그리스도는 십자가에서 고난받고 죽었으며 죽은 자 가운데서 다시 살아나 죄와 죽음, 지옥을 이겼다. 로고스가 창조한 세계가 타락했기에 그는 그렇게 해야만 했다. 4세기와 5세기 그리스 그리스도교 철학자들은 언제나 이렇게 인간과 우주를 밀접하게 놓고 보았으며 이러한 특징은 이후 서구 사상에서

---

40 Athanasius, *Against the Heathen* 41.

도드라지게 나타난 그리스도교 개인주의와 대조를 이룬다. 진정으로 로고스를 통해 세계가 창조되었다면 인간이 처한 곤경에 대한 진단, 하느님과 하나인 (예수 안에 성육신한) 로고스를 통한 하느님의 치유라는 처방 또한 참이라고 저들은 믿었다. 그러므로 우주의 구조인 로고스 그리스도 안에서 "만물은 … 존속"할 뿐 아니라, 구원자 로고스를 통해 "우주는 죽을 수밖에 없는 운명의 족쇄에서 풀려나 하느님의 자녀가 되는 자유와 영예를 얻게 될 것"이라고 그리스도교 철학자들은 말했다.[41]

이처럼 아타나시우스를 비롯한 4세기 동방 사상가들의 저술들에서 나타나는 로고스를 통한 존재와 창조에 관한 생각들을 통해, 우리는 왜 서방 라틴 세계보다 동방 그리스 세계의 사유에서 온 우주의 그리스도가 훨씬 비중 있게 다루어졌는지를 가늠해 볼 수 있다. 서방 교회의 철학적 신학이 죽음을 죄와 범죄의 결과로 해석했다면, 동방 교회의 철학적 신학은 죽음을 일시성transiency과 무상성無常性, impermanence의 결과로 보았다. 물론 둘은 서로 영향을 주고받았지만 분명하게 구분된다. 로고스가 무로부터 피조물을 창조했다는 전제 아래 피조물이 그 무로 되돌아가려는 것을 죄라고 정의한다면, 인간 영혼이 곤경을 겪는 것은 "스스로 악을 상상해내기" 때문이라고, 비존재로 돌아가려는 죄에 빠져 "사실은 아무것도 하지 않는 것"임에도 "무언가 하고 있다"고 착각하기 때문이라고 볼 수 있다.[42] 죄로 물

---

41 골로 1:17, 로마 8:21, Athanasius, *Discourses against the Arians* 2.63.

42 Athanasius, *Against the Heathen* 7~8.

든 영혼은 착각 속에서 비존재가 "유일한 실재"이며 하느님의 실재가 "비존재"라고 믿는다. 창조를 통해 생겨난 존재와 비존재라는 양극이 이처럼 전도되는 것, 이것이 바로 타락이다. 아타나시우스는 말했다.

인간은 본디 일시성phthartos의 지배를 받는다. 그는 존재하지 않는 것에서 창조되었기 때문이다.[43]

여기서 가장 중요한 것은 '일시성'이라는 말이다. 이 말은 죄와 타락을 (무로부터 창조되었기에) 인간뿐 아니라 우주 자체가 벗어날 수 없는 일시성과 소멸이라는 관점으로 이해할 수 있게 해준다. 인간과 세계의 타락은 간신히나마 참 존재를 붙잡고 있다가 놓치는 것, 심연으로 떨어지는 것이다. 인간의 경우 이는 특히 비극적이라고 할 수 있다. 다른 모든 피조물과는 달리 아담과 하와는 하느님의 형상, 곧 신적 로고스의 형상을 따라 창조되었기 때문이다.[44] 수많은 반론에도 불구하고, 인간이 처한 조건에 대한 이러한 관점은 죽음을 범죄이자 "죄의 삯"(로마 6:23)으로 보기보다는 타락과 일시성의 결과로 보는데 무게를 두었다.

이처럼 인간의 타락을 우주의 타락이라는 맥락에서 본다면, 로고스인 예수의 구원 활동은 율법과 하느님의 뜻을 거스른 죄로 인한 대가를 갚는 것뿐 아니라 "존재하는 자"인 하느님으로부터 소외될 때

---

43 Athanasius, *The Incarnation of the Word* 5.
44 Gregory of Nyssa, *On the Making of Man* 5.2, 30.34.

일어나는 존재의 균열을 치유하는 것으로도 이해할 수 있다. 구원이 죄론뿐 아니라 존재론에도 적용된다고 본 것이다.[45] 여기서 로고스는 예수 안에서 성육신함으로써 인류가 그들 자신을 넘어설 수 있게 하며 (신약성서의 구절에 따르면) "하느님의 성품에 참여하는 사람이 되게"(2베드 1:4) 한다. 이와 관련해 그리스 교부들은 말했다.

하느님의 로고스가 인간이 되심으로써 여러분은 한 인간이 어떻게 하느님이 될 수 있는지를 배울 수 있습니다.[46]

하느님의 형상을 닮은 본래의 창조세계, 곧 인간의 존귀함이 존재하는 창조세계는 로고스를 통해 생겼다.[47] 이제 그 창조세계는 같은 로고스를 통하여 회복되고 완성에 이를 것이다. 로고스의 성육신은 우리의 신화神化,deification를 이룰 것이다. 또한 온 우주도 완성에 적합한 자리를 찾게 될 것이다. 이러한 맥락에서 "교회가 세워지는 것은 세계가 다시 창조되는 것"을 뜻한다. 이를 통해 "로고스는 수많은 별을", 새 하늘과 새 땅을 창조한다.[48]

이처럼 우주의 창조를 로고스 예수에게 돌림으로써 필연적으로

---

45 Jaroslav Pelikan, *Christian Tradition* 1:344~345, 2:10~16.

46 Clement of Alexandria, *Exhortation to the Greeks* 1.8.4, Athanasius, *The Incarnation of the Word* 54.3.

47 Gregory of Nyssa, *On the Making of Man* 16.2.

48 Gregory of Nyssa, *Sermons on the Song of Songs* 13.

로고스는 시작일 뿐 아니라 끝, 곧 우주의 목적이 된다.[49] 그리스도는 알파인 동시에 오메가다. 그리스도교 사상사라는 맥락에서 이러한 가르침은 세계의 종말이 임박했으며 곧 그리스도가 와서 이 세상을 심판할 것이라고 믿었던 초기 그리스도교의 기대에 대한 답이었다. 시간이 차례로 진행된다는 깨달음은 시작이 있듯 끝이 있으리라는 앎으로 이어진다. 이와 관련해 니사의 그레고리우스는 말했다.

하느님께서 뜻하신 능력이 만물을 무로부터 존재하게 하는 충분한 원인이라고 생각하는 것처럼 우리는 바로 그 능력이 이 세상을 변혁할 것이라고 신뢰할 수 있습니다. 우리의 믿음에는 충분한 개연성이 있습니다.[50]

로고스가 우주의 목적이라는 견해의 배경에는 (앞서 인용했던) 고린토인들에게 보낸 첫째 편지(고린도전서) 15장에 나오는 세계의 역사, 그리고 우주의 역사라는 드라마의 개요가 자리 잡고 있다. 이 드라마에 따르면 예수는 두 번째 아담, 참된 인간으로 이 세계에 왔다.

한 사람으로 말미암아 죽음이 들어왔으니, 또한 한 사람으로 말미암아 죽은 사람의 부활도 옵니다. (1고린 15:21)

---

49 Basil of Caesarea, *Hexaemeron* 1.3, 3.6.
50 Gregory of Nyssa, *On the Making of Man* 23.1, 5.

그는 "첫 열매"로서 이 일을 했으며 그의 다음으로는 "그리스도께 속한 사람들"이 살아날 것이다.

> 그때가 마지막입니다. 그때에 … 그 나라를 하느님 아버지께 넘겨드리실 것입니다. 하느님께서 모든 원수를 그리스도의 발 아래에 두실 때까지, 그리스도께서 다스리셔야 합니다. 맨 마지막으로 멸망 받을 원수는 죽음입니다. … 그래서 하느님은 만유의 주님이 되실 것입니다. (1고린 15:20~28)

그러나 하느님의 치유하는 사랑이 닿지 않는 우주 어딘가에 아픔이 남아 있다면, 그리스도 안에서, 그리스도를 통해 오신 하느님을 진정한 "만유의 주님"이라고 할 수 있을까? 요한 복음서가 말하듯 로고스가 "모든 사람을 비추고 있는 참 빛"(요한 1:9)이라면 지금 세계에 들어와 로고스를 비추는 그 빛이 꿰뚫고 갈 수 없을 만큼 어두운 심연이 있을 수 있을까? 하느님의 말씀인 로고스는 창조를 통해, 이스라엘 예언자들을 통해 말씀하셨으며 또 한 번(그리고 결정적으로) 예수의 삶과 가르침을 통해 말씀하셨다. 하느님의 이치인 로고스는 세계의 광기와 악의 힘으로부터 이치를 이루었다. 우주의 구조인 로고스는 (인간이 겪을 때는) 파편적으로 보이는 우주의 요소들이 체계를 이루고 연결되어 있다는 약속을 제시했다. 우주의 구원자인 로고스는 인간에게서 창조 질서의 선함을 앗아가지 않았다. 오히려 그는 (구원을 통해) 거듭난 인간에 어울리게끔 창조 질서를 변혁했다. 그리고 우주의 목적으로서 로고스는 "만물이 회복하고$\dot{\alpha}\pi o\kappa\alpha\tau\dot{\alpha}\sigma\tau\alpha\sigma\iota\varsigma\ \tau\tilde{\omega}\nu\ \pi\dot{\alpha}\nu\tau\omega\nu$ 세계가 개혁되어 인간 또한 일시적이고 현세적인 상태에서 썩지 않고 영원한 형태로 변화되며" 끝내는 악마조차 회복되어 온전함을 찾게 되리라는 소망을 보여준다.[51]

4세기 그리스도교 사상가들이 선재하는 말씀과 로고스에 관해 숙고함으로써 이룩한 이 모든 형이상학적 사유의 종교적, 도덕적 중심, 그리고 지적인 정당성은 복음서가 증언하는 예수라는 역사적 인물, "자기를 낮춘 말씀"sermo humilis, 십자가 위에서 드러난 "그의 고난의 영광"에 있음을 우리는 잊어서는 안 된다(사람들은 이 명백한 사실을 잊곤 했다. 물론 그렇지 않은 경우가 더 많았지만 말이다).[52,53]

태초에 말씀이 있었다.

나자렛 예수에 관해 들어보지 못한 많은 사상가도 이 말을 할 수 있었으며 실제로 이렇게 말했다. 그러나 우주의 그리스도로서 로고스상을 특별하게 만드는 것은 그 말씀이 예수 안에서 성육신했다는, 그리고 그렇게 성육신한 말씀이 고난을 받아 십자가에 매달려 죽음을 맞이했다는 선언이다.[54] 이 선언이 맞다면 온 우주 또한 그를 통해 드

51 Gregory of Nyssa, *On the Making of Man* 22.5.
52 Erich Auerbach, "'Sermo humilis' und 'Gloria passionis'", *Literary Language & Its Public in Late Latin Antiquity and in the Middle Ages* (New York: Pantheon, 1965), 27~81.
53 Gregory of Nazianzus, *Orations* 39.13, 45.26.
54 Augustine, *Confessions* 7.18.24~25.

러난 사랑을 받을 대상이라고 선언해야 한다. 로고스 교리로 시작하는 요한 복음서는 널리 알려진 구절에서 단언한다.

> 하느님은 이 세상을 극진히 사랑하셔서 외아들을 보내주시어 그를 믿는 사람은 누구든지 멸망하지 않고 영원한 생명을 얻게 하여주셨다. (요한 3:16)

여기서 "누구든지"는 각 사람, 곧 한 사람 한 사람을 뜻한다. 그리고 이 구절에 나온 "세상"의 그리스어는 '코스모스'*κόσμος*, 즉 우주다.

06

사람의 아들

이 사람을 보라! (요한 19:5)

복음서에서 예수가 자신을 가리킬 때 가장 즐겨 쓴 말은 "사람의 아들(인자)"이었음이 분명하다. 이 말은 공관복음에서 70회가량, 그리고 요한 복음서에서 11회, 혹은 12회 등장한다.[1] 히브리 성서에서 이 말은 "죽을 수밖에 없는 인간"mortal man을 뜻했으며 인류를 가리킬 때 쓰이곤 했다.[2] 주후 1세기 즈음 유대교에서 이 말은 묵시적 함의를 얻게 되었으며 "사람의 아들"이 나오는 예수의 어록 중 많은 부분도 이러한 의미를 담고 있다.

---

1 이와 관련해서는 수많은 참고문헌이 있으나 특히 다음을 참조하라. Carl H. Kraeling, *Anthropos and Son of Man* (New York: Columbia University Press, 1927)

2 시편 8:4(히브 2:6-9 참조), 특히 에제키엘(에스겔)서에서는 '인자'라는 말이 예언자 자신을 가리키는 말로 90회가량 쓰였다.

동쪽에서 번개가 치면 서쪽까지 번쩍이듯이 사람의 아들도 그렇게 나타날 것이다. … 땅에서는 모든 민족이 가슴을 치며 울부짖을 것이다. 그때에 사람들은 사람의 아들이 하늘에서 구름을 타고 권능을 떨치며 영광에 싸여 오는 것을 보게 될 것이다. (마태 24:27, 30)

신약성서 이후 "사람의 아들"은 머잖아 본래 의미를 되찾았다. 그리스도교인들은 이 말을 예수의 신적 본성을 가리키는 "하느님의 아들"과 비교되는, 예수의 인간적 본성을 가리킬 때 이 말을 쓰곤 했다.[3]

제자들에게 예수는 처음부터 하느님의 본성이 지닌 신비를 드러낸 존재였다. 하지만 예수가 그와 동시에 인간의 본성이 지닌 신비를 드러낸 존재였음을, 제2차 바티칸 공의회의 표현을 빌리면 "사람이 되신 말씀의 신비를 통해서만 인간의 신비가 밝혀"진다는 것을 그들은 깨닫게 되었다.[4] 논리의 흐름을 따지자면 이는 앞뒤가 바뀐 것처럼 보일지도 모른다. 처방에 앞서 진단이 있어야 하기 때문이다. 시대를 막론하고 모든 그리스도교 교리문답과 설교, 혹은 교의학 서적에는 창조와 타락이라는 교리가 가장 먼저 나오고 이러한 인간의 상황에 대한 하느님의 응답으로 그리스도와 그의 활동에 관한 교리가 나온다. 그러나 역사적으로 교리는 이러한 논리의 흐름을 따라 전개

---

3 이를 보여주는 대표적인 예로 다음을 참조하라. Ignatius, *Epistle to the Ephesians* 20.2.

4 'Pastoral Constitution on the Church in the Modern World: GAUDIUM ET SPES' 22, *The Documents of Vatican II* (New York: America Press, 1966), 220. 『제2차 바티칸 공의회 문헌』(한국천주교중앙협의회)

되지 않았다. 인간이 처한 곤경에 대한 이해를 심화하기 전에 그리스도교인들은 예수가 하느님의 아들, 로고스, 우주의 그리스도임을 분명히 하는 데 관심을 기울였다. 그리스도교 사상은 십자가라는 하느님의 처벌을 받은 예수를 기준으로 인간이 저지른 죄의 크기를 가늠해야 했다. (앞에서 활용한 건강이라는 은유를 계속 빌려 말하자면) 처방에 걸맞게 진단을 한 것이다. 하르낙은 말했다.

> 그리스도교는 인상적인 종교철학을 제시해 최후의 승리를 얻기 한 참 전부터 구원을 약속하고 제안했다. 그때 이미 성공은 보장되어 있었다.[5]

그러나 그리스도교가 예수 그리스도를 통한 구원이라는 복음에서 인간론을 세우는 데 필요한 함의를 끄집어내자 그것은 "인상적인 종교철학"이 되었다.

20세기 저명한 미국 화가 지크프리트 라인하르트Siegfried Reinhardt[*]는 음울한 분위기의 작품 《빛》Light을 통해 인간이 처한 곤경은 그리스도의 구원이라는 빛으로만 온전히 해결될 수 있다는 이야기를 전한다. 그림 위쪽에는 십자가에 달린 그리스도, 고난당하는 예수가 있고 그

---

5 Adolf von Harnack, *The Mission and Expansion of Christianity in the First Three Centuries* (London: Williams and Norgate, 1908), 1:108.

[*] 지크프리트 라인하르트(1925~1984)는 독일 출신의 미국 화가다. 삶의 대부분을 미국 세인트루이스 지역에서 보내며 수많은 그림을 남겼다. 정식으로 미술교육을 받지는 않았지만 현실주의과 초현실주의를 뒤섞은 독특한 화풍, 현대인의 불안에 대한 천착으로 비평가들의 주목을 받았다.

《빛》(1959년), 지크프리트 라인하르트, 야로슬라프 펠리칸 소장.

림 가운데는 이 그림의 제목이기도 한 부활한 그리스도가 있다. 십자가에 달린 예수가 평면적으로 그려져 있고 어두운 분위기를 풍기는 것과는 달리, 가운데 배치된 부활한 그리스도는 입체적인 모습을 하고 있으며 빛을 자아낸다. 그는 가시관을 이리저리 흔들며 사람들의 주의를 끌지만 실제로 여기에 관심을 두는 이는 없다. 그림의 통일성을 이루게 하는 규칙이란 규칙은 모두 어기기라도 한 것처럼 사람들

(그림 아래쪽에 있는 두 사람)은 고개를 다른 곳으로 돌린다. 한 사람은 황홀경에 빠져 있으며 한 사람은 반대 방향을 향해 색소폰을 분다. 이처럼 이들이 제멋대로 하는 이유는 단지 세상의 빛인 예수를 보지 못했기 때문만은 아니다. 오히려 예수가 나타남으로 인해 그들은 자신들이 처한 상황의 진정한 현실을 알 수 있게 된다. 빛이 도래함으로써 인간 상황의 비참함과 장엄함이 모두 드러나게 되었다.

> 심판을 받았다고 하는 것은, 빛이 세상에 들어왔지만, 사람들이 자기들의 행위가 악하므로, 빛보다 어둠을 더 좋아하였다는 것을 뜻한다. 악한 일을 저지르는 사람은, 누구나 빛을 미워하며, 빛으로 나아오지 않는다. 그것은 자기 행위가 드러날까 보아 두려워하기 때문이다. (요한 3:19~20)

빛이 이 땅에 도래함으로써 어둠이 폭로되고 인간의 죄가 무엇인지 드러난다는 이야기, 인간을 분명하게 진단할 수 있게 되었다는 이야기는 아우구스티누스가 이룬 역사적 성과다.[6] 그가 세상을 떠나기 한 세기 전 니케아 공의회에서는 그리스도가 삼위일체의 두 번째 위격으로서 "하느님에게서 나신 하느님, 빛에서 나신 빛"이라는 고백을 했다. 제1차 니케아 공의회가 빛이신 예수가 무엇인지를 규명한 뒤에야 아우구스티누스는 예수가 왜 빛이어야 하는지 그 의미를 규명

---

6 이에 관한 대표적인 논의를 살피기 위해서는 다음을 참조하라. Augustine, *Tractates on the Gospel of John* 12.13.

할 수 있었던 것이다. 니케아 공의회의 공식으로부터 아우구스티누스 개인의 삶이라는 차원에서 일어난 평생에 걸친 지적 발전, 신앙의 성숙에 이르는 논의의 과정에는 매우 복잡한 역사적 요인들이 있다. 하지만 그러한 역사적 요인들 안에, 그리고 그 너머에는 모든 인간이 공통으로 처한 곤경 그 자체가 있다. 이와 관련해 프랑스의 과학자이자 그리스도교 철학자였던 (아우구스티누스가 세상을 떠난 지 거의 1200년 만에 태어난, 아우구스티누스의 충직한 제자) 블레즈 파스칼Blaise Pascal은 신중하면서도 열정 어린 어조를 담아 진술했다.

> 인간의 비참함을 알지 못하고 하느님을 아는 것은 교만을 낳는다.
> 하느님을 알지 못하고 인간의 비참함을 아는 것은 절망을 낳는다.
> 예수 그리스도를 아는 것은 그 중간 과정으로, 그분 안에서 우리는 하느님을, 그리고 우리의 비참함과 … 장엄함을 알게 된다.[7]

인간의 비참함이나 장엄함 중 한 면만 발견하기란 그리 어려운 일이 아니다. 그러나 저 양극단을 하나의 관점으로 모으는 것, 저 비참함과 장엄함에서 야기되는 모든 결과를 철학적으로, 그리고 심리학적으로 일관되게 파악하기란 어려운 일이다. 파스칼은, 그리고 그에 앞서 아우구스티누스는 "예수 그리스도를 앎"으로써 저 양극단을 하나의 관점으로 바라볼 수 있었다. 이 맥락에서 19세기 사상가 프리드리

---

7 Blaise Pascal, *Pensees*, 526, 431. 『팡세』(서울대학교출판문화원)

히 슐라이어마허Friedrich Schleiermacher의 구별을 상기해 볼 만하다. 그는
선언했다.

인간이 (예수 그리스도 안에서) 구원을 받는다면, 그는 분명 구원이 필
요한 사람이자 구원을 받을 가능성이 있는 사람이다.[8]

그에 따르면 구원의 필요성이나 구원의 가능성 중 하나만을 주장하
는 이는 '이단'이다.[9] 아우구스티누스는 천재적인 능력을 발휘해 예수
그리스도를 인간의 장엄함과 비참함 모두를 이해하는 열쇠로 그려냄
으로써 구원의 필요성과 가능성을 하나로 엮어냈다. 그러므로 "인간
의 교만은 하느님의 낮아짐을 통하여(곧 예수 그리스도라는 인간을 통해,
그리고 그의 삶을 통해) 치유될 수 있다".[10]

인간이 처한 곤경과 비참함에 관해 아우구스티누스가 말한 것 중
많은 부분은 자신의 특별한 통찰에서 나왔지만 예수가 인간의 장엄
함 또한 드러낸다는 생각은 2~4세기 그리스도교 사상에 기대고 있
다. 니사의 그레고리우스는 그 대표적인 인물이다.

교회의 교리에 따르면, 인간의 위대함은 어디에 있는가? 인간이 위

8 F. D. E. Schleiermacher, *The Christian Faith* (Edinburgh: T&T. Clark, 1928), 98. 『기독교 신
   앙』(한길사)

9 Augustine, *Enchiridion* 108.

10 Gregory of Nyssa, *On the Making of Man* 16. 2.

대한 것은 창조된 세계와 닮아있기 때문이 아니라, 창조주의 본성을 닮은 형상을 지녔기 때문이다.[11]

이 말은 니사의 그레고리우스와 그의 계승자들이 인간 예수를 하느님의 참된 형상으로 여겼음을 보여준다. 하느님의 말씀이 예수를 통해 육신이 되었을 때, 그 육신은 다른 육신이 아니라 인간의 육신이었다. 이는 인간이 하느님의 형상으로 창조되었으며 성육신은 바로 이 형상을 새롭게 하는 것임을 보여준다.[12]

비록 원죄를 두고 논쟁을 벌이며 아우구스티누스는 하느님의 형상이 아담의 타락으로 인해 완전히 사라졌다는 식으로 말한 적도 있지만, 말년에 이르러 그는 타락 교리를 "인간이 그가 지닌 하느님의 형상을 완전히 잃어버렸다는 식으로" 해석해서는 안 된다는 점을 분명히 했다.[13] 이는 하느님의 형상이 죄와 타락으로 인해 완전히 파괴되었다면 그러한 인간의 본성과 예수를 통해 드러난 참된 인간의 본성, 로고스의 성육신 사이에는 어떠한 접점도 없기 때문이다.[14] 따라서 예수는 하느님의 형상일 뿐 아니라 본래 하느님께서 뜻하신 인간의 형상이기도 했다. 예수는 하느님께서 뜻하신 인간이 어떠한 존

---

11 이에 관한 아우구스티누스의 관점을 살피기 위해서는 다음을 참조하라. Gerhart B. Ladner, *The Idea of Reform: Its Impact on Christian Thought and Action in the Age of the Fathers* (Cambridge, Mass.: Harvard University Press, 1959), 185~203.

12 Augustine, *Retractations* 1.25.68, 2.24.2.

13 Augustine, *Reply to Faustus the Manichean* 24.2.

14 Augustine, *On the Trinity* 1.10.21. 『삼위일체론』(분도출판사)

재인지를 삶을 통해 드러냈다. 이러한 의미에서 그는 '이상적인 인간'ideal man이다. 예수를 이 세상에 보내심으로써 하느님께서는 자신이 얼마나 인류를 깊이 사랑하시는지를 인류에게 보여주셨다. 바울은 말했다.

> 자기 아들을 아끼지 않으시고, 우리 모두를 위하여 내주신 분이, 어찌 그 아들과 함께 모든 것을 우리에게 선물로 거저 주지 않으시겠습니까? (로마 8:32)

그러나 아우구스티누스에 따르면 "하느님이 사랑하시는 우리는 언젠가 이르게 될 우리이지 지금의 우리가" 아니다.[15] 이처럼 우리가 미래에 이르게 될 모습을 아는 것은 우리의 경험 때문이 아니라 육신이 된 말씀인 예수가 인간이었기 때문이다. 이렇게 볼 때 경험적 인간의 본성은 저 이상을 향한 동경과 저 이상을 향해 나아가려는 갈망으로 가득 차 있다.

> 그리스도 예수께서 하느님과 인간의 중재자인 이유는 그분이 하느님이어서가 아니라 그분이 인간이기 때문입니다. 그분은 모든 인간의 바탕이자 목적입니다.

---

15 Augustine, *Ten Homilies on the First Epistle of John* 4.5~6, 10.6, *Tractates on the Gospel of John* 82.4, *Confessions* 10.43.68.

예수는 알파인 동시에 오메가다.

아우구스티누스 사상에서, 심지어 그가 그리스도교 신앙을 받아들이고 난 뒤에도 인간 예수가 언제나 중요한 위치에 있었던 것은 아니다. 초기 저작인 『교사론』De magistro에서 그는 말했다.

> 지혜를 얻기 위해 우리는 우리 밖에 있는 이야기나 소리에 귀 기울일 필요는 없습니다. 물론 그러한 말에도 귀를 기울여야 하겠지만 무엇보다 우리는 우리 안에서 영혼을 주재하는 진리의 말에 귀 기울여야 합니다.

당시 아우구스티누스는 저 내면의 교사, 우리 안에서 진리의 말을 건네는 이를 그리스도로 보았다. 여기서 그리스도는 자신의 역할을 수행하기 위해 복음서에 나오듯 살아 숨 쉬는 인간이 될 필요는 없다. 이때 까지만 해도 그는 그리스도를 인간 영혼에 깊이 숨겨진 진리를 상기시키는 존재, 플라톤식으로 행동하는 존재처럼 보았다.[16] 이와 비슷한 생각은 아우구스티누스의 잘 알려진 다른 책을 통해서도 분명히 드러난다.

> 그러면 네가 알고자 하는 것은 무엇이냐? 나는 하느님과 영혼 알기를 갈망합니다. 그게 전부이냐? 그 외에는 아무것도 없습니다.[17]

---

16 Augustine, *The Teacher* 38. 『교사론』(분도출판사)

17 Augustine, *Soliloquies* 2.7. 『독백』(분도출판사)

그는 결국 기억에 관한 플라톤의 주장에 비판적인 태도를 갖게 되었지만 "내가 아는 한 알고 있으며 조금의 의심도 할 필요가 없는(그래서 이를 받아들이기 위해 그리스도교인이 될 필요는 없는) 로고스의 불변성"을 포기하고 요한 복음서가 전하는 이야기, "로고스가 육신이 되었다"는 말을 받아들이는 데 상당한 어려움을 겪었다. 그가 이를 온전히 받아들인 것은 "꽤나 뒤"의 일이었다.[18] 그러나 이를 받아들인 다음부터 그의 그리스도론에서 이 육신이 된 로고스(복음서 이야기들을 통해 드러난 겸손한 로고스)는 핵심으로 자리 잡았다. 시편을 주석할 때도 그는 시편 구절들이 자신에게는 그리스도의 목소리로 다가온다고 말했으며 요한 복음서를 주석할 때는 선재하나 "미천한" 인간의 육신으로 온 로고스를 전하는 요한 복음서가 네 편의 복음서 중 가장 "숭고한" 복음서라고 이야기했다.[19,20]

요한 복음서를 해설한 그해에 아우구스티누스는 하느님의 형상에 관한 그의 심리학적 통찰 중 가장 탁월한 통찰을 끌어냈는데(하느님의 형상이 삼위일체의 형상이라는 정의) 이 역시 요한 복음서의 로고스에 대한 묘사(선재하는 로고스가 성육신했다는 것)에서 가져온 것이다. 그는 "삼위일체가 남긴 흔적"을 규명하려 했다. 이 흔적을 좇으며 그는 인간의 정신이 하나이면서 셋인 성부, 성자, 성령의 관계를 반영해 단

---

18 Augustine, *On the Trinity* 12.15.24, *Confessions* 7.18.24~25.

19 William S. Babcock, 'The Christ of the Exchange: A Study', *Christology of Augustine's Enarrationes in Psalmos* (Yale University, 1971)

20 Augustine, *Tractates on the Gospel of John* 36.1~2.

일한 구조로 되어 있되 그 안에서 셋의 관계성을 맺고 있다고 해석했다.[21] 20세기 작가이자 문학 비평가인 도로시 세이어즈Dorothy L. Sayers[*]는 이러한 아우구스티누스의 사유에 영감을 받아 문학 작품과 미술 작품의 창작에 "창조적 상상"creative imagination이 어떻게 반영되는지를 탐구했으며 이 창조적 상상이 삼위일체의 "창조적 형상" 곧 역사 속 그리스도교 신조들과 아우구스티누스 사상에 반영된 삼위일체론의 구조와 유사성이 있음을 발견했다.[22]

아우구스티누스에 따르면 삼위일체가 남긴 흔적 중 하나는 존재와 앎, 의지의 삼위일체다. 이 능력들은 정신 안에서 각기 구별되지만 여전히 하나의 정신을 이룬다. 즉 "나는 존재하며 알며 의지를 갖는다".[23] 또한 "내가 … 무언가를 사랑할 때 거기에는 세 가지 실재가 있다. 하나는 사랑하는 나, 두 번째는 사랑받는 이, 세 번째는 사랑

---

21 Augustine, *On the Trinity* 12.4.4.

22 Dorothy L. Sayers, *The Mind of the Maker* (New York: Harcourt, Brace, 1941), 33~41. 『창조자의 정신』(IVP)

23 Augustine, *Confessions* 13.11.12.

* 도로시 세이어즈(1893~1957)는 영국의 작가이자, 시인, 그리스도교 문필가이다. 옥스퍼드 대학교 서머빌 칼리지에서 수학했으며 옥스퍼드 대학교에서 여성 최초로 학사, 석사 학위를 받았다. 동시대 그리스도교 문필가 C.S.루이스, J.R.R.톨킨 등과 친분을 가지며 '옥스퍼드 그리스도교인'이라 불리기도 했다. 추리 소설인 피터 윔지 시리즈, BBC 방송 대본인 「왕이 되기 위해 태어난 사람」 The Man Born to Be King, 희곡 「당신의 집을 사모하다」The Zeal of Thy House, 단테 『신곡』 의 영문판 번역 등 문학 전반에 걸쳐 다양한 작품을 남겼으며 평신도 그리스도 교 문필가로서 『역사상 가장 위대한 드라마』The Greatest Drama Ever Staged, 『창조자의 정신』The Mind of the Maker, 『부활절 이야기』The Story of Easter 등의 신학적 에세이집을 남겼다. 한국어로 『창조자의 정신』(IVP), 신학적 에세이 선집인 『도그마는 드라마다』(IVP)가 소개된 바 있다.

그 자체다".[24] 이러한 흔적들 중에서도 가장 흥미로운 흔적은 기억, 이해, 의지일 것이다. "기억, 이해, 의지는 셋이 아닌 하나의 생명이 며, 셋이 아닌 하나의 정신"이되 동일하지는 않다.[25]

물론 아우구스티누스는 이러한 생각들이, 그리고 교회가 말하는 삼위일체 교리 역시 불충분하며 인위적이라는 것을 기꺼이 인정했다 (삼위일체 교리는 그리스도교 신앙이 침묵에 머물러 있지 않는 이상 필요한 것 이지만 하느님의 내적 삶의 신비를 온전히 드러내기에는 충분하지 못하다).[26] 그러나 그럼에도 불구하고 이것만큼은 분명하다. 가톨릭 신자였던 아우구스티누스의 사유에서 예수 그리스도는 삼위일체의 신비를 푸 는 열쇠임과 동시에 인간 정신의 신비를 푸는 열쇠였다.

삼위일체 하느님과 인간 정신의 심리학적 유사성에 관한 탐구는 심오하면서도 도발적이지만, 인간 심리에 대한 연구사에서 아우구 스티누스가 가장 크게 공헌한 바는 그의 죄론, 앞서 다룬 내용을 빌 려 말하면 인간이 처한 조건이 그리스도의 구원을 가능케 하는 것 이 아니라 인간의 조건이 그리스도의 구원을 필요로 한다는 주장, 인 간의 장엄함이 아닌 비참함에 대한 그의 기술이다. 월터 리프먼Walter Lippmann[*]은 독일이 소련을 침공한 지 4달 후이자 일본의 진주만 공습

---

24 Augustine, *On the Trinity* 9.2.2.

25 Augustine, *On the Trinity* 10.11.17~12.19.

26 Augustine, *On the Trinity* 7.4.7, 15.12.43~44.

[*] 월터 리프먼(1889~1974)는 미국의 작가, 기자, 정치 비평가다. 하버드 대학교에 서 공부하고 1914년 자유주의 성향의 주간지 「뉴 리퍼블릭」The New Republic을 창 간했고 이후에는 「뉴욕 월드」The New York World, 「뉴욕 헤럴드 트리뷴」The New York Herald Tribune에서 활동하며 무수한 기사와 칼럼을 썼다. 1947년 펴낸 『냉전』Cold

5주 전이었던 1941년 10월 30일, (그의 표현에 따르면) 인간의 본성 안에 자리한 "얼음처럼 차가운 악"의 존재에 대해 고민하며 쓴 정기 기고문에서 아우구스티누스의 죄론을 언급했다.

> 오늘날 회의적인 세계가 200년 동안 배운 인간 본성에 관한 이해는 그 안에 악이 실재하고 있음을 무시했다. 신앙의 시대를 살던 사람들은 너무나 잘 알고 있던 사실을 말이다. 우리 중 대다수는 이처럼 낙관론이 만연한, 안이한 환경에서 자랐기에 사탄의 의지가 무엇을 의미하는지 거의 알지 못한다. 우리 선조들은 이를 잘 알고 있었는데 말이다. 이제는 잊혀진, 그러나 없어서는 안 되는 진실을 회복해야 한다. 우리는 계몽되었으며 진보했다고 생각하지만 실제로는 천박하고 맹목적이다. 이로 인해 놓쳐버린 수많은 진실을 회복해야 한다.[27]

비슷한 시기 라인홀드 니버는 기포드 강연에서 '인간의 본성과 운명'The Nature and Destiny of Man(1939년 강연을 했고 1941~1943년에 같은 제목으로 책이 출간되었다)에 대해 이야기하며 아우구스티누스의 인간론을 비판적으로 다시 쓰고자 했다. 그는 아우구스티누스 전통을 따르던 시대를 "신앙의 시대"라 부르며 세심한 헌사를 바쳤던 리프먼과 뜻을

War은 '냉전'이라는 말을 국제정치의 유행어로 자리잡게 했으며 퓰리처상 수상작인 『여론』Public Opinion에서 쓴 '고정관념'stereotype이라는 말 역시 일상언어로 자리잡았다. 20세기 대표적인 저널리스트로 꼽는다.

27 Ronald Steel, *Walter Lippmann and the American Century* (Boston: little, Brown, 1980), 390~391.

같이 했다.

그렇다면 아우구스티누스의 인간론에서 예수는 어떠한 역할을 했을까? 이 물음에 근본적으로 답하려면 『고백록』의 형태와 어조를 살펴야만 한다.[28] 문학 구조상 이 작품은 첫 문장부터 마지막 문장까지 자기 자신을 책망하고 하느님을 찬미하는 하나의 긴 기도다(이는 이 책이 『고백록』이라고 불리는 이유이기도 하다).[29] 이 기도는 주된 영감을 라틴어로 쓰인 시편에서 얻었으며 아우구스티누스는 이를 외우고 있었던 것으로 보인다. 그는 시편의 영감을 받아 마치 대위법의 거장처럼 관능적이면서도 열정적인 독주를 이어갈 수 있었다.[30] 그러나 좀 더 중요한 것은 (앞서 언급했듯) 그가 시편을 그리스도의 음성으로 들었다는 것이다. 『고백록』을 쓰게 한 가장 결정적인 종교적 영감은 그리스도 안에서 가톨릭 교회를 통해 알게 된 하느님의 은총이었다.

그러므로 『고백록』이라는 기도는 하느님께서 자신과 함께 하신다는 느낌 아래, 그분의 은총에 대한 절절한 체감 가운데 쓰였다.[31] 회고록이라면 어쩔 수 없이 어느 정도의 자기기만은 있기 마련이지만, 『고백록』에서 아우구스티누스는 최대한 정직하게 자신의 죄를 기술했다. 그가 고백한 죄는 그리스도 안에 계신 하느님께 이미 용서받은

---

28 『고백록』에 관련해서는 다음(그리고 이 책에서 인용하는 문헌)을 보라. Peter Brown, *Augustine of Hippo*, 158~181.

29 Augustine, *Confessions* 6.6.9.

30 다음을 참조하라. Georg Nicolaus Krauer, *Psalmenzitate in Augustins Konfessionen* (Göttingen: Vandenhoeck &Ruprecht, 1955)

31 Albert C. Outler, 'Introduction', *Confessions* (Philadelphia: Westminster Press, 1955), 17.

죄였기 때문이다.[32] 하느님께서는 아무리 굳게 닫힌 마음이라도 꿰뚫어 보실 수 있으며 따라서 자신의 마음조차 꿰뚫어 보셨다고, 그렇기에 그분께 거짓을 말할 수는 없다고 믿었기에 그는 자신의 고백을 "제물"로 표현했다. 또한 그는 당신의 은총으로 "우리 주 예수 그리스도를 통하여" 죄에 사로잡힌 상태에서 벗어나 구원을 얻도록 허락하신, 그렇기에 거짓을 말할 필요가 없는 하느님을 향해 "부서지고 참회하는 마음의 고백"을 표현했다.

　　나의 영혼이 고백하면, 그분은 이를 치유하신다. 내 영혼이 그분께
　　죄를 범했기 때문이다.[33]

그래서 『고백록』 도처에서 그는 그리스도를 부르며, 다른 곳에서는 교리로 여겨 변론하던 이야기를 이 저작에서는 독실한 기도의 형태로 표현한다. 예수 그리스도는 하느님의 아들이요 은총의 원천이며 희망의 근거이자 기도하고 찬미드리며 고백하기에 합당한 분이다.[34]
　　『고백록』에서 아우구스티누스는 그리스도 안에 계신 하느님 앞에서서 자기 영혼과 기억을 탐색하며 자신이 젊은 날 지은 수많은 죄에 주목한다. 적어도 두 가지는 심리학에서 상당한 관심을 받았는데 그

32　Augustine, *Confessions* 2.7.15.

33　Augustine, *Confessions* 5.1.1, 7.21.17, 4.12.19.

34　이와 관련해 가장 주목할 부분은 책 말미에 나온다. Augustine, *Confessions* 10.43.68~70.

중 하나는 3권 서두에서 묘사한 "사랑을 사랑하는" 것, 즉 사랑을 사랑하나 사랑의 참된 본성을 알지 못하는 것이었다.[35] 언젠가 T.S.엘리엇T.S.Eliot은 아우구스티누스가 남긴 말을 빌려 자신의 시에 담아낸 바있다.

> 카르타고로 그때 나는 왔다.
>
> 불이 탄다 탄다 탄다 탄다
>
> 오 주여 당신이 저를 건지시나이다
>
> 오 주여 당신이 건지시나이다
>
> 탄다.[36]

히브리 성서와 신약성서가 말하듯 욕정lust이 자연스러운 성적 욕망이 아니라 타인을 성적 대상으로만 여기려는 경향을 뜻한다면, 아우구스티누스가 성性이라는 숨은 불씨에서 벗어나려 애썼다는 것이 조금은 덜 기이해 보일지도 모르겠다.[37] 물론 그가 혼인 관계에 있는 이들의 성적 욕망을 다룰 때조차 극단적인 발언을 많이 했음을 부정할수는 없다. 그러나 그런 그조차 간음이 결혼보다 더 악하다 할지라도기본적으로 둘 다 악한 것으로 보는 이단적인 생각을 거부하고 금욕

---

35 Augustine, *Confessions* 3.1.1.

36 T.S.Eliot, 'The Waste Land' 307~311, *Colleted Poems 1909-1935* (New York: Harcourt, Brace, 1936) 『황무지』(민음사)

37 다음과 비교하라. C. Klegeman, 'A Psychoanalytic Study of the Confessions of St. Augustine', *Journal of the American Psychoanalytic Association* 5 (1957), 469~484.

이 결혼보다 더 선하다 할지라도 기본적으로 둘 다 선한 것으로 보는 정통 가톨릭의 원칙을 받아들였다. 오늘날 독자들이 이를 어떻게 받아들이든 간에 이러한 생각은 예수의 가르침과 사도 바울의 가르침, 그리고 고대 후기의 고결한 이교도들의 가르침에 근거를 두고 있다.[38] 아우구스티누스가 결혼이 신성하다고 주장했을 때 그는 그 근거를 사도 바울이 남긴 말에서 찾았다.

> 남편 된 이 여러분, 아내를 사랑하기를 그리스도께서 교회를 사랑하셔서 교회를 위하여 자신을 내주심 같이 하십시오. … 이는 위대한 성사입니다magnum sacramentum. 나는 그리스도와 교회를 두고 이 말을 합니다.[39]

결혼은 그리스도와 교회의 성사sacrament였다.

『고백록』에서 심리학의 관심을 받은 또 다른 죄는 제2권 끝부분에 나오는 유명한 배 서리 이야기다.[40] 이를 두고 판사 올리버 웬델 홈즈 Oliver Wendell Holmes Jr.는 "철모르던 시절 배 서리한 일을 가지고 거창하

---

38 Augustine, *On the Good of Marriage* 8, 마태 19:12, 1고린 7:1~5, E. R. Dodds, *Pagan and Christian in an Age of Anxiety* (Cambridge: Cambridge University Press, 1965), 29~30.

39 Augustine, *On Marriage and Concupiscence* 1.21.23~1.22.24, *On Continence* 22~23. 에페 5:25~32 라틴어 역본에서는 '신비'mystery 대신에 '성사'sacrament라고 번역했다.

40 Augustine, *Confessions* 2.4.9~2.10.18.

* 올리버 웬델 홈즈 주니어(1841~1935)는 미국의 법학자이자 판사다. 의사이자 문필가인 올리버 웬델 홈즈의 아들로 하버드 대학교에서 법학을 공부했고 하버드 대학교 법과대학 교수를 거쳐 메사추세츠 대법원 대법원장, 미국 연방 대법원 대법원장을 역임했다. 표현의 자유와 노동의 사회적 보호에 관한 주요 판결

게 이야기를 떠벌리는 사람은 괴상한 사람"이라고 평한 바 있다.[41] 그러나 이야기 전체를 자세히 읽어보면 알 수 있듯 이 사건이 중요한 이유는 아우구스티누스가 이 사건을 기억함으로써 자신의 악한 행위를 일으킨 동기를 깊이 살피게 되었기 때문이다. 그는 특별히 배가 탐이 나서 배를 훔친 것이 아니었다. 그렇다고 해서 배를 먹고 싶어 하지도 않았다. 그에게는 배가 필요 없었다. 그에게 필요한 것은 배를 '훔치는 일'이었고 필요가 충족된 후에는 배를 돼지들에게 던져버렸다. 또래 친구들이 그를 부추기지 않았다면 이를 하지 않았을지도 모르지만, 그가 바랐던 것은 친구들과의 우정을 돈독히 하는 것이 아니라 도둑질 자체였다. 이 사건을 요약하며 그는 자신이 "빈곤의 땅이 되고 말았다"고 말하는데 이는 아우구스티누스 특유의 유비법으로 에덴 동산 이야기를 떠올린다. 아우구스티누스에게 매료되었던 영국의 한 시인이자 신학자는 또 다른 방식으로 에덴 동산 이야기를 노래한 적이 있다.

인간이 한 처음에 하느님을 거역하고 죽음에 이르는
금단의 나무 열매를 맛봄으로써
죽음과 온갖 재앙이 세상에 들어왔고
에덴까지 잃게 되었으나, 이윽고 한 위대한 분이

을 내려 미국 자유주의 사상에 커다란 공헌을 한 인물로 평가받는다.

41 Oliver Wendell Holmes, Jr., to Harold J. Laski, 5. January 1921, *Holmes-Laski Letters: The Correspondence of Mr. Justice Holmes and Harold J. Laski, 1916-1935* (Cambridge, Mass.: Harvard University Press, 1953), 1:300.

우리를 회복시켜 복된 자리를 도로 얻게 하셨으니[42]

여기서 "위대한 분"은 두말할 것 없이 예수 그리스도를 가리킨다. (금단의 나무 열매를 맛봄으로서 타락한 것과 반대로) 그리스도라는 "열매"를 맛보게 됨으로써 영혼은 비이성적인 죄의 압제에서 풀려나 비로소 "기뻐할" 수 있게 되었다.[43] 이러한 맥락에서 예수 그리스도는 두 번째 아담이다. 하느님의 은총은 예수 그리스도를 통해 첫째 아담으로 인해 인류에게 들이닥친 죄와 죽음을 이겼다.[44]

『고백록』에서 드러나는, 인간의 비참함에 관한 아우구스티누스의 이야기는 어떠한 면에서 지극히 사적이며 자전적이다. 그렇기에 그가 자신의 경험과 관점을 추상화하고 일반화함으로써 이를 보편화했다는 견해는 온당치 않다.[45] 오히려 그는 인간이라면 누구나 겪기 마련인 것, 보편적으로 경험할 수 있다고 받아들여졌던 것을 설명하고자 했다. 선과 악 사이에 자리하고 있는 인간이 아담과 하와가 마주했던 상황과 동일한 상황에 처했을 때, 선과 악 중 하나를 선택해야 할 때,[46] 다수가 그들과 같은 선택, 즉 죄의 편에 서서 선을 거스르는 선택을 한다는 경향을 어떻게 설명할 수 있을까?[47] 이는 "이 세상에

---

42   John Milton, *Paradise Lost* 1:1~5. 『실낙원』(문학동네)

43   Augustine, *Confessions* 13.26.39~40.

44   Augustine, *On the Spirit and the Letter* 6.9.

45   Augustine, *On Marriage and Concupiscence* 2.12.25.

46   Augustine, *On Nature and Grace* 7.8.

47   Augustine, *On the Spirit and the Letter* 1.1.

의로운 사람, 위대한 사람 곧 용감하고 사려 깊으며 순결하고 경건하며 자비로운 사람"이 있음을 부정하는 것이 아니다. 그러나 그들조차 "죄가 없을" 수는 없다.[48] 성인들이나 사도들은 거룩한 삶을 살았지만, 그들에게조차 "주 예수께서는 자신의 죄를 용서해달라 기도하라고 명령"했다.[49]

이러한 보편적 상황에 단 하나의 예외가 있다. 바로 의로우신 하느님과 죄로 물든 인류 사이를 중재하는 이인 예수 그리스도다. '예외가 규칙을 입증한다'는 상투적인 표현을 빌려 말하면 예수는 모든 인류가 죄에 사로잡혀 있음을 입증하는 예외다.[50] 죄 없는 구세주라는 그의 신분은 인류의 죄됨과 구원의 필요성을 입증한다. 죄의 보편성을 부정하는 이라면 일관성을 유지하기 위해 구세주를 통해 이루어지는 구원과 중재의 보편성 또한 부정하기 마련이다. 아우구스티누스가 인간의 상황을 분석할 때 가장 중요한 사항은 바로 이것이었다. 모든 사람에게 죽음은 보편적이다. 대다수 인간은 자신의 의지와 무관하게 죽음을 맞이한다. 설사 언제 죽을지를 선택할 수 있다 해도 영원히 죽지 않을 수는 없다. 예수는 다르다. 그는 본래 죽을 수밖에 없는 존재가 아님에도 "죽을 수밖에 없는 존재들을 위해" 죽음을 맞이했다. 그렇기에 그는 자신에 관해 이렇게 말할 수 있었다.[51]

---

48 Augustine, *On the Forgiveness of Sins* 2.13.18.

49 Augustine, *Against Two Letters of the Pelagians* 3.5.14~15.

50 Augustine, *On Perfection in Righteousness* 21.44, 12.29.

51 요한 10:17~18, Augustine, *Tractates on the Gospel of John* 47.11~13, *On the Psalms* 89.37.

내가 목숨을 다시 얻으려고 내 목숨을 기꺼이 버리기 때문이다. 아
무도 내게서 내 목숨을 빼앗아 가지 못한다. 나는 스스로 원해서 내
목숨을 버린다. (요한 10:17~18)

이렇게 말할 수 있는 이는 오직 그리스도뿐이다. 이러한 맥락에서 아
우구스티누스의 인간 본성과 심리에 관한 가장 영향력 있는 통찰인
원죄론은 인류의 비참함을 이야기하는 한 가지 방식일 뿐 아니라 예
수의 유일성을 받아들이고 찬미하는 수단이었다.

　『고백록』에서 아우구스티누스는 세심하고도 솔직하게 자기 성찰
을 한다. 하지만 이러한 통찰은 그리스도라는 빛 아래에서 이루어지
지 않았다면, 곧 자신이 어떻게 치유 받았는지를 되짚어 나가며 어떠
한 병에 걸려 있었는지를 살펴 나아가는 역방향의 추론이 없었다면
불가능했을 것이다. 동정녀 잉태에 관한 그의 언급은 이러한 가설을
입증한다.[52] 예수가 인간 아버지 없이 동정녀 마리아에게서 태어났다
는 주장은 마태오와 루가 복음서에 나오나 이 복음서들은 그 의미를
구체적으로 설명하지는 않는다. 또한 나머지 두 복음서에서는 이러
한 주장을 하지 않으며 바울의 편지들 역시 마찬가지다. 바울은 갈라
디아인들에게 보낸 편지(갈라디아서)에서 그리스도가 "여자에게서 났
다"고 언급하는데 이는 예수가 진실로 인간이었음을 말하는 것일 뿐
예수의 부모 문제에 관해서는 별다른 시사점을 남기지 않는다.[53] 예

52　Jaroslav Pelikan, *Christian Tradition* 1:286~290.

53　갈라 4:4, Irenaeus, *Against Heresies* 3.22.1.

수가 "다시 태어날 필요가 없는 방식으로 태어"났기 때문에 보통의 방식으로(부모의 성적 결합의 결과로) 태어난 이는 세례를 받음으로써 그리스도 안에서 다시 태어나야 한다고 주장한 이는 아우구스티누스, 그리고 그의 스승 암브로시우스였다.[54] 이를 통해 "실로, 나는 죄 중에 태어났고, 어머니의 태 속에 있을 때부터 죄인이었습니다"라는 시편 기자의 개인적인 고백은 그리스도를 믿는 "같은 신앙"을 통해 자신들의 죄가 용서받았다는 가톨릭 교회의 고백이 되었다.[55] 이 같은 맥락에서 아우구스티누스는 원죄를 다룬 논문에 「그리스도의 은총과 원죄에 관하여」On the Grace of Christ and Original Sin라는 이름을 붙였다. 그는 원죄를 알지 못한다면 그리스도의 은총을 알 수 없다고, 마찬가지로 그리스도의 은총을 모른다면 원죄를 알 수 없다고 생각했다.

이처럼 아우구스티누스에게 예수는 원죄의 보편성이라는 법칙에서 유일하게 예외가 되는 존재였다. 그러나 그는 또 다른 예외에 대해 생각해 보아야 했다. 바로 예수의 어머니 동정녀 마리아였다. 남녀를 불문하고 성인들이 완전히 죄가 없다는 견해를 거부한 후 아우구스티누스는 이야기했다.

거룩하신 동정녀 마리아는 예외여야 합니다. 주님을 영광으로 생각하기에 저는 죄라는 문제를 다룰 때 그녀의 경우에는 아무런 의문도 갖지 않으려 합니다. 그녀는 의심의 여지 없이 죄가 없으신 주님을

---

54   Augustine, *Enchiridion* 14.48.

55   Augustine, *On the Grace of Christ and Original Sin* 2.25.29, 시편 51:5.

잉태하고 낳은 공로를 세웠습니다. 그런 그녀에게 모든 세세한 죄를 이기는 풍성한 은총이 주어졌음을 우리는 주님을 통해 압니다.[56]

이러한 또 하나의 예외는 이후 1,500년 동안 신앙생활과 신학뿐 아니라 예술과 문학에도 심대한 영향을 미쳤다. 1439년 바젤 공의회에서 죽을 수밖에 없는 이들 가운데 마리아만이 죄가 없다는 교리가 나오기까지는 꼭 1,000년이라는 시간이 걸렸다. 하지만 사람들은 공의회가 이를 교리로 제정할 권한이 없다고 여겼고 1843년이 이르러서야 교황 피우스 9세Pius IX가 인류의 구세주이신 그리스도 예수를 낳았다는 공로로 보았을 때 마리아는 원죄의 보편성에서 예외가 될 수 있다는 이야기를 교리로 확립했다.[57] 하지만 교리로 확립되기 오래 전부터 수천 편의 그림과 시는 마리아의 무염수태를 주요 주제로 다루었으며 이를 다채롭게 변주하여 예수를 찬미하는 수단으로 활용했다. 이를테면 중세 후기 화가들에게 친숙한 주제였던 성모의 대관은 마리아가 자신의 아들인 성자에게 왕관을 전해 받는 장면을 사람들에게 보여준다. 예수가 나자렛 남성이었다는 사실과 점차 거리를 두며 그를 주님이자 왕으로 높이며 찬미하고 사유할수록, 마리아는 그를 대신해 인간적이고 연민이 넘치며 사람들이 다가갈 수 있는 존재가 되었다. 이제 "주님을 향한 경외로 인해" 마리아를 찬미하고 숭배하게 되었다고 할 수는 없게 된 것이다.

---

56 Augustine, *On Nature and Grace* 36.42.

57 Jaroslav Pelikan, *Christian Tradition* 4:38~50.

델포이 신전에는 "네 자신을 알라"는 문구가 새겨져 있다. 델포이 신전에서 시빌레가 받은 신탁과 이사야 예언자의 말을 연결하려 했듯[58] 아우구스티누스 이전에 사람들은 (소크라테스가 한 말로 여겨지기도 하는) 이 문구를 그리스도에 비추어 자기를 이해해야 한다고 말할 때 쓰곤 했다. 그러므로 에티엔느 질송Etienne Gilson*이 "그리스도교 소크라테스주의"에 관해 말했을 때 그는 옳았다. 게다가 그가 이것과 "성 아우구스티누스가 보여준 심오한 심리학적 사유들"을 연결한 것은 매우 중요하다.[59] 분명 아우구스티누스는 자신의 실존적 필요에 따라 신학적 사유를 발전시켜 나갔으며 그 사유는 예수에게로, 곧 "겸손하신 말씀", "주님의 고난의 영광"으로 그를 이끌었다. 이러한 과정을 거쳐 그는 비로소 자신에게 진실로 무엇이 필요했는지, 그리고 자신이 무엇을 얻었는지를 이해하고 분명하게 표현할 수 있었다. 그에게 예수는 인간이 어떠한 존재이며 어떠한 존재가 될 수 있는지를 알 수 있게 해주는 열쇠였다. 『고백록』 첫머리에서 그는 말했다.

---

58 이 책 102~104 참조.

59 Basil of Caesarea, *Hexaemeron* 9.6, Étienne Gilson, *L'esprit de la philosophie médiévale* (Paris: Librairie Philosophique Vrin, 1944), 218~219.

* 에티엔느 질송(1884~1978)은 프랑스 철학자이자 철학사가다. 소르본느 대학교에서 데카르트에 관한 연구로 박사학위를 취득한 뒤 소르본느 대학교, 하버드 대학교, 토론토 대학교 등에서 교수로 활동했으며 1946년 프랑스 아카데미의 종신회원으로 지명되었다. 토마스 아퀴나스 철학 전통의 가치를 새롭게 살리고 중세철학사 연구의 새로운 지평을 연 학자로 평가받는다. 주요 저서로『중세철학의 정신』L'esprit de la philosophie médiévale,『철학과 신학』Le Philosophe et la Théologie,『토마스주의』Le Thomisme 등이 있다.

주님, 당신은 위대하시고 크게 찬양받으실 분이십니다. 당신의 권능은 크고 당신의 지혜에는 한량이 없습니다. … 사람 곧 당신 창조 세계의 작은 하나가 당신을 찬미하고 싶어 합니다. 당신을 찬미함으로써 기뻐하라고 일깨우시는 이는 당신이시니, 당신을 향해서 저희를 만들어놓으셨으므로 당신 안에 쉬기까지는 저희가 안식할 수 없습니다. … 주님, 제 믿음이 당신을 부릅니다. 당신께서 제게 주셨고 당신 아들의 인성을 통해 불어넣으신 그 믿음으로 당신께 청합니다.

07

참된 형상

그 아들은 보이지 않는 하느님의 형상이시요⋯ (골로 1:15)

예수 그리스도는 4세기 그리스 및 로마의 신들과 싸워 승리를 거두었지만 그 승리가 (그리스도의 편이나 적 모두가 생각한 것처럼) 종교 예술에 종지부를 찍지는 않았다.[1] 오히려 이후 그리스도교는 1,500년이 넘는 기나긴 시간 동안 예술사에서 유례를 찾을 수 없을 정도로 독창적인 작품들을 쏟아냈다. 왜, 그리고 어떻게 이러한 일이 일어난 것일까? 신을 형상으로 묘사하는 행위를 반대하는 편에 서 있던 예수는 어떻게 그러한 형상화의 가장 중요하고도 구체적인 영감의 원천이 되었을까? 그리고 마침내

---

1 Origen, *Against Celsus*, 7.65~67, Arnobius, *The Case against the Pagans*, 1.38~39.

이를 이론적으로 정당화하는 주요한 근거가 되었을까?

(그리스도교인들이 모세가 받아 적었다고 굳게 믿는) 십계명에는 종교 예술을 우상으로 여기며 금하는 내용이 명시적이고도 포괄적으로 드러나 있다.

> 너희는 너희가 섬기려고 위로 하늘에 있는 것이나, 아래로 땅에 있는 것이나, 땅 아래 물속에 있는 어떤 것이든지, 그 모양을 본떠서 우상image을 만들지 못한다. (출애 20:4)

예수를 따르던 이들은 히브리 성서에 나오는 이 같은 구절들에 더해 "인간이 숭배한 신들은 가짜"라고 말한 키케로Cicero 같은 이교도 사상가들의 생각들을 인용하며, 우상을 거부하는 것은 유대교의 사유 및 이교도 고전 사상에 담긴 최상의 사유와 다르지 않다고 주장했다. 그리고 그들은 교양 있는 이교도들이 선민의식에 빠져 "천박하고 무지한 이들"이 우상을 숭배하도록 내버려 두는 등 일관성이 없다고 비난했다.[2] 그뿐이 아니었다. 초기 그리스도교인들은 유대교적 사고를 넘어서 종교 건축물을 짓는 것조차 우상 숭배라고 주장했다.

> 그분은 이 세상과 그 안에 있는 모든 것을 만드신 하느님이십니다. 그분은 하늘과 땅의 주인이시므로 사람이 만든 신전에서는 살지 않

---

2 Irenaeus, *Against Heresies* 4.16.4.

으십니다. (사도 17:24)[3]

그들은 우상 숭배 금지 규정을 우상을 숭배한 이들뿐 아니라 이를 만든 작가들, 곧 "현혹하는 작품"을 만드는 이들에게도 적용했으며 "모든 신전과 제단을 거부한 이들"에게 찬사를 보냈다.[4] 그러므로 이방 종교와 달리, 어떤 면에서는 유대교와도 달리, 초기 그리스도교인들은 자신들이 예수를 통해 드러난 하느님, 신성한 형상을 고안해 내는 모든 인간의 노력을 뛰어넘는 한 분 하느님을 선포한다고 주장했다. 그들에게 "하느님의 형상"은 (인간의) 합리적 정신이었다.[5] 그러므로 신성한 상이나 장소란 있을 수 없었다. 설사 예수가 태어나고 묻힌 곳이라고 해도 그곳을 특별히 신성시할 이유는 없었다.[6]

20세기 들어 두라 에우로포스Dura Europos에서 이루어진 고고학 탐사 덕에 오늘날 우리는 이전 세대 학자들이 몰랐던 것을 알게 되었다. 즉 초기 그리스도교가 등장하던 시절에 유대교는 모세 율법에 담긴 형상을 금하는 규율을 철저하게 지키지 않았다. 당시 유대교인들은 성화를 그렸고 이를 예배 장소에 전시하기까지 했다. 칼 크렐링Carl Kraeling[*]에 따르면 "두라 회당은 그 장식들을 볼 때 고대 유대교의 가장

---

3 Arnobius, *The Case against the Pagans* 6.3~5.

4 Tertullian, *On Idolatry* 4, Clement of Alexandria, *Exhortation to the Greeks* 4.

5 Origen, *Against Celsus* 7.65.

6 Gregory of Nyssa, *Epistles* 2.

* 칼 크렐링(1897~1966)은 미국 신학자이자 역사학자, 고고학자다. 컬럼비아 대학교에서 공부했으며 루터 신학교와 예일 대학교에서 신약학을 가르쳤지만 점차

훌륭하고 탁월한 기념물 중 하나"다. 어떤 면에서 이 회당에 있는 그림들은 "비잔티움 예술의 전신"인 셈이다.[7] 크렐링은 두라 회당에 있는 그림은 두 사람의 유대교 예술가들이 그렸다고 진단했다. 그중 한 사람을 그는 (별로 놀랍지 않게) "상징주의자"Symbolist라고 불렀으며, 다른 한 사람은 "구상주의자"Representationalist라고 불렀다. 어떤 이들은 두라 회당에 있는 프레스코화들의 도해 원형을 70인역 성서처럼 성서에 담긴 소재들을 그리스식으로 복사하거나 해석한 것이라고, 혹은 헬라화된 유대인들이 성서 속 주제들을 각색해 만든 서사시, 비극, 역사 이야기 같은 일종의 그리스 문학 양식 같다고 하기도 했다.[8] 그러나 크렐링은 자신의 책을 결론지으며 경고한다.

> 전승된 문헌들을 면밀하게 살펴보면 그리스도교인들은 유대교 경전을 성서로 채택해 마카비 시대 이후 유대교에서 중요한 문제로 떠올랐던 형상 사용 금지를 유대교인들과 마찬가지로 고민해야 했으며 손쉬운 해결책을 찾지 못했음을 알게 된다. 팔레스타인 유대교가 성서의 명령을 좀 더 자유롭게 해석할 길을 찾은 후에도 그리스도교 저술가들은 이 문제를 논의할 때 보수적인 견해를 취했다.[9]

고고학과 고대 근동학에 관심을 가졌고 이후 시카고 대학교로 자리를 옮겨 고고학을 가르쳤다. 두라 에우로포스에서 이루어진 고고학 탐사를 주도했으며 사해 문서 발굴에도 일정한 공헌을 했다.

7 Carl H. Kraeling, *The Synagogue* (New York: KTAV Publishing House, 1979), 384.

8 Harold R. Willoughby, 'review of The Synagogue' by Carl H. Kraeling, *Journal of Near Eastern Studies* 20 (1961), 56.

9 Carl H. Kraeling, *The Synagogue*, 399.

그러므로 초기 그리스도교와 (팔레스타인 유대교나 디아스포라 유대교를 막론한) 헬레니즘 유대교의 예술적 관행 사이에 흥미로운 유사성이 있음을 부정할 수 없음에도 불구하고, 그리스도교 예술을 그저 유대교 예술을 각색한 것이라고 할 수는 없다. 그렇게 하면 각각의 고유한 특징과 문제점을 지나치게 단순화하게 된다. 초기 그리스도교의 고유한 특징과 문제점은 두말할 것 없이 예수의 생애 및 인격과 관련이 있다. 이는 그리스도교 초기부터 그리스도교인들이 고민했던 문제이지만,[10] 본격적으로 논의되기 시작한 시기는 8~9세기다. 이 시기에 접어들어 성상 사용에 의문을 제기하는 목소리가 커지면서, 비잔티움 정교회의 해석가들은 예수 그리스도와 그의 메시지에 토대를 둔 미학, 곧 하느님의 형상을 묘사하는 철학적, 신학적 정당성을 갖춘 미학을 정립해야만 했다.[11]

비잔틴 도상학에 등장하는 문제들을 다룰 때 가장 기본적으로 알아두어야 할 점은 신약성서와 초대교회 교부들은 알렉산드리아의 클레멘스가 골로사이인들에게 보낸 편지(골로새서)에 암시된 주제를 풀어 설명했듯 "하느님의 형상은 그분의 로고스, 참된 정신의 아들Son of Mind, 하느님의 로고스, 빛의 원형인 빛"이라는 데 견해를 같이했다는

---

10 Hans Von Campenhausen, 'The Theological Problem of Images in the Early Church', *Tradition and Life in the Church* (Philadelphia: Fortress Press, 1968), 171~200.

11 이와 관련해 다음의 저작은 유용한 통찰을 제공한다. Gervase Mathew, *Byzantine Aesthetics* (New York: Viking Press, 1964)

것이다.[12] 이와 관련해 블라디미르 로스키Vladimir Lossky*는 말했다.

인간을 하느님의 형상에 따라 창조했다는 이야기는 전적으로 성육
신이라는 맥락 안에서만(좀 더 정확히 말하면 성육신이라는 사건 때문에)
신학적 의미를 얻는다.[13]

책 앞부분에서 언급한 화이트헤드의 말처럼 과거 모든 논쟁을 살필
때 "그 시대에 속한 다양한 학설의 지지자들 모두가 무의식적으로 상
정하는 근본 전제들"을 찾아야 한다면,[14] 8세기와 9세기 성상을 둘러
싼 논쟁에서 두 주요 주장을 지지한 이들이 공유했던 전제는 예수 그
리스도가 유일한 하느님의 형상이라는 것이었다. 그러나 종교 예술
과 관련해 그들은 예수 그리스도에 관한 이 같은 신학적 전제에서 상
반된 결론을 끌어냈다. 예수 그리스도가 유일한 하느님의 형상이라
는 전제를 종교 예술과 관련된 문제에 가장 먼저 적용한 이들은 성상

---

12 골로 1:15, Clement of Alexandria, *Exhortation to the Greeks* 10.

13 Vladimir Lossky, *In the Image and Likeness of God* (Tuckahoe, N.Y.: Saint Vladimir's Seminary Press, 1974), 136.

14 Alfred North Whitehead, *Science and the Modern World*, 49~50.

* 블라디미르 로스키(1903~1958)는 러시아 평신도 신학자다. 상트페테르부르크
대학교에서 공부했다. 1922년 소비에트 정부가 지식인들을 러시아에서 추방하
자 프랑스에 정착했으며 현대 서방 세계에 동방 정교회 사상을 소개하는데 크
게 기여했다. 생애 후반에는 마이스터 에크하르트에 대한 연구에 전념했다.

반대론자들이었다.[15] 콘스탄티누스 황제의 누이 콘스탄티아Constantia가 카이사리아의 에우세비우스에게 그리스도의 그림을 그리고 싶다는 편지를 써서 보내자 그는 이렇게 답했다.

저는 당신이 무엇 때문에 우리 구세주의 형상을 그려야 한다고 말씀 하시는지 모르겠습니다. 그리스도의 어떤 모습을 원하시는 겁니까? 그분의 얼굴을 참되게 그린, 참되고 변치 않는 모습입니까? 아니면 그분이 우리를 대신해 "종의 모습"을 취하셨을 때의 모습입니까?[16]

에우세비우스가 언급한 두 선택지에는 각각이 도상학적으로 지니는 함의를 깊이 고민한 흔적이 있다. 콘스탄티아가 그리스도의 구체적 인 모습에 관심을 보이는 데 그는 곤혹스러워했다. 에우세비우스는 "우리를 대신해 "종의 모습"을 취하셨을 때의 모습"에는 누구도 관심 을 가질 리 없다고 생각했다. 그러한 모습은 일시적이며 영원한 의미 를 담고 있지 않기 때문이다. 설령 1세기 예루살렘에서 실제 예수를 본 사람이 그 모습을 그렸다 해도, 심지어 당시에 사진 기술이 있어 서 그의 사진을 찍어두었다고 해도 에우세비우스의 생각이 바뀌지는 않았을 것이다. 그 모습은 참된 형상인 그분의 참된 모습일 수는 없 기 때문이다. 에우세비우스에게 하느님 형상의 참된 모습은 불변해

---

15 이 문제에 관한 4세기의 사상들을 검토하려면 다음을 참고하라. Georges Florovsky, 'Origen, Eusebius, and the Iconoclastic Controversy', *Church History* 19 (1950), 77~96.

16 Eusebius, *Epistle to Constantia*, 필립 2:7 인용.

야 하는 것이었으며 그것만이 "그분의 얼굴을 참되게 그린" 것일 수 있었다. 그리고 그러한 그림은 애초에 불가능하다. 그리스도의 인격에 관한 참된 교리를 따른다면 그리스도의 모습을 그리고자 하는 어떠한 시도도 허락해서는 안 된다고 에우세비우스는 생각했다.

에우세비우스가 8세기, 그리고 특별히 9세기 성상반대론자들에게 "선두주자이자 기념비적인 인물"이 된 것은 그가 성상 논쟁의 중심에 하느님의 형상으로서의 그리스도라는 문제를 놓았기 때문이다.[17] 성상반대론자들은 하느님의 형상으로서의 그리스도를 이 문제에 적용하며 4세기와 5세기에 열렸던 공의회의 권위를 끌어왔다(이 공의회들에서 성부의 형상으로서 그리스도의 지위를 분명하게 기술했기 때문이다). 그리스도의 형상이 참된 형상이 될 수 있는 유일한 길은 그리스도 자신이 아버지이신 하느님의 참된 형상인 것이다. 325년 열린 니케아 공의회에서는 그리스도가 그의 본이 되는 분과 '동일본질'이라고 선언함으로써 그가 성 삼위일체 중 성부의 참된 형상이라는 지위를 확정했다.[18] 이에 따라 황제 콘스탄티누스 5세Constatine V는 그리스도의 성상은 하느님의 아들인 그리스도가 그 아버지이신 성부와 동일본질인 것과 같이 동일본질이 아닌 이상 참된 형상이 될 수 없다고 말했다.[19] 어떤 예술 작품도 인간의 손으로 만든 이상, 아니 천사가 만들었다

---

17 Nicephorus, *Greater Apology for the Holy Images* 12.

18 이 책 139~141 참조.

19 Nicephorus, *Refutation of the Iconoclasts* 1.15.

할지라도 이러한 조건을 충족할 수는 없다.[20] 그리스도가 성부와 동일본질이라는 의미에서 그리스도와 동일본질이라 말할 수 있는 유일한 그리스도의 형상은 성찬례, 곧 성찬례에서 나누는 빵과 포도주다. 성찬례를 할 때 여기에는 실제로 그리스도가 임하기 때문이다. 콘스탄티누스에 따르면 성찬례에 쓰이는 빵은 진정으로 "그분 몸의 형상으로서 그분의 육신을 취한 그분 몸의 형태"다.[21] 이러한 맥락에서 성상반대론자들은 말했다.

그리스도를 특정한 형상으로 그릴 수는 있습니다. 그러나 이는 거룩한 전승이 가르치는 대로, "이것을 행하여 나를 기억하라"고 한 주님의 말씀대로 행할 때만 가능합니다. 그러므로 다른 방식으로 그분의 모습을 그리거나 그분을 기억하고 기념하는 일은 결코 허용할 수 없습니다. (성찬을 통해) 그분을 그리는 것만이 참되며, 그러한 방식으로 그분을 그리는 것만이 거룩하기 때문입니다.[22]

형상이 그 본체와 동일본질이라고 모든 이가 동의할 수 있는 것은 성찬례의 빵과 포도주뿐이라고, 이는 다른 그리스도 '상'을 만드는 것을 허용하지 않는다고 그들은 생각했다.

니케아 공의회 이후 열린 교회 공의회 중 가장 중요한 공의회는

---

20 John of Jerusalem, *Against Constantinus Cabalinus* 4.

21 Nicephorus, *Refutation of the Iconoclasts* 2.3.

22 Theodore of Studios, *Refutation of the Poems of the Iconoclasts* 1.10.

451년 열린 칼케돈 공의회다. 이 공의회에서는 그리스도 안에 있는 신성과 인성의 관계가 공식 신조로 확정되었으며 이는 이후 1,500년 동안 예수의 인격에 관한 정통 신앙을 대변하는 신조가 되었다.[23] 칼케돈 신조에 기초해 성상을 반대하는 이들은 하느님의 참된 형상인 그리스도는 "모든 표현과 묘사, 이해, 변화, 헤아림을 넘어선 분"이라고 주장했다. 그러한 초월성이야말로 하느님의 특성이기 때문이다.[24] 그들은 이러한 원리를 그리스도가 육신을 입고 있을 때 일으킨 기적들, 그가 당한 수난에도 적용해 이를 "특정한 모습으로 그리는 것은 적법하지 않다"고 주장했던 것으로 보인다.[25] 이들에 따르면 "수난과 부활 이전" 그리스도의 지위가 어떠했든 간에 후대의 예술가들은 이를 그릴 권리가 없다. 이제 "그리스도의 몸은 썩지 않는 몸이며 불멸성을 이어받았"기에 예술가들이 이를 온전히 표현하기란 불가능하기 때문이다.[26] 성상반대론자들은 칼케돈에서 공식화된 정통 교리, 곧 그리스도가 단일한 인격 안에 신성과 인성이라는 두 본성으로 이루어져 있다는 교리를 들어 삼단논법의 형태로 그리스도의 성상을 만드는 것을 반대하는 주장을 펼쳤다. 그리스도의 모습을 그린 이들이 그의 신성을 담아낸다는 생각으로 성상을 그렸다면 이는 그리스도가 어떠한 표현과 제한도 뛰어넘는 존재라는 본질적인 특징을

---

23 Jaroslav Pelikan, *Christian Tradition* 1:263~266.

24 John of Jerusalem, *Against Constantinus Cabalinus* 4.

25 John of Damascus, *On the Images* 3.2.

26 Nicephorus, *Refutation of the Iconoclasts* 3.38.

훼손하는 것이며 신성을 담아낸다는 생각으로 그리지 않았을 경우에는 결과적으로 그리스도의 두 본성을 나누는 것, 단일한 인격체인 그를 둘로 갈라버리는 셈이 된다. 어느 쪽이든 그리스도에 대한 구체적 형상을 만들려 하는 이들은 정통 교회 공의회, 특히 니케아와 칼케돈 공의회에서 정의한 그리스도의 인격 개념을 거슬러 신성모독과 이단이라는 죄를 범하는 셈이다. 성상반대론자 가운데 가장 탁월한 이론가였던 황제 콘스탄티누스 5세는 말했다.

> 누군가 그리스도의 상을 만든다면 … 그는 저 두 공의회가 공인한 교리, 그리스도의 두 본성이 나뉘지 않으며 하나를 이룬다는 교리의 깊은 차원을 전혀 이해하지 못하고 있는 것이다.[27]

예수 그리스도의 모습을 예술 작품에 담아내는 것에 대한 이러한 비난은 예수 그리스도의 인격이 지닌 물질적이며 육체적인 측면에 대한 뿌리 깊은 혐오에서 나온 것으로 보인다.

> 그리스도를 물질로 묘사하는 것은 열등하며 그리스도의 격을 떨어뜨리는 것입니다. 우리는 거룩함과 의로움으로 (그리스도를) 마음의 눈으로 바라보아야 합니다.[28]

---

27 Nicephorus, *Refutation of the Iconoclasts* 1.42, 2.1.

28 Theodore of Studios, *Refutation of the Poems of the Iconoclasts* 1.7.

성상반대론자들은 예수 그리스도를 담아낸 작품들이 우리의 시선을 인간 예수라는 예수 그리스도의 "열등하며 격 없는" 특성에 두게 함으로써, 그의 중요한 특성, 곧 그의 초월적인 특성을 보지 못하게 하며, 예수 그리스도의 내재적인 특성에만 관심을 돌리게 한다고 생각했다. 초기 그리스도교 변증가들이 오랫동안 그리스인들이 최고로 여기는 것을 인용해 복음을 전할 수 있었던 이유는 플라톤 전통과 요한 복음서가 한목소리로 "하느님은 영이시다. 그러므로 하느님께 예배를 드리는 사람은 영과 진리로 예배를 드려야 한다"(요한 4:24)라고 이야기했기 때문이다. 성상반대론자들은 겉으로 드러난 예수의 육신을 그린 그림이 영적인 것을 대신하고 성상이라는 속임수가 진리를 대체한다면 그때까지 이어져 내려온 흐름이 훼손되리라고 생각했다.[29] 그러므로 8세기와 9세기 비잔티움에서 성상을 반대했던 이들의 배후에는 하느님을 무가치한 육체의 형태로 표현하려는 시도에서 그분을 구하려는 역사(이는 유대교의 역사이기도 하며 그리스와 그리스도교의 역사이기도 하다)가 흐르고 있었다. 하느님의 참된 형상은 오직 예수 그리스도 한 사람 뿐이었으며 (그를 그린 그림을 포함해) 다른 모든 상은 가짜였다.[30]

성상을 옹호하는 이들은 성상반대론자들에게 말했다.

성자가 성부 하느님의 형상이라고 선포하는 점에서 우리는 당신들

---

29 요한 4:24, Origen, *On First Principles* 1.1.4.

30 Nicephorus, *Refutation of the Iconoclasts* 3.18.

과 견해를 같이합니다.[31]

다시 한번 화이트헤드의 논의를 빌려 말하면 예수 그리스도를 하느님의 참된 형상으로 보는 것은 성상반대론자든 성상옹호론자든 모든 이가 근본적으로 전제하던 바였다. 그러나 성상을 지지하는 이들은 하느님의 참된 형상인 예수 그리스도가 인간이 되었다는 것, 성육신해 동정녀 마리아에게서 태어나 육체를 입은, 물질적인 존재가 되었다는 점을 중시했다. 그들에게 그리스도의 성상은 우상이 아니라 하느님의 참된 형상을 본뜬 형상이었다. 이것이 그들이 그리스도교 예술을 지지한 핵심 논거였다.[32] 성상반대론자들이 성상 파괴를 정당화하기 위해 인용한 전통적인 그리스도 이해를, 성상을 지지하는 이들은 그리스도를 그림으로 표현하는 것을 정당화하는 논거로 삼았다. 그리스도교 예술에서 성상을 지지하는 이러한 입장은 하나의 포괄적인 형상에 관한 이론의 형성과 흐름을 같이 한다. 좀 더 넓은 차원에서 이 이론은 성서적 관점과 철학적 관점을, 히브리적 사고와 그리스적 사고를 결합하려는 여러 시도의 산물 중 하나였다. 성상을 지지하는 이들은 신적인 것이든, 인간적인 것이든 모든 현실은 형상의 거대한 사슬이라 부를 수 있는 것에 참여하고 있다고 보았다. 그러므로 성상이 교회가 은밀히 우상 숭배를 하게 만들려는 이들이 새롭게 발명한 것이라는 생각은 오해라고 그들은 주장했다. 누가 형상을 발명

---

31 Nicephorus, *Refutation of the Iconoclasts* 3.19.

32 Theodore of Studios, *Refutation of the Poems of the Iconoclasts* 1.16.

했는가? 다마스쿠스의 요한은 답했다.

최초로 형상을 만든 이는 하느님이셨다.[33]

형상의 근원은 바로 하느님이라는 것이다.

형상image이라는 말의 근원적인 의미를 헤아려본다면 아버지가 아니라 아들이라는 점만 다를 뿐 하느님의 '아들'은 유일무이한 하느님의 형상, "더할 나위 없는 그분의 형상, 보이지 않는 성부 하느님과 조금도 다르지 않은, 살아있는 형상"이다.[34] 골로사이인들에게 보낸 편지에서 말하듯 하느님의 아들인 예수 그리스도는 "보이지 않는 하느님의 형상"(골로 1:15)이다. 하느님의 아들을 예배하는 것이 우상 숭배가 아닌 것은 이러한 이유에서다. 이와 관련해 카이사리아의 바실리우스는 유명한 말을 남겼다.

형상(성자)을 향해 올린 영광은 그 원형(성부)에 닿는다.[35]

형상의 대사슬 안에 있는 모든 상은 "형상"이라 불릴 권리를 갖는다. 이 상들은 모두 태초부터 시작되어 영원히 이어지고 있는 거룩한 삼

---

33 John of Damascus, *On the Images* 3.26.
34 이 부분은 다음 저작에 나오는 내용을 요약한 것이다. John of Damascus, *On the Images* 1.9~13, 3.18~23.
35 Basil, *On the Holy Spirit* 18.45.

위일체 하느님의 형상을 창조하는 활동에 참여하고 있기 때문이다. 어떤 면에서는 성령도 아들의 상이라 할 수 있다. "성령의 인도를 받지 않고서는 아무도 '예수는 주님이시다' 하고 고백할 수 없"(1고린 12:3)기 때문이다. 그러므로 인류의 역사와는 달리 하느님의 삶에는 형상을 빚고 그 형상을 드러내는 것이 있다. 이 형상을 드러내는 과정을 통해 성부, 성자, 성령의 영원한 관계라는 신비가 드러난다. 이러한 맥락에서 성육신하기 전 하느님의 아들은 '보이지 않는 하느님의 형상'일 뿐 아니라, 그가 자신을 알리고 보이기를 택하지 않는 한 알려지지 않으며 보일 수도 없는 "보이지 않는 하느님의 보이지 않는 형상"이다.

부차적이며 파생적인 의미에서 형상은 "하느님께서 창조하신 만물 안에 있는 하느님의 모습과 틀"을 뜻하기도 한다. 하느님은 절대적이며 "변함이나 회전하는 그림자가 없"(야고 1:17)기 때문에 예술가가 작품을 만들 듯 세계의 요소들을 직접 만드시지는 않았다. 창조란 그러한 요소들의 형상과 틀을 고안하는 것이며 이는 달리 말하면 경험 세계를 '예정'豫定, predeterminations, προορισμοί(프로오리스모이)하는 것이라고 볼 수 있다.[36] 구체적인 사물들이 존재하기 전에 그것들은 형상으로서 하느님의 계획에 들어 있었으며 그러한 의미에서 이미 실재했다. 경험 세계에 앞선 실재를 보여주는 예로는 건축가의 작업을 들 수 있다. 건축가는 집을 짓기 전에 먼저 자신의 머릿속에 그 집의 형태를

---

36 Pseudo-Dionysius the Areopagite, *On the Divine Names* 1.5.

갖고 있으며 이에 따라 계획을 세우고 도면을 그린다. 이와 유사하게 4세기 그리스도교 신플라톤주의 전통에 속한 이들은 아직 현실화되지 않은 경험 세계의 형상들은 우주의 그리스도인 로고스에 의해, 로고스를 통해 생성되었다고 보았다. "모든 것이 그로 말미암아 창조되었으니, 그가 없이 창조된 것은 하나도 없"(요한 1:3)기 때문이다. 하느님은 우리가 보는 세계를 그의 형상인 로고스를 통해 창조하셨다. 그리고 그 로고스는 플라톤적인 의미에서의 형상, 세계가 나올 형상을 낳았다.

이러한 의미에서 창조된 세계 전체는 하느님의 형상(좀 더 정확하게 표현한다면 하느님의 형상의 형상)이다. 그리고 그중에서도 인간은 '하느님의 형상'이라는 영예로운 호칭에 대한 특별한 권리를 갖고 있다. 창세기의 창조 이야기에 따르면 이스라엘의 하느님은 자신의 형상을 따라 인간을 창조했다고 전하기 때문이다. 그는 자신과 협의하여 신중히 생각한 후에 이를 실행에 옮긴다.

우리가 우리의 형상을 따라서 우리의 모양대로 사람을 만들자.

(창세 1:26)

여기서 "우리"라는 히브리어 복수 대명사가 본래 의미하는 바가 무엇이든 간에, 그리스도교인들은 이를 "태초"부터 삼위일체라는 신비

안에서 이루어진 성부와 성자의 협의를 가리킨다고 보았다.[37] 심지어 아우구스티누스는 이를 앞서 다루었던 그의 도발적인 가설, 곧 인간 안에 있는 하느님의 형상이 그 자체로 삼위일체의 구조를 이루고 있다는 생각의 근거로 삼았다.[38] 피조물인 인간 안에 있는 창조주 하느님의 형상은 인간의 삶과 사유 구조를 통해 형상의 창조주인 하느님의 본성을 비추어 보여준다는 것이다. 그렇게, 인간은 하느님을 "모방"한다. 시나이 산에서 율법을 주며 형상을 만들지 못하게 한 하느님은 형상의 창조주가 되어서는 안 되는 피조물 안에 자신의 형상을 담아 놓았다. 초기 그리스도교 사상가들은 성상 제작을 격렬하게 비판하며 바로 이러한 논거, 곧 살아계신 하느님은 나무나 돌로 그 모습을 그릴 수 없으며 오직 그분이 창조한 가장 뛰어난 피조물의 이성적 영혼만이 그분의 온전한 형상일 수 있다고 주장했다.[39] 그러므로 성상을 만들어서는 안 된다는 주장은 성상image을 열등한 것으로 보았기 때문이 아니라 형상image을 고결한 것으로 보았기 때문이다. 하느님을 표현한 제대로 된 성상은 인간의 정신처럼 고결해야 한다. 열등한 물질, 물질로 만든 상으로 이를 대체하려는 시도는 형상의 창조주인 하느님뿐 아니라 형상인 인간 모두를 비하하는 것이라고 그들은 생각했다.

이와 같은 형상의 형이상학적, 초월적 용례와 더불어 역사적 용례

---

37 Justin Martyr, *Dialogue with Trypho* 62.

38 Augustine, *On the Trinity* 7.6.12.

39 Origen, *Against Celsus* 7.65, 이 책 111 참조.

도 있다. 인간 정신의 구성 방식으로 인해 인간은 형이하학적, 자연적 상을 통해서가 아니면 영적인 실재를 인식할 수 없다. 이를테면 천사와 같은 초월적인 "피조물"에 대해서조차 인간은 "형이하학적"인 언어를 사용하지 않고서는 이야기할 방법이 없다.[40] 성서 또한 인간 사유와 언어의 이와 같은 특성에 기대고 있어서 그 숭고한 내용을 전할 때도 단순하고 소박한 유비를 활용한다. 인간이 제아무리 머리를 쓴다 하더라도 이와 같은 유비가 아니고서는 순전히 지성적이며 영적인 하느님에 대해 생각하고 묘사할 수 없기 때문이다. 그러므로 바울은 말한다.

> 세상 창조 때로부터, 하느님의 보이지 않는 속성, 곧 그분의 영원하신 능력과 신성은, 사람이 그 지으신 만물을 보고서 깨닫게 되어 있습니다. (로마 1:20)

이처럼 눈에 보이는 경험적이며 역사적인 세계라는 현실에는 초월적 존재로서 하느님을 가리키는 상들이 존재한다. 삼위일체를 가리키는 형상과 상징들이 보여주듯 영원한 실재를 표현하기 위해 이 세상에 있는 것들을 은유로 사용하는 것은 불가피한 일이다.

성서에서 이러한 역사적 형상들은 시간 속에서 일어나는 두 가지 방향, 곧 '언젠가 일어나나 아직은 일어나지 않은 일들'과 '과거에 이

---

40 Gregory of Nazianzus, *Theological Orations* 2.31.

미 일어난 일들'을 가리킬 때 사용된다. 그리스도교의 해석 방식에 따르면 히브리 성서는 예수가 옴으로써 성취될 일들에 대한 상들과 예측들로 가득 차 있다. 때로 이 상들과 예측들은 역사 속에서 실제로 일어난 일일 수도 있다. 이를테면 이스라엘 민족은 이집트에서 탈출하며 홍해를 건넜다. 적어도 이론상으로 이 사건은 역사 연구를 통해 측정 가능한 역사적 사건이다. 그러나 동시에 이 사건은 언젠가 일어날 일에 대한 상이기도 하다. 그리스도교의 시선에서 홍해를 건넌 사건은 세례를 예고하는 상이다. 다른 한편 "과거에 일어난 일들, 경이로운 업적이나 덕행을 기리고 기억할 수 있게 하기" 위해 고안된 상들도 있다. 과거에 일어난 일들을 기억하기 위해 기록된 역사서는 바로 이러한 상이라고 할 수 있다. 역사서의 목적은 후세에 과거에 어떤 일이 일어났는지를 알림으로써 무엇이 옳은지 그른지를 식별할 수 있게 하는 데 있다. 역사적 사건과 인물을 기념하는 예술 작품들도 본질적으로는 역사서와 크게 다르지 않았다. 이것들은 "문맹을 위한 책"이며 성서와 형태만 다를 뿐 다루는 내용은 같다.[41]

그러나 이러한 두 가지 형상, 형이상학적 형상과 역사적 형상 사이에는 좁힐 수 없는 커다란 간극이 있었다. 이 간극이 있는 한 종교 예술을 정당화할 수 있는 유일한 방법은 '문맹을 위한 책'이라는 표현이 보여주듯 예술의 교육적인 기능을 강조하는 것뿐이다. 우상 숭배는 성상, 혹은 역사적 형상이 실제로 우주의 제일 원리와 관계를 맺

---

41 John of Damascus, *On the Images* 1.

고 있다고 가정한 다음 저 간극을 뛰어넘으려는 헛된 시도라 할 수 있다. 하느님은 십계명 제2계명에서 조각하여 만든 상을 금함으로써 저 간극을 주장했고 규제했다. 그러나 로고스가 육신이 되었을 때 저 간극, 보이지 않는 것과 보이는 것, 영원과 시간 사이의 간극을 포함한 모든 간극은 메워졌다. 우주적이며 형이상학적인 로고스가 나자렛 예수라는 역사적 인물로 성육신함으로써 형상의 거대한 사슬의 연쇄에서 잃어버린 고리가 발견된 것이다. 그러한 면에서 우상숭배자는 신성을 직감했다는 측면에서는 맞았지만 이를 구체화하는 측면에서는 틀렸다고 할 수 있다. 복음서가 묘사한 예수의 구체적인 활동은 이러한 오류들을 대체한다. 다마스쿠스의 요한은 무엇이 성상이 될 수 있는지를 이야기했다.

본성이 탁월하시어 모든 수와 크기, 중요도를 초월하는 분, 하느님의 형체로 존재하는 분께서 이제 종의 형체를 떠안으시어 몸소 수와 크기로 낮아지셨으며 육신의 신분을 얻으셨으니, 자신을 보이기로 하신 이를 모두가 볼 수 있도록 그려내기를 주저하지 마십시오. 그분이 하늘로부터 땅으로 이루 말할 수 없을 만큼 당신을 낮추셨음을, 동정녀에게서 나셨음을, 요르단 강에서 세례를 받으셨음을, 타보르 산에서 변모하셨음을, 우리를 고통에서 건져 자유케 하시려고 고통당하셨음을, 당신의 신성을 가리키는 기적들을, 그 기적들이 인간의 몸으로 이루신 활동임을, 구세주께서 우리의 구원을 성취하시려고 걸어가신 길인 죽음과 부활, 승천을 드러내 보이십시오. 이 모

든 사건을 문자와 색채를 모두 동원하여, 책과 그림을 모두 써서 기록하십시오.[42]

당신을 보이는 형태로 담아내려는 종교 예술을 우상 숭배로 여겨 금하신 하느님은 이제 앞장서서 보이는 형태로, 은유나 기념의 방식이 아니라 인간의 모습으로, 말 그대로 육신을 입으심으로써 당신을 드러내셨다. 형이상학적인 것이 역사 속으로 들어왔다. 영원 전부터 성부의 참된 형상이었던 우주적 로고스가 이제 시간의 일부가 되어 구원사를 이루는 사건들을 일으켰다. 인간은 이제 이를 신적이면서도 인간적인 인격을 지닌 형상으로 그려낼 수 있게 되었다. 이러한 맥락에서 아담과 하와가 하느님의 형상으로 창조된 사건은 두 번째 아담인 예수와 두 번째 하와인 마리아의 등장을 예기한 것이라 할 수 있다. 그리고 이 때문에 그리스도와 성모 마리아를 그리는 것은 인류에게 나타난 하느님의 참모습을 그리는 일이 되었다. 물론 누군가가 예수상을 그린다는 것은 특수한 개인이 예수라는 독특한 인격을 그린다는 것을 뜻하지 어떤 추상적인 인간성을 그린다는 것을 뜻하지 않는다. 성상을 통해 묘사되는 예수의 인간성, 여기서 유래한 성인들, 예수 안에서 살게 된 모든 이의 인간성은 신성으로 충만해진 인간성이었다. 이러한 점에서 성상이 담아낸 것은 '신성화된' 그리스도의 몸이다. 동방 정교회는 예수 그리스도로 인해, 예수 그리스도를

---

42 John of Damascus, *On the Images* 3.8.

《우주의 지배자 그리스도》(6세기), 밀납 이콘, 성 카타리나 수도원.

통해 허락된 구원을 '신화'神化(그리스어로는 테오시스θέωσις, 러시아어로는
아보줴니Обожение)라고 부른다.[43] 예수 그리스도의 독특함과 신성화라
는 두 가지 주제를 동시에 표현하기 위해 고안된 방법이 바로 성상의

---

43 Jaroslav Pelikan, *Christian Tradition* 2:10~16.

도상학iconography of the icon이다. 그렇기에 20세기 가장 탁월한 성상 해석자인 예브게니 니콜라에비치 트루베츠코이Evgenii Nikolaevich Trubetskoi*는 이를 두고 "색채들에 관한 이론"theory of colors, 혹은 "형상들에 대한 관상"contemplation in images이라고 불렀다.[44]

6세기 콘스탄티노플에서 제작된 것으로 보이는 이콘《우주의 지배자 그리스도》Christ Pantocrator는 예수 그리스도의 독특성과 신성화가 어떻게 조화를 이루며 시각적으로 구현되는지를 보여준다. 이 작품은 시나이 산에 있는 성 카타리나 수도원이 보존하고 있는, 그 수는 적지만 매우 중요한 작품들 중 하나다. 성상반대론자들이 자신들의 과업을 철저하게 수행한 결과 그들이 나타나기 전 제작된 성상들은 그리 많이 남아 있지 않다.[45] 이 작품은 후대에 그린 그림으로 덮여 있다가 최근에야 발견되었는데, 이러한 사실은 우주의 지배자 그리스도를 그린 여러 성상 가운데서도 이 작품을 특별하게 해준다. 그림을 보면 분명 한 사람의 얼굴을 그리고 있지만, 앙드레 그라바르André Grabar**가 말했듯 작가는 이를 통해 "초연함과 무시간성이라는 하느님

---

44 Evgenii Nikolaevich Trubetskoi, *Icons: Theology in Color* (New York: Saint Vladimir's Seminary. Press, 1973)

45 다음을 참조하라. Ernst Kitzinger, 'The Cult of Images before Iconoclasm', *Dumbarton Oaks Papers* 7 (1954), 85~150.

* 예브게니 니콜라에비치 트루베츠코이(1863~1920)은 러시아 철학자, 법학자다. 모스크바 대학교에서 법학을 공부하고 교황 그레고리우스 7세에 관한 연구로 박사학위를 받았다. 이후 키예프 대학교, 모스크바 대학교에서 법과 철학을 가르쳤다. 생애 후기에는 이콘 연구에 집중해 이와 관련해 빼어난 결과물을 내놓았다.

** 앙드레 그라바르(1896~1990)는 역사학자다. 우크라이나에서 태어나 러시아에서 예술사를 공부했으며 프랑스 스트라스부르 대학교에서 박사학위를 받았다.

의 본성을 회화적으로 표현했다". 이렇게 이 작품은 "추상적인 차원과 자연적인 차원을" 정교하고도 영리하게 엮어서 "그리스도의 두 본성, 신성과 인성의 교리를 회화로 표현하는 데 성공했다".[46] "만물을 지배하는 하느님이신 로고스"ὁ Παντοκράτωρ Θεός Λόγος는 오랫동안 그리스도를 부르는 칭호 중 하나였다.[47] 모든 것의 통치자가 지닌 영원한 본성과 나자렛 예수가 지닌 역사적 본성의 떼어놓을 수 없는 연합을 묘사함으로써 《우주의 지배자 그리스도》는 진리를 가르치며 선한 삶을 살고 형체로는 "사람이 낳은 아들 가운데 … 가장 아름다운"(시편 45:2) 이를 개념화하는 데 성공했다.

책을 시작하며 인류 문화에서 예수가 지닌 다양한 의미를 보여주는 방법으로 제시한 세 요소(진,선,미) 가운데 가장 오랜 시간 동안 발전한 요소는 미, 아름다움이다. 이와 관련해서도 분명한 흔적을 남긴 이는 아우구스티누스다. 그의 초기 저작들 중에는 (지금은 소실되어 없지만 다른 저작들에서 몇 차례 언급되는)『아름답고 알맞은 것』De pulcro et apto 이라는 저작이 있다.[48] 또한『고백록』중 가장 널리 알려진 구절에서 그는 말한다.

이후 프랑스로 옮겨 콜레주 드 프랑스의 교수가 되었으며 1958년에는 미국으로 옮겨 하버드 대학교의 예술사 연구소의 연구원으로 활동했다. 비잔티움 제국의 역사 및 초기 중세 예술과 관련된 권위 있는 연구물을 내놓았다. 주요 저서로『비잔티움과 초기 중세 미술』Byzantine and Early Medieval Painting,『그리스도교 예술의 탄생, 200~395』The Beginnings of Christian Art, 200-395 등이 있다.

46 André Grabar, *Early Christian Art: From the Rise of Christianity to the Death of Theodosius* (New York: Odyssey Press, 1968), 15.

47 Clement of Alexandria, *Tutor* 3.7.

48 Augustine, *Confessions* 4.13.20.

늦게야 당신을 사랑했습니다!

이토록 오래되고 이토록 새로운 아름다움이시여,

늦게야 당신을 사랑했습니다![49]

하지만 미에 관한 아우구스티누스의 논의가 가장 분명하게 드러난 작품은 (표징의 미학과 관련된) 언어와 그 의미를 분석한 『그리스도교 가르침』De doctrina christiana,[50] 그리고 논문 「음악」De musica이다. 이 두 작품은 이후 1,000년 동안 서방 라틴 세계의 미학 이론과 실제를 형성했다고 해도 과언은 아니다.

그러나 종교 예술을 그리스도교적 관점에서 정당화하기 위해 예수의 인격에 담긴 심오한 의미를 탐구하고 적용한 이들은 9세기 동방 그리스 세계의 신학자들이었다. 성상반대론자들이 보았듯 미는 세 요소 가운데서도 가장 미묘하고도 위험하다. 거룩함을 진리와 동일시하거나(주지주의) 선과 동일시하는 일(도덕주의)의 위험성은 유대교와 그리스도교 역사 속에서 분명하게 드러났다. 그러나 제2계명과 이스라엘 예언자들의 메시지가 거룩함과 미를 동일시하는 일을 콕 집어 인간을 죄로 이끄는 특별한 유혹으로 보았다는 점은 주목할 만한 일이다. 미의 이러한 측면까지를 다룰 수 있는 미학이 나타나기 위해서는 철학적이고 신학적으로 예리한 작업이 필요했다. 물론 그 이전에 있어야 하는 것은 이러한 미학적 해명이 필요하게 될 정도로, 단

---

49 Augustine, *Confessions* 10.27.38.

50 Augustine, *On Christian Doctrine* 2.1.1~2.

순히 교육적이거나 교훈적인 기능 이상의 영감과 감흥을 사람들에게 불러일으키는 작품의 존재이지만 말이다. 종교 예술에 대한 세련된 변증이 등장하려면 그 이전에 종교 예술에 대한 세련된 철학적, 신학적 문제 제기가 있어야 한다. 이 모든 일, 종교 예술 작품이 영감을 주고 이에 문제를 제기하며 다시 이를 해명하는 과정 전체는 결국 예수라는 인물 때문에 일어났다. 이러한 맥락에서 예수는 예술 활동이 이어지게 하는 근거이면서 그 예술 활동을 혁신하는 원천이었다. 아우구스티누스가 의도한 바와는 다른 의미에서 그는 "이토록 오래되고 이토록 새로운 아름다움"이다.

08

십자가에 달린 그리스도

그런데 내게는 우리 주 예수 그리스도의 십자가 밖에는,

자랑할 것이 아무것도 없습니다.

그리스도로 말미암아, 내 쪽에서 보면 세상이 죽었고,

세상 쪽에서 보면 내가 죽었습니다. (갈라 6:14)

예수를 따르던 이들은 매우 이른 시기부터 예수가 죽기 위해 살았다는, 그의 죽음이 그의 삶을 가로막은 것이 아니라 오히려 그 삶의 궁극적인 목적이었다는 결론에 이르렀다.[1] 아무리 많이 잡더라도 복음서가 예수의 생애와 관련해 우리에게 주는 정보는 그의 전체 생애 중 100일이 채 되지 않는다. 그러나 그의 생애 마지막 2~3일 동안 일어난 일들의 경우 복음서

---

1 이를 가장 잘 보여주는 장면은 루가 복음서 24:13~35에 등장한다.

는 상세한 각본처럼 거의 시간 단위로 어떠한 사건들이 일어났는지를 전하고 있다. 그리고 이 각본의 절정은 성금요일, 그리고 십자가에 달린 3시간이다. 니케아 신경과 사도신경 또한 "동정녀 마리아"에게서 예수가 태어난 뒤 곧장 "본티오 빌라도에게 고난을 받아" 십자가에 못 박혀 죽었다는 말로 이어진다. 『맥베스』Macbeth에서 코더 영주 thane of Cawdor를 두고 한 말은 예수에게도 잘 들어맞는다.

> 그의 삶에서, 삶을 떠난 것만큼 그에게 어울리는 것은 없었다. 그는 죽었다.[2]

예수의 십자가 죽음에 특별한 의미를 부여한 대표적인 이는 사도 바울이었다. 그는 말했다.

> 내게는 우리 주 예수 그리스도의 십자가 밖에는, 자랑할 것이 아무것도 없습니다. 그리스도로 말미암아, 내 쪽에서 보면 세상이 죽었고, 세상 쪽에서 보면 내가 죽었습니다. (갈라 6:14)

물론 십자가의 복음은 바울 서신뿐만 아니라 신약성서 전체에, 그리고 초기 그리스도교 문헌들에 스며들어 있다. 초기 그리스도교인들에게 그리스도는 "세상 죄를 지고 가는 하느님의 어린 양"(요한 1:29)

---

2 William Shakespeare, *Macbeth* 1.4.7. 『맥베스』(아침이슬)

이었다. 또한 그들은 이사야서 53장에 나오는 고난 받는 종에 관한 예언("그가 찔린 것은 우리의 허물 때문이고, 그가 상처를 받은 것은 우리의 악함 때문")은 십자가에 달린 예수를 가리킨다고 여겼다.[3] 신약성서에 십자가를 신원 확인을 위한 표식이나 악령의 힘을 물리치는 도구로 썼다는 기록은 나오지 않지만 이러한 이야기들은 그리스도교 역사 중매우 이른 시기부터 나타나며 이야기들이 기록될 당시 사람들은 이를 당연한 일로 여겼다. 테르툴리아누스는 말했다.

> 걸음을 내디딜 때나 어딘가로 향할 때나, 집에 들어올 때나 집을 나설 때나 … 일상에서 무슨 일을 하든 우리는 이마에 이 징표를 새깁니다.[4]

십자가라는 징표는 기록되지 않은 전승(성서가 명령하고 있지 않음에도 불구하고 모든 이가 지켜야 하는 법)이 있음을 보여주는 중요한 증거가 되었다. 교회에 속하지 않은 이들도 십자가와 관련된 관습을 알고 있었다. 어린 시절 그리스도교인이었으나 이후 신앙을 저버려 그리스도교인들에게 "배교자"라고 불린 황제 율리아누스Julian는 그리스도교인들을 향해 말했다.

> 너희는 십자가 나무를 공경하며 이마에 십자가 표식을 그으며 현관

---

3   이사 53:5, 사도 8:26~39, 마태 8:17 참조

4   Tertullian, *The Chaplet* 3, Basil of Caesarea, *On the Holy Spirit* 27.66.

에다가는 십자가 문양을 새겨 놓는다.[5]

제2차 세계 대전과 관련해 가장 널리 읽힌 소설에서는 배가 어뢰에 피격당해 가라앉는 장면이 있다. 이때 한 선원은 자신의 동료가 "성호를 긋는 모습을 보고 그가 로마 가톨릭 신자였음"을 떠올린다.[6] 구스타프 말러Gustav Mahler는 1897년 3월 15일 모스크바 방문 중 러시아 사람들을 본 뒤 받은 인상을 기록으로 남겼다.

> 이들은 믿을 수 없을 만큼 구습舊習에 젖어있어. 두 걸음만 걸어가도 성상이나 교회가 있고 사람들은 그곳을 지날 때마다 멈추어 서서 가슴을 치며 십자가 성호를 긋지(러시아에서 성호 긋는 방향은 왼쪽 어깨로 시작해 오른쪽으로 하는 서방과 달리 오른쪽에서 왼쪽이다. 첩보물 애호가들은 러시아어 억양을 완벽히 구사하는 서방측 요원이 식탁에 앉아 잘못된 방향으로 십자가 성호를 그어 정체가 탄로 나는 장면을 떠올릴 수 있을 것이다).[7]

말러가 제정帝政 러시아에서 보았듯 예수 그리스도의 십자가 표식은 중세 유럽 국가들의 문화와 풍속, 곧 문학과 음악, 예술, 건축 곳곳에 스며들어 있었다. 당시 십자가만큼 강력한 상징은 없었다. 중세 문화

---

5 Julian, *Against the Galileans* 194D 3:373.

6 Nicholas Monsarrat, *The Cruel Sea* (New York: Giant Cardinal ed, 1963(1951)), 319.

7 Gustav Mahler to Anna von Mildenburg, 15 March 1897, *Selected Letters of Gustav Mahler* (New York: Farrar, Straus, Giroux, 1979), 215.

에 십자가가 얼마나 자주, 그리고 다양하게 사용되었는지를 이해하기 위해서는 사도 바울이 이야기한 십자가의 특별함을 먼저 알아둘 필요가 있다. 고린토인들에게 보낸 편지에서 그는 말했다.

> 우리는 십자가에 달리신 그리스도를 전합니다. … 이 그리스도는 하느님의 능력이요, 하느님의 지혜입니다. (1고린 1:23~24)

아우구스티누스가 이 구절을 설명하며 말했듯 성서는 근본적으로 하느님의 능력과 하느님의 지혜를 명확하게 가르지 않지만 이러한 구별은 유익하다.[8]

먼저 십자가는 하느님의 능력을 가리키는, 혹은 하느님의 능력을 담은 표식으로서 악을 막는 부적이었다. 동방과 서방을 막론하고 중세 성인전들을 보면 곳곳에 십자가의 경이로운 능력에 관한 이야기가 등장한다. 이를테면 사도들의 행적을 기록한 외경 중 하나에는 잠겼던 문에 십자가 모양을 그리자 문이 기적적으로 열려 사도들이 들어갈 수 있게 되었다는 이야기가 실려있다. 어떤 순교록은 십자가가 사납게 짖던 개를 잠잠하게 했다고 기록한다.[9] 아우구스티누스에 따르면 카르타고에 살던 한 여인은 유방암으로 고통받고 있었는데 "세례를 받고 세례장에서 나오는 첫 번째 여자를 기다렸다가 그에게 환부에 그리스도의 표식(십자가 표식)을 그어달라고 하라는 꿈을 꾸었다.

---

8 Augustine, *On the Trinity* 7.1.1.
9 *Acts of Andrew and Matthew* 19, *Martyrdom of Nereus and Achilleus* 13.

그 여자가 그렇게 하자 병이 즉시 나았다".[10] 7세기 그리스도교 선교
사였던 레마클루스Remaclus는 이방 신들에게 봉헌된 샘을 향해 십자가
성호를 그어 신들을 몰아내고 그 물을 정화했다.[11] 중세 사법체계에
서 분쟁을 해결하는 수단 중에는 '십자가 시련 재판'Judicicum crusis이 있
었다. 8세기 어느 법전에는 다음과 같은 규정이 있다.

> 어떤 여자가 자기 남편이 곁에 있던 적이 없다고(첫날밤을 보내지 않았
> 다고) 주장하면 그들을 십자가 있는 곳으로 내보내라. 그리고 여자의
> 말이 사실이라면 둘을 갈라서게 하라.[12,*]

몇몇 민속 문학 작품에서는 십자가로 인해 질병과 상처가 나았다는
이야기가 자주 등장한다. 당시 사람들은 십자가를 보면 열병이 낫고
광기도 사라진다고 믿었다. 전쟁 중이거나 기사들끼리 싸움을 하다
피를 흘릴 때 압박대로도 멈추지 않던 출혈을 십자가가 멈추게 했다
는 기록도 있다. 심지어 어떤 문헌에서는 십자가가 죽은 자를 살리기
도 했다고 이야기한다. 슬라브 지역과 트란실바니아 지역(오늘날의 루

---

10 Augustine, *City of God* 22.8.

11 Heriger of Lobbes, *The Life of Remaclus* 12.

12 십자가와 관련된 다양한 사례를 살피기 위해서는 이 책을 참조하라.
J. F. Niermeyer, *Mediae Latinitatis Lexicon Minus* (Leiden: E. J. Brill, 1976), 'crux'.

* 십자가 시련 재판은 초기 중세에 게르만족 사이에서 성행하던 결투 재판을 막
기 위해 고안되었다. 재판관은 피해자와 가해자를 십자가 양쪽에 서게 한 뒤
양팔을 십자가 모양으로 들고 있게 하였다. 그리고 가해자가 팔을 먼저 내리면
재판관은 그에게 유죄를 선고하고, 피해자가 먼저 내리면 가해자에게 무죄를
선고했다.

마니아 중서부)에서 유래한 이야기에 따르면 십자가는 흡혈귀를 막는
데도 특별한 효험이 있다. 소설이나 영화 《드라큘라》Dracula에서 생생
하게 묘사한 것처럼 말이다.

흡혈귀의 예를 보면 알 수 있듯 십자가를 사용하는 것(애써 과장하
지 않아도 대부분 주술적인 용도로 쓰였다)과 악령의 존재와 힘에 관한 고
대, 중세의 믿음은 밀접한 관련이 있다. 널리 알려진 셜리 잭슨 케이
스Shirley Jackson Case*의 말대로 "고대 세계에서 하늘은 낮게 깔려 있었
다".[13] 이어서 그는 말했다.

하늘과 땅을 잇는 고속도로는 몹시 혼잡했다. 신들과 영들은 상층
대기에 밀집해 살고 있었는데, 그들은 거기서 죽을 수밖에 없는 존
재들mortals의 일에 어느 때고 개입할 태세를 갖추고 있었다. 또 하층
세계, 혹은 땅의 머나먼 끄트머리에 살고 있는 악령들의 세력은 틈
나는 대로 인류의 안녕을 위협했다. 당시 온 자연은 살아있는 것으
로, 초자연적인 힘들로 생동했다.

---

13 Shirley Jackson Case, *The Origins of Christian Supernaturalism* (Chicago: University of
Chicago Press, 1946), 1.

* 셜리 잭슨 케이스(1872~1947)는 캐나다의 수학자이자 신학자, 교회사가다. 아카
디아 대학교에서 수학을 공부하고 예일 대학교에서 신학으로 박사 학위를 받
은 뒤 시카고 대학교 신학대학원에서 신약학을 가르쳤다. 미국 교회사 학회
American Society of Church History 회장과 세계 성서학회의 전신이라 할 수 있는 성서 문
헌 및 주석 학회Society of Biblical Literature and Exegesis 회장을 역임했다. 주요 저서로 『예
수의 역사성』The Historicity of Jesus, 『그리스도교의 사회적 기원들』The Social Origins of
Christianity, 『그리스도교의 창조자들』Makers of Christianity 등이 있다.

중세 교회는 악의 세력에 대한 이와 같은 믿음을 강화했으며 이들의 주술적 힘을 파훼하기 위한 다양한 도구를 사람들에게 제공했다. 성수, 성유물聖遺物, 주문, 성찬례 때 축성된 빵 등이 있었지만 아무래도 가장 대표적인 도구는 십자가였다. 교회에서 제공한 도구들은 모두 악령에 대항하는 하느님의 능력을 담은 매개체로 간주되었다. 같은 맥락에서 십자가는 주술적인 기능을 가진 부적이었다. 하지만 당시 모든 사람이 그러한 기능만을 중시했던 것은 아니다. 십자가를 보고 예수의 처형을 떠올리지 않을 수는 없었기 때문이다. 어떤 사람들은 악령과 질병을 쫓는 능력은 십자가 그 자체나 십자가를 들고 취하는 행동 때문이 아니라, 십자가가 예수의 삶과 죽음을 통해 악을 무너뜨리러 오신 하느님의 능력을 상기시키기 때문이라고 생각했다.

하지만 그러한 사람들조차 예수가 매달린 진짜 십자가에는 특별한 능력이 있다고 믿었다. 이 성유물은 초기 300년 동안은 그리스도교인들 사이에서 별달리 언급되지 않았으나 350년대에 이르러 본격적으로 회자되기 시작했다.[14] 콘스탄티누스와 그의 가족에 관해 가장 중요한 자료를 남긴 카이사리아의 에우세비우스는 예수가 매달린 실제 십자가의 행방에 대해 어떠한 이야기도 하지 않지만, 몇몇 전설은 콘스탄티누스 황제의 어머니 성 헬레나가 예루살렘에 있던 십자가를 발견했다고 전한다. 전설들에 따르면 그녀는 오늘날의 주의 성묘 교회 지하에서 세 개의 십자가를 발견했다. 하느님의 영감을 받아 그녀

---

14 이와 관련된 사항을 확인하기 위해서는 이 책을 참조하라. Henri Chirat, *New Catholic Encyclopedia*, 'Cross, Finding of the Holy'.

는 그중 어느 십자가가 예수의 십자가인지 알기 위해 각 십자가를 시신에 대보았다. 진짜 십자가는 죽은 사람을 다시 살릴 수 있으리라고 생각했기 때문이다.[15] 역사가 소크라테스 스콜라티쿠스Socrates Scholasticus가 쓴 교회사 저작은 헬레나가 예수의 십자가를 발견한 뒤 어떠한 일을 했는지를 전한다.

> 황제의 어머니는 그 무덤이 있던 자리에 웅장한 교회를 세웠다. … 그녀는 십자가의 일부분을 은으로 된 함에 담아 그곳에 남겨두어, 이를 보고자 하는 이들이 기념할 수 있게 했다. 십자가의 나머지 부분은 황제에게 보냈으며 그 유물을 잘 보존하는 도시는 완벽한 안보를 얻게 되리라는 말에 설득된 황제는 이를 … 콘스탄티노플에 있는 … 자신의 동상 안에 은밀히 봉해 두었다. … 그뿐만 아니라 콘스탄티누스는 그리스도의 손을 십자가에 박았던 못 또한 가져다 마구馬具에 쓰는 재갈과 투구로 만들어 원정遠征을 나갈 때 사용했다.[16]

그러나 예루살렘과 콘스탄티노플에 있는 두 부분이 예수 십자가의 전부는 아니었다. 그보다 이른 350년 예루살렘의 키릴로스Cyril of Jerusalem는 예수가 십자가형을 당했다는 사실을 부정하는 이들을 향해 단호하게 말했다.

---

15 Sulpicius Severus, *Chronicle* 2.34.4.

16 Socrates Scholasticus, *Ecclesiastical History* 1.17

이후 온 세상은 십자가의 조각들로 가득 차게 되었습니다.[17]

4세기 후반 카파도키아와 안티오키아에서는 이 나무 조각들을 언급한 기록이 있으며, 5세기에 이르러서는 갈리아 지방에서도 이 같은 기록이 나타났다. 5세기 중엽 교부 예루살렘의 유베날리스Juvenal of Jerusalem는 그중 한 조각을 교황 레오 1세가 있던 로마로 보냈다. 604년 세상을 떠난 교황 그레고리우스 1세Gregory I는 십자가 나무 조각을 롬바르드족 여왕 테오델린다Theodelinde와 가톨릭 교인이 된 서고트족 왕 레카레드 1세Recared I에게 주었다. 헬레나의 십자가 발견(이를 라틴어로는 '인벤티오'inventio라고 불렀는데 아이러니하게도 여기서 유래한 영어 '인벤션'invention은 본래 의미와 달리 '발명, 날조'를 뜻한다)은 중세 카롤링거 왕조 시대에 교회력 속 기념일(5월 3일)이 되었다(로마 가톨릭 교회의 경우 1960년 제2차 바티칸 공의회에서 폐지되기 전까지 라틴식 전례를 치르며 이날을 지켰다). 예수의 십자가는 7세기 페르시아인들에게 **빼앗겼다가** 황제 헤라클리우스Heraclius가 수복하였으나, 12세기에 베들레헴 주교가 전장에 들고 나섰다가 잃어버렸다. 물론 그것이 십자가 조각의 전부는 아니었다. 예루살렘의 키릴로스의 말대로 중세 시기 예수의 십자가는 "온 세상"에 가득 차 있었다. 사람들은 이 십자가 조각들을 다 모은다면 예루살렘 도성 전체를 재건할 수도 있을 것이라는 농담을 주고받곤 했다.

---

17 Cyril of Jerusalem, *Catechetical Lectures* 4.10, 10.19, 13.4.

소크라테스가 자신의 『교회사』에서 분명하게 전하듯 당시 사람들은 십자가가 병과 해를 막아줄 뿐 아니라 전쟁에서 '하느님의 능력'으로 자신들을 지켜준다고 믿었다. 이 능력은 예수의 십자가에만 한정되지 않았다. 밀비우스 다리 전투에서 승리를 거둔 후 콘스탄티누스는 전장에 나갈 때마다 군대 선두에 십자가 깃발을 세우라고 명령했다. 이후 육군과 해군은 모두 '승리를 가져다주는 십자가'Ho nikopoios stauros(에우세비우스가 부른 말이다)를 자신들의 휘장으로 삼았다.[18] '그리스의 불'Greek fire(유황, 초석, 나프타를 배합한 화약으로 제조법은 비잔티움 제국의 일급비밀이었으며 오늘날까지도 그 정확한 비율을 알지 못한다)이라는 당대에 악명을 떨친 무기와 비잔티움군의 노련한 전술에 힘입어, 실제로도 십자가는 언제나 승리를 가져왔다. 또한 도시의 전략적인 위치 덕분에 콘스탄티노플은 이후 1,000년 동안 외적의 침입을 막아냈다. 서방에서도 사람들은 십자가를 전쟁에서 자신들을 보호해주는 원천으로 여겼다. 12세기 말엽 '십자군'이라고 불린 팔레스타인 원정대는 십자가를 자신들의 가장 중요한 상징으로 삼았다. 이때 "십자가를 진다"는 말은 곧 십자군 원정을 떠난다는 것을 뜻했다.

사람들이 십자가에 승리의 능력이 있다고 믿게 된 이유는 십자가가 모든 승리 중에서도 가장 위대한 승리, 곧 예수의 죽음과 부활을 통해 하느님의 능력이 악의 세력을 이긴 우주적인 승리에 쓰인 도구였기 때문이다. 다마스쿠스의 요한은 말했다.

---

18 Eusebius, *The Life of Constantine* 1.41.

십자가가 하느님의 능력을 담고 있다고 하는 이유는 하느님의 권능,
곧 죽음을 이긴 승리가 십자가를 통해 우리에게 드러났기 때문입니
다.[19]

이러한 생각이 최초로 드러난 기록들에서는 이 승리가 악령, 죽음,
죄와 같이 인류를 사로잡고 있던 적들의 동맹을 상대로 하느님이 모
략을 써서 이루신 것이라고 적혀 있다. 이 모략에 대한 가장 흥미로
운(그리고 가장 논쟁적인) 표현을 살펴보면 자신의 동맹과 함께 나타난
악마는 아담부터 시작해 모든 인간을 집어삼킨 거대한 물고기로 묘
사된다. 이에 그리스도라는 인간이 물에 뛰어들고 물고기는 그를 또
다른 제물로 여기고 삼켜버린다. 그러나 그리스도의 인성이라는 미
끼에는 신성이라는 낚싯바늘이 숨겨져 있다. 악마가 인간 예수를 십
자가에서 죽인 뒤 먹어버리자 신성이라는 바늘은 그를 낚아채 꼼짝
할 수 없게 만든다. 결국 악마는 예수를, 그리고 그와 함께 예수가 자
신의 것으로 삼은 모든 것을 토해낸다. 그렇게 인류를 옭아맸던 죽음
과 악은 하느님에게 붙잡힌다. 그러한 방식으로 십자가는 모든 이에
게 자유와 승리를 가져온다.

이러한 십자가론은 좀 더 세련된 형태를 갖추어 승리자 그리스도
Christus Victor라는 은유로 발전하였다. 『승리자 그리스도』는 십자가의
의미를 다룬 구스타프 아울렌Gustaf Aulén*의 논쟁적인 책의 제목이기

---

19 John of Damascus, *The Orthodox Faith* 4.11.
* 구스타프 아울렌(1879~1977)은 스웨덴의 신학자이자 루터교 감독이다. 스웨덴

도 하다. 십자가가 어떻게 우리를 구원하는가를 다룬 '고전적인' 이론을 이야기하는 이 책에서 십자가는 하느님이 적진으로 침공하는, 또한 예수 그리스도가 인류 구원을 완성하는 계기가 되는 "경이로운 전투"mirabile duellum를 가리키는 상징이다.[20] 앞에서 살핀 십자가를 모략으로 보는 은유가 정제되지 않은 면이 있다면, 이와 견주어 승리자 그리스도라는 표현은 한결 원숙하다. 하지만 이 표현 역시 십자가에 달린 그리스도가 하느님의 대적자들과 맞서 싸우지 않으면 안 된다는 이야기를 암묵적으로 지니고 있다. 이렇게 볼 때 그리스도의 십자가 죽음은 대적자들과 그들의 힘에 대한 일종의 항복 선언이다. 악의 세력 앞에서 그리스도는 스스로 약해진 것이다. 그러나 그렇게 함으로써 그는 대적자들을 자신과 함께 무덤으로 데리고 들어간다. 부활을 통해 그리스도는 악의 세력에서 벗어나게 되나 그들은 무덤 속에 남아 있게 된다. 십자가를 하느님의 능력으로 보는 이러한 해석은 서방 라틴 세계보다 동방 그리스 세계에서 더 분명하게 나타나지만, 서방에서도 이러한 생각이 완전히 사라진 적은 없다. 그리고 아울렌에 따르면 종교개혁은 이러한 해석을 다시금 부각시켰다. 요한 제바스티안 바흐가 지은 《부활절 칸타타》Easter Cantata(칸타타 4번) 《그리스도께서는 죽음의 포로가 되셔도》Christ lag in Todesbanden는 승리자 그리스도를

에서 태어나 웁살라 대학교에서 신학을 공부한 뒤 룬드 대학교에서 조직신학을 가르쳤으며 1933년에는 감독이 되었다. 스웨덴에서 루터 연구가 부흥하는데 일익을 담당했으며 속죄 이론을 다룬 『승리자 그리스도』Christus Victor는 조직신학 분야의 현대판 고전으로 꼽힌다.

20 Gustaf Aulén, *Christus Victor: An Historical Study of the Three Main Types of the Idea of Atonement* (New York: Macmillan, 1969), 4~7. 『승리자 그리스도』(정경사)

찬미하는 곡이다. 마찬가지로 바흐가 지은 《성 요한 수난곡》Saint John Passion에서 예수가 십자가 위에서 마지막으로 남긴 말 "다 이루었다"는 알토의 아리아에서 외치듯 노래하는 장면으로 묘사된다.

오, 유다에서 난 영웅이 권능으로 승리하였으니
이제 그가 싸움에 종지부를 찍었도다.
"다 이루었다!"

하느님이 승리자 그리스도를 통해 활동하셨기에 십자가는 하느님과 그 대적자들이 우주와 세계사라는 무대에서 벌이는 극적인 싸움의 상징으로 해석되었다.[21] 신학적으로 이와 같은 속죄 이론은 장단이 있겠으나 중세 미술 및 음악과 연관 지어 생각해 본다면 십자가와 부활을 단일한 행위를 이루는 두 부분으로 생각해 볼 수 있게 해주는 이점이 있다. 중세 전례 음악에서 둘의 관계는 성금요일과 부활절을 가장 극명하게 대비시키는 형태로 나타났다. 성금요일은 교회력 중 미사를 할 때 성체성사를 하지 않는 유일한 날이다. 이날 기념해야 할 것은 갈보리 언덕에서 십자가에 달린 그리스도의 희생 그 자체이기 때문이다.[22] 중세 미술은 3세기 전반 오리게네스까지 거슬러 올라가는 전통을 따라 예수의 십자가를 아담의 유골이 묻힌 그 자리 위

---

21   Athanasius, *On the Incarnation* 29.1.

22   William J. O'Shea, *The Meaning of Holy Week* (Collegeville, Minn.: Liturgical Press, 1958)

에 있는 것으로 그렸다.[23] 라틴 신학은 그리스도의 죽음을 대속 활동 act of satisfaction으로만 보는 데 몰두했기 때문에 승리자 그리스도 사상을 더 심도 있게 다루지 않았지만, 그럴 때조차 중세 행렬기도와 전례극 은 이 사상을 간직했다.[24]

고대 영어로 쓰인 위대한 시 「십자가의 꿈」에서 십자가가 된 나무는 죽음과 싸우기 위해 십자가에 오른, 비록 그 싸움에서는 졌지만 결국 승리를 이루는 "젊은 영웅"을 노래한다. 앞서 6세기에는 시인 베난티우스 포르투나투스Venantius Fortunatus가 극적인 해석을 통해 십자가의 의미를 설명한 두 개의 라틴어 시를 남겼는데 이는 훗날 중세 사순절 음악과 시의 표준이 되었다.[25] 그중 하나는 589년 비잔티움 제국 황제 유스티누스 2세Justin II가 프랑크족의 라드공드Rhadegund 왕비에게 예수의 십자가 조각 하나를 보낼 때 썼다. 시는 조각의 도착을 맞이하는 행렬이 부르는 찬미가 역할을 했다.

왕의 깃발이 나아가고,

십자가는 신비한 빛을 반짝이네.

또 다른 시는 승리자 그리스도를 더 분명하게 노래한다.

---

23   Origen, *Commentary on Matthew* 27:32.

24   Karl Young, *The Drama of the Medieval Church* (Oxford: Clarendon Press, 1933)

25   Frederic James Edward Raby (ed), *The Oxford Book of Medieval Latin Verse* (Oxford: Oxford University Press, 1959), 74~76.

입술아, 영광스러운 싸움을 노래하라.

쟁투가 끝났음을 노래하라.

이제 승리의 징표, 십자가 위로

승전가를 크게 외치라.

그리스도, 세상의 구원자가

희생 제물로 이날 이기셨음을 전하라

이와 유사하게 십자가 상징을 적용한 고대 문학 장르로 형태시形
態詩,carmen figuratum가 있다. 형태시는 시를 쓰기 전에 특정 모양을 정해
두고 이에 따라 시행의 길이를 다양하게 해 배치함으로써 시와 그림
을 결합한 것이다. 십자가 모양은 형태시로 쓰기에 적절한 소재였다.
이러한 시 중 가장 널리 알려진 시는 9세기 학자이자 저술가 라바누
스 마우루스Rabanus Maurus가 쓴 「거룩한 십자가 찬미」De laudibus sanctae crucis
다. 이 시가 '찬미'하는 대상은 '거룩한 십자가'로 대표되는 승리자 그
리스도다.[26] 이 시의 연은 대부분 한 행의 글자 수가 그 연에 속한 행
의 수와 동일하여 정사각형 '격자' 형태를 이루며, 이러한 기법을 기
반으로 팔 부분의 길이가 같은 십자가 모양이 본문에 겹쳐 보이게 된
다. 또한 사복음서를 가리키는 전통적인 상징(마태오는 인간, 마르코는
사자, 루가는 소, 요한은 독수리(묵시 4:6~10))이 십자가 형상을 이루도록

---

26 약간의 선입견이 있긴 하나 다음의 저작이 유용하다. *Geschichte der lateinischen
Literatur des Mittelalters* (München: C.H.Becksche Verlags-buchhandlung, 1911~1931),
1:295~296.

《거룩한 십자가 찬미》(9세기), 라바누스 마우루스, 빈 국립도서관.

정교하게 배치해 놓았다.*

　앞서 언급했듯 십자가는 하느님의 능력을 가리키는 상징인 동시에 하느님의 지혜를 가리키는 상징이기도 했다. 바울의 말을 빌리면

---

　* "옥좌 한가운데와 그 둘레에는 앞뒤에 눈이 가득 박힌 생물이 네 마리 도사리고 있었습니다. 첫째 생물은 사자와 같았고 둘째 생물은 송아지와 같았으며 셋째 생물은 얼굴이 사람의 얼굴과 같았고 넷째 생물은 날아다니는 독수리와 같았습니다. 그 네 생물은 각각 날개를 여섯 개씩 가졌고, 그 몸에는 앞뒤에 눈이 가득 박혀 있었습니다. 그리고 그들은 밤낮 쉬지 않고 '거룩하시다. 거룩하시다. 거룩하시다. 전능하신 주 하느님 전에 계셨고 지금도 계시고 장차 오실 분이시로다!' 하고 외치고 있었습니다." (묵시 4:6~8)

이 지혜는 어떠한 잘난 인간의 지혜보다도 높은 "하느님의 어리석음"
이다(1고린 1:25). 이러한 맥락에서 테르툴리아누스는 말했다.

세상의 지혜가 하느님께는 어리석음이듯, 하느님의 지혜는 세상이
보기에는 어리석음입니다.[27]

십자가를 지혜로 여기며 칭송하려는 노력 가운데 중세 그리스도교
저술가들과 예술가들은 십자가의 '어리석음'에 초점을 맞추었다. 이
는 앞서 인용했던 (테르툴리아누스가 한 말로 오해받는) "나는 불합리하기
때문에 믿는다"라는 말에 감춰진 참된 의미였으며 아우구스티누스가
다소 격하게 표현한 역설적인 문구에 담긴 참된 뜻이었다.

그리스도의 불구가 여러분을 빚어냅니다. 그분이 기꺼이 불구가 되
지 않으셨다면 여러분은 여러분이 잃어버린 모습을 되찾지 못했을
것입니다. 그렇기에 그분은 십자가에 달려 불구가 되신 것입니다.
그분의 불구함이 우리를 온전케 합니다. 그러니 불구되신 그리스도
를 굳게 붙듭시다.[28]

콘스탄티누스가 십자가를 처형 도구로 계속 사용하지 못하도록
법을 제정했다는 사실을 보면 알 수 있듯 그리스도교인들이 십자가

---

27 Tertullian, *Against Marcion* 2.2.
28 Augustine, *Sermons* 44.6.6.

를 "왕의 기치"로 여겨 칭송할 때조차 그들은 십자가가 무엇보다 고문 도구이자 처형대였음을, 신약성서가 말하듯(1고린 1:23) 걸림돌이자 비위를 거스르는 것임을 잊지 않았음이 분명하다.[29] 다른 무엇보다 그들이 경외감을 가지면서도 곤혹스러워했던 것은 예수가 십자가에서 하느님에게 버림받았다고 울부짖었던 시편의 말("나의 하느님, 나의 하느님, 어찌하여 나를 버리셨습니까?")이었다. 당시 그리스도교인들은 이 말을 불가사의한 말로 여겼으며,[30] 지혜의 시작은 바로 이 불가사의를 받아들이는 것, "하느님 아버지와 동일본질인 분"이 십자가에서 자신의 아버지에게 버림받았음을 믿는 것이라고 생각했다.

그들은 십자가를 지혜의 상징으로 말할 때 고난의 한복판에서도 인내하고 자비를 베풀었던 예수를 그 본보기로 인용하곤 했다.

여러분은 바로 그렇게 살아가라고 부르심을 받은 사람들입니다. 그리스도께서도 여러분을 위해서 고난을 받으심으로써 당신의 발자취를 따르라고 본보기를 남겨주셨습니다. 그리스도는 죄를 지으신 일이 없고 그 말씀에도 아무런 거짓이 없었습니다. 그분은 모욕을 당하시면서도 모욕으로 갚지 않으셨으며 고통을 당하시면서도 위협하지 않으시고 정의대로 심판하시는 분에게 모든 것을 다 맡기셨습니다. (1베드 2:21~23)

---

29 Sozomen, *Ecclesiastical History* 1.8.

30 마태 27:46, 마르 15:34, 시편 22:1, Jaroslav Pelikan, *Christian Tradition* 1:245~246.

중세에 가장 널리 읽힌 책 중에는 그레고리우스 1세가 6세기 말 쓴
『도덕론』Moralia이 있다. 이 방대한 욥기 주석은 히브리 성서에 나오는
"이방 성인" 욥이 당한 고난을 상세히 다루는데 이는 예수의 수난을
좀 더 잘 이해하게끔 하기 위해서였다. 마찬가지 맥락에서 8세기 한
저술가는 그리스도인을 "언제나 그리스도를 닮고 본받으려 하는 이"
라고 정의했다.[31] 또한 9세기 클뤼니의 오도Odo of Cluny가 쓴 실낙원과
복낙원에 관한 일곱 권의 서사시에서 세상을 교만으로부터 구하기
위해 온 그리스도는 "나는 마음이 온유하고 겸손하니 내 멍에를 메고
나에게 배워라"(마태 11:29)라고 말씀하시며 "극도의 겸손함으로 행한
모든 일을 통해 이를 가르치신다".[32]

이처럼 초기, 그리고 중세 그리스도교는 그리스도를 닮는 것이 참
된 지혜의 바탕임을 끊임없이 강조했지만 그것이 지혜의 전부는 아
니었다. 그리스도는 단순히 본받아야 할 한 사람의 성인이 아니었으
며 그가 십자가에서 이룬 것은 단순히 지혜의 본을 보여준 것 그 이
상이었다. 십자가의 의미를 숙고하면서 그리스도교인들은 하느님이
인간에게 어떻게 다가오시는지를 헤아려보게 되었다. 그들은 십자가
의 형태 그 자체가 인간에게 다가오시는 하느님의 방식을 어떻게 이
해해야 하는지 상징적으로 보여준다고 생각했다. 그들에게 십자가의
가로와 세로는 우주의 높이와 넓이를 상징했으며 그리스도의 머리가
놓인 십자가의 교차점은 십자가에 달린 그리스도를 통해 모든 것이

---

31 Priminius, *Scarapsus* 13.

32 Odo of Cluny, *Occupatio* 5.559~562, 마태 11:29 참조.

하나가 되어 궁극적인 조화를 이루게 됨을 가리켰다.[33] 한편 십자가는 그 자체로 이 세상에 악의 세력이 있다는 분명한 증거였다. 그레고리우스 1세는 고통을 호소하던 자신의 벗을 위로하며 예수가 게쎄마니 동산에서 자신을 잡으러 온 이들에게 한 말을 상기시켰다.[34]

> 지금은 너희의 때요, 어둠의 권세가 판을 치는 때다. (루가 22:53)

그러나 십자가는 인간의 계획이 어떻게 훼방하든 하느님의 뜻과 길이 끝내 승리를 거둠을 보여주는 가장 확실한 증거이기도 했다. 요셉이 이집트에 찾아온 그의 형들에게 말했듯 십자가에 달린 하느님의 지혜는 온 세상을 향해 말한다.

> 너희들은 나를 해치려고 했지만, 나는 이를 선하게 바꾸어서 오늘과 같이 수많은 사람의 생명을 구원했다.[35]*

참된 지혜 곧 십자가의 지혜는 악의 세력이 존재한다는 어두운 현실과 하느님이 이를 이기신다는 희망에 찬 사실을 모두 감싸 안는다. 이 지혜는 피상적 낙관주의처럼 악의 현실과 힘을 무시하지 않으며,

---

33 John of Damascus, *The Orthodox Faith* 4.11.

34 Gregory the Great, *Epistles* 6.2.

35 Cassian, *Conferences* 3.1

*   "형님들은 나를 해치려고 하였지만, 하느님은 오히려 그것을 선하게 바꾸셔서, 오늘과 같이 수많은 사람의 생명을 구원하셨습니다." (창세 50:20)

숙명론적 이원론처럼 악의 현실과 힘이 한 분 하느님의 통치를 부인하도록 내버려 두지도 않는다.[36] 그리스도교 철학자 보에티우스Boethius는 하느님의 섭리를 운명과 연관 지어 정의하며 (성서나 그리스도에 대한 어떠한 언급도 없이) "만물을 관장하는 지고의 통치자 안에 있는 하느님의 예표"라고 말한 바 있다. 그러나 이와 달리 그리스도교 철학자이자 신학자인 토마스 아퀴나스Thomas Aquinas는 이 하느님의 섭리를 하느님께서 당신이 이 세상에서 하시는 활동을 확증하는 것으로 보았다. 그리고 이 확증의 궁극적인 토대는 하느님께서 값없이 주시는 사랑이다.[37]

그리하여 십자가의 지혜는 인간의 도덕성뿐 아니라 하느님의 사랑도 드러낸다. 피에르 아벨라르Peter Abelard는 「십자가」라는 교훈적인 글에서 그리스도가 삶과 죽음을 통해 한 일을 설명한다. 여기서 그는 그리스도를 통해 드러난 하느님의 사랑이 "우리의 고통 때문에 그리스도께서 겪으시는 수난에 참여하며 우리 자신이 져야 할 십자가를 짊어짐으로써 그를 따르는 우리의 능력" 너머에 있음을 강조했다.[38] 그러므로 그리스도가 우리의 본보기가 되었을 뿐이라는 주장, 인간이 자신의 힘으로 그리스도를 닮을 수 있다는 가르침을 전했다는 주장은 잘못되었다고 말했다. 그가 보기에 십자가의 지혜에 담긴 근본

---

36 Augustine, *Against Two Letters of the Pelagians* 3.9.25.

37 Boethius, *The Consolation of Philosophy* 4.6. 『철학의 위안』(바오로딸) Thomas Aquinas, *Summa Theologica* I.q.23.a.4. 『신학대전』(바오로딸)

38 Abelard, *Sermons* 12.

적인 의미는 요한 복음서에서 예수가 한 말에 담겨 있다.

사람이 자기 친구를 위하여 자기 목숨을 내놓는 것보다
더 큰 사랑은 없다. (요한 15:13)

이러한 사랑의 바탕과 근원은 오직 하느님이다. 이 사랑이 하느님에
게서 십자가를 통해 인류에게 왔다.

그리스도를 믿음으로써, 그리스도를 안에 계시는 하느님이 우리의
본성을 당신과 하나 되게 하시고 인간으로서 고통당하셔서 당신께
서 말씀하신 지고의 사랑을 우리에게 드러내셨다는 것을 확신함으
로써 우리 안에서 사랑은 자라납니다.

예수, 그리고 그가 진 십자가를 통해 참된 사랑이 드러났다. 그러므
로 십자가의 목적은 죄인에게 변화를 일으키는 것, 거룩한 사랑이 자
아내는 따뜻한 빛으로 얼어붙은 심장을 녹이는 것이다. 아벨라르가
비판했던 십자가에 관한 경건해 보이는 말들이 암시하듯 그리스도는
하느님의 마음을 바꾸기 위해 십자가에서 죽은 것이 아니다(하느님의
모든 것이 그러하듯 그분의 마음은 변하지 않는다). 그는 "우리를 향한 하느
님의 사랑을 드러내 보이고 우리 때문에 아들조차 아끼지 않으신 그
분을 얼마나 사랑해야 하는지를 우리가 깨닫게" 하려고 십자가에서

죽음을 맞이했다.[39] 참된 사랑은 자기를 희생하는 사랑이며, 하느님은 당신의 아들이 십자가에서 죽음을 맞이하는 것을 감수하심으로써 이를 유일무이하게 입증하셨다. 이로써 사랑의 진정한 본성과 하느님 사랑의 깊이가 드러났으며 인간은 사랑할 수 있게, 자기를 희생하며 사랑할 수 있게 되었다.

아벨라르를 비판하는 이들은 십자가의 지혜에 관한 그의 말들이 틀렸다기보다는 불충분하다고 말했다. 물론 십자가에 달린 그리스도는 인내의 본보기이며 이에 대해서는 누구도 이의를 제기하지 않을 것이다. 또한 그리스도의 십자가가 하느님의 사랑을, 그리고 (하느님의 사랑이든 인간의 사랑이든) 사랑의 정확한 정의를 보여준 지고의 계시임을 부정하는 이는 없을 것이다. 문제는 이러한 말이 십자가의 지혜를 온전히 표현하고 있느냐는 것이었다. 비판자들은 십자가를 더 숙고하면 그 의미에 대해 달리 생각하고, 달리 말할 수 있으리라고 기대했다. 이러한 논의가 진행되는 가운데 결정적인 표현이 등장했다. 캔터베리의 안셀무스Anselm of Canterbury가 『왜 하느님은 인간이 되셨는가』Cur deus homo를 내놓은 것이다. 아우구스티누스부터 종교개혁 시기에 이르기까지 그리스도교 신앙의 교리에 관한 그 어떤 저술보다 더 분명하게, 안셀무스의 이 작은 책은 로마 가톨릭뿐 아니라 대다수 프로테스탄트가 공유하고 있는 전망을 예리하게 그렸다. 물론 그들 중 상당수는 십자가의 지혜에 대한 그들의 견해가 안셀무스에게서 왔음

---

39   Abelard, *Commentary on Romans* 2, 로마 8:32 참조.

을 알지 못한 채 성서에서 곧바로 끌어낸 것이라 여길 것이다. 이는 어떤 면에서 안셀무스의 이야기에 대한 최상의 찬사라 할 수 있다.[40]

『왜 하느님은 인간이 되셨는가』는 지금까지 언급한 것들과는 다른 방식으로 '십자가의 지혜'라는 주제를 다룬 저작이다. 이 저작에서 안셀무스는 "마치 그리스도가 존재하지 않는 것처럼"remoto Christo, 이성reason만을 가지고 논의를 전개한다. 그의 생각에 깔려 있는 전제는 하느님과 우주가 한결같으며 하느님께서는 이를 독단적으로 어기지 않으신다는 것이다. 하느님이 그렇게 행동하신다면 우주의 도덕적 질서가 무너지기 때문이다.[41] 안셀무스는 이 도덕적 질서를 "올바름"rectitudo이라고 불렀다. 올바름이란 각자가 받아 마땅한 영예를 주는 것이다. 인류는 이러한 올바름에 참여하도록 창조되었음에도 불구하고 하느님께 돌려 마땅한 영예를 드리기를 거부했으며 타락해 죄에 빠지고 말았다. 하느님은 이를 못 본 체하실 수도 없었고 명령으로 강제하실 수도 없었다. 이는 '올바름'에 어긋나는 것이기 때문이다. 하느님은 인류가 올바르게 되기를 바라신다. 하느님의 정의가 이를 요구하기 때문이다. 안셀무스는 이를 하느님께서 "스스로를 진지하게 여기신다"고 표현했다. 그러나 인간의 지혜와 하느님의 계시는 모두 하느님이 정의의 하느님이기만 한 것이 아니라 자비의 하느님이기도 하심을 분명히 밝혔다.

---

40   Jaroslav Pelikan, *Christian Tradition* 3:106~157, 4:23~25, 156~157, 161~163.

41   Gerald Phelan, *The Wisdom of Saint Anselm* (Latrobe, Pa.: Saint Vincent's Archabbey, 1960), 30~31.

나는, 악인이 죽는 것을 기뻐하지 않고, 오히려 악인이

그의 길에서 돌이켜 떠나 사는 것을 기뻐한다. (에제 33:11)

안셀무스에 따르면 이러한 하느님의 딜레마를 해소한 것이 바로 십자가의 지혜. 올바름을 위배하는 것이 죽음에 이를만한 일이라는 하느님의 정의는 죽음보다도 생명을 바라시는 하느님의 자비와 충돌한다. 죄를 범한 존재인 인간은 영원히 멸망하는 길 외에는 그 죗값을 치를 수 없다. 또한 용서하기를 원하시는 하느님은 우주의 도덕적 질서를 무너뜨리지 않고는 용서하실 수 없다. 이러한 딜레마를 해결할 수 있는 것은, 하느님의 자비를 이행하고 하느님의 정의가 요구하는 바를 이행satisfy할 수 있는 것은 (인간이 됨으로써) 값을 치를 수 있되 (하느님이 됨으로써) 무한한 대가를 치를 수 있는 존재뿐이다. 게다가 그렇게 대가를 치르는 활동은 자발적으로 이루어져야 하며 자기 때문에 빚진 자는 그 대가를 치를 수 없다. 그런 이의 경우에는 자기 이외의 사람들에게는 효력이 없기 때문이다. 그러므로 하느님은 인간이 되셔야 했으며 이에 그치지 않고 십자가에서 죽어야만 했다. 그렇게 해야 하느님의 자비를 온전히 성취하면서도 하느님의 정의를 이행해 '올바름'을 지켜낼 수 있기 때문이다. 십자가에서 맞이한 죽음으로 인해 하느님은 '올바름' 안에서 인간을 용서하실 수 있다.

승리자 그리스도라는 은유를 다룰 때도 그랬듯 여기서 관심을 기울여야 할 부분은 안셀무스의 대속 이론doctrine of satisfaction이 신학적으로 타당한가 그렇지 않은가가 아니다. 여기서 관심하는 바는 그의 논의

가 예수가 '십자가에 달린 그리스도'라는 이해의 문화적 의의와 어떠한 관계를 맺고 있는지를 살피는 것이다. 승리자 그리스도라는 은유가 문학과 예술에 극적인 영감을 주었다면, 십자가에 달린 그리스도라는 은유에는 중세 서방 세계의 구조와 관습에서 이어져 내려온 주제가 담겨 있다. 안셀무스가 십자가에서 예수가 이룬 것을 묘사한 '대속'이라는 말은 본래 고해라는 관습과 교회법에서 유래했다. 즉 죄인은 자신이 지은 죄를 진심으로 뉘우치고 그 죄를 고백하여 사함을 받아야 하며, 이에 그치지 않고 그가 지은 죄가 일으킨 손실을 갚아야 한다. 이는 온 인류가 우주적 차원에서 지은 죄도 마찬가지다. 그러한 면에서 그리스도가 십자가에서 맞이한 죽음은 이에 대한 배상과 보상의 행위라 할 수 있다. 인간의 배상하는 행위human acts of satisfaction는 이와 연관이 있다. 그뿐만 아니라 교회의 대속 이론은 세속법과도 관련이 있다. 이를테면 고대 게르만족의 '속죄금'wergild 제도에 따르면 어떤 사람이 죄를 저질렀을 때 이에 대한 보상은 피해자가 입은 손해에 부합하게 이루어져야 한다. 이러한 논리로 볼 때 하느님이 손해를 입으셨다면 이에 대해서는 하느님이자 동시에 인간인 이가 치른 보상금만이 적합하다. "마치 그리스도가 존재하지 않는 것처럼"이라는 상황을 가정함으로써 안셀무스는 '십자가의 지혜가 온 인류가 처한 상황에 부합하는 것이라고, 하느님의 계시를 통해서 받아들일 수 있는 만큼이나 인간의 이성으로 받아들일 수 있다고 이야기할 수 있었다. 그는 말했다.

그래서 우리가 그리스도께로, 우리가 하느님이자 사람이시며 우리를 위하여 죽으셨다고 고백하는 그분께로 나아간 것이다.[42]

이렇게 서방과 동방을 막론하고 십자가라는 징표는 (문자적으로나 은유적으로나) 중세 문화의 모든 영역을 가득 채웠다. 예루살렘의 키릴로스가 한 말("이후 온 세상은 십자가의 조각들로 가득 차게 되었습니다")이 역사적으로 얼마나 신빙성이 있는지와는 무관하게 이 말은 현실이 되었다. 그리고 또 한 사람, 키릴로스보다 먼저 태어나 그와 동시대를 살았던 알렉산드리아의 아타나시우스가 남긴 (키릴로스의 말보다 한결 부드러운 듯하나 실제로는 훨씬 더 장엄한) 말도 마찬가지로 현실이 되었다. 22세가 되었을 때 처음으로 쓴 책의 첫 번째 단락에서 그는 말했다.

그리스도가 짊어진 십자가의 능력이 온 세상을 가득 채웠습니다.[43]

---

42 Anselm, *Why God Became Man* 2.15. 『인간이 되신 하나님』(한들출판사)

43 Athanasius, *Against the Heathen* 1.

09

세상을 다스리는 수도사

> 그들은 모든 것을 버려두고 그의 뒤를 따랐다. (루가 5:11)
> 나를 따라오려고 하는 사람은, 자기를 부인하고,
> 자기 십자가를 지고, 나를 따라오너라. (마르 8:34)

 복음서에 있는 예수의 이 말은 본래 자신을 따르는 제자
가 되기 위해서는 자기를 연단하고 부인해야 한다는 말
이었다.[1] 하지만 이 말은 6세기에 이르러 서구 그리스도
교 수도원 운동의 헌장이 되었다. 그리고 수도사들은 그리스도를 위
하여 세상을 부인하고 나아가 세상을 다스린 수도사인 그리스도의
이름으로 세상을 정복했다.

---

1 2세기의 사례를 살피려면 Irenaeus, *Against Heresies* 4.5.4를 보라.

복음서의 저 말은 완벽한 수도사로서의 예수상을 만들어냈다. 예수 본인이 자신의 말을 온전히 삶으로 실현했기에 그는 이를 다른 사람에게 요구할 수 있었다. 그는 아주 특별한 의미에서 자기를 부인하고 자기 십자가를 졌다. 그의 대적자들도 그의 친구들도 자기를 부인하고 세상을 거부하는 그의 길을 막지 못했다. 그를 유혹하던 자가 (마치 제 것인 양) "세상의 모든 나라와 그 영광"을 주겠다고 했을 때 예수는 이를 분연히 거부했다(마태 4:8~20). 또 자신이 행하는 기적을 본 군중이 "와서 억지로" 그를 "모셔다가 왕으로 삼으려고" 했을 때 그는 지체하지 않고 산으로 물러났다(요한 6:15). 사도들의 대표가 십자가를 지지 말라며 만류하자 예수는 복음서에서 가장 혹독한 말("사탄아, 물러가라!")로 그를 꾸짖었다(마태 16:23). 예수보다 세례자 요한이 더 금욕적인 삶을 살았다며 이를 대조하는 구절도 있기는 하나(루가 7:31~35), 네 편의 복음서가 그린 예수의 모습은 수도 생활의 근본적인 원리에 부합했다. 그는 세상을 거부함으로써 세상을 정복했으며 자신의 영원한 나라를 세웠다. 그는 자신을 따르는 이들 또한 세상을 거부하고 자기 십자가를 지고 그를 따름으로써 자신의 나라를 나누어 가지라고 요청했다.

수도원 운동은 바로 이 그리스도를 닮으려는 움직임에서 시작되었다. 그러나 수도원 운동이 정착할 무렵 수도사들은 그리스도를 자신들과 닮은 모습으로 그렸다. '수도사 그리스도'는 중세 수많은 수도원 문서들과 제대 장식의 주제가 되었고 이러한 전통은 오늘날까지도 각색되어 많은 작품에 나타난다. 이를 잘 보여주는 20세기 작품으

《팍스 크리스티》, 미네소타주 칼리지빌의 세례자 성 요한 수도회에서 만든 조각상, 야로슬라프 펠리칸 소장.

로 《팍스 크리스티》Pax Christi, '그리스도의 평화'라는 뜻을 지닌 조각상
이 있다. 이 조각상에서 그리스도는 헐겁게 늘어지고 고깔 달린 옷(오
늘날 베네딕도회 수도사들이 입는 수도복과 유사하다. 본래 베네딕도회에는 특
별한 의복이 없었지만 말이다)을 입고 있으며 끈으로 된 가죽 신발을 신
고 있다.[2] 또한 크고 짙은 눈썹에 덥수룩한 수염을 하고 있지만 그 외
에는 단정하게 다듬어져 있다. 왼손에는 복음서를 들고 있는데 한가
운데는 십자가가, 그 주위로는 복음서 저자들을 상징하는 네 개의 원
이 새겨져 있다. 그리고 오른손으로는 평화, 혹은 축복을 선언하고
있다. 이러한 조각상의 형태는 그 자체로 그리스도가 우리를 향해 세
상을 거부하고 십자가를 지고 자신을 따르라고 부르고 있음을, 이 부
름에 복종할 때 우리는 그리스도의 평화를 누릴 수 있음을 분명히 한
다. 사회를 등지고 수도원에 들어가지 않은, 혹은 그럴 수 없는 이들
에게도 이 부름은 도전이자 약속으로 남아 있다.

어떠한 면에서 그리스도교 수도원 운동은 그리스도교보다도 오래
되었다. 그리스도교가 자란 토양인 유대교와 이교에 이미 은둔 수도
자들과 수도 공동체가 있었기 때문이다.[3] 세 가지 수도 운동(이교, 유
대교, 그리스도교)은 모두 이집트 사막에서 시작되었다. 이곳에는 테라
페우테Therapeutae라는 유대교 수도 공동체가 살고 있었다(알렉산드리아
의 유대교 신학자이자 예수와 동시대 인물인 필론Philo은 「관조하는 삶에 관하여」

---

2 Benedict of Nursia, *Rule* 55. 『수도규칙』(분도출판사)

3 Mervin Monroe Deems, 'The Sources of Christian Asceticism', *Environmental Factors in Christian History* (Chicago: University of Chicago Press, 1939), 149~166.

On the Contemplative Life라는 글에서 이들에 관해 설명한 바 있다).[4] 테라페우테는 초기 그리스도교 수도 공동체들과 너무도 유사했기에, 4세기 그리스도교 역사가 에우세비우스는 필론이 1세기 그리스도교 공동체에 관해 설명하고 있다고 생각해 이를 근거로 삼아 그리스도교 수도원 운동이 사도 시대까지 거슬러 올라갈 만큼 오래되었다고 주장하기도 했다.[5] 100년 전까지만 해도 역사학자들은 이러한 유사성에 의혹을 품고 필론의 글을 3세기 그리스도교인들이 만든 위작으로 보았으며 당시 대다수 학자는 이들의 견해를 정설로 받아들였다.[6] 그러나 오늘날 「관조하는 삶에 관하여」가 진본이며 필론이 그 저자라는 사실은 누구도 의심하지 않는다. 또한 사해 사본에서 발견된 유대교 수도 운동에 관한 내용 또한 이를 뒷받침하는 증거가 된다. 결과적으로 오늘날 이 글은 그리스도교 금욕주의에 앞서 이를 고무한 흐름이 있음을 알려준다.

이집트에서 일어난 그리스도교 금욕주의를 가장 분명하게 보여주는 예는 성 안토니우스다. 3세기 중반에서 4세기 중반까지 살았던 이 인물이 커다란 영향력을 미칠 수 있었던 것은 그의 친구이자 알렉산드리아 주교였던 아타나시우스가 그가 죽은 후 『안토니우스의 생애』를 썼기 때문이다. 그는 이 전기를 그리스어로 썼지만 서방 세계 독

---

4   Frederick Cornwallis Conybeare, *Philo: About the Contemplative Life, or the Fourth Book of the Treatise concerning Virtues* (Oxford: Clarendon Press, 1895)를 참조하라.

5   Eusebius, *Ecclesiastical History* 2.17.

6   Hugh Jackson Lawlor and John Ernest Leonard Oulton (eds.), *The Ecclesiastical History* (London: SPCK, 1954), 2:67.

자들도 염두에 두었기에 그리스어본이 나온 지 얼마 되지 않아 라틴어로 번역되었다.[7] 그리고 그 서방 세계의 독자 중 대표적인 인물이 바로 아우구스티누스다.[8] 이 책에서 영감을 얻은 그는 직접 수도 공동체를 설립했으며 이 공동체를 위해 『성 아우구스티누스 수도규칙』 Rule of St. Augustine의 토대가 되는 편지를 쓰기도 했다(규칙서 자체는 아우구스티누스가 아니라 그의 문하생 중 한 사람이 썼다).[9] 그러나 서방 금욕주의에 가장 커다란 영향력을 미친, 또한 서구 문명에 커다란 영향력을 미친 문헌은 이로부터 100년 후 쓰인 『성 베네딕도 수도규칙』 Rule of St. Benedict이다. 이 수도규칙은 수도원 운동이 근본적으로 예수라는 인물과 그의 생애를 이해하기 위한 한 가지 방법이며 그를 세상을 다스린 수도사로 이해할 수 있음을 생생하게 증언한다. 수도규칙이 가르치는 것은 "그리스도를 따르기 위해 자기 자신을 버리고", "복음을 안내서 삼아 그리스도의 길을 걸어 나가며" 끈기 있게 수도 생활을 계속하여 "인내하며 그리스도의 수난에 동참하고 장차 그분의 나라에서 그분과 하나가 될 자격을 얻는" 방법이다. 그리고 규칙에 나오는 모든 가르침은 이 한 줄로 요약된다.

아무것도 그리스도께 대한 사랑보다 더 낮게 여기지 말라Nihil amori

---

7 Gérard Garitte, *Un témoin important du texte de la Vie de saint Antoine par saint Athanase* (Brussels: Palais des Academies, 1939), 이 책 86 참조

8 Augustine, *Confessions* 8.6.15.

9 John Compton Dickinson, *The Origins of the Austin Canons and Their Introduction into England* (London: SPCK, 1950), 255~272.

Christi praeponere.[10]

이 "그리스도께 대한 사랑"이야말로 그리스도교 수도원 운동이 일어난 근본 동기였으며 다른 수도원 운동과 그리스도교 수도원 운동을 구분하게 해준다. 서방 금욕주의를 연구한 한 역사학자는 썼다.

그리스도교 수도원 운동의 핵심에는 고독solitude을 향한 열망이 자리 잡고 있다. 그러나 동시에 이 운동의 핵심에는 고독을 향한 열망만큼이나 낯선 사람을 환대해야 한다는, 그를 그리스도처럼 대해야 한다는, 그리고 그가 실제로 그리스도일지도 모른다는 원리가 흐르고 있다.[11]

이러한 맥락에서 베네딕도는 복음서(마태 25:35)를 인용하여 자신의 규칙서에 명시해 두었다.

찾아오는 모든 손님을 그리스도처럼 맞아들일 것이다.[12]

베네딕도에게 수도사로 사는 삶이란 곧 그리스도의 삶에 참여하

---

10 Benedict of Nursia, *Rule* 4, 서문.

11 Owen Chadwick, *The Making of the Benedictine Ideal* (Washington, D.C.: Saint Anselm's Abbey, 1981), 22.

12 Benedict of Nursia, *Rule* 53.

는 것이다. 수도 서원monastic vows을 할 때 특별한 덕목으로 간주되는 세 가지(청빈, 정결, 순명)는 모두 그리스도를 모범이자 이상으로 그린다. 중세 내내 수도사 전기들을 보면 너무나 자주 등장하는 한 이야기가 있다.

> 안토니우스는 … 주님의 집에 들어갔다. 바로 그때 복음이 낭독되고 있었고 안토니우스는 부자 청년에게 하시는 주님의 말씀을 들었다. "네가 완전한 사람이 되려거든 가서 너의 재산을 다 팔아 가난한 사람들에게 나누어주어라. 그러면 하늘에서 보화를 얻게 될 것이다. 그러니 내가 시키는 대로 하고 나서 나를 따라오너라." (마태 19:21) 안토니우스는 … 마치 그 구절이 바로 자기를 위하여 읽힌 듯이 즉시 주님의 집을 나가서 부모에게 상속받은 재산을 마을 사람들에게 나누어 주었다.[13]

같은 맥락에서 수도사들은 안토니우스가 정결함을 지키는 데 성공한 일을 두고 "악마에 맞선 싸움"에서 "구세주께서 안토니우스를 통해 이루신 첫 번째 승리"라고 해석했다.[14] 또한 베네딕도 규칙의 기본 요소인 아빠스에 대한 순명이라는 덕목은 아빠스가 "그리스도의 이름으로 부름을 받아 수도원에서 그분의 자리를 대신하도록 정해진" 것이라는 점, 또한 그리스도가 자기 뜻대로 하지 않고 그분을 보

---

13   마태 19:21, Athanasius, *The Life of Antony* 2.
14   Athanasius, *The Life of Antony* 7.

내신 하느님의 뜻대로 했듯이 아빠스 또한 "주의 계명 이외에는 아무 것도 가르치거나 정하거나 명"하지 않는다는 점을 근거로 만들어졌다.[15] 그러므로 예수의 이름을 직접 언급하지 않더라도 수도사가 따라야 할 삶의 방식은 '복음의 삶'vita evangelica, 즉 복음이 규정한 삶의 방식, 그리스도가 처음으로 했으며 자신을 따르는 이들에게 그렇게 살라고 명한 삶의 방식이었다. 수도사가 하는 모든 일은 이 복음의 삶을 실제로 살아내는 데 목적이 있다.

사도 바울이 분명히 이야기하듯(1고린 7:1~7) 그리스도교에는 처음부터 금욕주의적인 성향이 있었지만, (안토니우스 같은 수도사들의 생애를 보면 알 수 있듯) 교회가 로마 제국, 그리고 세상과 평화 조약을 맺은 시기에 수도원 운동으로 대표되는 금욕주의가 번성했다는 것은 결코 우연이 아니다. 평화를 얻기 위해 교회는 커다란 대가를 치러야 했다. 그 대가란 교회가 전하는 메시지를 진지하게 받아들일 수 없던, 혹은 받아들이지 않은 이들, 이교도가 될 수도 있지만 너무 많은 희생을 요구하지 않는다면 그리스도교인이 되지 않을 이유도 딱히 없던 이들을 교인으로 받아들이게 되었다는 것이다. 다수의 군중은 명목상 이교도가 되기보다는 그리스도교인이 되는 것이 더 낫다고 판단했으나 그리스도의 편에서 "싸우는 사람"athletes(아타나시우스가 안토니우스를 설명하기 위해 쓴 말)이 될 생각은 없었다. 이러한 상황에서 수도사들은 그리스도가 악마, 세상, 육신을 상대로 한 싸움에 참여해 이

---

15 요한 6:38, Benedict of Nursia, *Rule* 2, 5.

길 수 있도록 철저하게 훈련받았다.[16] 한 학자는 말했다.

싸우는 사람들인 수도사들은 세상으로부터 도피했을 뿐만 아니라
세상 교회로부터도 도피했다.[17]

콘스탄티누스의 그리스도교 공인으로 인해 교회는 세속화되었고 복
음서가 가르친 제자도의 기준은 낮아졌다. 이러한 현상은 어느 정도
는 불가피하게 발생한 부산물이었다. 그러한 면에서 4세기와 5세기
수도원 운동은 예수의 참된 가르침을 따르기 위해 현실에 저항한 운
동이라고 할 수 있다.

수도원 운동이 정착함에 따라 교회는 예수의 윤리적 요구를 두 부
류로 나누고 교회 생활과 교회의 가르침에 이중 잣대를 두게 되었다.
하나는 "반드시 지켜야 하는 것"을 뜻하는, 모든 사람의 의무라 할
수 있는 "계율"commandments이고, 다른 하나는 "각자의 선택에 맡겨진",
"완전함을 위한 권면"counsels of perfection이었으며 후자는 결국 "싸우는 사
람"인 수도사들에게만 의무가 되었다.[18] 복음서에서 예수는 말했다.

네가 완전한 사람이 되려고 하면, 가서 네 소유를 팔아서, 가난한 사

---

16 Athanasius, *The Life of Antony* 12.

17 Adolf von Harnack, 'Das Mönchtum. Seine Ideale und seine Geschichte', *Reden und Aufsätze* 1:101.

18 이러한 구분은 Thomas Aquinas, *Summa Theologica* II-1.q.108.a.4에 잘 요약되어 있다.

람에게 주어라. (마태 19:21)

같은 장에서 그는 이런 말을 하기도 했다.

하늘나라 때문에 스스로 고자가 된 사람도 있다. (마태 19:12)

이러한 말들은 구원을 위해 반드시 모든 이가 지켜야 하는 계율이 아니라 완전함을 위한 권면으로 분류되었다. 이에 대한 근거로 교회는 예수가 명시적으로 하늘나라 때문에 결혼을 포기하는 행위에 관한 이야기 끝에 단서를 덧붙였다는 점("이 말을 받아들일 만한 사람은 받아들여라")을 들었다. 중세 교회는 결혼을 하느님의 은총을 받는 거룩한 징표로 여겨 성사로 규정했지만 독신 생활과 수도 서원을 성사라고 하지는 않았다. (비잔티움과 달리) 서방 교회의 경우 신품 성사 혹은 사제 서품을 일곱 성사에 포함했지만 말이다. 사실 복음서를 보면 산상 설교처럼 듣는 이들에게 "완전"할 것을 요구하는 구절도 있다(마태 5:48). 하지만 이 '완전'은 시간이 흐를수록 그리스도교 신자가 사회에서 날마다 하는 일이나 가정생활을 통해 이루어야 할 것이 아니라 수도사나 수녀의 삶을 택해 이루어야 할 것으로 여겨졌다. 전문적으로 '종교적'religious인 삶을 받아들인 이들에게만 적용된 것이다.

이처럼 수도원 운동은 세속화된 교회에 저항함으로써 교회와 평화 조약을 맺은 세상, 그리고 세속 교회를 정복해나갔다. 수도원 운동이 비잔티움 교회를 정복했음을 보여주는 가장 분명한 예는 주교의 자격 조건으로 독신이 포함되었다는 점이다. 325년 니케아 공의회를 포함해 모든 공의회에서 동방 교회를 대표하는 이들은 독신을 모든 사제의 자격 조건으로 삼으려는 서방 교회의 조직적인 활동을 시종일관 반대했다. 이미 서품받은 남성은 결혼할 수 없지만 결혼한 남성이 서품받는 것은 가능하다고 동방 교회는 주장했다.[19] 4세기에 이르기까지는 동방 교회에서도 일부 주교는 결혼을 했으며 주교직을 맡은 후에도 결혼 생활을 유지했다. 이를테면 '대 신학자'로 불리며 훗날 콘스탄티노플 총대주교가 된 나지안주스의 그레고리우스는 나지안주스에서 주교를 지낸 아버지 그레고리우스의 아들이었는데 아들을 낳았을 때 그는 이미 사제였다.[20] 그러나 4세기 들어 동방 교회는 사제는 결혼 생활을 유지할 수 있지만 주교는 독신이어야 한다는 법안을 성문화했다. 이 법안이 포함된 유스티니아누스 법전 중 민법을 보면 한 가정의 아버지는 주교로 선출될 수 없으며 결혼했지만 자식이 없는 이의 경우 주교로 선출될 수 있으나 아내와 별거해야 한다는 조건이 달려 있다.[21] 692년 트룰로 회의라고 불리는 동방 교회 공의회에서는 결혼한 남성이 주교로 선출되었을 경우 아내는 수녀원에 들어가야 한다고 정했다.[22]

사제는 결혼을 허용하나 주교의 경우에는 독신을 요구하는 규정

---

19 Socrates Scholasticus, *Ecclesiastical History* 1. 11.

20 Gregory of Nazianzus, *Orations* 12.

21 *Corpus Juris Civilis: Codex Justinianus* 1.3.47, *Novellae* 6.1, 123.1.

22 Trullan Synod, canon 48.

으로 인해 동방 교회에서는 사실상 주교직을 수도사들이 독점하게 되었다. 이를 두고 15세기 한 그리스 대주교는 말했다.

수도사는 이러한 특권과 지위를 갖고 있으며 실질적으로 온 교회가 수도사의 지배 아래 있다고 해도 무방하다. 상세히 조사해보면 세속 출신으로 고위 성직에 오른 이는 거의 없음을 알 수 있다(물론 세속 출신 성직자가 일부 있기는 하지만 말이다). 그 자리는 수도사들에게 할당되었기 때문이다. 누군가 거룩한 직책(주교나 총대주교)을 맡도록 지명되었다면 그는 그 이전에 이미 수사복을 입으라는 규정을 따르고 있음을 알 수 있을 것이다.[23]

그 결과 8세기 이후에는 결혼하지 않았거나 아내와 사별한 성직자가 주교직을 맡게 되면 서품을 받기 전에 먼저 수도 서원을 해야 했다. 평신도가 주교로 선출되었을 때(858년 학자 출신인 포티우스Photius가 콘스탄티노플 총대주교로 선출된 사건은 악명 높다) "수도사들은 만장일치로 새로운 총대주교에 대한 충성을 거부했다".[24] 포티우스가 선출되기 100년 전 성상을 두고 논쟁이 일어나는 동안 비잔티움의 수도사들은 성상을 옹호하며 황제나 총대주교 같은 높은 자리에 있는 이들을 포함한 성상반대론자들에게 맞서 대중을 선동했다. 그러한 면에서 총대

---

23 Symeon of Thessalonica, *On the Priesthood.*

24 Francis Dvornik, *The Photian Schism. History and Legend* (Cambridge: Cambridge University Press, 1948), 63~64. 물론 그가 평신도였기 때문에 이런 일이 벌어진 것만은 아니다.

주교나 주교를 선출할 때 그가 수도사이거나 수도사가 되어야 한다는 규칙이 성상 논쟁 이후에 생겼다는 점은 주목할 만하다. 교회 속에 있던 세상으로부터 도피한 이들이 세상 속에 있는 교회를 지배하게 된 것이다.

동방 정교회에서 수도사가 차지하는 위치는 문학 분야에서 동방 정교회를 계승했다고 할 수 있는 19세기 문호 도스토예프스키와 톨스토이의 작품에서도 분명하게 엿볼 수 있다. 『카라마조프가의 형제들』의 조시마 장로는 비잔티움과 러시아 수도사의 이상적인 모습을 구현한 인물이자 변호자라 할 수 있다. 소설은 이 영적 스승이 가르침을 전하는 장면에서 절정에 이른다.

제가 고독하게 기도를 갈망하는 유순한 사람들로 인해 어쩌면 러시아 대지가 다시 한번 구원을 받을 수 있을지 모른다고 말하면 몹시 놀랄 것입니다. 진실로 그들은 "그날, 그 한 시간, 그 한 달, 그 일 년"을 위해 정적 속에서 준비하고 있기 때문입니다. 고대 사목자들, 사도들, 순교자들로부터 전해지는 그리스도의 형상은 장엄하고 조금도 왜곡되지 않은 채 하느님의 순수한 진리대로 보존되어 있으며, 필요한 때 진실이 동요를 일으키는 세상에 모습을 드러내야만 합니다. 이 사상은 위대한 것입니다. 동방에서 그 별은 다시 빛날 것입니다.[25]

---

25 Fyodor Dostoevsky, *The Brothers Karamazov*, bk. 6, 'The Russian Monk' chap. 3, 'Conversations and Exhortations of Father Zossima'.

톨스토이는 도스토예프스키보다 훨씬 철저하게 러시아 정교회를 거부했지만 비평가들은 그를 향해 "진정한 그리스 정교회 수도사"라고 평가했다.[26] 『카라마조프가의 형제들』에서 조시마 이야기를 책의 핵심으로 보았던 T. G. 마사리크T.G.Masaryk[*]는 도스토예프스키와 톨스토이가 서로 신념과 이념이 철저하게 달랐음에도 불구하고 같은 "교회 환경" 아래서 "수도사의 금욕적 이상"을 받아들였다는 점에서는 유사한 관점을 지녔다고 말했다.[27]

중세 서방 라틴 세계에서 수도원 운동은 지속해서 발전했다. '수도사 예수'는 끊임없이 교회를 개혁했다. 자신의 이상을 현실화하기 위한 수도원 운동은 교회와 교황 제도를 혁신했으며 더 나아가 사회를 구하고 정화했다. 누르시아의 베네딕도(529년경 몬테 카시노 수도원을 세웠다)에서 마르틴 루터(1505년 에어푸르트에 있는 아우구스티누스회 수도원에 들어갔다)까지 거의 1,000년 동안 수도원 운동이 이룬 지적이고 제도적인 발전은 유럽과 세계 역사에서 이루 말할 수 없을 정도로 커다

---

26 Adolf von Harnack, 'Das Mönchtum. Seine Ideale und seine Geschichte', 111.

27 Thomas Garrigue Masaryk, *The Spirit of Russia* (London: George Allen and Unwin, 1967~1968), 3:15, 204.

* T.G.마사리크(1850~1937)는 체코슬로바키아의 정치가이자 철학자, 언론인이다. 슬로바키아계의 가난한 집안에서 태어나 빈 대학교에서 철학을 공부했으며 빈 대학교, 프라하 체코 대학교를 거쳐 1897년 카렐 대학교 교수로 부임했다. 이후 1900년 체코민중당(1905년부터는 체코진보당)을 창설, 체코와 슬로바키아 연대 운동을 이끌며 두 민족 간 통합을 향한 초석을 놓았으며 체코슬로바키아 공화국 최초의 대통령이 되었다. '체코슬라바키아 건국의 아버지'로 불리며 진보적인 프로테스탄트 지식인의 관점에서 몇몇 저작들을 펴냈다.

란 중요성을 갖는다.[28] 그리고 이러한 개혁에 생기를 불어넣은 것은 수도사 그리스도라는 최초의 모범, 그리고 이 모범을 따르려는 수도사들이었다. 이러한 개혁의 흐름에서 어떻게 보면 좋지 않은 경향이 발견되기도 한다. 쇠락과 침체에 저항하고 이를 바로잡기 위해 새로운 운영 체계와 규율을 세워서 분위기를 새롭게 하면 어느 정도 성공을 거두었으나 100~200년이 지나고 나면 또다시 쇠락과 침체가 일어났다. 카롤링거 왕조 때 아니아네의 베네딕도Benedict of Aniane*가 일으킨 개혁, 대략 100년 뒤 클뤼니의 오도와 클뤼니 수도회가 일으킨 개혁 운동, 그로부터 100년 뒤 시토회에서 시작된 수도원 개혁(시토회의 메시지는 성 베르나르의 인상적인 삶과 그리스도 중심 사상을 통해 전 유럽에 퍼져나갔다), 그리고 12~13세기 교회의 회복에 헌신한 탁발수도회, 프로테스탄트 종교개혁에 대한 반응으로, 그리고 17세기 스페인에서 일어난 그리스도교 신비주의의 영향으로 태어난 예수회가 그 예다. 그

---

28 Richard W. Southern, *Western Society and the Church in the Middle Ages* (Harmondsworth: Penguin Books, 1970), 214~358('The Religious Orders'와 'Fringe Orders and Anti-Orders'). 『중세 교회사』(CH북스)

* 아니아네의 베네딕도는 제2의 (누르시아의) 베네딕도라 불린 베네딕도회 수도사다. 서고트족 귀족 가문 출신으로 페피누스 3세의 궁정 학교에서 교육을 받았고 이탈리아에 주둔했던 샤를마뉴 군대에서 복무하다가 죽을 뻔했던 경험을 하고 774년경 수도 생활을 통해 하느님의 종으로 봉사하기로 결심하고 상셸 수도원에 입회했다. 동방 수도 생활을 동경하던 그는 780년경 아니아네로 이주해 동방 수도 생활을 실천하는 수도원을 설립했다가, 782년 생각을 바꿔 베네딕도 수도규칙을 따르는 수도원을 다시 설립했다. 그는 여러 수도규칙서를 베네딕도 수도규칙서와 대조하며 비교 연구하며 각 수도원이 같은 수도규칙서를 임의로 해석해서 실천하는 것이 당시 수도원들의 문제라 생각했다. 이에 베네딕도는 코르넬리뮌스터 수도원을 설립하고 개혁의 중심지로 삼은 뒤 당시 사용되던 25개의 수도규칙서를 모은 『수도규칙서 전집』Codex Regularum과 그 규칙들을 베네딕도 수도규칙서와 병행하며 주석한 『규칙서들의 대조』Concordia Regularum를 저술했다. 그리고 모든 수도사가 같은 수도규칙서를 따를 것을 제안했다.

러나 우리는 여기서 매번 개혁이 필요했을 뿐만 아니라 개혁이 또다시 가능했다는 점에 주목할 필요가 있다. 위기에 빠질 때마다 사람들은 수도사 예수로 대표되는 이상에서 당대 상황을 변혁하는 능력을 얻었고 이를 퍼뜨렸다. 예수는 언제든 다시금 돌아와 "성전 뜰에서 팔고 사고 하는 사람들을 다 내쫓"(마태 21:12)았다. 그것이 한때뿐이라 해도 말이다.

중세 수도회를 중심으로 일어난 이러한 개혁 운동을 통해 수도원의 교회 지배는 더욱 공고해졌다. 물론 4세기 초엽부터 스페인에서는 사제들의 독신 서약을 요구했으며 4세기 말에 이르러서는 교황과 공의회가 독신 서약을 보편적인 규정으로 만들었다. 그러나 이 규정을 엄격하고 일관되게 집행한 시기는 수백 년이 지나 수도회가 서방 교회의 조직 구조에서 지배적인 위치를 차지하고부터다. 독신 서약을 법제화해 진행한 것은 11세기 개혁가이자 수도사(일부 학자는 그가 엄밀한 의미에서 수도사는 아니었다고 말하기도 한다) 일데브란도Hildebrand of Sovana의 업적과 관련이 있다(그는 25년간 교황권의 막후 실력자였다가 1073년 마침내 스스로 교황이 되어 그레고리우스 7세라는 이름을 얻었다).[29] 그는 클뤼니 수도회의 영향 아래 훈련을 받으며 베네딕도 수도원 전통을 물들인 부패를 근절하는 데 전념했다. 클뤼니 수도회는 그가 교회를 개혁하기 위한 계획을 세우는 데 영감을 주었다. 그는 교회와 교황이 그리스도의 뜻을 따르기 위해서는 수도원을 본래 이상에 맞게 회복

---

29 Walter Ullmann, *The Growth of Papal Government in the Middle Ages: A Study in the Ideological Relation of Clerical to Lay Power* (London: Methuen, 1962), 262~309.

시켜야 하며 이러한 이상을 전체 교회에 적용해야 한다고 확신했다. 그리고 이 개혁의 첫 번째 발걸음이 사제의 독신을 엄격히 강제하는 것이었다(교황 요한 바오로 2세John Paul II는 사제의 독신을 예수 그리스도를 본받는 것이라고 정의하며 이렇게 말한 바 있다. "사제는 다른 사람이 홀로되지 않게 하려고 홀로 사는 사람이다").[30] 11세기 사회적, 정치적 상황에서 사제의 독신을 강제하는 것은 사제와 주교가 세속 권력으로부터 경제적 독립권을 확보하고 더 나아가 세속 권력을 교회와 교황권에 종속시키기 위한 시도이기도 했다. 그러나 그레고리우스 7세의 편지를 보면 그가 사제직과 주교직에 대한 행정상의 개혁에서 그 너머를 보았음이 분명하다. 그에게 이와 같은 개혁의 목적은 그리스도를 향한 교회의 헌신을 영적으로 새롭게 하는 것 그 이상도 그 이하도 아니었다.

이러한 새로운 헌신과 결속은 결과적으로 그리스도를 위해 세상을 다시 정복하기 위한 수단이 되었다. 마태오 복음서를 보면 그리스도교 수도원 운동의 대강령이라 할 수 있는, 자기를 부인하고 자기 십자가를 지고 자기를 따르라는 예수의 말이 등장하기 전 교황제의 강령이 되는 말, 베드로를 향한 예수의 말이 등장한다.

너는 베드로Petros다. 나는 이 반석petra 위에다가 내 교회를 세우겠다. 죽음의 문들이 그것을 이기지 못할 것이다. 내가 너에게 하늘나라의 열쇠를 주겠다. 네가 무엇이든지 땅에서 매면 하늘에서도 매일 것이

---

30   *Be Not Afraid! Andre Frossard in Conversation with Pope John Paul II* (New York: Saint Martin's Press, 1984), 150.

요, 땅에서 풀면 하늘에서도 풀릴 것이다. (마태 16:18~19)

이 말을 인용해 그레고리우스 7세는 그리스도가 (교회를 통해) 세상을, 그리고 제국을 다시 정복하기로 결정했다고 말한다.

> 자, 그럼 내게 말해 보십시오. 왕들은 이 결정에서 예외입니까? 왕
> 들은 하느님의 아드님께서 베드로에게 맡기신 양의 무리에 속하지
> 않습니까? 내가 묻습니다. 주 예수의 멍에를 지기를 꺼리는 이, 스
> 스로 악마의 무거운 짐을 지고 종노릇 하는 이, 그리스도의 양 무리
> 에 속하기를 거부하는 이가 아니고서야 어느 누가 금하고 허하는 보
> 편적인 권능을 받은 베드로의 권위에서 벗어난다고 생각할 수 있겠
> 습니까?[31]

1077년 카노사에서 신성 로마 제국 황제 하인리히 4세와 맞붙은 유명한 사건에서(전투에서 승리한 이는 황제였지만 전쟁에서 승리한 이는 교황이었다), 황제는 그레고리우스 7세를 향해 "교황이 아니라 가짜 수도사에 불과한 일데브란도"라고 말했지만 그레고리우스 7세는 그런 황제를 사면함으로써 자신에게 죄를 묶고 푸는 그리스도의 권위가 있음을 재확인했다. 그렇게 수도사 일데브란도는 수도사 예수의 이름으로 교회와 교황권을 정복했을 뿐 아니라 제국과 세상을 정복했다.

---

31 Gregory VII to Bishop Hermann of Metz, 15 March 1081, *Das Register Gregors VII* (Berlin: Weidmann, 1920~1923), 2:544.

이러한 흐름 중 가장 주목할 만한 사건은 아마도 반세기 후인 1145년 시토회 아빠스가 교황 에우게니우스 3세Eugene III로 선출된 사건일 것이다. 그는 그리스도를 영혼의 신랑이라 부르며 그리스도 사랑의 신비에 몰두하고 헌신했던 클레르보의 베르나르Bernard of Clairvaux의 제자였다. 그리스도 안에서 만난 '아들'에게(이제는 그리스도 안에서 '아버지'가 된 이에게) 베르나르는 중세 수도원 역사와 교황 역사를 통틀어 가장 감동적인 글이라 할 수 있는 「숙고에 관하여」On Consideration를 써 보낸다.[32] 관조하는 삶contemplative life과 행동하는 삶active life을 구별하는 수도원 전통에 의지해 그는 옛 제자에게 교황이 해야 할 행정적인 일들과 잡무로 인해 교회에 가장 중요한 것, 곧 예수 그리스도를 놓쳐서는 안 된다고 당부한다. 그리고 교황은 콘스탄티누스의 계승자가 아니라 베드로의 계승자가 되어야 한다고 조언한다. 베르나르가 보기에 관조와 공부라는 수도원 전통의 이상은 교회의 치리와 무관하지 않으며 오히려 그 일의 핵심이었다. 이후 15세기와 16세기 거의 모든 교회 개혁가는 베르나르의 이 글을 인용했다. 그 글은 그리스도를 위하여 세상을 버리는 수도원 운동의 이상이 그리스도를 위해 세상을 정복하는 활동과 어떠한 관계를 맺고 있는지를 사람들에게 보여주었다.[33]

수도원 운동이 그리스도를 위하여 행한 정복 활동 중 가장 오래

---

32 Elizabeth T. Kennan, 'The 'De Consideratione' of St. Bernard of Clairvaux in the Mid-Twelfth Century: A Review of Scholarship', *Traditio* 23 (1967), 73~115.

33 Jaroslav Pelikan, *Christian Tradition* 3:300, 4:71.

유지된 활동은 선교였다. 야만인이었던 게르만족, 슬라브족, 유럽으로 온 유라시아 혼혈 종족들을 그리스도교화한 것은 온전히 수도사들의 업적이라고 해도 무방하다. 이와 관련해 로리 J. 달리Lowrie J. Daly[*]는 말했다.

> 야만족이 그리스도교로 개종한 역사에서 가장 주목할 만한 점은 이것이 대부분 수도사들의 선교로 이루어졌다는 점이다. 비잔티움에서 보낸 선교단이든, 로마에서 보낸 선교단이든, 켈트족이 사는 아일랜드에서 왔든, 개종한 지 얼마 되지 않은 잉글랜드에서 왔든 대부분 선교사들은 수도사였다. 게르만과 슬라브 민족의 마음을 사로잡아 이들을 그리스도교인으로, 이후 문명사회로 이끈 위대한 성과는 유럽 전역에 있던 수백 명의 수도사가 보여준 끝없는 자기희생과 헌신으로 빚어진 것이었다.[34]

프로테스탄트 학자들도 "수도사들이 아니었다면" 예수 그리스도의 이름이 유럽이나 아메리카 대륙에서 거의 알려지지 않았으리라는 데 의견을 같이 한다.[35] 9세기 "슬라브인의 사도" 성 키릴로스Cyril와 메토

---

34 Lowrie J. Daly, *Benedictine Monasticism. Its Formation and Development through the 12th Century* (New York: Sheed and Ward, 1965), 135~136.

35 Kenneth Scott Latourette, *A History of the Expansion of Christianity* (New York: Harper and Brothers, 1938~1945), 2:17, 3:26.

* 로리 J. 달리(1914~2000)는 로마 가톨릭 사제이자 예수회 수사이다. 세인트루이스 대학교를 거쳐 토론토 대학교에서 중세 연구로 박사학위를 받았으며 세인트루이스 대학교에서 오랜 기간 중세사 역사 교수로 활동했다. 지은 책으로

디우스Methodius는 비잔티움 출신 수도사였다. 그리고 교황 요한 바오로 2세는 이들을 성 베네딕도와 더불어 "유럽의 공동 수호성인"으로 지명함으로써 서방에서든 동방에서든 선교와 그리스도교의 확장에 수도사들이 남긴 공헌을 다시 한번 인정했다. 달리 생각하면 16세기 프로테스탄트 종교개혁가들이 수도원들을 철폐하고 난 뒤 200년 넘게 프로테스탄트에서 선교에 대한 책무를 전혀(설사 전혀는 아니라 하더라도 거의) 수행하지 않았다는 점은 의미심장하다.[36]

물론 누르시아의 베네딕도가 몬테 카시노 수도원을 세웠을 때 자신을 따르는 수도사들이 선교사의 역할을 감당해야 한다고 말한 흔적은 없다. 마찬가지로『수도규칙』에는 베네딕도회 수도원 운동이 이룬 또 하나의 위대한 정복, 즉 수백 년간 유럽의 학문 세계를 지배한 것과 필연적인 관계를 맺고 있는 어떠한 내용도 발견되지 않는다. 하다못해『수도규칙』에서는 매일 일정 시간 성서를 읽어야 한다는 조항도 없다.[37]『베네딕도 수도규칙』에는 "학문이나 문자 연구의 가치에 대해서 호의적이든 비판적이든 그 어떤 평가도" 나오지 않는다.[38] 그러나 중세 수도원 필사실에서 수도사들이 오늘날 권위 있는 판본에 담긴 수많은 고대 저작을 필사하지 않았다면 이 저작들은 결코 우리

『중세 대학교』Medieval University(1961),『존 위클리프의 정치이론』Political Theory of John Wyclif(1962),『베네딕도 수도회의 정신』Benedictine Monasticism(1965) 등이 있다.

36 Jaroslav Pelikan, *Spirit versus Structure* (New York: Harper and Row, 1968), 52~56.

37 Benedict of Nursia, *Rule* 48.

38 Jean Leclercq, *The Love of Learning and the Desire for God: A Study of Monastic Culture* (New York: Mentor Omega Books, 1962), 31.

에게 전해지지 못했을 것이다. 이를 고려한다면 그리스도가 중세 학문 세계도 완벽하게 정복했다는 말은 결코 과장이 아니다. 이는 교부들의 저작과 그리스도교 성인들의 작품뿐만 아니라 고대 그리스-로마 고전과 이교 작가들의 저작들도 마찬가지다. 움베르토 에코Umberto Eco의 『장미의 이름』Il nome della rosa에는 우상 숭배에 가까울 정도로 학문에 열정을 쏟아붓는 수많은 중세 수도사가 등장한다. 책 말미에 수도원에 있는 모든 책이 불타버릴 때 주인공 바스커빌의 윌리엄이 예언하듯 외치는 장면은 이를 잘 보여준다.

> 이곳은 그리스도교 세계에서 가장 큰 도서관이었다. 이제 적그리스도는 실로 가까이에 왔다. 더는 그를 저지할 배움이 없으니 말이다.[39]

그가 보기에 수도원 도서관은 적그리스도를 저지하는 곳이었다. 실제로 당시 도서관은 그리스도의 제자 되기를 추구하는 수도사들이 인간 정신(에티엔느 질송은 이를 "왕이신 그리스도를 섬기는 지성"이라고 불렀다)에 대한 권리를 갖고 있었음을 드러내는 공간이었다.[40]

앞서 언급했듯 수도사들은 헌신적인 선교사이자 학자였지만 "왕이신 그리스도를 섬기는 것"이 다른 무엇보다 그리스도의 신비에 참여하는 예배와 예수가 보인 모범을 좇는 것으로 이루어져야 한다

---

39 Umberto Eco, *The Name of the Rose* (New York: Harcourt Brace Jovanovich, 1983), 491. 『장미의 이름 상,하』(열린책들)

40 *Modern Catholic Thinkers* (New York: Harper and Brothers, 1960), 495~506.

는 것을 잊지 않았다(달리 말하면 이러한 사실이 잊힐 때마다 다시금 이를 상기했다). 베네딕도회에서는 기도와 전례를 가리킬 때만 '오푸스 데 이'Opus Dei(하느님의 일)라는 말을 썼으며 (그것이 개인이 하는 일이든 공동체가 하는 일이든) 다른 활동을 가리킬 때는 쓰지 않았다. 이는 지금도 마찬가지다. 베네딕도는 평신도였으며 사제 서품을 받은 남성들로 이루어진 수도회를 세우지도 않았다. 그러나 시간이 흐를수록 수도사가 사제 서품을 받는 일이 정례화되었으며 선교, 지역 교회 미사 집전, 강의와 같은 '행동하는 삶'이 '관조하는 삶'을 압도할 때가 많았다. 그러나 수도 공동체들의 가장 중요한 '사명'은 언제나 (앞서 언급한 『베네딕도 수도규칙』에 나온) "아무것도 그리스도께 대한 사랑보다 더 낫게 여기지" 않는 것이었다.[41] 베네딕도 수도회가 중세 전례와 전례 예술, 종교 음악의 보존과 갱신에 시종일관 중요한 역할을 맡았던 것은 바로 저 사명을 충실히 수행했기 때문이다. 20세기에도 미국의 성 요한 수도원, 프랑스의 솔렘 수도원, 독일의 보이론 수도원과 마리아 라흐 수도원은 이 같은 사명을 충실히 수행했으며 이는 제2차 바티칸 공의회 이후 세계 모든 로마 가톨릭 교회에 영향을 미쳤다.

지금까지 수도사 예수상이 역사에 어떠한 영향을 미쳤는지를 다루었으나 정작 중세에(아니 전 역사를 통틀어) 그리스도를 위해 세상을 부인하고 그리스도의 복음으로 세상을 정복한다는 이상을 가장 온전히 실현한 한 인물은 다루지 않았다. 그는 바로 아씨시의 프란치스코

---

41 Benedict of Nursia, *Rule* 4, Colman J. Barry, *Worship and Work* (Collegeville, Minn.: Liturgical Press, 1956), 85.

Francis of Assisi다. 언젠가 단테는 그에 관해 노래한 바 있다.

세상에 태양이 떠올랐다nacque al mondo un sole.[42]

이 장에서 프란치스코를 다루지 않은 이유는 다른 한 장 전체를 그에게 (또 다른 그리스도alter Christus로 보는 방식으로) 할애할 것이기 때문이다. 그럼에도 이 장을 마무리하면서 그의 이름을 언급하지 않을 수는 없다. "나를 따라오려고 하는 사람은, 자기를 부인하고, 자기 십자가를 지고, 나를 따라오너라"(마르 8:34)라던 예수의 말을 듣고 프란치스코를 떠올리지 않기란 힘든 일이기 때문이다.

---

42 Dante, *Paradiso* 11.50.

10

영혼의 신랑

임은 나의 것, 나는 임의 것 (아가 2:16)

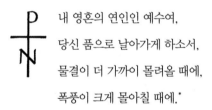

내 영혼의 연인인 예수여,

당신 품으로 날아가게 하소서,

물결이 더 가까이 몰려올 때에,

폭풍이 크게 몰아칠 때에.*

이 유명한 찬송가는 1739년 찰스 웨슬리Charles Wesley가 그의 형 존 웨슬리John Wesley가 회심한 지 얼마 되지 않아 쓴 것이다(당시 존 웨슬리는 마르틴 루터의 「로마서 서문」을 읽고 마음이 "이상하게도 뜨거워졌다"고 한다).

---

* 한국찬송가공회, 『찬송가』(2006) 388장, 대한성공회, 『성가』(2015) 437장 《비바람이 칠 때와》

찬송가 학자 존 줄리언John Julian이 말했듯 이 찬송은 "시간이 흐를수록 더 유명해져서 이제는 실리지 않은 찬송집을 찾기 어려울 정도다".[1] 그런데 줄리언은 덧붙여 말한다.

> 이 찬송가의 시작 부분은 많은 사람의 의구심을 낳았다. 특히 처음 네 행에 대해서는 20개가 넘는 해석이 생겨났다. 논란을 낳은 지점은 우리 주님을 가리켜 "연인"lover이라는 단어를 썼다는 것이다.

그래서 이후 찬송집들에서는 이를 "내 영혼의 피난처인 예수여"나 "내 영혼의 구원자인 예수여"로 바꾼 경우가 많았다. 그보다 몇 년 앞서 헤른후트에 모라비아 교회(웨슬리는 이곳에서 일부 영감을 얻었으며, 이 찬송가 또한 그러할 것이다)를 세운 니콜라우스 폰 친첸도르프Nikolaus von Zinzendorf 백작은 웨슬리가 쓴 찬송가 못지않게 유명한 찬송가《영혼의 신랑, 아 그대는 하느님 어린 양》Seelenbräutigam, O du Gottes Lamm을 썼다.[2]

예수를 "내 영혼의 연인"이나 "영혼의 신랑"으로 부르는 것이 적절하냐는 문제는 심리학적으로나 종교적으로나 신비주의적인 기획이 적절하냐, 그리고 흔히 '그리스도-신비주의'Christ-mysticism라 불리는 신비주의의 아종亞種, subspecies을 어떻게 보아야 하느냐는 문제와 맥락을 같이 한다.[3] 일반적으로 신비주의는 "궁극적 실재와의 일체감을

---

1   John Julian, *A Dictionary of Hymnology* (New York: Dover Publications, 1957), 590~591.

2   John Julian, *A Dictionary of Hymnology*, 1038.

3   이 논의는 데이비드 놀스에게 빚지고 있다. David Knowles, *The English Mystical*

직접 경험하는 것"으로 정의된다.⁴ 이는 보편적인 현상이라고까지는 할 수 없지만 적어도 지구상에 있는 민족 대부분에서, 대다수 종교에서 널리 나타난 현상이다. 어떤 종교들, 특히 힌두교와 힌두교에서 파생된 불교에서는 신비주의가 그 종교 전통을 이해하기 위한 표준적이고도 핵심적인 위치를 차지하고 있다. 해당 종교들의 해석자들이 자신들의 종교를 그러한 식으로 해석했기 때문이다. 따라서 이 종교들의 경우 신비주의와 종교를 구별하는 것 자체에 무리가 따른다. 이와 견주었을 때 어떤 종교, 이를테면 유교와 거기서 유래한 종파들에는 설령 신비주의적인 요소가 있다 하더라도 그 요소가 그다지 큰 비중을 차지하지는 않는다.

그리스도교에서 그리스도-신비주의는 나자렛 예수라는 인물이 신비 체험, 신비적 사유, 신비적인 언어의 대상이 되면서 등장했다. 예수는 이스라엘 예언자들을 계승하는 위치에 있었기에 그가 남긴 말은 보통 신비주의라고 불리는 것들과는 반대된다고 해석되곤 했다. 이스라엘 예언자들과 유대교 신비주의자들을 연구했던 아브라함 요슈아 헤셸Abraham Joshua Heschel*은 이와 관련해 유명한 말을 남겼다.

Tradition (New York: Harper and Brothers, 1961), 1~38.

4 "신비주의"의 정의는 브리태니커 백과사전에 내가 기고한 "신비주의" 항목을 참조했다. 'Mysticism', *Encyclopedia Britannica*, 14th ed.

* 아브라함 요슈아 헤셸(1907~1972)은 미국의 유대교 랍비이자 신학자, 종교철학자다. 폴란드에서 태어나 베를린 대학교에서 박사학위를 받았으며 나치의 유대인 박해를 피해 영국으로 갔다가 1940년 미국으로 망명했다. 이후 히브루 유니온 대학교를 거쳐 1946년 뉴욕 유대 신학교의 교수가 되었으며 세상을 떠날 때까지 그곳에서 유대교와 신비주의를 가르쳤다. 중세 유대 철학, 카발라, 하시디즘 연구 등 유대교의 다양한 흐름을 연구했으며 특히 그의 예언자 연구는 유대교

신비 행위에서 중요한 것은 '일어난 것'이며, 예언자적 행위에서 중
요한 것은 '말해진 것'이다.[5]

그럼에도 이사야서를 여는 환상부터 에제키엘서와 다니엘서에 나오
는 묵시적 황홀경에 이르기까지 히브리 성서 속 예언서들은 신비 체
험, 신비적 사유, 신비적인 언어처럼 보이는 것들로 가득하다. 게다
가 성서가 확립된 이후 유대교에서는 이러한 요소들이 비중 있는 역
할을 할 때가 많았다.[6]

그리스도-신비주의의 발생을 따질 때 유대교에 존재하는 신비주
의 전통을 간과해서는 안 되겠지만, 좀 더 직접적인 관계를 맺고 있
는 역사적인 흐름은 (그레고리 딕스가 말했던) '그리스도교의 탈유대교
화' 과정이다. 그리스도-신비주의라는 섬세하고도 아름다운, 그만큼
위험하고 치명적인 꽃이 자라난 곳은 유대교가 아니라 그리스라는
정원이었다. 예수에 대한 헌신을 표현하는 언어라 할지라도 그리스
도-신비주의가 사용한 용어 대부분은 신플라톤주의에서 유래했다.[7]

를 넘어서 그리스도교권에서도 고전적인 저작으로 읽히고 있다. 그리스도교와
유대교 사이의 대화에 힘을 쓰기도 했으며 시민 인권 운동에 참여하기도 했다.
주요 저서로 『예언자들』The Prophets(삼인), 『안식』The Sabbath(복 있는 사람), 『사람은 혼
자가 아니다』Man is Not Alone(한국기독교연구소) 등이 있다.

5 Abraham Joshua Heschel, *The Prophets* (New York: Harper and Row, 1963), 364. 『예언자들』
   (삼인)

6 Gershom Gerhard Scholem, *Major Trends in Jewish Mysticism* (Jerusalem: Schocken Publishing
   House, 1941)

7 Jean Daniélou, *Platonisme et théologie mystique: Essai sur la doctrine spirituelle de saint Grégoire
   de Nysse* (Paris: Aubier, 1944)

궁극적 실재와 관계를 맺는 과정을 상승anagoge으로 이해하는 것, 그리고 이 신비적 상승을 정화katharsis, 조명ellampsis, 합일henosis이라는 세 단계로 나열하는 고전적인 방법은 주후 5세기 신플라톤주의를 체계화한 위대한 철학자 프로클루스Proclus, 그를 거쳐 플로티누스Plotinus, 그리고 플라톤까지 거슬러 올라간다. 플로티노스와 프로클루스는 그리스도교를 비판하면서도 그리스도교에 많은 것을 빚졌다. 또한 그들과 대립하던 그리스도교 철학자들도 신플라톤주의 요소, 특히 신비적 환상과 같은 요소들을 그들과 상당 부분 공유했다. 그러므로 6세기 그리스도교 요소와 신플라톤주의 요소가 분별없이 뒤섞인 것처럼 보이는, 아레오파고의 디오니시우스Dionysius the Areopagite의 이름으로 쓰인 그리스어 글 뭉치들이 발견된 것은 그리 놀라운 일은 아니다. 사도행전에 따르면 이 디오니시우스(디오니시오, 디오누시오)는 아테네에서 사도 바울의 설교를 듣고 "그의 편에 가담하여 신자가 된" 여성들과 함께 유일하게 이름이 언급된 남성이다.[8] 2세기까지 사람들은 그를 아테네 그리스도교 교회의 초대 주교로 여겼으며 6세기에는 앞서 언급한 그리스도교와 신플라톤주의가 뒤섞인 방대한 논고집이 그의 이름으로 나왔다. 9세기에 사람들은 그가 프랑스의 수호성인이자 3세기 파리의 주교였던 생 드니Saint Denis와 동일 인물이라고 생각했다.[9] 이처럼 다양한 인상을 남기며 사도에 가까운 신임을 받았던 위僞-디오니시우스의 사상은 6세기에는 별다른 이의 없이 받아들여졌으며 15~16세기

---

8   사도 17:34 참조

9   Eusebius, *Ecclesiastical History* 3.4.11, 4.23.3, Hilduin of Saint Denis, *Vita Dionysii*.

가 될 때까지 천 년 동안 권위를 유지했다.

디오니시우스의 이름을 빌린 이 저작들이 표현하고 있는 신비주의에서 예수라는 인물은 어떠한 자리를 차지하고 있는가? 이에 답하기란 쉽지 않다. 비잔티움 사상사 연구로 손꼽히는 학자는 말했다.

> 의심의 여지 없이 디오니시우스는 … 예수 그리스도의 이름을 거론하고 자신의 성육신 신앙을 고백했다. (그러나) 그의 사상 체계는 그의 신앙 고백과는 완전히 별개다. 그에게 예수는 … 모든 거룩함과 모든 신성한 활동의 … 원리이자 본질이었을지언정 마리아의 아들, 나자렛 출신의 사내는 아니었다.[10]

위-디오니시우스의 그리스도교적이면서도 신플라톤주의적인 신비주의에서 예수가 차지하는 위치가 무엇이었든 간에, 이후 그의 작품들의 영향을 받은 그리스도-신비주의의 역사는 신플라톤주의의 요소와 성서의 요소를 복잡하고도 미묘하게 종합하는 방식으로 이어졌다. 이 종합을 대표하는 이는 7세기 고백자 막시무스Maximus Confessor다. 그는 콘스탄티노플에서 활동을 시작했지만 생애 대부분은 유배자로 서방에서 지냈다.[11] 서방 유럽이 성숙기에 도달했을 무렵, 즉 9세기 카롤루스 대제Carolus Magnus 시대 신비 사상과 성상은 위에서 언급한 종

---

10 John Meyendorff, *Christ in Eastern Christian Thought* (Washington, D.C., and Cleveland: Corpus Books, 1969), 81.

11 Jaroslav Pelikan, 'Introduction' to *Maximus Confessor* (New York: Paulist Press, 1985), 1~13 참조.

합을 보여준다. 이와 같은 맥락에서 고백자 막시무스와 위-디오니시우스의 그리스어 저작들이 카롤링거 왕조 시대에 라틴어로 번역되어 서방에 소개되었다는 점은 주목할 만하다. 9세기 신플라톤주의적이면서도 그리스도교적인 문헌이 서방 세계에 소개되면서 디오니시우스와 막시무스의 사상은 중세와 그 이후 그리스도-신비주의에 커다란 영향을 미쳤다.

위-디오니시우스가 그리스도-신비주의의 중요한 원천이라는 점에는 의심의 여지가 없지만, 그리스도-신비주의에 가장 큰 영감을 준 것은 아가(솔로몬의 노래)를 그리스도에 대한 우의寓意, allegory로 해석한 문헌들이다. 유대교, 로마 가톨릭, 프로테스탄트 할 것 없이 오늘날 대다수 학자가 동의하듯 아가는 본래 남녀의 사랑을 찬미하는 시였다. 그러나 이 시는 역사적으로 언제나 우의적인 방식으로 읽혔으며 유대교의 정경이 된 이유 역시 그 우의적인 의미 때문이었다. 주후 90년 히브리 성서 정경을 확립한 얌니아 회의에서 저명한 랍비 아키바Aquiba는 아가서의 정경성을 변론했다.

> 온 세상도 아가서가 이스라엘에게 주어진 날만큼 값지지 않다. 성서 모든 문헌이 거룩하나, 아가서는 그 거룩한 문헌들 가운데서도 가장 거룩한 문헌이기 때문이다.

이러한 해석으로부터 랍비들은 다음과 같은 규칙을 공포했다.

연회장에서 아가서를 소리 내 부르는 자, 그저 그런 노래처럼 대하는 자는 다가올 세상에서 차지할 자리가 없다.[12]

아가서가 유대교 정경의 지위에 오르기 전부터 아가에 대한 우의적 해석이 이루어졌는지는 여전히 논쟁 중이다. 그러나 그리스도교인들이 아가를 해석할 당시 주된 해석 방법은 분명 우의적 해석이었으며 이는 근대까지 계속되었다. 장 르클레르크Jean Leclercq[*]에 따르면 중세 수도원에서는 솔로몬의 아가를 네 편의 복음서보다도 많이 읽고 자주 주해했다. 이 문헌을 두고 대다수 학자는 "주로 하느님과 전체 교회와의 관계를 논하는 방식으로 주해를 하지만 … 수도사들이 주해할 때 주목한 것은 그보다는 하느님과 각 영혼의 관계, 그리스도의 현존, 하느님의 사랑을 통해 이루어지는 영적 합일이었다".[13] 오늘날까지 전해지는, 아가를 다룬 그리스도교 주해 중 가장 이른 시기에 저술된 것은 3세기 오리게네스의 주해이며 4세기에는 니사의 그레고리우스가 뒤를 이었다. 그러나 가장 탁월한 아가 주해는 12세기 클레

---

12 Marvin H. Pope, 'Song of Songs', *A New Translation with Introduction and Commentary* (Garden City, N.Y.: Doubleday, 1977), 18~19.

13 Jean Leclercq, *Love of Learning*, 90~91.

* 장 르클레르크(1911~1993)는 프랑스의 로마 가톨릭 사제이자 베네딕도회 수도사다. 프랑스에서 태어나 1930년 수도 서원을 했으며 1936년 사제 서품을 받았다. 이후 로마 성 안셀무스 대학교와 파리 가톨릭 대학교에서 공부했다. 중세 스콜라 신학과 대조를 이루는 수도 신학 연구에 천착했으며 이와 관련해 커다란 업적을 남겼다. 주요 저서로 『학문에 대한 사랑과 하느님에 대한 갈망』Amour des lettres et le désir de Dieu, 『수도원 운동의 모습, 어제와 오늘』Aspects du monachisme, hier et aujourd'hui 등이 있으며 1948년부터 30년에 걸쳐 완성한 클레르보의 베르나르 비평판을 편집했다.

르보의 베르나르가 쓴, 아가서 1~2장과 3장 앞부분을 다룬 66편의 설교로 이뤄진 주해다.[14] 베르나르의 눈에 아가는 영혼의 신랑인 예수의 이야기였다.

위로부터 영감을 받아 솔로몬은 그리스도와 그의 교회를 찬미하는 노래를 불렀고 거룩한 사랑의 은총과 영원한 결혼이라는 성사를 찬미했다. 그와 동시에 그는 영혼의 거룩함을 향한 가장 깊은 갈망을 표현했다.[15]

그리고 그는 선언한다.

한 인간으로서 나는 그를 다른 인간들을 위한 인간이라 말한다.[16]

이러한 선언에 이어 그는 복음서 속 예수의 삶과 굴욕의 단계들, 곧 "내 주님의 모든 근심과 쓰라린 경험(그의 유아기, 그가 했던 노동, 설교, 기도, 금식, 그가 못 박힌 십자가, 그리고 장례)"을 아가의 구절 "사랑하는 그이는 나에게 가슴에 품은 몰약 향주머니라오"(아가 1:13)에 대한 주해로 보았다.[17] 그에 따르면 몰약은 그의 수난을 가리키며 나리꽃(백

---

14   Etienne Gilson, *The Mystical Theology of Saint Bernard* (London: Sheed and Ward, 1940)

15   Bernard, *Canticles* 1.4.8.

16   Bernard, *Canticles* 22.1.3.

17   Bernard, *Canticles* 43.3.

합)은 "그의 삶을 이루는 모든 사건" 속 영광과 축복을 상징한다.[18] 또한 아가서에서 말하는 "입맞춤"은 "인간 그리스도 예수"다. 예수 그리스도의 인성을 통해 인류는 그의 입맞춤을 받는다.[19]

살아 숨 쉬며 힘이 넘치는 그분의 선포가 우리에게는 그분의 입맞춤이다. 그렇게 그분은 우리에게 기쁨을 주시며 비밀을 드러내신다.[20]

영혼은 영혼의 신랑의 부름에 응답해 그를 따라 사랑이 넘치는 방으로 들어간다. 십자가로 표현된, 영혼을 향한 그의 사랑은 영혼이 그를 사랑할 수 있는 원천이자 목적이 된다.

바로 저 사랑이 그분을 향한 사모하는 마음을 더 감미로이 불러일으키고 그 마음을 더 요구하며, 당신과 우리의 마음을 더 긴밀하게 엮어내고 강렬한 힘으로 우리의 마음을 간직한다.[21]

영혼과 신랑의 이러한 사랑의 교류로 마침내 신부인 영혼이 노래한 합일이 이루어진다.

---

18 Bernard, *Canticles* 70.7.
19 Bernard, *Canticles* 2.2.3.
20 Bernard, *Canticles* 2.1.2.
21 Bernard, *Canticles* 20.2.

임은 나의 것, 나는 임의 것.

임은 나리꽃밭에서 양을 치네. (아가 2:16)

이 구절을 다른 주해서는 이렇게 해석했다.

이리하여 둘은 하나가 된다. 하느님께서 영혼에게 다가오셔서 영혼
은 마침내 하느님과 하나가 된다. 그러므로 그녀는 말한다. "임은
나의 것, 나는 임의 것, 임은 나리꽃밭에서 양을 치네." 곧 나는 그
분의 것, 어두운 세상에 묻힌 우리 인간의 본성을 궁극적 진리의 세
계로 건져 내시는 그분의 것이다.[22]

높은 곳으로의 상승이라는 개념은 보나벤투라Bonaventura가 중세 그
리스도-신비주의의 걸작으로 평가받는 『하느님께 이르는 영혼의 순
례기』Itinerarium mentis in Deum를 쓸 수 있는 바탕이 되었다.[23] 인간의 마음
은 감각 세계, 눈에 보이는 피조물 가운데서 시작한다. 그러나 주위
의 피조물들에 관해 숙고해봄으로써 마음은 두려움과 경외감으로 가
득 차 더 높이 올라가기를 열망하게 된다. 우리는 "마음에 있는 거울"
에 비추어 우리 자신을 보고 이를 통해 점점 더 깊고도 높은 거룩한
경험을 추구한다.[24] 마음이 죄로 인해 가로막혔을 때는 용서와 은총

---

22 Gregory of Nyssa, *Sermons on the Song of Songs* 6.

23 Etienne Gilson, *The Philosophy of St. Bonaventure* (New York: Sheed and Ward, 1938)

24 Bonaventure, *The Soul's Journey into God* 2.13, Ewert Cousins, *Classics of Western*

을 사모한다. 세상에 드리운 밤으로 인해, 곧 우리 스스로 만들어낸 밤, 우리 마음을 에워싼 악이 만들어낸 밤으로 인해 앞이 보이지 않을 때 우리는 영원한 빛을 찾으려 안간힘을 쓴다. 이러한 단계를 거치며 마음은 피조물에서 창조주에게로 나아간다. 이렇게 하기 위해 신비가는 지성의 능력뿐 아니라 그 한계 또한 알아야 하며 의지와 욕망, 사랑이 그보다 탁월함을 인정해야 한다. 보나벤투라에 따르면 신비적 상승(혹은 순례itinerarium)의 각 단계에서 예수의 인성이라는 "사다리"는 결정적인 역할을 한다.[25] 우리는 그의 발에서부터 옆구리에 입은 상처로, 그리고 한때 가시관을 썼으되 이제는 영광의 면류관을 쓴 그의 머리로 올라간다. 아가서의 말을 빌리면 예수는 영혼을 향해 자신에게 와서 자신과 함께 살자고 초대한다. 보나벤투라는 주장했다.

> 형상은 이를테면 새겨진 모습이다. 그런데 본성상 보이지 않는 하느님의 형상이신 하느님의 아들 그리스도 안에서 우리의 정신은 고양되고 … 완성에 이른다.[26]

그리스도-신비주의에서 이야기하는 상승의 세 단계(정화, 조명, 합일)는 그리스도를 영혼의 신랑으로 묘사하는 데 적합했다. 영혼이 그리스도를 연모하기를 희망할 수 있으려면 그 전에 불순함을 씻어내

Spirituality (New York: Paulist Press, 1978), 77. 『하느님께 이르는 영혼의 순례기』(누멘)

25 Bonaventure, Journey 4. 2, Classics of Western Spirituality, 88.

26 Bonaventure, Journey 6. 7, Classics of Western Spirituality, 108~109.

고 자신의 죄를 용서받아야 한다. 또한 자신의 마음을 사로잡고 있는 육욕, 물질, 감각에 대한 관심 또한 정화해야 한다. 모든 인간의 타고난 육욕 때문에, "말씀이신 하느님은 육신이 되셨다". 바꾸어 말하면, 그야말로 "육욕을 지닌 존재"가 되셨다. 오직 그렇게 함으로써만 그는 "육욕의 방식 외에는 사랑할 줄 모르는 인간들의 모든 감정을 그의 거룩한 육신이 이룬 구원하는 사랑으로 이끌고, 그리하여 점점 더 그들을 순전하고 영적인 감정으로 이끌 수 있었기 때문"이다.[27] 예수가 유아기로부터 성년에 이르기까지 성장한 것은, 생의 모든 시기에서 이러한 정화가 이루어지도록 하기 위함이었다.[28] 이렇게 베르나르는 그리스도-신비주의 상승의 첫 번째 단계인 정화를 예수의 삶을 전한 복음서 이야기와 완벽히 결합해 종합을 이루었다.

상승의 두 번째 단계는 조명이며 이 개념을 설명할 때도 정화와 마찬가지로 그리스도-신비주의자들은 예수가 빛이라는 성서의 친숙한 은유를 활용했다. 그 대표적인 예는 노리치의 줄리언Julian이다(데이비드 놀스David Knowles*는 그녀를 두고 "동시대 영국 여성 중, 어쩌면 동시대 모

---

27 Bernard, *Canticles* 20.6.

28 Bernard, *Canticles* 66.10.

* 데이비드 놀스(1896~1974)는 영국의 로마 가톨릭 사제이자 역사학자, 베네딕도회 수도사다. 케임브리지 대학교 크라이스트 칼리지에서 철학과 고전 문학을 공부하고 로마 성 안셀무스 대학교에서 신학을 공부했다. 이후 케임브리지 대학교 피터 하우스에서 중세사를 가르쳤으며 1947년부터는 중세사 교수, 1954년부터는 근대사 명예교수로 활동했다. 1957년부터 1961년까지 왕립 역사학회 회장, 1961년부터 63년까지 교회사 학회 회장을 역임했다. 중세 잉글랜드사 연구에 커다란 업적을 남긴 학자로 평가받는다. 주요 저서로 『잉글랜드의 수도회』The Monastic Order in England, 『중세 사상의 진화』The Evolution of Medieval Thought, 『성인들과 학자들』Saints and Scholars 등이 있다.

든 사람 중에서 가장 정신과 마음이 고결했던" 사람이라고 말했다).[29] 그녀는
말했다.

> 빛은 하느님, 우리의 창조주, 아버지, 우리 주 예수 그리스도 안에
> 있는 성령이다.[30]

그녀가 보기에 예수가 당한 수난과 십자가는 "죄로 인한 어둠"과 영
혼의 "무지"를 극복하는 길이었다.[31] 죄로 인해 생긴 어둠은 아무런
실체를 갖고 있지도, 존재하지도 않는다. 어둠은 실재성을 갖고 있지
않으며 빛의 부재일 따름이다. 악이 선의 부재여서 그 자체로는 존재
하지 못하듯 말이다. 그러나 영혼은 이를 스스로 알지 못하기에 어둠
이 실재하는 것처럼 여기고 그 어둠 속에서 살아간다. 빛인 예수가
와야만, 그의 수난을 통해 빛이 드러나야만, 실재하지 않는 어둠의
권세가 우리 눈에 드러나고 그 힘을 잃는다.[32] 예수의 빛은 자연 세계
의 자연적인 빛 또한 완전히 뒤덮어 그 힘을 잃게 만든다. 이와 관련
해 영국의 신비주의자 로버트 헤릭Robert Herrick은 노래했다.

> 나의 이 두 눈으로 보리라.

---

29 David Knowles, *English Mystical Tradition*, 135.

30 Julian of Norwich, *The Revelations of Divine Love* 83 (New York: Harper and Brothers, 1961)

31 Julian of Norwich, *Revelations* 72.

32 Julian of Norwich, *Revelations* 27.

언제나, 그것들이 어떻게

광대한 영원의 바다에서

사라지는지를.

달이 별들을 뒤흔들지 않는 곳,

그러나 달은,

그리고 밤은

끝없는 낮에 삼켜지리라.[33]

상승의 세 번째 단계, 정화와 조명 다음 단계는 합일이다. 합일과 관련해 그리스도-신비주의자들이 활용한 언어는 요한 복음서의 언어였다. 이 복음서에서 예수는 제자들에게 말한다.

내 안에 머물러 있어라.

그리하면 나도 너희 안에 머물러 있겠다. (요한 15:4)

배반당하던 날 밤 대사제처럼 위엄있게 드린 기도에서 그는 자신의 아버지께 제자들을 위해 간청했다.

아버지께서 내 안에 계시고, 내가 아버지 안에 있는 것과 같이, 그들

---

33 Robert Herrick, 'Eternitie', in *The Oxford Book of English Mystical Verse*, ed. D. H. S. Nicholson and A. H. E. Lee (Oxford: Clarendon Press, 1917), 20~21.

도 하나가 되어서 우리 안에 있게 하여 주십시오. (요한 17:21)

예수의 이러한 말들이 앞서 언급한 아가의 구절, "임은 나의 것, 나는 임의 것"과 결합되면서, 거룩하며 나뉠 수 없는 삼위일체의 신비 안에서 하나가 된 예수와 성부의 영원한 합일은 프로테스탄트 신앙이 "신비적 연합"unio mystica(신랑과 신부, 그리스도와 영혼의 신비적 합일)이라 부른 것의 근거가 되었다.

　이러한 맥락에서, 애써 엄밀하게 파고들지 않더라도 단테의 『신곡』은 그리스도-신비주의의 저 세 단계를 따르는 저작으로 읽힐 수 있다. 물론 「지옥편」Inferno, 「연옥편」Purgatorio, 「천국편」Paradiso이라는 세 편cantiche이 정화, 조명, 합일에 상응한다는 이야기는 아니다(지옥에서는 저 셋 중 그 무엇도 이루어질 수 없다). 그러나 그리스도-신비주의에서 영혼이 일정한 단계를 거쳐 상승하듯 『신곡』에서 시인은 지옥에서 연옥으로, 연옥에서 천국으로 올라간다. 「연옥편」을 한 절 한 절 읽어보면 일곱 대죄'가 참회와 그리스도의 은총을 통해 어떻게 씻어지는지를 상세히 묘사하는데 이는 신비주의자들이 말한 '정화의 길'via purgationis에 대한 임상 분석이라 해도 과언은 아니다. 특히 제17곡은 아우구스티누스를 떠올리게 하는데, 여기서 죄는 사랑(인간의 마음은 이 사랑으로 창조되었으며 이 사랑을 위하여 창조되었다)이 "너무 넘치거나

---

*　일곱 대죄는 칠죄종七罪宗이라고도 불리며 그 자체가 죄이면서 동시에 인간이 자기 자신의 뜻에 따라 범하는 모든 죄의 근원이 되는 것을 일곱 가지로 분류한 것을 일컫는 그리스도교의 용어다. 일반적으로 교만superbia, 탐식gula, 시기invidia, 분노ira, 음욕luxuria, 탐욕avaritia, 나태acedia가 꼽힌다.

모자라서" 생기는 무질서함에서 비롯된 것으로 묘사된다.[34] 그러므로 정화란 하느님의 뜻과 조화를 이루도록 사랑이 질서를 회복하는 것이라 할 수 있다. 또한 「천국편」의 첫머리는 그리스도-신비주의가 도달하려 한 조명의 단계를 분명하게 표현한다.

> 모든 것을 움직이시는 분의 영광은
> 온 우주에 침투하지만 어떤 곳에는
> 많이, 또 다른 곳에는 적게 비춘다.
> 나는 그 빛을 가장 많이 받는 하늘에 있었다.

「천국편」 마지막 곡에서 "홀로 당신 안에 있는 영원한 빛"은 시인의 마음을 사로잡는다. 그는 지성에 의지해야 한다는 요구를 물리친 다음 보나벤투라 같은 신비주의자들이 말한 대로 (그가 하느님의 사랑과 조화를 이루고 합일하게 하는) 의지와 열망에 기댄다.

> 한결같이 돌아가는 바퀴처럼
> 나의 열망과 의욕은 다시 돌고 있었으니,
> 태양과 별들을 움직이는 사랑 덕분이었다.

정화, 조명, 영혼의 신랑 그리스도와의 신비적 합일이라는 주제

---

34 Dante, *Purgatorio* 17.96.

는 문학과 예술에서 성인들의 생애를 그리는 데도 커다란 영향을 미쳤다. 이는 특히 중세부터 가톨릭 종교개혁을 거쳐 바로크 시대에 이르기까지 나온 여성 성인들의 일대기에서 두드러지게 나타난다.[35] '새로운 막달라 마리아'라고 불렸던 13세기 프란치스코회 성인 코르토나의 마르가리타Margaret of Cortona의 일대기는 그중에서도 눈길을 끄는데, 그녀는 결혼하지 않은 채 9년간 함께 살았던 젊은 귀족이 비극적인 죽음을 맞이한 후 그리스도에게로 회심하고 계시와 신비 체험을 한다. 『성인 행전』Acts of the Saints에 수록된 그녀의 공식 전기는 "그녀는 자신을 부르는 예수 그리스도의 감미로운 소리를 들었다"고, 그리고 "그녀의 정신은 고양되어 황홀경의 극치에 이르렀으며 모든 의식을 잃고 움직일 수도 없었다"고 전한다.[36] 이는 1620년경 지오반니 란프랑코Giovanni Lanfranco가 그린 《황홀경에 빠진 코르토나의 성녀 마르가리타》에 생생하게 묘사되어 있다. 이 그림에서 "성녀는 완전한 황홀경에 빠져 어쩔 줄 몰라 천사들에게 떠받쳐진 채, 그들에게 들려 구름 보좌에 앉은 그리스도를" 바라본다.[37] 도상학과 성인 연구에 근거하여 볼 때, 란프랑코가 "헝클어진 채 걸친 옷, 빛과 어둠이 빠르고도 불안정하게 명멸하는 듯한 기법"을 활용해 묘사한 마르가리타의 "격

---

35 일반적인 책에서는 '황홀경'passionate hallucinations이란 말을 무비판적으로 사용함으로써 이 단어의 본래 의미를 훼손하는 경우가 있다. 이를 살피려면 이 책을 참고하라. Henry Osborn Taylor, *The Mediaeval Mind. A History of the Development of Thought and Emotion in the Middle Ages* (London: Macmillan, 1938), 2:458~486.

36 *Acta Sanctorum* (Paris: Victor Palme, 1865), 3:308.

37 Mariella Liverani, 'Margherita da Cortona: Iconographia', *Bibliotheca Sanctorum* (Rome: Istituto Giovanni XXIII della Pontificia Università Lateranense, 1961~1969), 8:772.

《황홀경에 빠진 코르토나의 성녀 마르가리타》(1618~1620), 지오반니 란프랑코, 팔라티나 미술관.

렬한 감정"은 분명 "성적인 경험을 바람직한 방향으로 승화시키는 것" 그 이상을 가리킨다고 해도 무리는 아니다.[38]

---

38 John Rupert Martin, *Baroque* (New York: Harper and Row, 1977), 102~103.

물론 합일을 성적인 경험과 연결해 생각하는 그리스도-신비주의의 경향에 대해 중세 신비주의자들이나 신학자들이 아무런 경계도 하지 않거나 무비판적이지는 않았다. 이들 중 많은 이는 그러한 경향이 지닌 잠재적인 위험 요소들을 억제하려 노력했다. 가장 큰 위험은 두말할 것 없이 아가서에 대한 그리스도교 예술 작품들과 신비주의 주해들이 보였던 성애주의eroticism였다. 분명 아가서는 기본적으로 애정시, 그것도 아주 노골적인 애정시다. 그렇기에 훗날 유대교 사상가들과 그리스도교 사상가들은 이를 우의로 읽어냈지만 그 우의 또한 그들이 극복하려 했던 성애주의로 곧잘 회귀하곤 했다.[39] 11~13세기 무렵 활동했던 그리스도교 음유시인들의 많은 시는, 그 시들을 편집한 이가 말했듯 "여성 숭배"를 중심 주제로 하고 있으며 특히 "마리아 숭배"를 암시한다. 그리고 이 시들에서 "칭송하는 사랑은 아무리 세련되어 보인다 할지라도 사실상 간통과 다를 바 없다".[40] 여기서 복되신 동정녀 마리아를 노래하는 시와 연인에게 보내는 시는 별다른 차이가 없다. 이때 종교적인 구절들은 연인을 향한 시인의 진짜 욕망을 감추는 방편으로, 좀 더 정확히 말하면 이를 감춤으로써 오히려 더 드러내기 위한 수단으로 쓰였다. 유럽 언어 대부분에서 '영혼'이라는 말은 여성 명사(그리스어로는 '프시케'ψυχή, 라틴어와 거기서 파생된 언어에서는 '아니마'anima, 독일어로는 '젤레'Seele, 슬라브어로는 '두샤'Душа)였고

---

39 이에 관한 상세한 해설은 다음을 참조하라. 'Interpretations of the Sublime Song' in Pope, *Song of Songs*, 89~229.

40 Thomas G. Bergin, *Dante* (New York: Orion Press, 1965), 46.

이 때문에 유럽 사람들은 '영혼의 신랑'과 영혼에 관한 은유들을 한 껏 고조된 성적 심상으로 손쉽게 전환하곤 했다. 영혼의 신랑이 십자 가에 달린 예수라 해도 저 관계를 성적 심상들과 연결해 생각하는 것 을 막기란 쉽지 않았다. 노리치의 줄리언은 조심스럽게 "우리는 오 직 두 번째 위격인 그리스도 예수를 통해서만 온전한 관능을 느낀다" 고 선언함으로써 성애주의를 삼위일체 교리라는 맥락에 집어넣으려 했다.[41] 그러나 십자가에 달린 예수를 향한 찬양과 기도 중 어떤 노래 와 기도(이를테면 헤른후트의 모라비아 교회의 찬양과 기도)는 예수의 옆구 리 상처를 숭배와 동경의 대상으로 삼았으며 다분히 성적 함의를 지 니고 있었다. 감정이 감상주의로 빠지기 쉽듯 그리스도의 아가페 사 랑은 그리스도를 향한 에로스$_{erotic}$ 사랑으로 빠지기 쉽다. 그리고 이 둘을 넘나드는 일 또한 마찬가지다. 중세 후기에 사람들은 그리스도-신비주의와 범신론을 넘나들곤 했다.[42] 하느님과의 합일을 향한 열망 은 곧잘 창조주와 피조물의 구별을 지워버리려는 욕망으로 바뀌었 다. 유대교 신비주의는 이 문제를 수도 없이 지적했지만, 그리스도-신비주의자들은 유대교-신비주의자들보다 훨씬 더 은밀하게 이 유혹 에 빠져들었다. 이러한 경향에 대항하기 위해 생긴 정통주의조차 그 중심에 (보나벤투라가 말했듯) 예수라는 인격체 안에 "제일 원리가 최종 원리와 … 영원이 시간에 종속된 인간과 만난다"는 교리가 있기 때문

---

41 Julian of Norwich, *Revelations* 58.

42 Friedrich von Hügel, *The Mystical Element of Religion as Studied in Saint Catherine of Genoa and Her Friends* (London: J. M. Dent and Sons, 1961), 2:309~340.

이다.[43] 이 가르침을 어떤 이들은 예수 그리스도를 통해 창조주와 피조물의 구별이 극복되고, 심지어는 사라졌다는 의미로 받아들였다. 그리고 이러한 맥락에서 그리스도-신비주의의 목적, 그리스도-신비주의가 이루고자 하는 바는 결국 신약성서의 다음과 같은 말로 요약될 수 있다.

> 이제 우리는 하느님의 자녀입니다. 앞으로 우리가 어떻게 될지는 아직 밝혀지지 않았습니다만, 그리스도께서 나타나시면, 우리도 그와 같이 될 것임을 압니다. 그때에 우리가 그를 참모습대로 뵙게 될 것이기 때문입니다. (1요한 3:2)

이 구절을 15세기 많은 그리스도-신비주의자들은 피조물인 우리의 영혼이 비록 지금은 몸이라는 감옥에 속박되어 있으나 영혼이 "홀로 있다가, 홀로 계신 분께" 날아갈 때가 되면 이 상태를 벗어나게 되리라는 약속으로 해석했다. 그리고 이러한 견해를 많은 사람(특히 더 정통주의적인 신비주의자들)은 이들이 은밀하게 하느님에게서 온 모든 것이 하느님께로 다시 흡수되리라는 종말론을 주장한다며 비난했다.[44]

수많은 그리스도-신비주의 흐름에 공통으로 내재하고 있던 것은 개인주의다(중세에도 이미 그러한 경향이 있었고 프로테스탄트 경건주의에 이르러 이는 노골적인 특징이 되었다). 한 비평가는 이러한 모습을 신랄하게

---

43 Bonaventure, *Journey* 6.5.

44 Jaroslav Pelikan, *Christian Tradition* 4:63~68.

비판했다.

신비주의는 자기중심적이지 않은 사랑을 향한 몸부림 가운데 자기
중심적인 경건의 가장 정제된 형태를 보인다. 그렇게 신비주의는 자
기중심적 사랑의 극치가 된다.[45]

앞서 지적했듯 아가서를 신비주의적으로 주해한 학문적 전통은
아가서에 나오는 신랑과 신부의 관계를 그리스도와 교회의 관계에
대한 해설로 읽었다. 어떤 랍비 전통이 이를 하느님과 이스라엘 민족
의 관계에 관한 우의로 보았듯 말이다. 이와 달리 수도원 전통은 아
가서를 그리스도와 개인 영혼의 관계에 대한 우의로 읽곤 했다. "임
은 나의 것, 나는 임의 것"이라는 구절은 타인들을 배제하고(적어도 그
중요성을 약화하고) 나와 예수의, 그리고 예수와 나의 지극히 개인적인
관계를 묘사하는 것으로 이해되었다. 널리 알려진 한 노래는 이러한
개인주의를 노골적으로 드러낸다.

나 홀로 동산에 와 있네,
저 장미꽃 위에 이슬 아직 맺혀 있는 그때에.
내 귀에 흘러드는 그 목소리
내가 들으니,

---

45 Anders Nygren, *Agape and Eros* (Philadelphia: Westminster Press, 1953), 650. 『아가페와 에
로스』(CH 북스)

하느님의 아들 오시었네.

그분이 나와 함께 걷고 담소를 나누며,

나를 그분의 것이라 말씀하시네.

거기 머물러 우리 서로 받은 그 기쁨은

알 사람이 없도다.*

감상주의적인 방식이든, 고결한 방식이든 그리스도-신비주의는 진, 선, 미라는 고전적인 세 덕목 가운데 예수 그리스도를 가장 효과적으로, 혹은 가장 매혹적으로 그리는 방법이 어째서 '미'인지를 보여주는 가장 중요한 사례다. 초월, 그리고 온전한 삶의 실현을 향한 인간 정신의 가장 깊은 갈망에 응답하는 차원에서, 그리스도-신비주의가 제시하는 정화, 조명, "아름다운 구세주"와의 합일이라는 길은 인간의 모든 타고난 감각의 자리를 높이는 데, 그리고 이를 고양시켜 은총의 수단으로 만드는 데 기여했다. 즉 인간이 선천적으로 보유한 것 중 천하고 불경한 것은 아무것도 없음을, 모든 것이 성사적일 수 있음을 그리스도-신비주의는 일깨웠다. 그러나 때때로 이 매혹적인 길은 가시를 품고 있어서 '미'라는 빛에 눈이 먼 나머지, 혹은 정신이 팔린 나머지 진리와 선을 간과하게 만들기도 했다. 그리스도-신비주의는 종종 "역사적인 사건들을 (개인의) 종교 체험으로 해소"했으며, "하느님 아들에 관한 성육신 교리를 버리지는 않았으나 이를 과소평

---

* 한국찬송가공회, 『찬송가』(2006) 442장, 대한성공회, 『성가』(2015) 578장 《저 장미꽃 위에 이슬》

가"하고, "역사적 현실에서는 아무런 정당한 근거도 갖고 있지 않은, 심리적 설명이라는 늪"에 빠지는 등 심각한 위험을 초래하기도 했다.[46] 성서 본문에 대한 엄밀한 문법적 해석으로부터 일탈한 신비주의적 해석은 특히 이러한 위험에 빠지기 쉽다. 그러나 그리스도-신비주의에서 이러한 문제가 불거진 중세 전성기에 바로 그 모든 문제를 근본적으로 뒤엎은 새로운 인물이 출현했다. 그리스도-신비주의 흐름의 정점에 선 그 인물은 나자렛 예수를 하느님이면서도 인간인 존재로 새롭게 이해하게 하는 원천이 되었다.

---

46 Hanson, *Allegory and Event*, 283.

11

참 하느님과 참 인간의 표상

내 멍에를 메고 나한테 배워라. (마태 11:29)

✝ 교양인들에게 "지난 2,000년 역사 속 인물 중 예수 그리스
도의 삶과 가르침을 가장 온전히 체현한 인물이 있다면 누
구인가?"라고 묻는다면 틀림없이 아씨시의 프란치스코가
첫손에 꼽힐 것이다.[1] 교회에 다니지 않는 이들에게 물으면 오히려
더 많은 이가 프란치스코를 꼽을지도 모른다. 그와 동시대를 살았던
이들에게, 그보다 한 세기쯤 후에 살았던 이들에게 같은 질문을 하더
라도 대답은 다르지 않을 것이다. 그만큼 아씨시의 프란치스코는 철
저하게 예수의 삶을 닮고 그의 가르침에 순종하는 삶을 살았다. 이

---

1 이와 관련된 대부분의 본문은 이 책에 담겨 있다. *St. Francis of Assisi: Writings and Early Biographies* (Chicago: Franciscan Herald Press, 1972)

때문에 교황 피우스 11세Pius XI는 그에게 "또 다른 그리스도"(그리스도를 열정적으로 찾아 그리스도와 온전히 하나가 된 이)라는 칭호를 붙였다.[2]

프란치스코 생애 초기, 그가 지오반니 디 베르나르도네Giovanni di Bernardone로 살던 시절을 보면 누구도 역사 속에서 그가 앞에서 이야기한 위상을 차지하게 되리라고 예상하지 못할 것이다. 1181년 혹은 1182년 아씨시의 상인 가문에서 태어난 그는 기사 지위를 얻어 출세하기를 열망했다. 그러나 그는 회심하여 세속 왕의 기사가 아닌 그리스도의 기사, "위대한 왕의 군사軍使"가 되었다.[3] 보통 위대한 이의 회심은 당사자나 그를 따르는 이들이 훗날 설명한 것보다 더 복잡하기 마련이다. 바울과 아우구스티누스가 그랬고 프란치스코 역시 마찬가지였다. 프란치스코의 생애를 다룬 문헌들을 세밀하게 연구해 보면 그의 회심은 빛에 눈이 머는 것과 같은 순간의 체험을 통해서가 아니라 옛 삶의 관습에서 벗어나 자기 자신과 이 세계에서 자신에게 주어진 임무가 무엇인지를 서서히 깨달아가는 점진적인 과정이었음이 분명하다. 또 하나 분명한 점은 이러한 변화의 중심에는 참 하느님이자 참 인간의 표상으로서 역사적 예수라는 인물이 있었다는 것이다. 어느 날 기도하던 중 프란치스코는 십자가에 달린 그리스도의 모습을 보았고, 그 모습은 평생 그를 떠나지 않았다. 그는 이 환상을 통해 그리스도가 수백 년간 수도원의 역사를 거쳐 사람들에게 친숙해진 복

---

2 Pius XI, *Encyclical Rite Expiatis* (30 April 1926)

3 Thomas of Celano, *First Life of Saint Francis* 7.16. 『아씨시 성 프란치스꼬의 생애』(분도출판사)

음서의 말씀으로 자신을 인격적으로 부르고 있다고 생각했다.[4]

누구든지 나를 따라오려거든, 자기를 부인하고, 제 십자가를 지고,
나를 따라서 오너라. (마태 16:24)

프란치스코는 평생에 걸쳐 이 명령에 순종했다. 그의 공식 전기는
기록한다.

그날 이후 프란치스코는 겸손의 깊은 의미를 간직하고서 가난의 정
신과 심오한 동정심을 갖는 태도를 키웠다.[5]

십자가를 지고 그리스도를 따르라는 부름에는 "가서 황폐해진 나의
집을 다시 세워라"라는 구체적인 명령도 포함되어 있었다. 처음에
프란치스코는 이 명령을 글자 그대로 해석해 보수가 필요한 인근 교
회들을 수리했다. 그러나 점차 그는 그리스도가 자신에게 한 명령은
단지 교회 건물을 보수하는 것이 아닌 이 땅에 있는 그리스도의 교
회 자체를 다시 세우는 일임을 깨달았다. 1209년 2월 24일 그는 이
와 같은 사명이 중심이 되는 내용을 계시받는다(프란치스코회에서는 그
의 생애 속 다른 기념일들과 더불어 해마다 이날을 기념한다). 이날 프란치스

---

4 Francis of Assisi, *Rule of 1221* 1. 『아씨시 프란치스코와 클라라의 글』(프란치스코출
판사)

5 Bonaventure, *Major Life of Saint Francis* 1.6. 『보나벤뚜라에 의한 아씨시의 성 프란
치스꼬 대전기』(분도출판사)

코는 예수가 이 세상에 있을 때 열두 제자를 처음으로 파송(이는 마태 28:19~20이 전하는 부활 이후 파송과는 별개의 것이다)하며 했던 말을 자신에게도 하고 있음을 알게 되었다.[6]

> 다니면서 '하늘나라가 가까이 왔다'고 선포하여라. 전대에 금화도 은화도 동전도 넣어 가지고 다니지 말아라. (마태 10:7,9)

이러한 예수의 명령을 엄격하게 지켰음에도, 좀 더 정확히 말하자면 엄격하게 지켰기 때문에 시시각각 프란치스코를 따르는 이들이 모여들기 시작했다. 사람들은 그를 따라 철저히 복음서를 따르는 삶의 방식을 함께하고자 했다. 처음에는 다섯 명, [7]다음에는 열두 명이었지만 1221년이 되자 최소한 3,000명이 넘게 되었다. 아씨시 근교 '포르치운쿨라'Portiuncula라고 불리는 천사들의 성 마리아 성당은 프란치스코가 보수한 교회 중 하나였다. 보나벤투라에 따르면 이곳에서 그는 "하느님으로부터 영감을 받아 작은형제회"를 세웠다(같은 곳에서 1226년 10월 3일 그는 세상을 떠났다).[7]

　베네딕도를 포함해 중세에 수도원을 설립한 다른 이들과 마찬가지로 프란치스코는 자신을 따르는 작은 무리를 위해 수도규칙을 만들었다. 그리고 이 규칙이 만들어진 지 얼마 되지 않아 1209년 혹은 1210년 교황 인노켄티우스 3세Innocent III는 이를 승인했다. 그러나 교

6　Thomas of Celano, *First Life* 9.22.

7　Bonaventure, *Major Life* 2.8.

황이 승인했다는 사실은 어디에도 기록으로 남아 있지 않으며 최초의 수도규칙도 문서 형태로 남아 있지 않다. 따라서 우리는 이 규칙이 구체적으로 어떤 내용을 담고 있는지에 관해 훗날 나온 다양한(때로는 상충하는) 기록들에 의지할 수밖에 없다. 이 기록들에 따르면 프란치스코는 수도규칙에 수도회 조직을 어떻게 세워야 하는지, 지켜야 할 조항은 무엇인지 장황하게 기록하지 않았으며 "거룩한 복음의 말씀을 주로 인용"했다.[8] 그럼에도 수도회가 조직되고 운영될 수 있었던 것은 프란치스코라는 인물 그 자체가 갖는 비중 때문이다. 현재까지 남아 있는 자료들을 살펴보면 그는 신비롭다고 할 정도로 사람들을 끌어당기는 인품을 지니고 있었다. 프란치스코의 인품에, 예수의 복음이 지닌 권위에 이끌려 출신도 다르고, 삶의 노정도 다른 이들이 그를 따랐다. 그들이 보기에 둘은 하나로 연결된 것처럼 보였다. 프란치스코가 (최초로 그의 전기를 쓴 작가 첼라노의 토마스의 표현을 빌리면) "성육신의 겸손"을 추구하고 이에 헌신했기 때문이다.[9]

그리스도를 향한 프란치스코의 헌신은 "모든 일에서", 삶의 사소한 부분까지 예수의 삶을 신중히 따르는 방식으로 이루어졌다. 그가 예수의 삶을 따르는 모습이 너무나도 엄격하고 충실했기에 이후 프란치스코를 따른 이들은 이중 전기double biography라는 특별한 문학적 양식을 발전시켰다. 널리 읽히는 『플루타르코스 영웅전(병행 일대기)』의 경우 그리스와 로마의 위인들을 나란히 놓고, 이를테면 알렉산드로

---

8 Thomas of Celano, *First Life* 13.32.
9 Thomas of Celano, *First Life* 30.84.

스 대왕Alexander the Great과 율리우스 카이사르Julius Caesar를 나란히 두고 이들을 비교하고 대조하여 도덕적 교훈을 끌어낸다. 그런데 예수와 프란치스코 이중 전기는 여기서 몇 걸음 더 나아갔다. 두 사람에 관해 남아 있던 자료들(네 편의 복음서와 프란치스코의 삶에 관한 1차 자료들)은 모두 단편적이었기에 자신들의 스승에 관해 가능한 한 모든 것을 알고자 했던 제자들의 열망을 충족시킬 수는 없었다. 이러한 열망을 만족시키는 길은 두 사람의 생애를 나란히 놓고 한쪽에 빈자리가 있으면 다른 쪽에 비추어 빈자리를 채워 넣는 것이었다. 사람들은 프란치스코가 그리스도를 닮으려 했던 이들 가운데서도 가장 온전히 그리스도를 닮은 삶을 살았기에 그의 생애를 연구하면 그리스도를 더, 그리스도의 생애를 연구하면 그를 더 잘 알 수 있다고 생각했다.

특히 프란치스코 생애 말인 1224년 9월에 일어난 사건을, 사람들은 예수와 프란치스코의 생애가 평행 관계를 이룬다는 생각을 뒷받침하는 가장 극적인 증거로 여겼다. 이날 그는 늘 해오던 대로 아레초와 피렌체 사이에 있는 산인 알베르니아(이탈리아어로는 라 베르나La Verna)에 피정을 갔다. 수년 전 그는 프란치스코회를 위해 천사들의 성모 마리아에게 드리는 예배당을 지었던 차였다. 그리스도가 악마에게 유혹을 당하기 전 광야에 나갔던 일(마태 4:2)을 따라, 또한 그리스도가 따랐던 모세(출애 34:28)를 본으로 삼아 프란치스코는 그곳에서 40일을 보냈다. 십자가 찬양 축일인 9월 14일 무렵, 그는 환상을 보았다. 환상에는 천사, 곧 날개가 여섯 달린 스랍(이사 6:1~13)이 나왔고 프란치스코는 불현듯 그들의 날개 사이로 십자가에 달린 그리스도를 보았다. 그는 이 환상에 어쩔 줄 몰라 했는데 보나벤투라는 이를 두고 말했다.

환상은 사라졌지만 그 환상은 그의 마음이 계속하여 열렬히 타오르게 했으며 그의 몸에 그리스도와 기적처럼 닮은 흔적들을 새겨 놓았다. 그때 거기서 그의 손과 발에 십자가에 못 박힌 이에 대한 환상에서 똑같이 못 자국이 나타나기 시작했던 것이다. 그의 손과 발은 한 가운데가 못으로 구멍이 뚫려 있었고 … 오른쪽 옆구리는 마치 창으로 꿰뚫린 것 같았으며 검푸른 상처가 찍혀 있었는데 자주 피가 흘러나와 수도복과 바지가 검붉게 물들었다.[10]

프란치스코의 제자들은 이를 보고 사도 바울의 말("나는 내 몸에 예수의 상처 자국(그리스어 '스티그마타'σπίγματα)을 지고 다닙니다." (갈라 6:17))을 떠올렸다. 그리고 프란치스코의 몸에 새겨진 흔적들을 "성흔(예수의 상처 자국)"聖痕, stigmata이라고 불렀다.[11] 단테의 『신곡』 「천국편」에서 토마스 아퀴나스(그는 프란치스코회가 아니라 도미니코회 수사였다)는 이 상처 자국을 "마지막 인준"l'ultimo sigillo이라고 말한다.[12]

프란치스코가 역사상 최초로 성흔을 받은 뒤 다른 사람들도 성흔

---

10 Bonaventure, *Major Life* 13.3.

11 Thomas of Celano, *First Life* 4.98.

12 Dante, *Paradiso* 11.107. 해당 구절은 다음과 같다. "(프란치스코는) 이탈리아 초목의 열매로 되돌아왔고, 테베레와 아르노 사이의 거친 바위에서 그리스도에 의해 마지막 인준을 받았고 그의 육신은 그것을 2년 동안 간직했지요."

을 받는 일이 일어났다. 한 조사에 따르면 사실로 인정할 만한 사례가 300건에 이른다.[13] 구제 불능의 회의주의자가 아닌 이상 프란치스코가 사지와 옆구리에 상처를 지녔다는 보고들의 역사적 신빙성을 의심할 필요는 없다. 최근에도 몇몇 사람들에게 실제로 이러한 일이 일어났으며 그중에는 종교를 갖지 않은 의사들이 이를 입증한 사례도 있다. 물론 이러한 사례들이 기적인지, 자기암시로 인해 일어난 현상인지는 단정 지어 말하기 힘들다. 이슬람교 문헌들에서는 종종 독실한 무슬림들의 몸에 예언자 무함마드가 전장에서 입었던 상처 자국이 나타났다고 보도한다. 무슬림들의 사례는 자기암시로 인해 일어난 현상이고 그리스도교인들의 사례는 기적이라고 본다면, 이는 너무 자의적인 판단일 것이다. 그러나 이러한 딜레마에 대한 답이 무엇이건 간에, 프란치스코의 성흔 사건이 특별한 사건이며 여러 면에서 유례를 찾기 힘든 사건이라는 것에는 변함이 없다. 그의 성흔 사건이 특별한 이유는 프란치스코라는 인물이 '또 다른 그리스도'라 불릴 정도로 특별하기 때문이다. 프란치스코만큼 그리스도가 입은 상처를 자신의 몸에 지니게 되는 것이 어울리는 사람은 없다. 그는 자신이 성흔을 입었다고 해서 우쭐해하거나 타인의 존경을 받으려 하지 않았다. 오히려 프란치스코는 그리스도를 닮기 위해 그와 일치됨을 가리키는 이 특별한 표식을 다른 이들에게 알리려 하지 않았다(마

---

13 *Dictionnaire de théologie catholique* (Paris: Libraire Letouzey et Ane, 1903~1950), 'stigmatisation'.

태 16:20).[14,*] 그에게 성흔은 그리스도를 닮아가는 과정에서 그리 중요한 요소가 아니었다. 프란치스코에게 그리스도를 닮아가는 영예로움, 닮지 못하는 불명예스러움의 여부를 결정하는 것은 '청빈'이었다.

'청빈'은 예수가 알고 선포하고 살아낸 하느님 나라의 가장 중요한 특징이었다.[15] 마태오 복음서에서 예수는 말한다.

> 여우도 굴이 있고, 하늘을 나는 새도 보금자리가 있으나,
> 인자는 머리 둘 곳이 없다. (마태 8:20)

앞서 언급했듯 그리스도교 수도원 운동이 발전하면서 청빈은 세상을 살아가는 평범한 신자들은 이룰 수 없는 완전함을 이루려 애쓰는 '싸우는 사람'들의 표지가 되었다. 평생 금욕하고 순명하겠다는 서약과 더불어 청빈 서약은 모든 수도회의 수도규칙이 요구하는 바였다. 그러나 프란치스코회 이전 수도회들이 보았을 때 청빈은 개인에게 요구되는 것이지 수도회 자체에 요구되는 것은 아니었다. 이러한 괴리는 점점 더 커져 결국 중세 교회의 모든 혼란과 부패의 원인 중 하나가 되었다. 중세 수도원들은 막대한 땅을 소유했고 수도원에 있는 도서관은 점점 더 커졌으며 수도원이 보유한 금은보화는 유럽의 대부

---

14 Thomas of Celano, *First Life* 4.95~96, 9.113.

15 Leander E. Keck, 'The Poor among the Saints in Jewish Christianity and Qumran', *Zeitschrift für die neutestamentliche Wissenschaft* 57 (1966), 54~78.

* "예수께서는 자신이 그리스도라는 것을 아무에게도 말하지 말라고 단단히 당부하셨다." (마태 16:20)

호 가문에 필적할 정도였다. 풍자가들과 도덕주의자들은 이러한 수도원의 세태를 복음서 속 제자들과 곧잘 비교했다.

보십시오, 우리는 모든 것을 버리고 선생님을 따라왔습니다.

(마르 10:28)

프란치스코는 이러한 수도원 전통의 이중성과 철저히 결별했다. 프란치스코의 『수도규칙』 두 번째 판본은 그를 따르는 이들을, 신약성서 표현을 빌려 "이 세상에서 순례자와 나그네처럼" 살아가는 이들, 물질을 소유함으로써 갖게(한편으로는 당하게) 되는 폭압적인 힘에서 벗어난 이들이라고 기록했다.[16] 프란치스코는 복음서에 나온 그대로 그리스도를 닮기 위해서는, 그리고 그의 가르침을 엄격하게 지키기 위해서는 이러한 물질에서 벗어나야 한다고 생각했다. 청빈, 혹은 가난이 단지 소유의 부재가 아니라, 적극적인 의미의 선, '덕의 여왕'인 이유는 그리스도, 마리아가 그러한 삶을 살았기 때문이다.[17] 몇몇 그림을 통해 알려진 프란치스코에 관한 어느 전설에서 프란치스코는 숲에서 '가난'을 찾다가 한 여인을 만난다. 여인이 그에게 무엇을 하고 있냐고 묻자 그는 "나는 가난을 찾고 있습니다. 부를 다 버렸기 때문입니다. 나는 그녀를 만날 때까지 그녀를 찾고 그녀의 이름을 부

---

16 1베드 2:11, Francis, *Rule of 1223* 6.

17 Francis, *Rule of 1221* 9, Bonaventure, *Major Life* 7.1. "주님 자신도 … 거룩한 마리아도, 제자들도 가난했고 나그네였으며 동냥으로 살았습니다."

를 것입니다"라고 답한다. 그러자 여인은 자기 이름이 파우페르타스 Paupertas, '가난'이라고 알려준다. 이에 프란치스코는 그녀를 자기 신부로 삼기로 하고 결혼한다. 결혼식은 그리스도가 직접 거행한다.

프란치스코가 물질적인 부에서 벗어나려 했다고 해서 그가 물질 세계와 자연 세계를 혐오했다고 생각하는 것은 커다란 오류다. 오히려 프란치스코는 자연의 가치를 재발견하는 데 중대한 역할을 했다. 중세 그리스도교계에서 선례를 찾기 어려울 만큼 그는 유달리 자연 세계를 긍정하고 누리라는 가르침을 전했던 인물이었다. 길버트 체스터턴Gilbert Keith Chesterton*에 따르면 당시 유럽은 고대 그리스와 야만 족에서 유래한 타락한 자연 숭배의 흔적을 씻어내는 정화의 과정을 밟고 있었다. 프란치스코는 그 과정의 끝에서 사람들이 "자신의 영혼에서 자연 숭배의 마지막 남은 찌꺼기를 씻어내고 자연으로 돌아갈 수 있게" 해주었다.[18] 이탈리아어로 쓰인 문학 작품 중 최초의 유의미한 작품이라 할 수 있는「태양 형제의 노래」Canticle of Brother Sun에서 그는 노래한다.

내 주님, 당신의 모든 피조물과 더불어 찬미받으시옵고

---

18 Gilbert Keith Chesterton, *Saint Francis of Assisi* (Garden City, N.Y.: Doubleday, 1931), 51.

* 길버트 체스터턴(1874~1936)은 영국의 소설가, 문학비평가, 문필가다. 슬레이드 스쿨에서 미술을, 런던의 유니버시티 칼리지에서 문학을 공부했다. 사회비평, 문학비평, 소설, 시 등 장르를 가리지 않고 무수한 글을 발표했으며 로마 가톨릭 교회 신자가 된 뒤에는 탁월한 그리스도교 변증 에세이와 성인 평전을 남겼다. 주요 작품으로 탐정 소설 브라운 신부 시리즈,『정통』Orthodoxy,『영원한 인간』The Everlasting Man 등이 있다.

그 가운데 각별히 해님 형제와 더불어 찬미받으소서.

해님은 낮이옵고, 그로써 당신께서 저희를 비추시나이다.

이 노래에서는 태양도 바람도 "형제"로 나오고 달은 "자매"로 묘사된다. 프란치스코가 세상을 떠나기 전 덧붙인 구절에서는 죽음조차 하느님께서 주신 선물, "자매"로 묘사된다.[19] 세실 프란시스 알렉산더 Cecil Frances Alexander가 쓴 유명한 찬송 ≪아름답고 찬란한 세상≫All Things Bright and Beautiful*을 포함해, 자연을 통해 하느님을 찬양하는 유명한 찬송가 중 다수는 이 프란치스코의 작품을 다듬어 만든 것이라 해도 과언이 아니다.

역설적이지만 창조세계를 존중하는 이러한 태도는 인간의 몸에 대한 프란치스코의 생각과 말에서도 분명하게 드러난다. 어떤 면에서 그는 인간의 육체적인 면을 과도하게 깎아내리는 것처럼 보인다. 프란치스코는 음식을 너무 맛있게 먹지 않으려고 음식에 재를 섞어 먹었으며 성욕에 흔들릴 때면 "겨울에도 얼음이 가득 차 있는 구덩이에 몸을 던졌다".[20] 그러나 이처럼 극단적으로 자기를 부인하는 고행은 세상과 삶에 대한 그의 견해 전체 중 일부일 뿐이다. 그의 모든 행위는 그리스도를 따르고 십자가를 짊어지는 이로써 헌신하는 데 초점이 맞추어져 있었다. 프란치스코는 사도 바울이 한 말을 늘 마음에

---

19   Francis, *The Canticle of Brother Sun*.

20   Thomas of Celano, *First Life* 19.51, 16.42.

*   대한성공회 『성가』(2015) 353장.

되새겼다.

> 그리스도 예수께 속한 사람은 정욕과 욕망과 함께 자기의 육체를 십
> 자가에 못 박았습니다. 우리가 성령으로 삶을 얻었으니, 우리는 성
> 령이 인도해 주심을 따라 살아갑시다. (갈라 5:24~25)

이처럼 모든 자발적인 고행의 목적은 더 높은 목적을 위해 자기 몸을
단련하는 데 있다. 프란치스코와 같은 고행자와 경기에서 승리를 거
두기 위해 사뭇 비장한 얼굴로 모든 근육을 혹사하고 온 신경의 긴장
을 끌어올려 몸을 혹독하게 단련하는 운동선수 사이에는 표면적인
것 이상으로 유사성이 있다. 물론 여기에 프란치스코는 사도 바울을
좇아 이런 말을 덧붙였을 것이다.

> 그들은 썩어 없어질 월계관을 얻으려고 절제를 하는 것이지만, 우리
> 는 썩지 않을 월계관을 얻으려고 하는 것입니다. … 나는 내 몸을 쳐
> 서 굴복시킵니다. (1고린 9:25, 27)

자연의 가치를 발견하고자 노력하고 육체적 고통을 감내하는 방
식으로 그리스도의 고난에 헌신적으로 참여함으로써, 프란치스코는
그리스도의 탄생과 고난을 통해 드러난 그의 인성을 새롭고도 더 깊
이 깨닫게 되었다. 프란치스코를 따른 이들의 말대로 당시 많은 사람
은 "자신의 마음에서 아기 예수를 잊"고 있었다. 그러나 아기 예수는

"하느님의 종인 성 프란치스코를 매개로 하여 다시 생명"을 얻고 되살아났다.[21] 예수를 참된 하느님이자 참된 인간으로 진지하게 받아들여야 한다면 그는 인생의 주기를 온전히 살아낸 모습이어야 한다고 프란치스코는 생각했다. 그리하여 예수 그리스도의 인간으로서 삶의 시작과 끝은 프란치스코를 통해 새로운 의미를 얻게 되었다. 교회력이 등장하고 다른 축일들이 자리를 잡고 한참 뒤에야 교회는 성탄절을 기념했다.[22] 그리고 교회가 성탄절을 중시하게 된 것은 5세기와 6세기에 예수를 참된 인간, 온전한 인간으로 강조한 것과 관련이 있다. 첼라노의 토마스에 따르면 "프란치스코는 아기 예수의 탄생일을 어느 축일보다도 이루 말할 수 없는 기쁨 중에 보냈"으며 "축일 중의 축일"로 여겼다.[23] 성탄절을 축일로 지키는 데 그가 세운 주요한 공헌으로는 1223년 움브리아 지방의 그레치오라는 마을에 탁아소를 세우고 그해 성탄 전야에 자정 미사를 드린 일을 들 수 있다. 이때 프란치스코는 부제로 참여해 "가난한 왕의 성탄에 관하여" 설교했으며 "그를 일러 사랑이 넘치는 베들레헴의 아기라고 불렀다".[24]

지금까지 이야기한 프란치스코, 프란치스코회의 면면이 모두 예술사와 그리스도교 신앙생활의 역사에 모두 커다란 영향을 미쳤지만 가장 크고도 지속적으로 영향을 미친 것은 십자가에 달린 예수에 대

---

21 Thomas of Celano, *First Life* 30.86.

22 Oscar Cullmann, 'The Origins of Christmas', *The Early Church* (Philadelphia: Westminster Press, 1956), 17~36.

23 Thomas of Celano, *Second Life of St. Francis* 151.199.

24 Bonaventure, *Major Life* 10.7.

한 철저한 관심이었다. "예수 그리스도 곧 십자가에 달리신 그분 밖에는, 아무것도 알지 않"(1고린 2:2)겠다는 신약성서의 결심을 그는 온전히 자신의 것으로 삼았다. 프란치스코는 자신의 삶 전체를 그리스도가 고난당한 사건과 일치시키려 했다. 어찌나 철저했던지 프란치스코 인생의 몇몇 장면을 보면 복음서의 수난 이야기가 곧바로 떠오를 정도다. 이에 관해 보나벤투라는 말했다.

> 그리스도께서는 가난한 채로, 옷 벗긴 채로, 그리고 커다란 고통 속에서 십자가에 달리셨다. 프란치스코도 모든 면에서 그분과 같이 되기를 바랐다.[25]

그는 그리스도를 따르려, 삶의 모든 순간, 심지어는 죽음에 이르기까지 그리스도를 완벽히 닮으려 애썼다. 당대 사람들은 프란치스코와 그리스도 사이에 상호 관련이 있다고 보았다. 그들은 프란치스코를 보고, 프란치스코에 관한 이야기를 들으며 그리스도의 모습을 상상하고 복음서 이야기를 이해했다. 성흔을 지닌 탁발 수도사에게서 사람들은 참된 하느님이자 참된 인간, 참된 신성과 참된 인간성을 모두 보여주는 그리스도의 표상을 보았다. 프란치스코가 드러낸 그리스도는 신적 존재와 신적 권능 때문에 인성이 마비되어 십자가 위에서도 아무런 고통을 느끼지 않는 존재가 아니었다. 신약성서의 표현을 빌

---

25 Bonaventure, *Major Life* 14.4.

리면 그는 "우리의 연약함을 동정하지 못하"는 이가 아니라 "모든 점에서 우리와 마찬가지로 시험을 받"은 이였다(히브 4:15). '또 다른 그리스도'로서 프란치스코의 삶, 특히 십자가에 달린 예수 그리스도에 대한 그의 관심과 이를 상기시키는 삶의 면면들은 화가들과 시인들에게 새로운 현실주의라는 선물을 주었다. 프란치스코 이후 그리스도교 예술과 문학은 십자가에 달린 예수의 고난과 죽음을 통해 하느님의 생명이라는 신비와 인간의 삶이라는 신비가 모두 드러나게 되었다는 근원적인 확신을 표현하기 위해 애썼다.

프란치스코에 관한 논의에서 가장 쟁점이 된 부분은 그리스도를 따르는 길로 그가 '가난'을 철저하게 강조했다는 점이다. 그가 가난과 결혼했다는 이야기, 각종 문헌이 보도하는 그의 행동들, 그를 따랐던 이들에게 했던 가르침과 권고를 살펴볼 때 프란치스코가 청빈 서약을 엄격하게 해석했다는 점에는 의심의 여지가 없다.[26] 그는 그리스도, 동정녀 마리아, 사도들이 어떠한 재산도 갖지 않았으므로 복음을 완전무결하게 따르려면 절대적 청빈은 필수 불가결하다고 생각했다. 프란치스코가 세상을 떠난 뒤 그를 따르던 이들 중 어떤 무리(이들은 '스피리투알(영성파)'Spirituals*이라고 불렸다)는 프란치스코의 엄격한 해석을 그대로 따라야 한다고 주장했다. 프란치스코가 쓴 「수도규칙」, 그리고 그가 남긴 「유언」이 하느님의 영감을 받아 쓰였다고 믿게 되면서

---

26 Francis, *Rule of 1221* 8, *Rule of 1223* 6.

* 프란치스코의 가르침을 엄격하게 따라야 한다는 의미에서 훗날에는 오세르반티(엄격파)Osservanti라고 불렸다.

이러한 주장은 더욱 힘을 얻었다. 그리고 이것이 기존 교회와 교회 제도가 세속주의와 타협했다는 비판적인 의식과 결합하자 영성파 중 일부는 자신들이 새로운 '영적 교회'spiritual church의 선구자라고 말하기 시작했다. 그들이 생각한 새로운 영적 교회란 '영원한 복음을 갖고 있는 천사'(묵시 14:6)'인 프란치스코가 선언한, 순수한 복음을 회복하고 절대적 가난이 승리를 거두는 교회였다. 프란치스코의 제자 중 또 다른 무리, '영성파'와 견주었을 때 상대적으로 온건했던 무리(이들은 '꼰벤뚜알'Conventuals''이라고 불렸다)는 제도 교회와 '영적 교회'가 철저히 대립한다고 주장하기를 삼갔다. 이들 중 가장 균형 잡힌 해석자가 바로 신학자이자 철학자, 신비주의 저술가, 그리고 프란치스코회 성인이었던 보나벤투라였다. 그가 재해석해 표준화한 『수도규칙』과 그 이전에 있던 모든 프란치스코 전기들을 대신하기 위해 쓴 『전기』가 교회의 공인을 받음으로써 프란치스코회는 기존 교회에 받아들여지고 보나벤투라는 "작은형제회(프란치스코회)Friars Minor 제2의 설립자"라 불리게 되었다.

가난, 청빈을 두고 일어난 이와 같은 논쟁은 예기지 않은 정치적 결과를 낳았다. 그리스도, 마리아, 사도들이 절대적인 가난을 실천했으니 교회도 이를 따라 아무것도 소유해서는 안 된다는 것을 교리

---

* "나는 또 다른 천사가 하늘 한가운데서 높이 날아다니는 것을 보았습니다. 그 천사는 땅에서 살고 있는 사람들과 모든 나라와 종족과 언어와 백성에게 전할 영원한 복음을 가지고 있었습니다." (묵시 14:6)

** '꼰벤뚜알'은 기본적으로 '공동의, 수도원의'라는 뜻을 지니고 있으나 프란치스코회 내부에서 '영성파' 혹은 '엄격파'와 갈등하게 되면서 '온건파'라는 뜻을 얻게 되었다.

로 만드는 것만큼 딴 세상 이야기 같으며 정치와 무관하고 이상주의적으로 보이는 행동도 없을 것이다. 그러나 역사, 특히 교회의 역사는 기이한 역설로 가득 차 있다. 14세기에 이르러 몇몇 프란치스코회 수도사는 급진적인 세속주의자들과 손을 잡았다. 그들은 모두 교회에 맞서 국가의 권위를 주장했다. 저명한 프란치스코회 철학자이자 신학자인 윌리엄 오컴William of Ockham은 교황 요한 22세John XXII를 프란치스코회 『수도규칙』과 「유언」이 요구하는 바를 왜곡하고 있다며 공격했다. 이에 따른 갈등 상황 속에서 오컴은 신성 로마 황제 바이에른인 루트비히(루트비히 4세)Louis of Bavaria의 궁정으로 정치적 망명을 갔다(당시 루트비히 황제는 교회와 국가 중 어느 쪽이 더 큰 권력을 갖는가를 두고 교황과 대립했다). 황제와 그의 후원자들은 오컴의 논의를 일부 받아들여 이를 오컴이 의도하지 않은 방식으로(그는 자신이 교회에 뼈를 묻은 성직자이자 정통 가톨릭 교인이라고 주장했다), 그리고 전혀 프란치스코답지 않은 방식으로 활용했다. 즉 그들은 자신들이 교회로부터 재산과 권력이라는 짐을 덜어내는, 참된 교회를 구해내는 해방 세력이라고 주장했다. 그리고 이러한 과정에서 프란치스코가 드러낸 예수상은 근대 정치철학의 기초가 되는 이념과 '세속적 가치'가 형성되는 데 기여했다.[27] 이는 성흔을 입은 프란치스코, 그리고 복음서를 좇아 걸어간 단순한 삶의 방식과는 매우 거리가 먼 것이었다.

그러나 중세 말 정치적 격변의 한복판에서도 복음서의 진정성을

---

27 Alan Gewirth, *Marsilius of Padua and Medieval Political Philosophy* (New York: Columbia University Press, 1951), 78~85, 295~296.

향해 나아간 그의 정신은 사람들의 마음과 삶을 사로잡았다. 종종 역사가들은 이 시기의 정치 투쟁에만 관심을 기울이는 바람에 나머지 요소들을 도외시하지만, 참된 하느님, 참된 인간인 그리스도를 좇으려는 프란치스코의 헌신은 이 시기에도 광범위한 이들에게 영향을 미쳤으며 문제의식의 중심이 되었다. 15세기 초에 출간된 책 중에는 『그리스도를 본받아』The Imatation of Christ라는 작품이 있다. 이 책은 성서를 제외한 그 어떤 책보다도 많은 발행 부수를 기록했다고 알려져 있다. 저자를 명시하지 않은 채 출간되었지만(일반적으로 1471년 세상을 떠난 라인강 지역의 신비주의자 토마스 아 켐피스Thomas à Kempis가 저자로 여겨지곤 한다) 누가 이 책을 실제로 썼든 책에서 중심이 되는 인물은 두말할 것 없이 예수 그리스도다. 책에서 저자는 마치 프란치스코가 말하듯 힘주어 말한다.

(16세기 영역본에 따르면)

언제나 그대 앞에 십자가상을 두라. 하느님께서는 우리가 다른 그 누구도 아닌, 오직 주 예수 그리스도를 온 마음을 다해 찬미하기를 원하신다.[28]

이 책 첫 번째 장에는 다음과 같이 쓰여 있다.

---

28 Thomas à Kempis, *Imitation of Christ* 1.25 (London: Everyman's Library, 1910)

최고의 배움은 예수 그리스도의 삶에 있다.

이 배움은 자기를 정확하게 알고 하느님의 실재를 인식하게 하는 토대였다. 자기 자신을 알고 하느님을 알기 위해서는 교회의 교리를 아는 것, 성서 구절들을 아는 것만으로 충분치 못하다. "그리스도의 말씀을 분명히 이해하고 그 향기 속에 온전히 거하고자 하는 자는 그의 온 삶을 그리스도의 삶에 일치시켜야" 한다. 결국 이 책 또한 프란치스코가 제시한 길을 따라 참된 하느님이자 참된 인간의 표상으로서 예수를 찬미하며 이것이야말로 관습화된 종교에 대한 대안이라고 주장한다고 볼 수 있다.

이러한 주장은 지금까지도 이어지고 있다. 1926년 10월, 프란치스코 선종 700주기 기념일에는 자그마치 200만 명의 순례자가 아씨시를 찾았다. 그들은 대다수가 독실한 그리스도교인이었다. 이들은 보나벤투라와 프란치스코처럼 제도 교회에 충실한 삶과 그리스도를 닮는 삶이 양립 불가능하지 않다고, 오히려 상호보완적이며 궁극적으로는 동일한 것이라고 믿었다. 그러나 한편으로 프란치스코는 (그의 본래 의도와 무관하게) 예수에게 헌신하면 헌신할수록 교회로부터 더 멀어지게 된다고 믿는 이들, 교회 중심의 그리스도교와 영원한 진리인 복음서의 가르침 사이(혹은 그들의 표현을 빌려 쓰면 예수'의' 종교와 예수'에 관한' 종교 사이)에는 좁혀질 수 없는 간극이 있다고 보는 이들의 수호성인이 되었다(이들의 수는 점점 늘어나고 있다). 종교화나 성상이 전혀 없는, 십자가 하나 두지 않는 가정에서조차 감성적 만족을 얻고

자 널리 알려진 '성 프란치스코의 기도'Prayer of Saint Francis("주여, 저를 당신의 평화를 이루는 도구로 삼으소서")가 적힌 장식판을 집에 걸어놓곤 한다. 그러한 면에서 오늘날 가장 커다란 영향력을 미치고 있는 프란치스코 해석은 보나벤투라의 해석에 바탕을 둔 교회의 공식 해석이 아니라 폴 사바티에Paul Sabatier*의 해석인지도 모른다. 그는 프란치스코의 후대 제자들, 특히 보나벤투라가 교회 당국이 프란치스코의 사상을 받아들일 수 있게 하고자 프란치스코의 본래 메시지를 왜곡시켰다고 생각했다.[29] 오늘날 학자들은 프란치스코에 관한 전통적인 해석에 대해 사바티에만큼 회의적이지는 않다. 그러나 그들이 새로운 주장을 하기 위해서는 사바티에의 연구와 그가 편집한 프란치스코의 글들에 기대지 않을 수 없다.

이러한 양가성Ambiguity은 프란치스코의 생애, 프란치스코 정신의 역사 전체에 흐르고 있다. 조토Giotto di Bondone의 작품 중에는 성 프란치스코에 관한 수많은 전설 중 가장 오래된 이야기 하나를 다루고 있는 작품이 있는데 이는 이러한 양가성을 잘 보여준다. 그리스도의 계시를 받아 이전 삶의 방식을 버리고 복음이 가르치는 삶을 살도록 부

---

29 A.G. Little, 'Paul Sabatier, Historian of St. Francis', *Franciscan Papers, Lists and Documents* (Manchester: University of Manchester, 1929), 179~188.

* 폴 사바티에(1858~1928)는 프랑스의 프로테스탄트 신학자이자 목사다. 파리의 개신교 신학교에서 신학을 공부한 뒤 목사로 활동하다 건강 문제로 목사직을 그만두고 학문 활동에 전념한다. 특히 이탈리아에서 많은 시간을 보내며 프란치스코를 집중적으로 연구했고 그 결과를 담은 『아씨시 프란치스코의 생애』를 출간했다. 이는 프란치스코 생애 및 교단의 역사 연구에 새로운 자극을 준 저작으로 평가받는다. 1919년 스트라스부르 대학교의 교회사 교수가 되어 교회사를 가르치다 1928년 세상을 떠났다.

름을 받은 후, 프란치스코는 로마에 가서 새로운 수도회 설립을 승인 받기를 청원했다. 앞서 언급했듯 1209년 혹은 1210년 프란치스코는 구두 승인이기는 하나 실제로 교황의 승인을 받았다. 그러나 전설에 따르면(그리고 조토의 그림에 따르) 교황의 승인은 놀라운 사건을 통해 이루어졌다. 당시 교황 인노켄티우스 3세는 프란치스코의 고결함과 복음에 모든 것을 바치는 모습에 깊이 감동했지만, 승인을 보류하고 교회의 제후라 할 수 있는 추기경들에게 의견을 물었다. 이들 중 많은 이는 염려를 표했다. 참된 하느님이자 참된 인간의 표상으로서 그리스도를 따라 철저한 가난의 삶을 살아야 한다는 프란치스코의 메시지는 당시 온 지역에 퍼져 있던 수많은 이단 운동이 전하는 메시지와 일치했기 때문이다. 어떤 이들은 그를 받아들여서는 안 된다는 의사를 좀 더 분명하게 밝히기도 했다.

결국 최종 선택의 몫은 다시금 교황에게 돌아갔다. 그날 밤 인노켄티우스 3세는 꿈을 꾸었다(이 때문에 조토의 벽화 제목은 《교황 인노켄티우스 3세의 꿈》The Dream of Pope Innocent III이다). 조토의 프레스코화를 보면 두 인물이 보인다. 왼쪽에는 프란치스코가 있고 오른쪽에는 인노켄티우스 3세가 있다. 2명의 야경꾼이 지키고 있는 가운데 교황은 주교직을 상징하는 주교관을 쓰고 우아한 망토를 두른 채 천막이 쳐진 호화로운 침대에서 자고 있다. 교황의 꿈속 주인공 프란치스코는 이와 대조적으로 이제는 그의 상징이 된 남루한 수사복을 입고 노끈을 두른 채 맨발로 서 있다. 그의 왼손은 자신의 허리를, 그의 오른손은 황제 콘스탄티누스 1세가 교회에 봉헌한, 로마 주교인 교황의 주교좌가

《교황 인노켄티우스 3세의 꿈》(1297년), 조토, 아씨시에 있는 프란치스코 대성당 상부.

있는 성 요한 라테란 대성당(현지 명칭은 산 지오반니 인 라테라노 대성당)을 붙들고 있다. 인노켄티우스의 꿈에서 대성당은 위태롭게 기울어져 있어 저 수도사가 붙들지 않는다면 곧 무너질 것처럼 보인다. 꿈에서 본 환상 때문에 교황은 프란치스코의 요청을 받아들였고 최초의 『수도규칙』을 확정했다.

이보다 더 극명한 대조가 있을까? 그림 한편에는 여태껏 성 베드로의 보좌를 차지했던 이 중 가장 커다란 권능을 지닌 인간이 있다. 그를 두고 최초의 프란치스코 전기는 "탁월한 사람, 교의에 해박하고 강론으로도 이름이 나 있었으며 그리스도교 신앙의 길이 필요로 하는 일들에 있어서 불타는 정의감으로 가득했던 이"라고 말했다.[30] 1198년 교황의 자리에 올랐을 때 인노켄티우스의 나이는 37세였고, 무엇이 필요한지를 본능적으로 포착하며 거의 20년간 베드로라는 배의 키를 잡았다. 나무랄 데 없는 성격과 탁월한 웅변 능력을 지닌 남자였던 그는 교황으로 선출되기 전부터 교황은 베드로의 계승자로 "나는 이 반석 위에다가 내 교회를 세우겠다"(마태 16:18)던 그리스도의 말씀이 가리키는 사람이라고 믿었다. 교황으로 선출된 이후 그는 교황직에 관해 자신이 믿는 바에 부끄럽지 않게 살고자 안간힘을 썼으며 결국 그렇게 사는 데 성공했다. 그에게 교황은 "하느님보다는 못하지만 사람보다는 더 큰" 존재로 양자를 중재하는 이였다. 1215년 라테란에서 열린 중세 최대의 교회 공의회에서, 그는 "이 세상의 지배자dominus mundi"라고 일컬어졌다. 교회의 연속성(역사적으로 볼 때 이것 없이는 복음도 없었을 것이고 아씨시의 프란치스코도 없었을 것이다), 그리고 그리스도의 현존과 권능은 교황 인노켄티우스 3세 재위 기간에 드러났으며 분명한 현실로 체감할 수 있게 되었다. 이 반대쪽에는 또

---

30 Thomas of Celano, *First Life* 13.33.

다른 사람이 있다. 그는 아씨시 출신이고 20대 후반이며 소박한 모습을 하고 있다. 그의 눈은 하늘을 향하고 있고 겉으로 보기에는 어떤 권력도 그리고 힘도 갖고 있지 않은 것처럼 보인다. 그러나 그의 한쪽 어깨는 라테란 성당, 더 나아가 세계 전체의 무게를 온전히 짊어지고 있다. 조토의 그림과 그 후 역사는 우리에게 묻는다. 과연 이 둘 중 누가 참된 '그리스도의 대리자'vicar of Christ인가?

12

완전한 인간

진리가 예수 안에 있으니,

마음의 영을 새롭게 하여

새 본성을 입으십시오. (에페 4:23)

근대의 가장 저명한 르네상스 해석가 야콥 부르크하르트 Jacob Burckhardt가 말했듯 14~16세기 르네상스의 주요 주제는 '세계와 인간의 발견', 그리고 '개인의 발전'이었다.

중세에는 의식의 두 측면(곧 세상을 향한 것과 인간 자신의 내면을 향한 것)이 하나의 공통된 베일 아래 싸여 꿈꾸거나 아니면 절반쯤 깨어 있었다. 그 베일은 신앙심, 어린아이 같은 선입견, 망상 등으로 짜여 있었기에 그 베일을 통해 보이는 세계와 역사는 이상한 빛깔을 입고 있었다. … (그러나) 이탈리아에서 맨 먼저 이 베일이 공중으로 날아갔다. 국가와 이 세상의 모든 사물에 대한 '객관적' 관찰과 취급법이 드디어 깨어났다. 바로 그 옆에서 '주관성'도 완전한 힘으로 몸을 일으켰다. 인간은 정신적인 '개인'이 되고 스스로 그 사실을 깨닫게 되었다. 개인의 발전에서 더 높은 단계를 나타내는 표현인 '독특한 인간'uomo singolare과 가장 높은 단계를 가리키는 표현인 '독보적인 인간'uomo unico을 관찰해 보면 이를 알 수 있다.[1]

부르크하르트는 이러한 변화가 예수라는 인물의 권위를 거부하면서 일어났다고는 말하지 않는다. 흥미롭게도 그는 예수라는 인물에 대해서는 아무런 언급도 하지 않는다.

그러나 (다시 태어남, 거듭남, 새롭게 됨을 뜻하는) 르네상스, 리나시멘토rinascimento라는 말과 개념이 (근본적으로 이러한 생각의 기원이 무엇이었든 간에) 유럽 문명에 들어온 것은 주로 예수의 가르침을 통해서였다.[2] 요한 복음서에서 예수는 니고데모에게 말한다.

내가 진정으로 진정으로 너에게 말한다. 누구든지 다시 나지(불가타 역본은 '레나투스(다시 태어나다)'renatus라고 번역했다) 않으면, 하느님 나라를 볼 수 없다. (요한 3:3)

---

1 Jacob Burckhardt, *The Civilization of the Renaissance in Italy* (New York: Harper Torchbooks, 1958), 1:143, 그리고 n.1. 『이탈리아 르네상스의 문화』(푸른숲)

2 Harold Rideout Willoughby, *Pagan Regeneration* (Chicago: University of Chicago Press, 1929), 287~288.

마찬가지로 사도 요한이 썼다고 알려진 요한 묵시록 마지막 부분에서 예수는 말한다.

보좌에 앉으신 분이 말씀하셨습니다.

"보아라, 내가 모든 것을 새롭게 한다."(묵시 21:5)

르네상스 인문주의자들은 종종 르네상스라는 '새로운 탄생'을 중세의 이른바 '고딕(고트족의 것)'Gothic 혹은 야만족의 퇴폐성과 대비하곤 했지만, 예수를 칭송하고 그에게 헌신한다는 점에서는 여느 중세 신학자들 못지않았다. 실제로 로테르담의 에라스무스Erasmus는 방금 인용했던 요한 복음서 구절을 쓰면서 르네상스 정신을 예수의 인격과 동일시했다. 1516년 자신이 편집한 그리스어 신약성서 서문에서 그는 물었다.

인간의 본성을 회복해 창조된 대로의 본래의 선함으로 돌아가는 것 외에 예수가 '다시 태어남'renascentia이라고 부른 그리스도의 철학이라 할 수 있는 것이 무엇이겠는가?[3]

단테의 작품 『새로운 인생』Vita Nuova도 '다시 태어남', 혹은 갱신, '새로운 삶'이라는 동일한 주제를 다루고 있다고 볼 수 있다. 그러므로 콘

---

3 Erasmus, 'Paracelsis', *Christian Humanism and the Reformation: Selected Writings of Erasmus* (New York: Fordham University Press, 1975), 100.

라트 부르다흐Konrad Burdach*가 올바르게 말했듯 르네상스는 "인간, 예술, 그리고 문학, 과학에 대한 새로운 개념을 수립"했지만, 부르크하르트 이후의 근대 역사학자들이 말하듯 "그리스도교라는 종교에 대항하여" 일어난 것이 아니라 "종교가 자신을 회복하려는 왕성한 생명력에서 터져 나온 현상"이다.[4] 오늘날에는 통속적인 잡지에서도 사용하고 있는 르네상스의 구호이자 인문주의자들이 구현하려 애썼던 '완전한 인간'universal man이라는 표현은 르네상스 사상과 예술이 엄밀하고도 총체적인 의미에서 '독특한 인간'이면서도 '독보적인 인간'이라 부를 수 있는 유일한 존재인 예수가 당시 르네상스 인문주의자들 사이에서 차지하던 위상을 집약하여 보여주는 말이라고 할 수 있다.[5] 더군다나 '완전한 인간'은 예로부터 그리스도교 전통에서 예수를 부르는 칭호였다.[6] 이러한 맥락에서 보면 '완전한 인간'으로서 예수는 르네상스 시대에 이르러 그 진가가 드러났다고 해도 과언은 아니다.

르네상스 예술을 연구한 19세기 몇몇 역사가들과 학파에게 르네상스를 전통적이며 중세적인 그리스도 이해, 곧 성육신 교리와 두 본

---

4 Konrad Burdach, 'Sinn und Ursprung der Worte Renaissance und Reformation', *Reformation, Renaissance, Humanismus* (Berlin/Leipzig: Gebrüder Paetel, 1926), 83.

5 *Webster's Third New International Dictionary of the English Language Unabridged*, 'Renaissance'.

6 Jaroslav Pelikan, *Christian Tradition* 2:75~90.

* 콘라트 부르다흐(1859~1936)는 독일의 언어학자이자 문헌 학자다. 라이프치히와 본 대학교에서 고전 문학, 철학, 심리학 등을 공부했으며 베를린 대학교에서 문학을 가르쳤다. 프로이센 과학 아카데미의 회원으로도 활동했으며 보헤미아, 오스트리아, 이탈리아, 스웨덴, 파리 등을 오가며 자료를 수집해 중세부터 종교개혁까지라는 이름 아래 방대한 연구물을 내놓았다. 주요 저서로 『종교개혁, 르네상스, 인문주의』Reformation, Renaissance, Humanismus가 있다.

성(신성과 인성) 교리에 대항하는 자연주의적 반동으로 보는 시각은 규범과도 같았다. 이러한 해석은 19세기 사상사와 미학사의 많은 해석이 그러하듯 괴테Johann Wolfgang von Goethe에게서 유래했다. 1817년 독일에서 쓴 (그리고 불과 4년 만에 영어로 번역되어 출간된) 레오나르도 다 빈치Leonardo da Vinci의《최후의 만찬》Last Supper에 관해 쓴 소고에서 그는 레오나르도가 그린 예수를 두고 "초자연적 대상의 자연성에 충실해지려는 대담한 시도"라 평했으며 그 결과 "하느님의 위엄, 억제할 수 없는 의지, 권능과 힘"은 드러나지 않았다고 기술했다.[7] 널리 영향을 미친 책『르네상스: 미술과 시에 관한 연구』The Renaissance: Studies in Art and Poetry에서 월터 페이터Walter Pater[*]는 자신이 괴테에게 빚지고 있음을 인정하며 레오나르도가 "끊임없이 종교적인 화제를 다루었음에도 불구하고 가장 비종교적인 화가"였다고 평가한다. 따라서 그는 가장 성스러운 주제 중 하나, 예수가 배신당하게 되는 어느 밤 주의 만찬을 제정한 사건을 그린 이 작품,《최후의 만찬》에 대해서도 "주제가 수반하는 관습적인 연상의 범위를 완전히 이탈하는 종류의 그림"으로 평가했다. 페이터가 보기에 이 작품에 영감을 준 것은 일반적인 예수상

---

7 Goethe, 'Observations on Leonardo da Vinci's celebrated picture of The Last Supper', *Goethe on Art* (Berkeley and Los Angeles: University of California Press, 1980), 192. 『예술론』(민음사)

* 월터 페이터(1839~1894)는 영국의 소설가, 비평가, 문필가이다. 옥스퍼드 대학교 퀸스 칼리지에서 공부하고 옥스퍼드 평론협회인 올드 모탤리티의 회원으로 선출된 후 비평가이자 문필가로서 다채로운 활동을 펼쳤다. 비평에서의 주관성, 독자의 자율성, '예술을 위한 예술'로 대변되는 심미주의를 제창했으며 이는 당대 수많은 예술가 및 비평가들에게 영향을 미쳤다. 주요 저서로『르네상스사 연구』Studies in the History of Renaissance, 『상상적 초상』Imaginary Portraits, 『감상집』Appreciations 등이 있다.

들을 그릴 때 염두에 두는 것과는 매우 거리가 있는 탐미주의적 자연
주의였다.

여기서 우리는 다시금, 어떤 주어진 제재로 작업을 하되 그것이 연
상시키는 전통적인 범위를 넘어서고자 한 시도를 확인하게 된다. 중
세의 그 모든 신비주의의 발전단계를 거친 후에도 그리스도를 창백
한 제대의 주인이 아닌, 친구들에게 작별을 고하는 인간으로 다루고
자 했다는 것은 참으로 희한한 일이다. … 바사리는 레오나르도가
그림 중심에 있는 그리스도의 얼굴을 끝내 완성하지 못했다고 보고
있다. 그러나 완성되었든 그렇지 못했든 간에, 어쩌면 그림이 점점
흐리게 퇴색한 덕분인지도 모르지만, 이 그리스도의 얼굴은 그림 속
의 인물들이 주는 전체적인 느낌을 가장 완벽하게 요약하여 보여준
다. 그들은 어느 가을날 오후 벽에 비치는 나뭇잎의 그림자처럼 희
미하여, 마치 유령과 같아 그들을 통해 배후에 있는 벽이 드러나 보
일 정도다. 그리고 그리스도는 그중에서도 가장 희미하고, 가장 유
령 같아 보인다.[8]

그러나 최근 르네상스 예술을 연구하는 역사가들은 이 이른바 자
연주의를 더욱 정교하게, 그리고 더욱 깊이 해석하고 있다. 예술사가

---

8 Walter Pater, *The Renaissance: Studies in Art and Poetry: The 1893 Text* (Berkeley and Los
   Angeles: University of California Press, 1980), 93~95. 『르네상스』(학고재)

레오 스타인버그Leo Steinberg*는 르네상스 화가들이 예수의 성性을 어떻게 그려냈는가에 관한 논문을 썼는데, 선정주의sensationalism에 치우치기 좋은 주제임에도 불구하고 그는 이를 '그리스도교 정통 신앙의 중추'라 할 수 있는 성육신 교리와 연관시켰다. 스타인버그는 말한다.

(적어도 르네상스의 관점에서 돌이켜볼 때) 양식이라는 면에서 비잔티움 예술이 그려낸 성聖스러운 그리스도는 성육신 신학보다 영지주의 이단과 더 잘 어울린다는 주장은 설득력이 있다. 오토 데무스Otto Demus를 다시 인용하자면, "비잔티움 시대의 그림과 조각들은 … 늘 거룩한 이콘Holy Icon이기만 했으며 이 세상의 현실성은 조금도 섞여 있지 않았다". 그러나 인간의 모습 속에 담긴 로고스를 경외하던 서구 그리스도교인들에게, 저 이콘이 실체를 얻기 위해 필요한 것은 "이 세상의 현실성"이었다. 이처럼 르네상스 문화는 (그리스 교회가 그러했듯) 성육신 신학을 발전시켜 나갔다. 이뿐만 아니라 르네상스 문화는 이를 제대로 표현할 수 있는 구체적인 예술적 표현 기법을 고안해 내기도 했다. 그러므로 우리는 르네상스 시대를 일컬어 그리스도교 정통 신앙을 온전히 예술로 표현해낸 처음이자 마지막 시기라

---

* 레오 스타인버그(1920~2011)는 러시아 출신의 미국 예술 비평가이자 예술사가다. 모스크바에서 태어났으나 러시아 혁명의 영향으로 독일에서, 영국으로 영국에서 다시 미국으로 이주했다. 미국 생활 초창기에는 자유기고가로 활동하다 뉴욕 대학교에서 예술사 연구로 박사학위를 받은 뒤 스탠퍼드, 버클리, 프린스턴, 콜롬비아, 하버드 대학교 등에서 예술사를 가르쳤다. 르네상스 미술 및 근현대 미술에 관한 탁월한 평론들과 연구들을 발표했다.

《구세주》(1610~14년경), 엘 그레코, 톨레도에 있는 그레코 미술관.

고 할 수 있겠다.[9]

비잔티움 시대 성상이 지니는 신학적 의미에 대한 이러한 식의 해석에 대해서는 이견이 있을 수 있겠지만, 그럼에도 불구하고 예술사와 지성사를 한 데 엮어 르네상스 시대의 그리스도를 이렇게 해석한 그의 시도는 상당한 설득력이 있다.

이 책에서 지속적으로 이야기한 주제들과 심상을 탁월하게 하나로 엮어내 예수를 '완전한 인간'으로 그린 르네상스 시기 대표적인 작품으로 도메니쿠스 테오토코풀로스Δομήνικος Θεοτοκόπουλος, 훗날 사람들이 엘 그레코El Greco라 부른 화가가 그린 《구세주》The Savior를 꼽을 수 있다. 이 초상화의 실제 모델은 톨레도에 살던 젊은 유대인이었다. 엘 그레코는 예수가 유대인이었다는 사실을 중시했다. 그의 화풍이 이탈리아 르네상스 시대 거장들, 특히 그의 스승 티치아노Titian의 영향권 아래 있음은 분명하다. 그러나 이 예수 초상화에는 동시대 다른 초상화들과 구별되는 무언가가 있다.

그의 그림에 등장하는 빛은 햇빛과 공통점이 거의 없다. 이 빛은 르네 위그Rene Huyghe의 말을 빌리자면 "색채가 초자연적으로 폭발하는 것"이라 할 수 있다. … 그는 이 빛을 "신앙으로 가득 찬 엘 그레코의 영혼의 눈에서 퍼져 나오는, 일종의 영적 체험에서 나오는 빛"이

---

9   Leo Steinberg, *The Sexuality of Christ in Renaissance Art and in Modern Oblivion* (New York: Pantheon, 1983), 71~72.

라고 말했다.[10]

《구세주》의 예수는 실제로 역사에 존재했던 한 사람이며 유대인이
다. 그러나 동시에 그는 비잔티움 시대의 성상 전통을 따른 변모한
그리스도다. 이 작품은 엘 그레코가 활동했던 당시 16세기 스페인에
서 유행했던 그리스도-신비주의 정신으로 가득하다. 어떤 면에서《구
세주》를 포함한 그의 작품들은 다양한 미술, 신비, 신학 전통들이 탁
월한 종합을 이룬 예라 할 수 있다. 그리고 이러한 종합은 예수를 완
전한 인간으로 보는 르네상스의 관점을 잘 보여준다.

　예수가 '완전한 인간'이라는 르네상스의 사유를 대변하는 대표적
인 인물은 피렌체 명망가 출신의 인문주의자이자 정치가였던 도나토
아치아이우올리Donato Acciaiuoli다. 1468년 4월 13일 그는 레오나르도 다
빈치의 그림과 같은 주제(최후의 만찬)를 가지고 진행한 설교에서 성찬
을 설명했는데 과거 스콜라 학자들이 그랬듯 성찬의 질료matter, 형상
form, 작용인efficient cause과 목적인final cause에 관심을 두고 정교한 논증을
전개하지 않았으며 빵과 포도주의 실체가 어떻게 참된 그리스도의
살과 피로 변하는지 이야기하지도 않았다. 그러나 스콜라주의에 바
탕을 둔 철학적 신학을 거부했다고 해서 그가 하느님의 아들이 성육
신하여 인간 예수로 나타났다는 정통 교리를 거부한다고 생각한다면
이는 심각한 시대착오적 판단이다. 아치아이우올리는 성육신 교리를

10　*Treasures of the Vatican* (New Orleans: Archdiocese of New Orleans, 1984), 57.

진심으로, 그리고 열렬히 긍정했다. 다만 그는 성육신 교리에 대한 스콜라주의적 이해(혹은 스콜라주의적 왜곡과 쓸데없이 복잡한 논의들)를 거부했을 뿐이다.

사랑하는 아버지들이여, 우리 구주 예수 그리스도께서는 먼저 우리와 같은 몸을 입으시고 이후 사람들을 가르치시고 그 말씀을 읽는 이들에게 그분의 가르침을 펴시며, 약한 자를 자유케 하시고 죽은 자를 살리시며, 죄를 물리치시고 가장 거룩한 일들을 하심으로써, 그 생애의 모든 노정을 통하여 모든 종류의 덕의 둘도 없는 모범이신 당신 자신을 주셨습니다.

그러므로 트린카우스Charles Trinkaus*가 말했듯 도나토에게 성찬은 "그리스도 신앙을 굳건하게 하는 가장 중요한 길"이었다. "성찬으로 인해, 그리고 성찬을 통해 우리는 인류의 위대한 교사인 하느님의 성육신을 기념하기 때문이다." 예수를 선생이자 모범으로 숭상하는 도나토 아치아이우올리는 복음서의 예수상을 회복하려는revival(혹은 되살리려는renaissance) 프란치스코 정신, 같은 세기에 앞서 등장한『그리스도를 본받아』의 연장선에 있다. 그러므로 "인간성에 대한 인문주의자들의

---

* 찰스 트린카우스(1911~1999)는 미국의 예술사가다. 웨슬리안 대학교를 거쳐 컬럼비아 대학교에서 박사학위를 받았다. 이후 새라 로런스 칼리지를 거쳐 미시간 대학교에서 예술사를 가르쳤다. 이탈리아 르네상스의 종교적 차원을 다시 평가해 북미 학계에서 르네상스에 관한 역사적 연구의 지평을 넓히는 데 공헌했다는 평을 받는다.

관점을 그들의 종교에 대한 (그중에서도 예수에 대한) 이해와 분리시키는 것은 쉽지 않을 뿐만 아니라 어리석은 일이다".[11]

앞서 그리스도-신비주의의 역사를 다루며 살핀 바 있는 단테 알리기에리는 르네상스 시대 예수상의 역사에서도 중요한 위치에 있다. 종종 중세의 옹호자와 르네상스 옹호자는 단테가 자신들의 편이라면서 논쟁을 벌이곤 한다. 그러나 여기서 중요한 것은 야콥 부르크하르트도 인정했듯 단테가 이탈리아 르네상스의 "모든 핵심 지점에서 최초의 증인"이라 부를 만한 사람이었다는 것이다(완전한 인간이라는 이상에 대한 부르크하르트의 해설은 이를 설득력 있게 보여준다).[12] 그러나 부르크하르트는 단테의 시나 정치학에서 그가 내세운 이상에 영감을 준 인물이 예수라는 사실을 온전히 받아들이지는 못했다.

단테가 예수에게서 영감을 받았다는 사실은 그의 첫 번째 책『새로운 인생』이라는 제목만 보더라도 분명하게 알 수 있다. 여기서 "새로운 인생"은 우선 단테 본인의 젊은 시절을 가리킨다. 이는 그가『신곡』에서 같은 표현을 자신의 어린 시절을 묘사했을 때 사용한 것을 보아 짐작할 수 있다.[13] 그러나 '새로운 인생'이라는 표현의 의미를 이렇게만 한정한다면 '새로운 인생'이라는 표현이 자아내는 절묘한 심상과 다층적인 언어유희를 온전히 음미할 수 없다. 이 작품에서 단테

11　Charles Trinkaus, *In Our Image and Likeness: Humanity and Divinity in Italian Humanist Thought* (Chicago: University of Chicago Press, 1970), 2:644~650.

12　Jacob Burckhardt, *Civilization of the Renaissance* 1:151와 1:147를 보라.

13　Dante, *Purgatorio* 30.15.

는 그의 "첫째가는 친구" 귀도 카발칸티Guido Cavalcanti의 연인인 지오반나(조안)Giovanna(Joan)라는 젊은 여자에 대해 언급한다. 단테에 따르면 그녀의 별명은 '프리마베라(봄)'Primavera인데 이는 지오반나가 베아트리체Beatrice의 출현을 예고하는 존재이기 때문이다. 지오반나가 단테를 스쳐 갈 때 단테는 사랑의 신에게서 "그녀가 먼저 올 것이다(프리마 베라)"prima verra라는 음성을 듣는다. 이러한 맥락에서 지오반나(조안)라는 이름은 어떻게 보면 그녀의 별명에서 유래했다고 볼 수 있다. 그녀의 이름은 세례자 요한과 유사하기 때문이다. 세례자 요한 역시 그리스도가 옴을 선포하기 위해 보냄받은, 먼저 온 존재였다.[14] 그러므로 지오반나 다음에 단테에게 온 베아트리체는 사랑이 육화한 존재이며 찰스 싱글턴Charles S. Singleton*의 말을 빌리면 "그리스도를 가리키는 유비이자 은유"다.[15]

『새로운 인생』에서 베아트리체가 이러한 모습으로 있다면 『신곡』에서 그녀는 "은총의 빛을 받아 그리스도에 대한 신앙을 익히는 신학을 상징하는 존재"가 된다.[16] 「연옥편」 마지막 부분에서 그녀는 단테에게 약속한다.

---

14 Dante, *Vita Nuova* 24. 『새로운 인생』(민음사)

15 Charles S. Singleton, *An Essay on the 'Vita Nuova'* (Cambridge, Mass.: Harvard University Press, 1949), 112.

16 Thomas G. Bergin, *Dante*, 85.

* 찰스 S. 싱글턴(1909~1985)은 미국의 문학비평가이자 문필가다. 캘리포니아 대학교에서 박사학위를 받은 뒤 존스홉킨스 대학교에서 20여 년간 이탈리아어와 문학을 가르쳤고 이후에는 하버드 대학교에서 이탈리아 문학을 연구했다. 단테 주요 작품들에 대한 해설은 물론 6권으로 된 『신곡』 영역본을 내놓았는데 그의 영역본은 현재까지 영미권에서 가장 탁월한 번역본 중 하나로 꼽힌다.

그대는 잠시 동안 이 숲에 머물다가

그리스도께서 다스리시는 저 로마(천국)에서

나와 함께 영원히 살게 될 것입니다.[17]

이러한 맥락에서 「천국편」은 베아트리체의 약속이 어떻게 이루어지는지를 장대하게 그린 이야기다. "부드럽고 사랑스러운 안내자"인 베아트리체는 단테를(그리고 독자를) 그리스도에게로, 그리고 어머니에게로 인도하는 역할을 맡는다. 여기서 그리스도와 그의 어머니 마리아는 언제나 불가분의 관계에 있으며 때로는 거의 구별되지 않는다.[18] 베아트리체는 단테에게 말한다.

무엇 때문에 그대는 내 얼굴에

이끌려, 그리스도의 빛 아래 꽃 피는

아름다운 정원을 바라보지 않는가요?

하느님의 말씀이 그 안에서 성육신한

장미꽃이 여기 있고, 그 향기에 선한

길을 선택한 백합꽃들이 여기 있어요.[19]

여기서 "하느님의 말씀이 그 안에서 성육신한 장미"는 마리아이지만,

---

17 Dante, *Purgatorio* 32.101~102.

18 Dante, *Paradiso* 23.34.

19 Dante, *Paradiso* 23.71~74.

그녀 역시 하느님의 "정원"에 핀 다른 모든 꽃과 같이 스스로의 능력으로가 아니라 "그리스도의 빛 아래" 피어난다. 마리아는 "내(단테)가 아침저녁으로 부르는 아름다운 꽃"이며, 사랑의 천사는 이 꽃을 향해 노래한다.

> 하늘의 여인이시여, 당신이 아드님을
> 따라 최고의 하늘에 들어가 그곳을 더
> 빛내시는 동안 저는 당신 곁을 맴돌 것입니다.[20]

하늘 여왕을 향한 찬가, '레지나 코엘리'Regina coeli의 선율이 울려 퍼지는 가운데, 베드로와 승리한 교회는 "하느님과 마리아의 높으신 아들" 아래서 승리라는 보물을 받는다.[21] 클레르보의 베르나르와 동정녀가 있는 "최고의 하늘"Empyrean을 묘사하는 마지막 세 개의 곡에 근거해 어떤 저명한 단테 연구가는 「천국편」의 초점이 그리스도가 아니라 마리아이며 그래서 이 시 마지막에 이르면 그녀가 다가갈 수 없는 초월적인 존재로 묘사된 것이라고 말한다.

> 단테는 베아트리체를 구원의 객관적인 과정에 집어넣었으며 … 이는 교회 교리에 어긋난다.

---

20 Dante, *Paradiso* 23.106~108.
21 Dante, *Paradiso* 23.133~139.

그는 단테가 베아트리체와 마리아를 융합시켜 괴테가 말한 "영원한 여성성"eternal Feminine*으로, 예수 그리스도의 대체자로 만든다고 보았다.[22] 그러나 일부 학자가 그러한 인상을 받았다 하더라도 그것이 단테가 실제로 의도한 바라고 이야기할 수는 없다.[23] 「천국편」에서 그는 베르나르에게 마리아의 얼굴이 "그리스도와 가장 많이 닮은 얼굴"이라는 말을 듣는다.[24] 마리아는 단테를 응시하며 그 또한 그녀에게 비쳐 오는 "영원한 빛"을, 그녀를 구원하고 살게 하는 영원한 사랑을 향하게 만든다. 이 영원한 빛과 영원한 사랑은 오직 완전한 인간, 하느님의 아들이자 마리아의 아들인 예수에게서 온다.[25]

단테는 정치 이론을 펼칠 때도 예수의 모습에 의지했다. 황제파(기벨린)Ghibelline였던 그는 세속 권력을 요구하던 교황에 맞서 황제의 권위를 지지했다. 당시 교황은 자신이 세속 권력을 가져야 하는 신학적 근거로 예수가 베드로에게 위임한 권한, 곧 그에게 하늘나라의 열쇠를 주어 그가 "무엇이든지"quodcunque, 그것이 교회든 국가든 "땅에서 매면 하늘에서 매일 것이요, 땅에서 풀면 하늘에서 풀릴 것"(마태 16:18~19)이라는 약속을 근거로 들었다. 그러나 단테는 여기서 "무엇

---

22 Ernst Robert Curtius, *European Literature and the Latin Middle Ages* (Princeton: Princeton University Press, 1973), 372~373.

23 Etienne Gilson, *Dante and Philosophy* (New York: Sheed and Ward, 1949), 1~82.

24 Dante, *Paradiso* 32.85~86.

25 Dante, *Paradiso* 33.43, 33.145.

* "영원한 여성성"은 괴테의 『파우스트』 마지막 부분에 나오는 표현이다. "일체의 무상한 것은 한낱 비유일 뿐, 미칠 수 없는 것, 여기에서 실현되고, 형언할 수 없는 것, 여기에서 이루어진다. 영원한 여성성이 우리를 이끌어 올린다."

이든지"는 "절대적인 의미로 파악할 것이 아니라 어떤 것에 국한된 의미", 죄를 용서하는 권한에 국한된 의미로 받아들여야 한다고 주장했다.[26] 하느님께서 당신의 형상을 따라 한 인간을 창조하셨다는 성서의 가르침이 이 세계에 단 하나의 정부만 있는 것이 가장 좋은 것임을 암시한다 할지라도, 이것이 곧 교황이 영적인 권위와 세속적인 권력을 모두 가져야 한다거나 교회가 세계 정부와 같은 기능을 해야 한다는 뜻은 아니라고 그는 생각했다.[27] 단테에 따르면 인간은 본성상 "이중 목적", "현세 생활의 행복"과 "영원한 생명의 행복"을 갖고 있다.[28] '영원한 생명의 행복'은 그리스도가 자신의 활동과 고난을 통해 인류에게 준 선물이다. 그리고 저 고난의 한복판에서 그는 본티오 빌라도에게 선언했다.

내 나라는 이 세상에 속한 것이 아니오. (요한 18:36)

물론 단테는 훗날 세속주의자들이 주장하듯 이 구절을 "하느님이신 그리스도는 이 세상의 주인이 아니"라는 뜻으로 보지는 않았다. 다만 그는 이 구절을 그리스도가 "교회에 본을 보이는 뜻에서" 이 세상 나라들에 대한 통치권을 행사하지는 않는다는 것으로 해석했다.[29]

---

26 Dante, *On World-Government* 혹은 *De Monarchia* 3.8. 『제정론』(경세원)
27 Dante, *De Monarchia* 1.8.
28 Dante, *De Monarchia* 3.16.
29 Dante, *De Monarchia* 3.15.

그러므로 『제정론』De Monarchia에서 단테에게 문제가 된 것은 예수가 한 두 발언, 양쪽 다 권위를 갖고 있는 말 중 어느 쪽에 비추어 다른 쪽을 해석해야 하는지를 결정해야 하는 일종의 해석학적 문제였다고 보는 것이 적절하다. 이에 대해 그가 제시한 답은 어느 한쪽의 본질적 특징을 다른 쪽보다 경시하지 않은 채 교회가 교회 되게 하고 제국이 제국 되게 하는 것이었다. 그는 이것이야말로 예수의 삶과 가르침을 통해 드러난 하느님의 뜻에 가장 부합하는 것이라고 믿었다. 이와 관련해 칸토로비츠Ernst Kantorowicz*는 말했다.

목적이 둘이라고 해서 하나의 목적을 충실하기 위해 반드시 다른 목적과 갈등해야 한다거나 대립할 필요는 없다. 단테의 저작에서 '인간'과 '그리스도인'은 대립하지 않는다. 그는 한 사람의 그리스도인으로서 글을 썼으며 그리스도교 사회를 향해 말했다. 『제정론』 마지막 구절에서 그는 이를 분명하게 밝혔다. "저 사멸하는 지상의 행복은 어떤 면에서 불멸하는 행복에로 정향되어 있다."[30]

여느 그리스도인들처럼 단테에게도 가장 높은 권위는 예수 그리스도

---

30 Ernst H. Kantorowicz, *The King's Two Bodies: A Study in Mediaeval Political Theology* (Princeton: Princeton University Press, 1957), 464.

*   에른스트 칸토로비츠(1895~1963)는 독일 출신의 역사가다. 하이델베르크 대학교에서 역사를 공부했으며 나치의 탄압으로 독일을 떠나 옥스퍼드 대학교, 버클리 대학교를 거쳐 프린스턴 고등 연구소의 연구원을 지냈다. 중세 정치, 지성사, 예술에 관한 저작을 남겼는데 주요 저작으로 『황제 프리드리히 2세』Kaiser Friedrich der Zweite, 『왕의 두 신체』The King's Two Bodies가 있다.

안에서, 예수 그리스도를 통해 일어난 계시였다.

물론 그럼에도 불구하고 "인문주의적 학문이 르네상스 시기 신학에 미친 긍정적인 영향을 꼽는다면 다른 무엇보다도 성서 문헌학sacred philology이 남긴 공헌을 들어야 할 것이다".[31] 이에 대해서는 대다수 르네상스 학자가 동의하는 바다. 성서 문헌학은 좀 더 광범위한 의미에서 "고대의 부활"에 참여했다(부르크하르트에 따르면 르네상스 시대 인문주의자들은 여기에 사로잡혀 있었다). 부르크하르트는 말했다.

당시 극단적으로 (고대 자료의 수집에) 열을 올렸던 몇몇 수집가의 노력이 없었더라면, 우리는 지금까지 전승된 그리스 작가 중 극히 일부만을 알게 되었을 것이다.[32]

그리스와 로마 시대의 문헌을 수집하고자 하는 열성은 단순히 과거에 대한 향수나 소유욕 이상의 것이었다(그러한 측면도 있다는 것은 의심의 여지가 없지만 말이다). 인문주의자들은 당대 사회가 천박하고 미신이 넘쳐나는 가장 큰 이유가 그리스-로마와 같은 과거를 외면해서라고, 이를 해소할 수 있는 길은 옛것을 회복하는 것뿐이라고 확신했다. 그러므로 그들이 "원천으로 돌아가자"Ad fontes라는 표어를 내세운 것은 그리 놀라운 일이 아니다.

---

31 Paul Oskar Kristeller, *Renaissance Thought: The Classic, Scholastic, and Humanistic Strains* (New York: Harper Torchbooks, 1961), 79.

32 Jacob Burckhardt, *Civilization of the Renaissance*, 1:196.

이러한 "원천"들 중에는 라틴어로 쓰인 작품도 그리스어로 쓰인 작품도 있었지만(그리고 단일 저자로서 가장 중요했던 이는 고전 라틴어의 기준이 된 키케로였지만), 르네상스 인문주의의 위대한 혁신은 새롭게 그리스어 연구에 매진한 데 있다. 페트라르카Francesco Petrarca는 콘스탄티노플의 니콜라스 시게로스Nicholas Sygeros에게 호메로스 작품의 필사본을 받아 간직했지만 이를 읽으려고 그리스어를 배우지는 않았다. 시게로스에게 보낸 편지에서 그는 말했다.

그리스인들이 그들의 옷을 입은 모습을 보는 일은 분명 즐겁지만 나에게 딱히 도움이 되지는 않는다네.[33]

이 안타까운 이야기는 중세 서방 세계에 『일리아스』와 『오뒷세이아』가 거의 알려지지 않았으며 단지 『아이네이스』의 배경이 된다는 사실 정도만 알려졌음을 상기시킨다. 그러나 그리스 학자들이 자신들의 필사본을 손에 쥐고 콘스탄티노플에서 서방 세계로 망명하면서 사태는 바뀌기 시작했다. 그들은 그리스 작가들에 대한 지식이 풍성해지는 데 도움을 주었는데 이 저자 목록에는 고대 그리스 철학자와 시인, 극작가뿐 아니라 그리스 교회의 교부와 성가 작가들도 있

---

33 Petrarch to Nicholas Sygeros, 10 January 1354, *Letters from Petrarch* (Bloomington: Indiana University Press, 1966), 153.

었다.[34,35] 그중에서도 모든 사람이 읽기 위해 매달렸던 그리스어 문헌은 신약성서였다. 중세 대부분의 시기 서방 세계에 호메로스와 플라톤이 거의 알려지지 않았듯 중세 서방 교회의 주요 신학자들과 성직자들은 그리스어로 된 신약성서 원전을 읽지 못했다. 아우구스티누스조차 그리스어로 된 성서와 교부 문헌을 온전히 읽지 못했다. 자신의 천재성에도 불구하고 그는 성서 주석을 할 때 자신만의 독자적인 문헌학적 견해를 밝힌다거나 신약성서의 원어를 모국어로 쓰던 그리스 신학자들의 글을 활용하지 못했다. 아우구스티누스의 성취는 "'화려한 고립' 속에서 이루어졌고" 이는 "라틴 교회의 교양"에 중대한 영향을 미쳤다.[36] 토마스 아퀴나스 또한 라틴어 성서에 의존했으며 때로는 라틴어 성서에 담긴 오역에 기대 성서를 해석했다. 이를테면 결혼에 관한 구절인 에페소인들에게 보낸 편지 5장 32절("이 비밀은 큽니다")을 그는 불가타 역본을 따라 "이는 위대한 성사입니다"Sacramentum hoc magnum est로 해석했고 이를 근거 삼아 결혼이 교회의 일곱 성사 중 하나라고 주장했다.[37]

15, 16세기 서방 학자들은 그리스어 신약성서를 다시 읽었고 기존의 성서 해석은 체계적이고 문헌학적인 검토의 대상이 되었다. 이러

---

34 Deno J. Geanakoplos, *Greek Scholars in Venice: Studies in the Dissemination of Greek Learning from Byzantium to Western Europe* (Cambridge, Mass.: Harvard University Press, 1962)

35 Jaroslav Pelikan, *Christian Tradition* 4:76~78.

36 Peter Brown, *Augustine of Hippo*, 271.

37 Thomas Aquinas, *Summa Theologica* 3.44, Jaroslav Pelikan, *Christian Tradition* 3:212, 4:295.

한 운동의 선구자는 "가장 독창적이고 영향력 있는 이탈리아 인문주의자"였던 로렌초 발라Lorenzo Valla였다.[38] 『성 토마스 아퀴나스 예찬』 Encomium of Saint Thomas Aquinas이라는 풍자적인 책에서 그는 교회를 향해 스콜라주의에서 벗어나 아우구스티누스 같은 교회 교부들이 보여준, 무엇보다도 신약성서가 보여주는 참된 고대 그리스도교로 돌아갈 것을 촉구했다.[39] 발라의 『신약성서 주석』Annotations on the New Testament은 복음서와 서신서에 관한 종합적이며 체계적인 주석서는 아니었지만 다양한 성서 본문들에 관한 문법적이며 문헌학적인 주석을 곳곳에 담고 있다. 그는 그리스어 '미스테리온(신비)'$\mu\upsilon\sigma\tau\acute{\eta}\rho\iota\upsilon\nu$을 라틴어 '사크라멘툼(성사)'sacramentum으로 번역한 것을 비판했다. '미스테리온'은 그리스도가 제정한 교회의 의례를 가리키는 말이 아니라 하느님께서 이전에는 숨기셨으나 이제는 그리스도를 통해 드러내신 진리를 가리키는 말이기 때문이다. 이와 마찬가지로 중세 학자들이 "고해를 하라"고 잘못 이해한, 예수가 선포를 시작하며 했던 부름의 말은 본래 "회개하라", 혹은 "너희 마음을 돌이켜라"였고 천사가 동정녀 마리아를 높이며 건넨 인사말 '케카리토메네'$\kappa\epsilon\chi\alpha\rho\iota\tau\omega\mu\acute{\epsilon}\nu\eta$는 「아베 마리아」Ave Maria가 그랬듯 "은총을 가득 받은 이"gratia plena가 아니라 "크게 귀히 여김 받은

---

38 Charles Trinkaus, 'Introduction to Valla', *The Renaissance Philosophy of Man* (Chicago: University of Chicago Press, 1948), 147.

39 Hanna Holborn Gray, 'Valla's Encomium of St. Thomas Aquinas and the Humanist Conception of Christian Antiquity', *Three Essays* (Chicago: University of Chicago Press, 1978), 23~40.

이"를 뜻했다.[40]

발라는 성서 문헌학을 그리스어 복음서 본문에 적용함으로써 당대에 논란을 불러일으켰고 이는 (종교개혁가들이 이러한 문헌학을 활용한 것도 하나의 계기가 되어) 트리엔트 공의회에서 라틴어 불가타 역본을 성서의 공식 판본으로 결정하는 계기가 되었다. 그러나 그리스어 원전에 기초해 예수의 본래 메시지를 복원하여 교회 개혁과 신학의 갱신을 위한 청사진을 제시한 이는 발라가 아니라 더 유명한 그의 동료 로테르담의 에라스무스였다. 그는 1505년 발라가 쓴 『신약성서 주석』의 서문(이 서문은 "그리스도교 세계 전체를 대표하는 교수로서 에라스무스의 취임 기념 강연문"이라고 불렸다)을 쓰면서 개혁 활동을 시작했다.[41] 이 글에서 그는 신학이 고대어에 대한 문법 지식 위에 서 있어야 한다고 주장했다. "원천으로 돌아"갈 것을 재천명한 것이다. 그는 복음서 메시지를 해석하는 이라면 반드시 신약성서 원문 그리스어를 알아야 한다고 생각했다. 새로운 시대의 신학자들은 그리스어 신약성서 원전을 읽음으로써 불가타 역본의 오역으로부터, 중세 신학자들이 불가타 역본을 이용하면서 생긴 잘못된 이해로부터, 필사가들이 본문을 옮기며 발생한 왜곡으로부터 자유로워져야 한다고 그는 이야기했다. 이를 위해 1516년 에라스무스는 그의 가장 중요한 업적이라 할 수 있는 『신약성서 비평판』Novum instrumentum(최초의 그리스어 신약성서

---

40 Jaroslav Pelikan, *Christian Tradition* 4:308~309.

41 E. Harris Harbison, *The Christian Scholar in the Age of the Reformation* (New York: Charles Scribner's Sons, 1956), 85.

인쇄본인 이 책은 서양 문화가 갖고 있던 예수상에 혁명을 일으켰다)을 출간했다. 이 책의 출간으로 대변되는 그리스 신약성서 연구가 불러일으킨 파장을 가장 분명하게 엿볼 수 있는 사건은 프로테스탄트 종교개혁이지만 그 파장은 결코 프로테스탄트에 국한되지는 않았다. 발라나 에라스무스 같은 가톨릭 인문주의자뿐 아니라 스페인의 주류 가톨릭 성직자, 톨레도의 대주교이자 알칼라 대학교의 설립자였던 프란치스코 히메네스 데 시스네로스Francisco Jiménez de Cisneros 추기경도 원전 연구를 장려해 여러 언어(히브리어, 그리스어, 라틴어)로 된 호화로운 성서 판본, 6권 분량의 『콤플루툼 다언어 대역 성서』Complutensian Polyglot를 편찬했다. 이 성서의 신약 판본은 에라스무스의 비평판보다 2년 앞선 1514년에 인쇄되었지만, 비평판이 나온 후에야 배포되었다.

오늘날 많은 이는 에라스무스를 단순히 그의 그리스어 신약성서 비평판과 풍자 작품들(특히 1509년에 나온 『우신예찬』Moriae Encomium)의 저자로 기억하고 있지만 그가 이러한 작품들을 통하여 이루고자 한 것, 평생의 소명은 성서 문헌학을 도구 삼아 '그리스도의 철학'the philosophy of Christ을 탐구하고 회복하는 것이었다. 『우신예찬』에서 그는 말했다.

> 예수 그리스도를 대리한다는 교황들이 예수와 동일한 삶을 살고자 노력하였다면, 다시 말해 가난과 고난과 가르침과 십자가와 생명의 희생을 닮고자 하였다면, 하다못해 교황 또는 사제라는 성스러운 호칭을 고민하였다면, 이는 누구보다 근심과 염려가 가득한 자리일 것입니다. … 예수 그리스도의 가르침은 오직 온유와 인내와 희생이었

습니다.[42]

예수 그리스도의 가르침, '그리스도의 철학'에 관해 에라스무스가 가장 뜨거운 논조로 설명한 책은 1503년 출간된 『그리스도의 군병을 위한 안내서』Enchiridion militis Christiani였다. 이 책의 중심 주제는 아래와 같다.

> 그리스도를 여러분 삶의 유일한 목표로 삼으십시오. 여러분의 모든 열정, 모든 노력, 모든 일뿐 아니라 여가까지도 그분께 바치십시오. 그리스도를 말로만, 공허한 표현으로만 대하지 말고 그분의 자비, 성실, 인내와 순결, 곧 그분께서 우리에게 가르치신 모든 것을 통해 그분을 배우십시오. … 그분은 하느님 앞에서 어떻게 신실해야 할지를 보여주는 유일한 원형이시기 때문입니다.[43]

에라스무스에 따르면 참된 예수는 복음서의 예수, 좀 더 정확히 말하면 성서 원전, 그리스어 성서를 연구해서 도출된 예수(그리고 그의 삶과 가르침)였다. 『그리스도의 군병을 위한 안내서』를 마무리 지으며 그는 "참된 신앙은 인문학(좋은 학문bonae literae)이나 … 그리스어와 라틴어를 아는 것과는 아무 상관이 없다고 생각하며 그 가치를 폄훼하는 자들"에 맞서 '그리스도의 철학'과 그리스도교 인문주의를 결합해

---

42 Erasmus, 'The Praise of Folly', *The Essential Erasmus* (New York: New American Library, 1964), 157, 165.

43 Erasmus, *Enchiridion* 2.4, 2.6.

야 한다는 주장을 옹호했다.[44] 그는 독자가 복음서의 의미를 발견하고 이를 통해 예수가 전한 "생명의 말씀", 곧 "한순간도 하느님과 떨어지지 않으며 우리를 회복시켜 영원한 생명으로 인도하는 영혼에서 흘러나오는" 말씀을 익히기 위해서는 인문주의자들이 다른 고전 본문에 적용했던 것과 동일한 문학적 방법, 문헌학을 활용해 복음서를 인문학적으로 연구해야 한다고 보았다.[45] 복음서는 예수를 알기 위한 열쇠이기 때문이다. 그러나 그 역도 가능하다. 즉 예수는 복음서의 의미를, 더 나아가 성서 전체의 의미를 알기 위한 열쇠다. 그러므로 복음서 독자는 문헌학적으로, 문법적으로 정확하게 "문자적인 의미를 이해하는데 만족"해서는 안 된다. 독자는 오직 예수를 통해서만 알 수 있는 "더 깊은 신비로 나아가야" 한다. "아들이 누구인지는 아버지만이 아시고 또 아버지가 누구신지는 아들과 또 그가 아버지를 계시하려고 택한 사람만이 알 수" 있기 때문이다.[46]

스콜라 신학자들이 덧씌워 놓은 복잡한 문제들에서 예수라는 인물과 그의 메시지를 분별해내려고 노력하는 가운데 에라스무스는 수많은 초기 그리스도교 저술가들이 이야기했던 그리스도교 소크라테스주의를 되살렸다. 그에 따르면 고대 그리스 및 로마 저술가들은 "너 자신을 알라"는 금언을 "하늘이 내려준 말"이라고 믿었고 그리스도교인들도 이를 받아들였다. 그 말이 성서의 메시지, 예수의 가르침

44　Erasmus, *Enchiridion*, conclusion.

45　Erasmus, *Enchiridion* 1.1.

46　루가 10:22, Erasmus, *Enchiridion* 1.2.

과 일치했기 때문이다.

지혜의 창조자이자 지혜 그 자체, 이 세상의 어리석음이라는 밤을
쫓아낼 수 있는 유일한 참 빛인 예수 그리스도께서는 "지혜의 왕관
crown은 너 자신을 아는 것"이라고 가르치셨다.[47]

이러한 예수의 메시지는 "어리석음"과 "어둠"은 조금도 없으신 하느
님이 당신을 드러낸 것이라고 에라스무스는 생각했다. 따라서 그는
말했다.

그리스도의 길은 우리가 따라야 할 가장 올바르면서도 논리적인 길
이다. … 여러분이 그리스도를 위하여 세상을 저버린다 해도 실제로
여러분이 잃어버리게 되는 것은 없다. 여러분은 세상을 그보다 훨씬
더 좋은 것과 맞바꾸는 것이기 때문이다. 이는 은을 금으로, 돌을 값
진 보배로 바꾸는 것이다.[48]

그리스도교 소크라테스주의를 따라 에라스무스는 모든 고전 중 "플
라톤주의자들을 가장 높이" 평가했다. 그들은 "생각뿐 아니라 표현
방식도 복음서와 유사했기" 때문이다.[49] 예수의 가르침이 모든 인류

---

47 Erasmus, *Enchiridion* 1.3.
48 Erasmus, *Enchiridion* 2.3.
49 Erasmus, *Enchiridion* 1.2.

가 생각하고 알고 있는 것 중 최고의 것과 조화를 이룬다는 사실은 예수의 완전한 인간으로서의 면모를 드러낸다고 그는 생각했다.

마르틴 루터는 '그리스도의 철학'과 이교 철학을 분명하게 동일시 하는 에라스무스의 모습을 보고 그가 진지하게 성서의 메시지를 옹 호하지 않는 사람이며 본질적으로는 회의론자, "에피쿠로스", 도덕주 의자라고 생각했다. 루터의 영향 아래 종교개혁을 연구한 많은 역사 가, 그리스도교 교리를 연구한 많은 역사가는 이러한 루터의 판단을 그대로 따르곤 했다. 그러나 이는 잘못된 판단이며 에라스무스의 작 품들을 오독한 데서 나온 결과라 할 수 있다. 이를 두고 한 에라스무 스 해석가는 이야기했다.

진지한 시대에 에라스무스가 만들어낸 (우신예찬 속) 우신은 경박한 이교도로 오해되었고 그 결과 에라스무스를 오해하게 만들었다.[50]

1536년 7월 12일 세상을 떠날 때까지 그는 '그리스도의 철학', 완전한 인간인 예수가 세운 교회(현실 교회가 아니라 예수가 의도했던 교회)에 헌 신했다. 생을 마감하기 직전 그는 교회의 성사에 참여했다. 축성된 기름과 마지막 여행을 위한 노자성체viaticum*를 받은 그는 입술로 거듭

---

50 Marjorie O'Rourke Boyle, *Christening Pagan Mysteries: Erasmus in Pursuit of Wisdom* (Toronto: University of Toronto Press, 1981), 92.

* 노자성체의 라틴어 뜻은 '긴 여행을 위한 준비'라는 뜻으로 죽음이라는 긴 여행 을 위한 영적인 준비, 즉 마지막 영성체를 의미한다. 초기 교회에서는 임종하 는 이를 위한 다른 종교적 의식과 기도를 모두 포함하는 넓은 의미로 사용되었 으나 이후 죽음의 위험에 처한 신자에게 마지막으로 성체를 영하는 것을 뜻하

거듭 예수께 기도하며 눈을 감았다.

오 예수여, 자비를 베푸소서O Jesu misericordia.

주여, 나를 구원하소서Domine libera me.[51]

게 되었다.

51 Roland H. Bainton, *Erasmus of Christendom* (New York: Charles Scribner's Sons, 1969), 272.
『공동체 안에서의 에라스무스』(제주대학교출판부)

13

영원하신 분을 비추는 거울

나를 본 사람은

아버지를 보았다. (요한 14:9)

 종교개혁은 제도 교회의 권위에서 벗어나 역사적 예수의 권위로 돌아갈 것을 호소하면서 시작되었다. 1517년 10월 31일, 아우구스티누스회 수도사이자 비텐베르크 대학교의 신학 박사였던 마르틴 루터는 95개의 논제를 게시한 뒤 이에 관해 논의하자고 도발했다. 그 중 첫 번째 논제는 다음과 같다.

우리 주 예수 그리스도의 이름으로, 아멘. 우리의 주요, 선생이신 예수 그리스도께서 "회개하라"poenitentiam agite(마태 4:17) 명령하셨을 때,

그 뜻은 신자의 모든 삶이 돌아서는 것이다.[1]

복음서 속 예수의 메시지로 돌아가자는 루터의 호소는 발라나 에라스무스 같은 그리스도교 인문주의자들이 진행한 성서 문헌학과 성서 연구 결과를 교회의 성사적 삶에 직접 적용한 것이라 할 수 있다. 생을 마감할 때까지 신학자이자 성서 해석자로서 마르틴 루터가 남긴 저작들이 다루고 있는 것은 복음서뿐만 아니라 구약성서와 신약성서 전반을 아우른다. 특히 이신칭의以信稱義, justification by faith 교리를 둘러싸고 논쟁을 벌일 때 그가 가장 관심을 기울인 성서 문헌은 바울 서신들이었다. 세상을 떠나기 한 해 전 쓴 『나의 삶을 변호함』apologia pro vita sua에 따르면 루터는 로마인들에게 보낸 편지에서 바울이 한 말("하느님의 의가 복음 속에 나타납니다. 이 일은 오로지 믿음에 근거하여 일어납니다. 이것은 성경에 기록한바 '의인은 믿음으로 살 것이다' 한 것과 같습니다"(로마 1:17))을 깊이 고민한 결과 종교개혁가가 되었다.[2] 하느님께서 선한 자에게는 상을 주시고 악한 자에게는 벌을 내리는 것이 어떻게 그리스도의 복음, '좋은 소식'일 수 있는지를 물으며 그는 고뇌에 빠졌다. '예수는 정말로 저 끔찍한 메시지를 전하기 위해 왔단 말인가?' 바울 서신을 읽다 불현듯 그는 바울이 말한 "하느님의 의"는 하느님 자신을 의롭게 하는 의(소극적인 의미에서의 의)가 아니라 예수 그리스도를

---

1 Martin Luther, *Ninety-Five Theses* 1, in *Luther's Works: American Edition* (Saint Louis and Philadelphia: Concordia Publishing House and Fortress Press, 1955~), 31:25. 『마르틴 루터 95개 논제』(감은사)

2 Martin Luther, *Preface to Latin Writings, Luther's Works* 34:336~337.

통해 하느님께서 죄인을 의롭다 하시는 것, 죄인의 죄를 용서하여 그를 의롭게 하는 의(적극적인 의미에서의 의)임을 깨달았다. 루터는 이를 발견하고 나서 마치 천국 문이 열리는 느낌을 받았다고 고백했다.

그러므로 루터와 그가 일으킨 종교개혁이 교회사와 신학사에서 차지하는 비중을 헤아려보고자 한다면 (그의 다른 논의들과 연관된, 성서의 다른 부분에 대한 연구를 무시하는 것은 아니지만) 바울 서신 해석자로서 루터가 진행한 작업을 집중하여 살피는 것이 합당하다. 루터와 다른 종교개혁자들은 사도 바울에게 "예수 그리스도 곧 십자가에 달리신 그분 밖에는, 아무것도 알"(1고린 2:2)려고 할 필요가 없음을 배웠다. 오직 믿음을 통해, 곧 오직 은총을 통해 의롭게 된다는 것은 곧 예수의 삶과 죽음, 부활을 통해 하느님께서 이루신 하느님과의 올바른 관계를 회복하는 것을 뜻했다. 이것이야말로 종교개혁의 핵심이었다. 루터는 말했다.

그리스도는 거울입니다. 이 거울은 아버지의 마음을 보여줍니다. 그분이 없다면, 아버지는 진노로 가득하고 끔찍한 심판관으로만 보일 것입니다.[3]

이와 유사하게 칼뱅은 말했다.

3　Martin Luther, *Large Catechism* 2.3.65. 『마르틴 루터 대교리문답』(복 있는 사람)

그리스도는 우리가 선택받았음을 보게 하는, 이를 자기기만 없이 보게 해주는 거울이다.[4]

또한 취리히에서 활동한 칼뱅의 동료 종교개혁자 하인리히 불링거 Heinrich Bullinger는 개혁교회 공식 신앙고백문에서 말했다.

그리스도를 우리의 거울이 되게 하자. 이 거울을 통하여 우리의 예정된 삶을 보자.[5]

이렇듯 "거울"은 종교개혁 사상의 "핵심 은유"였다.[6] 종교개혁가들은 예수를 영원하신 분The Eternal(하느님을 이르는 은유적 표현)을 비추는 거울로 해석함으로써 그리스도교계, 문화에 공헌했다. 물론 종교개혁가들은 그 거울에서 각기 다른 모습을 발견했다. 그들은 모두 원칙적으로 모든 그리스도교인이 합의하는 바, 영원하신 분의 거울로서 예수가 진, 선, 미의 계시라는 점에 동의했지만(그들이 명시적으로는 이러한 관념적인 철학 개념이 적절치 않다고 여겼을지라도 말이다) 그들이 실질적으로 동의했던 것은 진리를 비추는 거울로서 그리스도의 의미였다. 루터의 표현을 빌려 쓰자면 그리스도는 "숨어계신 하느님"Deus absconditus

---

4 John Calvin, *Institutes of the Christian Religion* 3.24.5

5 *Second Helvetic Confession* 10. 다른 예들로는 다음을 보라. Jaroslav Pelikan, *Christian Tradition* 4:167, 230~231, 240~241.

6 Brian A. Gerrish, *The Old Protestantism and the New. Essays on the Reformation Heritage* (Chicago: University of Chicago Press, 1982), 150~159.

378 | 예수, 역사와 만나다

의 참된 계시이며 성서에 담긴 신성한 진리의 원천이었다. 칼뱅 또한 하느님에 대한 참된 지식을 얻으려면 진리의 거울인 예수 안에서, 예수를 통해 드러난 계시를 살펴야 한다고 확신했다. 신약성서 구절("그리스도의 얼굴에 나타난 하느님의 영광을 아는 지식의 빛"(2고린 4:6))을 인용하여 그는 말했다.

> (하느님께서) 예수 안에서, 예수의 모습을 통해 나타나셨을 때, 그분은 자신의 형상 그대로 당신을 드러내셨다. 이전에는 그분이 나타나셨다 해도 희미하고 흐릿했다.[7]

그러나 언젠가 칼 홀이 루터와 16세기 종교개혁 전반을 두고 말했듯 "종교개혁은 문화의 모든 영역을 풍요롭게 했다".[8] 미의 거울 예수는 문학, 예술, 음악 분야에, 선의 거울 예수는 정치 질서에 영감을 주었다. 이렇게 유럽 문화의 모든 영역은 회복되면서 동시에 갱신되었다. 종교개혁 진영에 속한 교회 중 어느 하나가 이러한 회복과 갱신을 독점하지는 못했다. 그리고 종교개혁의 중요 인물인 루터와 칼뱅, 종교개혁의 두 주요 전통인 루터교회와 개혁교회 사이에는 미의 거울로서의 예수와 선의 거울로서의 예수를 정의하는 데 분명한 차이가 있었다. 칼뱅과 그의 후계자들이 예수가 미의 거울이라는 점에 대해 우

---

7 John Calvin, *Institutes of the Christian Religion* 2.9.1.

8 Karl Holl, *The Cultural Significance of the Reformation* (New York: Meridian Books, 1959), 151.

상화의 가능성을 염려한 반면, 루터와 그의 후계자들은 선의 거울로서 예수가 지닌 정치적 함의를 받아들이는 것을 주저했다. 거울로서 예수에 대한 정의의 차이, 그리고 이 차이의 문화적, 사회적 연관성(이는 분명 교리라는 신학적 차이와도 연관이 있다)은 지난 4세기 역사에 커다란 영향을 미쳤다.

루터가 신학 분야에서 남긴 가장 중요한 공헌은 분명 칭의 교리지만, 문학 분야에서 그가 이룬 가장 중요한 성취는 신약성서를 독일어로 번역한 일이다(그는 1521년 12월 중순부터 1522년 3월 초까지 11주 만에 이 일을 마쳤다). 물론 결국 그는 성서 전체를 번역했지만, 역사를 바꾼 것은 그가 번역한 독일어 신약성서였다. 이 신약성서는 여러 차례 개정을 거쳐 그의 생전에만 100종가량의 판본이 있었고 사후에는 그 수를 헤아릴 수 없을 정도가 되었다. 루터의 신학을 하찮게 여기거나 경계했던 이들조차 그가 언어에 천부적인 재능을 지녔다는 사실만큼은 인정할 수밖에 없었다. 그가 독일어 신약성서를 내놓은 이후 20년 동안 신학적으로 루터와 대적했던 이들 중 일부는 성서를 독일어를 번역할 때 루터의 번역본에 크게 의존했고 그의 언어 능력에 경의를 표했다.[9] 하인리히 보른캄Heinrich Bornkamm*이 루터의 1521년 신약성서

---

9 Michael Reu, *Luther's German Bible* (Columbus, Ohio: Lutheran Book Concern, 1934), 180~181.

* 하인리히 보른캄(1901~1977)은 독일의 프로테스탄트 신학자다. 예나, 튀빙엔, 베를린 대학교에서 신학을 공부하고 베를린 대학교에서 박사학위를 받았다. 기센 대학교, 라이프치히 대학교를 거쳐 1948년부터 1969년까지 하이델베르크 대학교에서 교회사 교수로 활동했다. 루터와 관련된 다채로운 연구물을 남겼다. 주요 저서로 『루터와 구약성경』Luther und das Alte Testament(컨콜디아사), 『독일 지성사에 비추어 본 루터』Luther im Spiegel der deutschen Geistesgeschichte 등이 있다.

번역에 관해 "루터의 번역본과 그보다 앞선 중세인들의 번역본을 비교해 보면 루터의 번역본은 하늘을 나는 독수리 같다"고 지적하고 루터가 "오롯이 자신의 힘에 의지해 독일어라는 거푸집에 신약성서를 들이붓는 작업을 했다"고 평가한 것은 결코 과장이 아니다. 또한 보른캄은 말했다.

> 놀라운 섭리가 위대한 독일어 조각가 루터를 적절한 때와 시간에 보내 현대 독일어 창조에 역사적인 공헌을 하게 만들었다.[10]

히에로니무스가 번역한 불가타 성서는 라틴어가 세계어의 지위를 얻는 데 결정적인 공헌을 했으며 언어의 역사에 새로운 장을 열었다.[11] 이와 마찬가지로 종교개혁 시기 루터를 필두로 종교개혁가들이 자신의 모국어로 번역한 성서는 해당 언어 역사의 전환점이 되었다. 이러한 현상은 성서가 다른 언어로 새로이 번역되는 오늘날에도 나타나곤 한다.

루터가 복음서를 번역하고, 복음서에 관해 수없이 많은 설교(이 설교들은 1,000개가 넘으며 오늘날까지 전해진다)를 행함으로써 예수의 삶과 가르침은 생생하고도 상세하게 되살아났다.[12] 루터는 구약성서, 그리

---

10 Heinrich Bornkamm, *Luther's World of Thought* (Saint Louis: Concordia Publishing House, 1958), 273~283.

11 Erich Auerbach, *Literary Language and Its Public*, 45~50.

12 마태오와 요한 복음서에 관한 이 설교들은 *Luther's Works* 21~24에서 확인할 수 있다.

고 (특히) 신약성서에 대한 전통적인 해석 방식이었던 우의적인 해석을 배격했다. 그가 보기에 이러한 해석 방법은 성서를 아무렇게나, 자의적으로 읽게 만들뿐이었다. 대신 그는 청중이 예수를 살아있는 인물로 받아들이게끔 복음서가 묘사하는 예수의 생애를 재구성하는 데 전념했다.[13] 하인리히 하이네Heinrich Heine는 루터가 때로는 "시장터의 여인네처럼 거친 말투로 싸울 수도 있고, 때로는 요조숙녀처럼 속삭이듯 대화"할 수도 있었다고 말한 바 있다.[14] 루터는 이런 자신의 능력을 십분 활용하여 복음서를 번역하고 주해했으며 (이를 바탕으로) 설교했다. 그는 결코 복음서의 언어를 바울 서신의 눈으로 보지 않았다(그렇게 했다고 추정할 수 있고 실제로 일부 학자들은 그렇게 주장하기도 했지만 말이다). 오히려 그는 각 복음서 저자, 각자가 그린 예수의 독특한 모습을 드러내기 위해 애썼다. 물론 그가 어떤 저작에서 복음은 하나이며 "네 편의 복음서와 네 명의 복음서 저자가 있다는 생각은 버려야 한다"고 주장했던 것도 사실이다.[15] 그러나 그러한 주장을 하는 와중에도 그는 특정 주제와 관련해 각 복음서가 다루는 방식을 끊임없이 비교하고 대조했다.[16]

그 결과 루터는 예수를 16세기의 동시대인인 것처럼, 생생한 언

---

13 Jaroslav Pelikan, 'Luther the Expositor', Introduction to the *Reformer's Exegetical Writings* (Saint Louis: Concordia Publishing House, 1959), 89~108.

14 Heinrich Heine, *Religion and Philosophy in Germany* (Boston: Beacon Press, 1959), 46. 『독일의 종교와 철학의 역사에 대하여』(회화나무)

15 Martin Luther, 'Preface to the New Testament', *Luther's Works* 35:357.

16 수많은 예가 있지만 하나만 고른다면 다음을 들 수 있다. 'Sermons on the Gospel of John', *Luther's Works* 22:37~38.

어로 말하는 인물로 그릴 수 있었다. 독자들이 예수가 갓 태어난 장면을 보며 "내가 저기 있었다면 얼마나 좋았을까? 얼른 저 아기 예수를 도우러 가고 싶은데…" 하며 감상에 젖은 채 가련한 그 아기를 차마 보지 못해 고개를 돌리고 말 때 루터는 일갈했다. "왜 여러분은 지금 그 일을 하지 않습니까? 여러분의 이웃 중에 그리스도께서 계십니다."[17] 우리에게도 익숙한, 들에 핀 나리꽃과 하늘을 나는 새를 살펴보라는 산상 설교(마태 6:26~27)도 루터의 손을 거치면 또 다른 생생함을 얻었다.

> 예수께서는 새들을 우리의 교사이자 선생으로 삼으셨습니다. 이처럼 복음에서는 힘없는 참새 한 마리가 가장 지혜로운 인간을 가르치는 신학자이자 설교자가 됩니다. 얼마나 부끄러운 일입니까? … 그리스도께서는 이를 통해 우리에게 경고하십니다. "보라. 너희 비참한 인간들아! 너희에게는 집과 가정, 돈과 재산이 있지만 평안은 보이지 않는구나."[18]

루터는 예수의 대적자들이 자신의 대적자들인 것처럼 말하고 썼기에 청중과 독자들은 복음서의 원어가 독일어가 아니라 그리스어임을 잊곤 했다. 칼뱅도 루터처럼 복음서 이야기를 명쾌하고도 생생하게 전달해 읽는 이에게 도전했다. 예수가 우물가의 여인과 만난 이야기에

---

17   *The Martin Luther Christmas Book* (Philadelphia: Westminster Press, 1948), 38.

18   Martin Luther, 'The Sermon on the Mount', *Luther's Works* 21:197~198.

대한 칼뱅의 설명은 그 좋은 예다.[19]

루터가 예수를 동시대 사람으로 만든 문학적 힘은 그가 예수를 미의 거울로 이해한 데서 나온다. 같은 맥락에서 그는 중세 후기 종교 예술에 자신의 복음서 이해, 특히 영원하신 분의 거울인 예수의 인성에 관한 생각을 주입하려 애썼다. 그는 중세 화가들이 그린 동정녀 마리아 작품들을 강하게 비판했는데 이는 그들이 마리아를 자신들과 동시대인으로, 자신들의 환경에 맞게끔 그녀를 그려 복음서의 문자적 의미를 왜곡해서가 아니라 그들이 마리아의 "멸시당한 모습, 천한 모습"은 전혀 드러내지 않고 "멋지고 고결한 것만" 드러나게 그렸기 때문이었다. 루터는 화가들이 동정녀 마리아를 그릴 때는 '마리아 찬가'Magnificat에서 볼 수 있듯 "풍요로움이 넘쳐 흐르는 하느님께서 가난하기 그지없는 그녀와 만나주셨다"는 진실이 작품에 분명히 드러났어야 했다고 생각했다.[20] 루터의 생각에 공감해 이를 작품 세계에 반영한 대표적인 화가는 알브레히트 뒤러다. 뒤러 전기를 쓴 작가는 뒤러가 루터의 가르침을 받아들임으로써 그의 신앙, 삶뿐 아니라 작품의 "주제와 표현 양식 모두 회심"했다고 말한다.

이교적인 고대 그리스-로마의 정신을 유럽 북부 세계에 전하는 데 누구보다 열심이었던 그였으나 루터의 가르침을 받아들인 이후에는

---

19 John Calvin, *The Gospel According to St. John* 1~10 (Grand Rapids: Wm. B. Eerdmans, 1959), 89~103.

20 Martin Luther, 'Magnificat', *Luther's Works* 21:323.

《최후의 만찬》(1565년), 루카스 크라나흐(아들), 데사우 밀덴제.

과학 분야의 도해, 여행 기록, 초상화를 제외하고는 사실상 세속적인 주제를 다루지 않았다.[21]

영원하신 분을 비추는 거울인 복음서의 예수를 동시대인처럼 느끼게 하는 수단으로 그림을 활용해야 한다는 루터의 주장에 호응해 루카스 크라나흐(아들)Lucas Cranach the Younger는 복음서 속 사건들을 그리며 루터를 마치 당시 사건이 일어났을 때 거기 있었던 것처럼 그렸다. 이러한 그의 기법이 가장 잘 드러난 그림은 아마도 데사우로슬라우에 있는 성모 마리아 교회를 위해 그려 1565년 봉헌한 《최후의 만찬》The Last Supper일 것이다. 이 그림에서 예수는 성찬을 집전하고 있고, 열두 제자(이 중에는 은 서른 닢을 갖고 있는 유다도 있다)는 16세기 독일 사람들이 입었던 옷을 입고 식탁에 둘러앉아 있다. 그리고 (뜬금없지만) 식탁에 있는 무리에는 마르틴 루터, 비텐베르크 대학에 있던 루터의 동료 필립 멜랑히톤Philip Melanchthon, 그리고 안할트 대공도 있다. 이러한 방식으로 크라나흐는 루터의 뜻을 따라 태연스럽게 1세기에 일어난 사건을 16세기로 옮겼다.

복음서 이야기를 동시대 것으로 만들어야 한다는 루터의 주장을 가장 극적으로, 설득력 있게 보여준 것은 요한 제바스티안 바흐가 《성 마태오 수난곡》과 《성 요한 수난곡》으로 표현한 예수의 수난과 죽음에 관한 복음서 이야기일 것이다. 이와 관련해 근대정신에 관해

---

21 Erwin Panofsky, *The Life and Art of Albrecht Dürer*, 199.

누구보다 깊이 연구한 한 역사가는 말했다.

> (루터와 종교개혁의 진정한 의의는) 교의학 작품들만 살펴서는 충분히
> 알 수 없다. 이를 온전히 헤아리기 위해서는 루터의 저작들, 교회의
> 합창곡, 바흐와 헨델이 쓴 성가, 그리고 새로운 교회 공동체의 생활
> 구조 모두를 살펴보아야 한다.[22]

교회 생활을 쇄신하기 위해 종교개혁이 내놓은 강령 중 하나는 (성서
를 각 나라의 모국어로 번역하고 그 번역된 본문을 활용해 설교하는 것과 더불
어) 모든 회중이 부를 수 있도록 각 나라말로 된 찬송을 만드는 것이
었다. 이때 어떤 종교개혁 집단들은 새로운 노래를 만드는 것을 반대
하고 '하느님의 찬송가'인 시편을 번안해 쓰기도 했다. 『제네바 시편
찬송』Geneva Psalter과 『베이 시편집』Bay Psalm Book 같은 걸작들은 그러한 작
업의 산물이다. 그러나 루터는 "복음이 모든 예술을 파괴하고 창작욕
을 꺾는다고 믿지" 않았다. 그는 말했다.

> 나는 모든 예술, 특히 음악이 우리에게 음악을 주시고 만들 수 있게
> 하신 그분을 예배하는 데 쓰이기를 바란다.[23]

---

22 Wilhelm Dilthey, *Weltanschauung und Analyse des Menschen seit Renaissance und Reformation* (Stuttgart: B. G. Teubner, 1964), 515.

23 Martin Luther, 'Preface to the Wittenberg Hymnal of 1524', *Luther's Works* 53:316.

그는 중세 후기에 등장하기 시작한 찬송가와 합창곡을 취해 이를 발전시킴으로써 새로운 생명을 불어넣었다. 그 결과물 중 하나인 루터교 합창곡Lutheran chorale은 파울 게르하르트Paul Gerhardt 같은 작사가나 작곡가의 작품들에서 정점에 이르렀고 종교개혁이 문화 영역에서 이룩한 중요한 기념비가 되었다.

바흐라는 천재는 칸타타, 나아가 수난곡이라는 더욱 큰 규모의 작업을 통해 종교개혁의 두 가지 요소, 곧 루터가 번역한 복음서 본문과 루터교 합창곡을 하나로 결합했다. 그 결과 사람들은 영원하신 분을 비추는 거울인 예수의 삶과 죽음이 지닌 의미를 이전보다 새롭게, 강력하게 체험할 수 있었다. 이를 두고 나탄 쇠데르블롬Nathan Söderblom*은 말했다.

교회에서 태어나 16세기에 이르러 새로운 깊이와 새로운 풍요로움, 새로운 강렬함을 입은 수난곡은 고유한 방식으로 구약성서와 신약성서에 나타난 계시의 원천을 새롭게 해석해냈다. 당신이 다섯 번째 복음서가 있다면 무엇이겠냐고 묻는다면, 나는 주저 없이 요한 제바스티안 바흐에게서 절정에 이른 구원사 해석을 들 것이다. 《성 마태오 수난곡》과 《미사곡 b단조》는 수난과 구원의 신비에 대한 깊은 통

---

* 나탄 쇠데르블롬(1866~1931)은 스웨덴의 루터교 성직자다. 웁살라 대학교에서 신학을 공부했으며 1893년 루터교 목사가 된 뒤 192년 라이프치히 대학교에서 종교학을 가르치다 1914년 루터교 교회의 총감독이 되었다. 제1차 세계 대전 중에 평화를 되찾기 위한 다양한 노력을 기울였으며 교회일치운동에도 앞장섰다. 1930년 평화 운동에 기여한 공로로 노벨 평화상을 받았다.

찰을 보여준다.[24]

영원하신 분에 대한 거울 예수가 프로테스탄트 문화에 끼친 영향
만 다루고 16세기 가톨릭 종교개혁으로 인해 일어난 신학적, 문화적
회복과 갱신, 이에 예수가 끼친 영향을 무시한다면 이는 역사에 대해
정직하지 않을 뿐만 아니라 교회 일치 정신에도 어긋나는 일이다. '지
금 이곳에서 우리와 함께하는 그리스도'는 스페인 가톨릭 종교개혁
이 낳은 걸작인 루이스 드 레온Luis de León*의 『그리스도의 이름들』The
Names of Christ의 중심 주제였다. 제목을 보면 짐작할 수 있듯 이 책은
중세 그리스도-신비주의 역사에서 커다란 영향력을 행사한 위-디오
니시우스의 글 「거룩한 이름들에 관하여」On the Divine Names의 연장선에
있는 작품이자 그 확장판이다. 책에서 루이스 드 레온은 이제는 그리
스도-신비주의가 말하는 '그리스도'에 대하여 분명하게 말할 때가, 그
의 이름들이 지닌 의미를 명확하게 말할 때가 되었다고 이야기한다.
책 1권에서 그는 말한다.

성서가 그리스도를 부르는 이름들은 그분의 덕목과 자질만큼이나

---

24 Nathan Söderblom, *Kristi pinas historia* (Stockholm: Svenska Kyrkans Oiakonistyrelses Bokforlag, 1928), 430~431.

* 루이스 드 레온(1512~1591)은 스페인의 로마 가톨릭 신학자이자 수도사, 시인이
다. 살라망카 대학교 알칼라 데 에나레스 대학교에서 법학과 신학을 공부하고
아우구스티누스회의 수도사가 되었다. 이후 이단 혐의를 받아 수차례 감옥에
투옥되었지만 감옥에 있는 와중에도 왕성한 집필 활동을 했다. 17세기 말 그의
시집들이 본격적으로 읽혔고 18세기 신고전주의 시인들에게 커다란 영향을 미
쳤다.

무수히 많다.[25]

이후 저자는 자신의 히브리어 지식을 최대한 활용해 히브리 성서 본문에 나오는 다양한 이름들을 분석한다. 루이스 드 레온에 따르면 그중 예수에게 어울리는 이름은 열 가지다. "예수의 영"은 인간의 영혼과 인격을 "뚫고 들어와 이를 변화시킨다". "깊은 샘에서 물을 길어 올리듯, 광대한 바다에서 보물을 찾아내듯 우리는 예수 그리스도 안에서 존재라는 보화를 찾기" 때문이다.[26] 이 보화는 "예수가 우리에게 준 새 율법"을 통해 '미'와 '덕'을 우리에게 가져다주었다.[27] 우리 삶의 목적은 바로 이 보물을 발견하는 것이며 "새 율법"에 순종하며 살아갈 때 이 목적은 성취된다.

십자가의 성 요한Saint John of the Cross이 쓴 시들은 루이스 드 레온이 말한 그리스도-신비주의의 영성과 문학성을 한층 더 높였다. 많은 역사가와 문학 비평가는 그를 스페인어를 쓴 시인 중 최고의 시인으로 평가한다. 하지만 단테처럼 십자가의 성 요한 역시 시인임과 동시에 철학자였다. 그는 토마스 아퀴나스의 사상을 배웠으며 지성과 의지 사이, 하느님을 아는 것과 하느님을 사랑하는 것 사이의 긴장을 해결하고자 애썼다. 십자가의 성 요한이 찾은 문제 해결의 실마리는 바로

25　Luis de León, *The Names of Christ* 1, Classics of Western Spirituality (New York: Paulist Press, 1984), 42.

26　Luis de León, *The Names of Christ* 3, Classics of Western Spirituality, 303, 366.

27　Luis de León, *The Names of Christ* 2, Classics of Western Spirituality, 202.

예수라는 인격체였다. 그에게 영원하신 분을 비추는 거울 예수는 하느님을 아는 지식의 근본이자 하느님의 사랑을 드러낸 계시였다. 「영혼의 노래」Canciones de el alma라는 작품에서 십자가의 성 요한은 "부정의 길"을 탐구한 바 있다.[28] 앞서 살펴보았듯 이 길은 4세기 그리스어를 사용했던 그리스도교 신플라톤주의자들이 '우주의 그리스도'의 의미를 탐구할 때 썼던 방법이었다. 그러나 그가 보기에 이러한 부정의 길을 걸었을 때는 심오한 앎을 얻는다 할지라도 그리스도에 대한 온전한 앎을 얻기에는 충분치 않았다. 그리스도의 사랑이 뒤따라야 한다고 십자가의 성 요한은 생각했다. 그래서 「그리스도와 영혼에 관하여」Of Christ and the Soul라는 서정시madrigal에서 그는 "마음에 감당할 수 없는 상처 같은 사랑을 품은" 젊은 연인의 상태를 영혼과 그리스도의 신비로운 사랑을 가리키는 은유로 사용한다.[29] 앎과 사랑이라는 십자가의 성 요한의 두 가지 주제는 짧은 서사시인 「성육신에 관하여」On the Incarnation에서 한데 모인다. 이 시에서 그는 예수와 하늘에 계신 아버지의 대화, 아버지가 예수를 위해 찾아 준 신비로운 지상의 신부에 관해 둘이 나누는 대화를 들려준다.[30] 십자가의 성 요한은 예수와 이 신부가 하나가 될 때 "완전한 사랑"이 이루어지리라고 노래한다. 그리고 예수는 아버지 하느님께 말한다.

---

28 *The Poems of St. John of the Cross* (Chicago: University of Chicago Press, 1979), 18~19.

29 *The Poems of St. John of the Cross*, 40~41.

30 *The Poems of St. John of the Cross*, 68~71.

당신의 힘, 감미로운 이성, 깊은 마음을

어떻게 더 잘 새길 수 있겠습니까?

제가 말을, 새로운 소식을 세상에 나르겠습니다.

그 소식은 아름다움과 평화의 소식

아무런 제약을 받지 않는 통치에 관한 소식입니다.

이렇게 하여 하느님의 마음과 이성인 신적 로고스, 그리고 하느님의 사랑과 의지인 신적 신부는 영원하신 분을 비추는 거울인 예수 안에 함께 있게 된다.

이처럼 예수를 (언제나 이러한 식으로 표현하지는 않았을지라도) 미의 거울로 보는 생각들에 대해 루터는 별다른 이의를 제기하지 않았을 것이다. 루터 본인도 이와 유사한 은유를 사용했기 때문이다. 그러나 그는 예수를 정치 질서를 세우기 위한 선의 거울로 규정하는 것에 대해서, 예수의 인격과 메시지를 현재화해 곧바로 정치 질서에 적용하거나 특정 정치 운동에 의미를 부여하려는 시도에 대해서는 분명하게 선을 그었다. 16세기 일부 급진적인 종교개혁가들은 '제자도'를 다시 정의하며 사회, 경제, 정치 체제를 총체적으로 바꾸어야 한다고 주장했다. 그들은 사회는 성서의 율법, 예수의 가르침을 통해 근본적으로 다시 쓰이고 산상 설교에서 핵심이 드러난 율법, 그 율법에 담긴 하느님의 뜻과 일치를 이루어야 한다고 믿었다. 이에 맞서 루터는 1530~1532년에 산상 설교 전체를 상세하게 다룬 설교에서 "세속적인 것과 영적인 것, 그리스도의 나라와 세상 나라를 제대로 식별하는 데

실패한 이들"을 공격했다. 루터가 보기에 그들은 산상 설교에서 예수
가 "정부의 책임과 권위에 대해서는 아무런 말도 하지 않았고, 그들
의 공식적인 지위나 권위와는 상관없이 그리스도인 한 사람 한 사람
에게 인간으로서 어떻게 살아야 할지를 가르치고 있음"을 알지 못했
다. 이어서 그는 말했다.

> 이 세상에서 살아간다면, 그리스도인이라도 어떤 면에서는 불가피
> 하게 세속적인 사람일 수밖에 없다.[31]

그렇기에 그리스도인은 예수의 가르침이나 성서의 율법을 국가를 통
치하기 위해 이용하려 해서는 안 된다고 루터는 주장했다. 그가 보기
에 국가는 계시가 아니라 이성에 기초할 때, 영원하신 분을 비추는
거울인 예수의 법이 아니라 "작센의 거울"Sachsenspiegel*과 같은 법률에
기초해 운영되어야 했다. 예수는 맹세해서는 안 된다고 말했으나 정
부는 맹세를 필요로 하는데 이 둘이 상충하지 않는 이유는 둘이 각기
다른 영역에 있기 때문이다. 루터는 국가를 공정하게 다스리기 위해
반드시 그리스도인이 되어야 하는 것은 아니며, 마찬가지로 복음서
의 메시지를 올바르게 해석하는 이라 해서 반드시 국가를 어떻게 공
정하게 다스릴 수 있는지 잘 알고 있는 것은 아니라고 생각했다. 그

---

31 Martin Luther, 'Sermon on the Mount', *Luther's Works* 21:105~109.

*   작센 지방의 관습법을 성문화한, 중세 독일에서 가장 오래된 법서를 가리키는
    말이다.

러므로 루터와 그의 종교개혁은 의심할 여지 없이 당대 정치와 연관이 있었지만(1546년 세상을 떠날 때까지 그는 제후들 사이의 갈등을 중재하고 있었다) 복음서 해설자로서 루터는 '그리스도교 정치학'Christian politics을 전개한 적이 없다. 예수 그리스도가 이 땅에 온 이유는 그 때문이 아니라고 보았기 때문이다.

종교개혁 시기 그리스도교 정치학, 특히 영어권 세계에서 정부의 본질을 근본적으로 다시 정의한 이는 비텐베르크의 개혁가가 아니라 제네바의 개혁가였다. 이중예정과 성찬 시 빵과 포도주에 그리스도의 몸과 피가 어떻게 임하는지와 같은 교리적인 쟁점을 논외로 하면, 루터의 종교개혁과 칼뱅의 종교개혁의 가장 커다란 차이는 선의 거울로서 예수가 지닌 정치적이고 사회적인 의미에 있다. 칼뱅은 루터처럼 세속 통치자들이 이성과 법 전통(이는 건실한 규칙으로 중요하기는 하나)을 길잡이 삼아 다스릴 것이라고 보지 않았다. 『그리스도교 강요』 마지막 장에서 그는 "그리스도의 영적 나라와 세속사회의 법적 영역civil jurisdiction은 완전히 별개의 것"임을 인정했다.[32] 그러나 이어서 그는 말했다.

세속 정부는 그것의 지명된 목적에 따라, 우리가 다른 사람들과 함께 어울려 사는 한, 하느님을 향한 외적 예배를 소중히 여기고 지켜야 하며 올바른 경건의 교리와 교회의 지위를 수호해야 하며 우리의

---

32 John Calvin, *Institutes of the Christian Religion* 4.20.1.

삶이 다른 이들의 사회와 어우러지도록 조율해야 하며, 세속적 정의에 부합하도록 우리의 사회적 처신을 형성해야 하며, 보편적인 평화와 평정을 고취해야 한다.[33]

따라서 통치자Magistrate들은 "그들에게 권력을 주신 분, 모든 것보다 크신 그리스도께 복종해야" 한다고 칼뱅은 말했다.[34] 아울러 그는 "우리의 선택을 주재하고 판결하는 분"은 하느님이어야 한다고 힘주어 말했다. 그에 따르면 하느님은 국가와 사회가 어떻게 구실을 해야 하는지, 또한 그 목적을 이루기 위해 통치자들은 어떻게 다스려야 하는가를 율법에 정해 놓으셨다. 이러한 칼뱅의 주장을 따라 제네바의 통치기구인 200인회는 1554년 2월 2일 "종교개혁에 따라 살기로, 모든 증오를 잊어버리고 우호를 구축하기로" 맹세했다. 여기서 "종교개혁에 따라" 살겠다는 표현은 제네바의 법들을 성서의 율법, 무엇보다 예수라는 인물과 그의 메시지로 드러난 하느님의 말씀, 뜻과 조화를 이루도록 하겠다는 의지, 그리하여 칼뱅이 『그리스도교 강요』에서 말했듯 예수 그리스도를 "모든 것보다 크신 분"으로 대하겠다는 의지를 내포하고 있다.

그러나 이처럼 예수를 선의 거울로 믿고 이 믿음을 정부를 통해 실현하고자 한다면, 그 전에 순수한 하느님의 말씀을 모든 이에게 진실하게 전파하고 가르쳐 말씀이 개인의 삶과 사회적 삶 전체에 구체

---

33 John Calvin, *Institutes of the Christian Religion* 4.20.2.

34 John Calvin, *Institutes of the Christian Religion* 4.20.5.

적으로 적용될 수 있게 해야만 한다. 원칙적으로 모든 신자가 사제라는 종교개혁의 주장 밑에는 성직자뿐 아니라 평신도, 신학자뿐 아니라 정치인도 성서 가르침을 읽고 이해하며 적용할 능력이 있다는 생각이 깔려 있다. 그러나 이 만인사제설은 종교개혁에 공헌한 (인문주의자들의) 성서 문헌학과 충돌한다. 성서 문헌학이라는 방법을 중시하는 이유는 히브리어와 그리스어로 기록된 원문을 알아야 성서를 제대로 이해할 수 있다는 생각이 깔려 있기 때문이다. 종교개혁 시기에도 히브리어, 그리스어로 된 성서 원문을 제대로 볼 수 있는 이들은 성직자나 신학자들로 한정되었고 그 결과 중세 성직자의 사제로서의 권위는 성직자의 학문적 권위로 대체되었다. 또한 같은 맥락에서 하느님께서 '거울'인 예수 그리스도를 통해 드러내신 뜻을 사회에서 실현하는 정부를 이루려는 노력은 '신정정치'theocracy로 이어졌다. 이와 관련해 존 T. 맥닐John T. McNeill*은 말했다.

'신정정치'라는 말은 때때로 칼뱅 시대 제네바를 가리킬 때 쓰이곤 하지만 이제 대부분의 사람에게는 모호한 말이 되어버렸다. 많은 사람(여기에는 많은 성직자도 포함된다)이 하느님의 통치를 뜻하는 '신정정치'를 성직자들의 통치를 뜻하는 '성직자 정치'hierocracy와 혼동한다.

---

* 존 T.맥닐(1885~1975)은 캐나다 출신 프로테스탄트 교회사가이자 장로교 목사다. 맥길 대학교, 시카고 대학교에서 교회사를 공부하고 1951년부터 유니온 신학교에서 교회사를 가르쳤다. 그리스도교 고전들을 영어로 번역한 그리스도교 고전 총서Library of Christian Classics 책임 편집을 맡았으며 그중 칼뱅의 『그리스도교 강요』를 번역했는데 이 번역본은 오늘날까지도 가장 많이 읽히는 영역본으로 꼽힌다.

··· 칼뱅은 통치자들이 하느님의 대리자로서 이에 걸맞은 활동 영역을 갖고 활동하기를 바랐다. 그러나 그는 소명 의식이 너무 강했고 그의 정신은 정치적 동료들을 압도했기 때문에 결국 스스로 권력의 정점에 오르게 되었다.[35]

칼뱅을 따르던 이들이 그리스도의 법에 기초한 사회를 형성하려 할 때, 자신들의 이념에 따른 사회를 세우고자 했을 때는 그리스도의 법이 지배자와 피지배자를 위한 메시지, 그것도 매우 구체적이고 현실적인 메시지를 던지고 있다는 생각을 전제로 깔고 있었다. 그리고 이는 세속 정부가 그리스도의 법에 기초해 사회를 이루어야 한다는 칼뱅의 이해를 그대로 받아들인 것이라 할 수 있다. 미국이 영국의 식민지로 있던 시절 뉴잉글랜드에서 청교도 성직자들이 행한 취임 설교들은 모두 이 같은 생각을 공유하고 있었다.[36] 존 코튼John Cotton은 말했다.

연방commonwealth을 하느님의 집 곧 교회에서 선포되는 그분의 말씀에 부합하게 하는 편이 교회를 세속 국가에 맞추는 것보다 낫습니다.[37]

---

35 John Thomas McNeill, *The History and Character of Calvinism* (New York: Oxford University Press, 1954), 185.

36 Perry Miller, *Orthodoxy in Massachusetts 1630-1650* (Boston: Beacon Press, 1959), 245~253.

37 H. Richard Niebuhr, *The Kingdom of God in America* (New York: Harper and Brothers, 1937), 80.

한 학자는 이러한 코튼의 주장에 당시 모든 청교도가 동의했을 것이라고 말했다.[38] 소수는 이에 동의하지 않았는데 그 중 대표적인 인물로 로저 윌리엄스Roger Williams를 들 수 있다. 그는 이스라엘 왕국과 예수가 선포한 하느님 나라로 나타나는 성서에 등장하는 정부, 혹은 국가와 청교도주의가 주장한 "성도의 통치"rule of the saints 사이의 연속성을 거부했다.[39] 이후 해방자 예수를 다루는 장에서 말하겠지만, (노예제도를 두고 벌어진 갈등 국면에서) 에이브러햄 링컨Abraham Lincoln은 이러한 전통적 이해의 오류를 발견했다.[40] 하지만 링컨에게도 결정적인 전거는 영원하신 분을 비추는 거울인 예수라는 인격체였다. 그렇게, 결과적으로 예수는 종교개혁까지 올라가는 두 가지 전통, '신정정치'를 정당화하는 입장과 이를 가장 강력하게 반대하는 입장 모두에게 근거를 제공했다.

---

38 Winthrop S. Hudson, *The Great Tradition of the American Churches* (New York: Harper Torchbooks, 1963), 49.

39 Perry Miller, *Roger Williams: His Contribution to the American Tradition* (New York: Atheneum, 1953), 38.

40 Sidney E. Mead, *The Lively Experiment: The Shaping of Christianity in America* (New York: Harper and Row, 1963), 72~89, 209~210 참조.

14

평화의 왕

한 아기가 우리를 위해 태어났다.

우리가 한 아들을 모셨다.

그의 이름은 ⋯ '평화의 왕' 이라고 불릴 것이다. (이사 9:6)

 루이스 드 레온이 가톨릭 종교개혁 정신을 따라 쓴 『그리스도의 이름들』에서 제시한 그리스도의 이름 중에는 예언자 이사야의 말에서 유래한 "평화의 왕"(이사 9:6)이 있다.

한 아기가 우리를 위해 태어났다. 우리가 한 아들을 모셨다.
그의 이름은 ⋯ 평화의 왕이라고 불릴 것이다.[1]

---

1 Luis de León, *Names of Christ* 2.

종교개혁 시대는 어떻게 보면 종교전쟁의 시대이기도 했다. 그렇기에 당대 일부 신학자가 평화의 왕 예수를 숙고하며 그가 모든 시대에서 제자를 불러 전쟁이 아닌 평화의 길을 찾게 했음을 강조했던 것은 그리 놀라운 일이 아니다. 종교개혁의 마지막 지도자 중 한 사람인 요한 아모스 코메니우스John Amos Comenius*는 그가 속한 모라비아 교회, 조국과 함께 종교전쟁의 참상에 괴로워하며 말했다.

> 예수 그리스도는 영혼과 육신을 노예로 삼는 모든 속박에서 건져 낼 유일하며 진정한 구원자이시다(요한 8:32~36). 그런데 왜 저들은 평화의 길을 조금도 알지 못하는가. 지상의 왕이라는 자들은 홀 대신 창과 칼, 전차와 고삐를 얻으려 하고 십자가 형틀과 화형에 쓸 불, 교수형 집행인을 찾아 자신을 사랑받는 존재가 아니라 두려운 존재로 만들었다. 이것이 최고의 선생에게 배운 것이란 말인가? 이것이 제자들에게 사랑, 우정, 상호 보살핌을 권면한 그분의 가르침을 따르는 것인가?[2]

---

2 John Amos Comenius, *The Angel of Peace* (New York: Pantheon Books), 39.

* 요한 아모스 코메니우스(1592~1670)는 체코의 철학자, 신학자, 교육자다. 하이델베르크 대학교에서 신학을 공부한 뒤 보헤미아-모라비아 형제연합교회의 목사가 되어 사목 활동과 교사 활동을 이어간다. 그러던 중 보헤미아 왕 루돌프 2세가 신앙의 자유를 보장한 칙령을 무효로 하고 가톨릭으로 개종할 것을 강요하면서 다른 형제연합교회 지도자들과 함께 피난길에 올라 스웨덴, 영국, 네덜란드, 헝가리를 전전했다. 신학 저술뿐만 아니라 교육과 관련해 탁월한 저서를 많이 남겼으며 특히 그림 교과서, 간단한 개념에서 더욱 포괄적인 개념으로의 발전, 논리적 사고에 초점을 둔 평생 학습, 어린이와 여성 교육 등을 논의해 현대 교육의 아버지로 평가받기도 한다. 주요 저서로 『세상은 미로 마음은 천국』 Labyrint světa a ráj srdce(목양), 『빛의 길』Via Lucis(여수룬) 등이 있다.

이는 1667년 루터가 95개 논제를 제안한 지 꼭 150년이 되던 해 교파를 불문하고 종교개혁의 모든 후예에게 던져진 물음이었다. 종교개혁가들은 영원히 답이 내려진 것 같은 문제들에 대해 다시금 물음을 던졌고 이는 전쟁과 관련해서도 마찬가지였다. 코메니우스가 물었듯 그들은 물었다. '이것이 최고의 선생에게 배운 것이란 말인가?'

다른 물음에도 그러했듯 종교개혁가들은 예수라는 인물과 그의 가르침이 전쟁이라는 문제와 관련해 어떠한 의미가 있는지 각기 다양한 이론을 제시했다. 어떤 이론은 전통적인 그리스도교의 전쟁관을 반영했으며 어떤 이론은 전통적인 전쟁관에 약간의 수정을 가했고 어떠한 이론은 전면적인 대안을 제시했다. 이 이론들을 크게 세 가지로 분류한다면 '정당한 전쟁' 이론, '십자군' 이론, '그리스도교 평화주의' 이론으로 나눌 수 있다.[3] 이 이론들은 모두 예수에게서 정당성의 근거를 찾았다.

"최고의 선생"이 정당한 전쟁 이론을 지지했다고 보는 16세기 신학자들 가운데 가장 널리 알려진 사람은 마르틴 루터다. 그는 이 주제와 관련해 논문 한 편을 썼는데 그가 얼마나 이 물음과 관련해 고심했는지를 엿볼 수 있다.

그리스도교 신앙은 우리가 예수 그리스도를 믿음으로써 하느님 앞

---

3 이 문제에 관해 전반적으로 살피고 있는 책은 다음과 같다. Roland H. Bainton, *Christian Attitudes Toward War and Peace: A Historical Survey and Critical Re-evaluation* (New York: Abingdon Press, 1960) 『전쟁, 평화, 기독교』(대한기독교출판사)

에 의롭다고 여김을 받는다고 이야기한다. 그렇다면 이 신앙은 군인이 되는 것, 즉 전쟁에 참여해 누군가를 찌르고 죽이는 것, 약탈하고 불태우는 것, 군법이 전시에 적에게 하기를 요구하는 것과 양립할 수 있는가? 이러한 일들은 죄인가? 혹은 불의한 행동인가? 이러한 일은 하느님 앞에 떳떳하지 못한 행동인가? 그리스도인은 누군가를 이롭게 하고 사랑할 뿐 누구도 죽이지 않으며 어떠한 해도 가하지 말아야 하는가?[4]

이 물음에 루터는 자신의 신학, 정치 이론과 부합하는 답을 제시했다. 앞서 언급했듯 그는 두 왕국, 곧 그리스도의 영적 나라와 이 세상이라는 세속 나라, 그리고 이에 상응하는 공적 영역과 사적 영역을 구분했고 예수가 선포한 사랑이라는 절대 윤리, 정치 영역 및 병역과 같은 공적인 의무 사이의 모순을 해결할 사유틀 역시 여기서 찾았다. 그에 따르면 사랑은 예수를 따르는 이가 한 사람의 개인으로서 따라야 할 일이다. 그러나 그것이 그가 공적 영역에서 특정 역할을 맡았을 때 준수해야 하는 의무들을 통제하는 규정이 될 수는 없다. 다시 말해 예수 그리스도가 내린 명령들은 세속 사회의 시민으로서 감당해야 할 의무들을 예속하지 않는다. 마찬가지로 예수, 그가 말한 하느님 나라의 새로운 윤리가 드러났다고 해서 그것이 인간 사회에 있는 정치적 권위의 구조들을 전복하지는 않는다. 전쟁을 벌이는 군인

---

4 Martin Luther, 'Whether Soldiers, Too, Can Be Saved', *Luther's Works* 46:95.

과 같은 직무, 이를 둘러싼 구조들도 마찬가지다.

루터에 따르면 두 나라의 본성은 본티오 빌라도에게 건넨 예수의 말에서 분명하게 엿볼 수 있다(이 말은 단테가 『제정론』에서 자신의 주장을 내세울 때도 인용한 바 있다).

> 내 나라는 이 세상에 속한 것이 아니오. 나의 나라가 세상에 속한 것이라면, 나의 부하들이 싸워서, 나를 유대 사람들의 손에 넘어가지 않게 하였을 것이오. (요한 18:36)

루터가 보기에 이 말은 그리스도의 나라가 또 다른 질서에 속한 것이기에 이 세상 나라 및 그 나라의 체제에 간섭하기를 원치 않음을, 군사 행동이 그리스도의 나라를 지키는 수단으로 적절치 않음을 암시한다. 동시에 이 말은 전쟁이 그 자체로 "잘못된 것은 아님"을 뜻한다. 예수가 이 세상에 속한 나라들에서는 그의 "부하들"이 싸우는 것이 마땅하다고 말했기 때문이다. 또한 세례자 요한이 그를 찾아와 "그러면 우리는 무엇을 해야 하겠습니까?"라고 물은 군인들에게 사랑을 따라 싸우고 죽이는 죄된 직무를 포기해야 한다고 말하지 않고 "아무에게도 협박하여 억지로 빼앗거나, 거짓 고소를 하여 빼앗거나, 속여서 빼앗지 말고, 너희의 봉급으로 만족하게 여겨라"(루가 3:14)고 말한 점도 루터의 생각(칼뱅도 여기서는 생각을 같이했다)을 뒷받침했다.[5]

---

5 John Calvin, *Institutes of the Christian Religion* 4.20.11~12.

이와 관련해 루터는 말했다.

> 요한은 군인이라는 직업을 칭찬하되 이를 남용하는 것은 금했다. 그
> 러나 남용을 금지한 것이 군인이 되는 것 자체를 금한 것은 아니다.

그가 보기에 분명 이 땅에 온 예수는 철저하게 새로운 명령, 고난받
는 사랑을 하라는 명령을 했지만, 이 명령의 대상은 빌라도와 당대
로마 제국 관료들이 아니었다. 이교인이든 그리스도교인이든 공적
직무에 있는 이들, 국가의 명령에 복종해야 할 의무를 지닌 군인들도
마찬가지다.[6]

교묘하고 능숙한 주해를 통해 루터는 철저한 사랑의 윤리를 따라
제자들에게 폭력을 쓰지 못하게 하는 것처럼 보이는 예수의 말들에
도 대처할 수 있었다. 마태오 복음서에서 예수는 게쎄마니 동산에서
자신을 잡으러 온 사람 중 하나를 베드로가 칼로 치자 그를 꾸짖는다.

> 네 칼을 칼집에 도로 꽂아라. 칼을 쓰는 사람은 모두 칼로 망한다.
>
> (마태 26:52)

이 말은 일차적으로는 폭력을 금하며 여기에 더해 폭력을 쓰면 결국
그와 똑같은 폭력을 당하게 될 것이라는 경고를 담고 있는 것처럼 보

---

6 Martin Luther, 'Whether Soldiers, Too, Can Be Saved', *Luther's Works* 46:97.

인다. 이러한 면에서 예수의 명령은 신명기에서 하느님이 이스라엘 백성을 향해 건넨 말씀("원수 갚는 것은 내가 하는 일이니, 내가 갚는다"(신명 32:35))을 확장해서 적용한 것으로 볼 수 있다. 그러므로 사도 바울은 말했다.

> 사랑하는 여러분, 여러분은 스스로 원수를 갚지 말고, 그 일은 하느님의 진노하심에 맡기십시오. 성경에도 기록하기를 "'원수 갚는 것은 내가 할 일이니, 내가 갚겠다'고 주님께서 말씀하신다" 하였습니다. (로마 12:19)

그러나 두 왕국 이론에 비추었을 때 예수가 이야기한 "칼"은 "하느님의 것"이며 하느님의 특권인 원수 갚음을 이루는 도구다. 그렇기에 루터는 공적 직무를 충실하게 수행하는 과정 속에서가 아니라 사적 영역에서 칼을 쓰는 사람은 칼로 망한다고, 칼은 (사형집행인이든 군인이든, 이교도든 그리스도교인이든) 공적 영역에서 공적 의무를 이행할 때만 쓰여야 한다고 보았다. 이어서 그는 주장했다.

> 세속의 칼과 법은 악한 자를 벌하고 선한 이를 지키는 데 쓰인다. 이것이 하느님의 뜻이라는 것은 확실하고도 자명하다.[7]

---

7 Marin Luther, 'Temporal Authority: To What Extent It Should Be Obeyed', *Luther's Works* 45:87.

그러므로 그리스도교인도 공적 영역에서 이와 관련된 직무를 맡았을 때는 칼을 사용할 수 있다고 루터는 결론 내렸다.

산상 설교에서 예수가 전한 "심판하지 말아라"(마태 7:1)라는 명령 또한 "원수 갚는 것은 내가 할 일"이라는 선언에 비추어 이해해야 한다고 그는 생각했다.[8] 루터가 보기에 예수의 이 명령은 전쟁을 금하거나 폭력을 쓰지 말라는 것이 아니라 그를 따르는 이들에게 이미 존재하는 정치 질서를 존중하라는 것이었다. 통치자들이 불의하고 통치받는 이들을 억압한다 할지라도 예수를 따르는 이들은 기존 질서를 지켜야 한다고 그는 생각했다. 한 글에서 루터는 물었다.

> 왕이 하느님의 율법도, 이 땅의 법도 지키지 않는다면 여러분은 그를 공격하고 심판해 원수를 갚아야 하는가?

그의 생각에는 이것이야말로 예수가 산상 설교에서 금한 것이었다. 예수의 윤리가 비난하는 것은 전쟁이 아니라 바로 혁명이라고 루터는 말했다. 혁명은 그 자체로 불의한 행위지만 전쟁은 정의를 위한 도구가 될 수 있기 때문이다. 이처럼 루터와 루터교뿐만 아니라 종교개혁의 주류 세력(칼뱅파, 성공회)은 전쟁과 관련해 예수가 말한 사랑의 윤리에 담긴 의미를 이해할 때 대체로 아우구스티누스에게서 시작해 토마스 아퀴나스로 이어지는 정당한 전쟁 전통을 따랐다.[9]

---

8 Marin Luther, 'Whether Soldiers, Too, Can Be Saved', *Luther's Works* 46:113.

9 Roland H. Bainton, *Christian Attitudes Toward War and Peace*, 136~147.

아우구스티누스는 로마의 군국주의를, 그리고 이러한 정신에 담긴 무장 폭력을 미화하는 주장을 강력하게 비난했다. 그가 보기에 전쟁은 인간이 야생 동물보다 훨씬 더 잔혹하고 피에 굶주린 존재가 될 수 있음을 입증하는 예였다.[10] 그러나 그는 (다소 주저하면서) "정당한 전쟁"의 가능성을 인정했으며 이는 인간의 잘못 때문에 어느 정도는 불가피한 현상이라고 보았다. 물론 그렇다 할지라도 "정당한 전쟁의 불가피성을 슬퍼해야지" 기뻐해서는 안 된다고 덧붙였지만 말이다.[11] 전쟁을 일으키는 것을 포함한 수많은 정치적 사안에 관해 그리스도교인인 아프리카 지역 총독이 조언을 구했을 때 아우구스티누스는 편지를 보내 자기 생각을 상세히 설명했다. 그는 경고했다.

당신이 진실로 갈망해야 하는 것은 평화입니다. 전쟁은 불가피할 때만, 이를 통해 하느님께서 위급한 상황에서 사람들을 구원하시고 그들의 평화를 지키실 수 있을 때만 일어나야 합니다.

아우구스티누스의 기본 원칙은 전쟁보다 평화가 우선이라는 것이었다.

전쟁을 유발하기 위해 평화를 구할 수는 없습니다. 전쟁은 평화를 얻기 위해 일어나는 것입니다.

---

10 Augustine, *City of God* 3.14, 12.22.
11 Augustine, *City of God* 19.7.

그에게 정당한 전쟁은 평화를 이루는 데 목적과 의도가 있는 전쟁이었다. 그러므로 그리스도를 따르는 이들은 "전쟁을 벌이고 있는 와중에도" 자신들이 "평화를 실현하는 이들이라는 점을 잊지 말아야" 한다. 전쟁과 평화의 관계를 이렇게 해석한 결정적인 근거는 물론 예수의 말, 그가 산상에서 팔복을 선포하며 남긴 말이었다.[12]

평화를 이루는 사람은 복이 있다. (마태 5:9)

토마스 아퀴나스 또한 전쟁이라는 문제를 다룰 때 예수가 남긴 말과 신약성서 구절을 다양하게 인용했지만 근본적으로 논의의 출발점은 사인私人과 공인公人의 구별이었다. 그는 전쟁이 정당하기 위해 필요한 세 가지 조건(첫째, 전쟁을 일으키는 자는 그 행위를 위한 권위가 있어야 한다. 둘째, "정의로운 명분"이 있어야 한다. 셋째, 전쟁은 선을 증진하고 평화를 이룬다는 "올바른 의도"로 이뤄져야 한다)을 제시함으로써 아우구스티누스가 정의한 '정당한 전쟁'을 체계화했다. 아퀴나스가 보기에 예수가 산상 설교에서 한 "악한 사람에게 맞서지 말아라"(마태 5:39)와 같은 말은 예수를 따르는 이가 사인으로서 따라야 할 궁극적인 차원의 명령이었다. 그러나 공인으로서 자신이 맡은 직무를 수행할 때는 "때때로 공동선을 위해 다르게 행동해야 할 때도 있다"고 그는 생각했다.[13] 아퀴나스를 따른 후대 사람들은 아퀴나스가 제시한 세 가지 조

---

12 Augustine, *Epistles* 189.2.
13 Thomas Aquinas, *Summa Theologica* 2.2.40.

건에 네 번째 조건을 추가하기도 했다(그리고 이 조건은 오늘날 핵무기 문제와 관련해 그 중요성이 커졌다). 곧 전쟁은 "적절한 방식"debito modo, "적절한(적절하게 제한된) 수단으로" 수행해야 한다는 것이다.[14]

예수가 폭력을 무조건적으로 규탄하고 평화를 분명하게 칭송했음에도 불구하고 전쟁이 정당화될 수 있는지를 논의하면서, 루터 같은 종교개혁가들은 복음서의 윤리적이고 정치적인 의미에 관한 자신들의 견해를 덧붙이기는 했지만 대체로 아우구스티누스와 아퀴나스가 주창한 정당한 전쟁 교리의 많은 부분을 답습했다. 그러나 한 부분에 있어서 루터는 전쟁에 관한 중세 신학의 이해를 철저하게 거부했다. 그것은 바로 십자군 전쟁에 관한 생각이었다. 아우구스티누스는 정의로운 전쟁을 수행하는 가운데 비극이 불가피하게 일어날 수 있음을 인정했지만, 실제 전쟁에서는 이러한 불가피한 일을 넘어서는, 도덕적으로 손쉽게 판단할 수 없는 일들이 일어나기 마련이다. 이를 해결하기 위해 십자군 전쟁은 "거룩한 평화와 거룩한 전쟁"이라는 대의명분에 예수의 십자가라는 상징을 활용했다.[15] 그리하여 "십자가를 진다"는 말은 겉옷 어깨 부분에 붉은 천으로 된 십자가를 새기고 튀르크족과 전쟁을 하러 팔레스타인으로 간다는 뜻이 되었다. 1095년 11월 27일 클레르몽 공의회에서 교황 우르바누스 2세Urban II는 설교(몇몇 자료들이 전하는 설교 내용 사이에는 커다란 불일치가 있음에도 불구하

---

14 이와 관련해서는 다음의 글이 유익한 정보와 통찰을 제공한다. John Courtney Murray, 'Remarks on the Moral Problem of War', *Theological Studies* 20 (1959), 40~61.

15 Steven Runciman, *A History of the Crusades* (Cambridge: Cambridge University Press, 1951~1954), 1:83~92.

고) 중에 '십자가를 지는 이'들의 죄를 사하고 면벌부를 주겠다고 약속했다. 게다가 그는 십자가를 지고 튀르크 이단자들과 싸우다 전사한 이들은 그리스도의 수난과 죽음에 동참한 것이라고 이야기했다. 스티븐 런시먼Steven Runciman*이 말했듯 예수를 따라 "십자가를 지려는 열의" 아래 사람들은 "하느님의 대적을 죽이는 행위를 정당화" 했다. 이는 시시각각 벌어진 유대인 학살에도 마찬가지로 적용되었다. 급기야 1204년 4차 십자군 원정에서 그리스도교인들이었던 십자군은 그리스도교 도시였던 콘스탄티노플을 약탈했다. 런시먼이 "그리스도교 세계를 배반한 중대한 사건"이라고 불렀던 이 사건은 단순히 "정치적으로 어리석기 짝이 없던 행동"이었을 뿐만 아니라 십자군에 참가했던 이들이 따르고자 했던 이, '십자가를 지면서' 까지 본받고자 했던 이의 삶과 가르침을 정면으로 거스르는 행동이자 "인류에 대한 범죄"였다.[16]

종교개혁 시기 이러한 분위기는 바뀌었다. 이를 두고 한 역사가는 "16세기에 십자군의 이념은 세상에서 완전히 사라졌다"고 말했지만 이는 과장된 표현이다.[17] 다른 학자의 말을 빌려 좀 더 정확하게 말하

---

16 Steven Runciman, *History of the Crusades* 3:7, 2:287, 3:130.

17 Hans Pfeffermann, *Die Zusammenarbeit der Renaissancepäpste mit den Türken* (Winterthur: Mondial Verlag, 1946), 63.

*   스티븐 런시먼(1903~2000)은 영국의 역사가다. 케임브리지 대학교 트리니티 칼리지에서 공부했으며 할아버지에게 유산을 상속받아 생애 대부분의 시기를 독립 학자로 활동했다. 비잔티움 예술 및 역사 연구에 주로 관심을 두었으며 세 권으로 된 십자군 역사는 십자군 전쟁과 관련된 고전적인 작품으로 꼽힌다. 주요 저서로 세 권으로 된 『십자군의 역사』A History of the Crusades, 『비잔티움 문명』 Byzantine Civilisation 등이 있다.

자면 "십자군의 이념은 17세기까지 서구 제후들의 상상에서 사라지지 않고 남아 있었다".[18] 실제로 세상에서 사라진 것은 팔레스타인으로 십자군 원정을 떠나 이교도들에게서 성지를 해방시킬 현실적인 가능성이었다. 종교개혁 시기에는 도리어 이교도들이 유럽 그리스도교 전체를 위협했다. 1204년 서방 교회 그리스도교인들이 일으킨 약탈 사건의 희생자였던 비잔티움 제국의 수도 콘스탄티노플은 1453년 (이교 국가인) 오스만 제국에 함락되었다(이후 3~4세기 동안 오스만 제국은 중앙 유럽을 위협했다). 1520년에는 베오그라드가 함락되었고 빈도 위협받았으며 헝가리군과 헝가리 왕 로요슈 2세Louis II는 1526년 모하치 전투에서 오스만 제국군의 막강한 힘 앞에 무릎을 꿇었다. 그 무렵 발명된 인쇄술 덕분에 중앙 유럽 전역에 튀르크족의 위협에 관한 선전문이 뿌려졌는데 일부는 타협과 회유를 촉구했으나 다른 일부는 전쟁과 십자군 재건을 부르짖었다(과거에 십자군이 맞서야 할 상대는 팔레스타인을 앗아간 튀르크인들이었지만, 새로운 십자군이 맞서야 할 상대는 서방 그리스도교 세계의 심장부에 칼끝을 겨눈 튀르크인들이었다). 이렇게 공동의 적에 대항해 힘을 모아야 하는 상황에서 종교개혁은 그리스도교 세력을 분열시켜 그리스도교 세계가 자기 자신에게 칼을 겨눈 것처럼 보였다. 동시에 발생한 두 위협을 해결하기 위해서라도 1530년 신성로마 제국은 아우크스부르크에서 회의를 소집할 수밖에 없었다. 아우크스부르크에서 발표한 아우크스부르크 신앙고백Augsburg Confession은

---

18 Aziz S. Atiya, 'The Aftermath of the Crusades', *A History of the Crusades* (Madison: University of Wisconsin Press, 1955~1975), 3:660.

루터에게서 시작된 종교개혁의 입장을 분명하게 밝혔다.

이 신앙고백에서 종교개혁 세력은 "이 세상 모든 정부와 수립된 모든 법과 규율은 하느님께서 제정하시고 허락하신 것"이므로 그리스도교인이 "악을 행하는 이들을 칼로 벌하는 것", 그리고 "정의로운 전쟁에 참전하는 것"이 전적으로 타당하다는 주장을 자신들의 공식 입장으로 삼았다. 특히 신성 로마 황제 카를 5세를 향해서는 "폐하가 튀르크족과 전쟁을 함에 있어 민족의 유익을 따르며 경건하게 임했던 다윗의 선례를 따라" 달라고 선포했다.[19] 그러나 신성 로마 황제와 고대 이스라엘의 왕을 같은 선상에 둔다고 해서 루터 중심의 종교개혁 세력이 황제를 예수의 이름으로 국가를 다스리고 전쟁을 수행하는 신정 통치자로 본 것은 아니었다. 그들이 오스만 제국과의 전쟁을 찬성하는 이유는 그리스도의 십자가에 대적하는 이들에 맞서 거룩한 전쟁을 벌여야 한다는 십자군의 이념을 지지했기 때문이 아니라 "왕실의 현주인"으로서 카를 5세에게 (다윗이 그랬듯) "자신의 백성을 지키고 보호할" 권리, 정확히 말하면 의무가 있다고 보았기 때문이었다. 1528년 루터는 튀르크와의 전쟁에 관해 이와 같은 견해를 담은 논문을 썼다.[*] 이 글에서 그는 "황제가 교회의 수호자이자 신앙의 옹호자로서" 튀르크에 맞서 십자가 전쟁을 벌여야 한다고 주장하는 것은 잘못된 생각이라고 말했다. 튀르크에 맞서 무기를 드는 일

---

19   *Augsburg Confession* 16.1~2, 21.1.

*   튀르크와의 전쟁과 관련해 루터가 쓴 글은 모두 세 개(「튀르크 전쟁에 대하여」Vom kriege widder die Turcken(1528), 「튀르크에 대한 군대 설교」Heerpredigt widder die Turken(1530), 「튀르크에 대항하기 위한 기도의 권면」Vermahnung zum Gebet wider den Turken(1541))다.

은 유럽의 통치자들이 "그리스도인이든 그렇지 않든" 이 세상에서 다
스리는 일을 하도록 부여받은 소명을 따르기 위해 해야 할 일, 의무
라고 루터는 생각했다.[20] 이처럼 튀르크에 대항하는 전쟁을 정당화하
는 과정에서 프로테스탄트 종교개혁의 주류 세력은 십자군의 이념은
거부하되 정당한 전쟁 이론은 고수했다. 예수가 본티오 빌라도와 카
이사르의 권한을 하느님이 허락하셨음을 인정했다고 보았기에 그들
은 전쟁의 정당성을 주장할 수 있었다. 하지만 중세 가톨릭 교회와는
달리 그들은 본티오 빌라도에 의해 십자가에 못 박힌 예수가 제자들
과 교회에 빌라도가 갖고 있던 권한을 주었다고 보지는 않았다(마태
28:19~20 참조).

기묘하게도 종교개혁 시기에 십자군의 이념과 가장 유사한 생각
은 로마 가톨릭이나 주류 프로테스탄트 세력에서 나오지 않았다. 그
러한 생각을 보인 이는 급진적인 종교개혁을 주장한 좌파 지도자 중
한 사람이었던 토마스 뮌처Thomas Müntzer였다.[21] 그는 "하느님의 아들
그리스도와 그의 제자들이" 순수한 신앙을 확립했으나 그 후 순식간
에 부패했다고, 거짓 제자들이 교회의 기초가 될 "반석이신 예수"를
"완전히 짓밟았다"고 확신했다. 1524년 7월 13일 한 설교에서(그의 전
집을 편집한 학자는 이를 "종교개혁 시기 가장 빛나는 설교 중 하나"라고 평했
다. 이는 적절한 평가다) 반석이신 예수를 위해 원수에게 맞서야 한다고,

20　Martin Luther, 'On War against the Turk', *Luther's Works* 46:186~188.

21　Eric W. Gritsch, *Reformer without a Church: The Life and Thought of Thomas Muentzer*
　　(Philadelphia: Fortress Press, 1967)

"(순전한) 이성이라는 계략을 쳐부수고 무너뜨"려야 한다고 말했다. 뮌처는 복음서에서 예수가 한 경고와 명령을 그 근거로 들었다.

> 너희는 내가 세상에 평화를 주려고 온 줄로 생각하지 말아라.
> 평화가 아니라 칼을 주려고 왔다. (마태 10:34)

> 나의 이 원수들을 이리로 끌어다가, 내 앞에서 죽여라. (루가 19:27)

물론 그조차 예수가 "너그러운 하느님의 아들"임을, 평화의 왕임을 부정하지 않았다. 그렇다면 왜 예수는 저런 냉혹한 경고와 잔혹한 명령을 남긴 것일까? 뮌처는 답했다.

> 아, 저들이 그리스도를 위한 그리스도의 정부를 무너뜨리니, … 여러분이 참된 통치자가 되기를 바란다면 뿌리에서부터 통치를 시작해야만 합니다. 그리스도께서 명령하셨듯 그분의 원수들을 선택받은 자리에서 몰아내야 합니다. 여러분은 이러한 목적을 달성하기 위한 도구입니다. 사랑하는 여러분, 하느님의 권능이 여러분의 칼 없이 이루어져야 한다는 옛 농담은 이제 거두십시오. 우리가 칼을 뽑지 않는다면 그 칼은 칼집에서 녹슬어버리고 말 것입니다.

예수가 그리스도교적 혁명, 새로운 거룩한 전쟁에 참여하라며 우리를 부른다고 뮌처는 주장했다.[22] 이듬해 그는 체포되어 처형당했지만 그의 정신은 17세기 영국 청교도주의에서 시작된 '제5왕국파'Fifth Monarchy Men*의 급진적인 정치적 묵시 사상, 이후 20세기 동유럽과 제3세계 그리스도교인들의 활동을 통해 오늘날까지 내려와 살아 숨 쉬고 있다. 이 흐름에 속한 이들은 뮌처와 그리스도교 혁명가들을 교부, (해방신학의 주창자 중 한 사람의 표현을 빌리면) "혁명적 실천의 그리스도론"을 전한 참된 예언자로 여겼다.[23]

거룩한 전쟁을 이야기한 뮌처의 신학은 농민 전쟁Peasants' War이 대실패로 끝나면서 막을 내렸다. 또한 정의로운 전쟁을 말한 루터의 신학은 30년 전쟁이라는 비극 속에서 파국으로 치달았다. 거룩한 전쟁도 정의로운 전쟁도 코메니우스가 제기한 예수와 전쟁의 딜레마("이것이 최고의 선생이 가르친 것이란 말인가?")에 새로운 답이 될 수 없었다. 16세기와 17세기에 제기된 이 문제에 진정으로 새로운 답(답을 내놓은 이들은 이것이 매우 오래된 답이라고 주장하지만)을 제시한 이들은 에라스무스를 시작으로 재세례파, 퀘이커 교도들, 그리고 그 외 급진적 종교개혁 성향의 몇몇 평화주의 집단에서 나왔다. 이들은 예수라는 인물과

---

22 Thomas Muentzer, 'Sermon before the Princes', *Spiritual and Anabaptist Writers* (Philadelphia: Westminster Press, 1957), 50~53, 65~66.

23 George Casalis, *Correct Ideas Don't Fall from the Skies: Elements for an Inductive Theology* (Maryknoll, N. Y.: Orbis Books, 1984), 114.

* 제5왕국파는 17세기 영국에서 활동하던 극단적인 청교도 분파를 가리킨다. 그들은 다니엘서를 따라 지상에서는 4개의 왕국이 혁명에 의해 멸망하고 하느님이 직접 지배하는 제5왕국이 도래한다고 믿고 종교, 정치 활동을 펼쳤으나 대부분 반역죄로 처형당하거나 추방당했다.

그가 전한 메시지를 올바르게 이해한다면 거룩한 전쟁이라는 이념은 결코 거룩하지 않으며 정당한 전쟁 이론에서 이야기하는 바도 결코 정당하지 않음을 알게 되리라고 이야기했다.[24] 그들은 정의로운 전쟁이 가능하다며 이를 정당화하는 이론들을 비난하며 때때로 인간의 보편적 도덕성이나 이성에 기대기도 했지만, 이들에게 있어서도 핵심 근거는 결국 그리스도론(교리적인 의미에서의 그리스도론이 아니라 삶과 실천과 관련된 그리스도론)이었다.[25]

이들은 그리스도교의 본질을 '제자도'discipleship로 규정했다.[26] 재세례파는 스위스 개혁파와 조핑엔에서 논쟁하는 가운데 그리스도가 세관원 마태오에게 자신을 따라오라고 명령했음을(마태 9:9) 강조했다. 참된 제자가 되기 위해서는 과거와 철저히 결별하라는 신약성서의 요청을 되살려내 그들은 제도 교회에서 하는 외적 전례에 참여하고 신경을 암송하는 등 제자됨의 외적 기준들을 거부했다. 그들이 보기에 외적 기준, 이른바 은총의 수단means of grace은 예수라는 인물에 견주면 부차적인 것이었다. "구원의 궁극적인 수단은 다름 아닌 그리스도이며, 누구도 삶을 걸어 그를 따르지 않고서는 진정으로 그를 알 수 없기" 때문이다. 중세 수도원 운동과 재세례파를 모두 비판했던 프로테스탄트 비평가들이 지적했듯 둘 사이에는 놀라울 정도로 유사성이

---

24   이와 관련해서는 다음을 참조하라. George Huntston Williams, *The Radical Reformation* (Philadelphia: Westminster Press, 1962)

25   Harold S. Bender, 'The Pacifism of the Sixteenth-Century Anabaptists', *Church History* 24 (1955), 119~131.

26   Jaroslav Pelikan, *Christian Tradition* 4:313~322.

있기는 하지만(루터는 재세례파를 향해 (경멸감을 담아) "새로운 수도사들"the new monks이라고 부르곤 했다), 철저한 제자도 정신에 입각한 재세례파의 그리스도 따름은 『그리스도를 본받아』나 그 밖의 수도사들이 쓴 저작들에서 이야기한 '그리스도 따름'을 훨씬 넘어서는 면이 있다. 제세례파의 제자도 신학에서 예수는 삶의 본exemple이면서 본보기exemplar였다. 즉 그들에게 예수는 하느님의 율법과 그분의 뜻이 요구하는 바에 철저하게 순종하는 경건하고 완전한 삶이 '무엇'인지를 알려주는 '본'인 동시에 하느님께 붙들린 삶이 이 세상에서 '어떻게' 구체적으로 드러나는지를 보여준 '본보기'였다. 하느님께 붙들린 삶은 이 세상에서 "십자가의 길"the way of cross로 드러나며 이는 제자들처럼 예수를 죽기까지, 죽음을 통해 생명을 얻기까지 따르는 것을 의미했다.[27] 그러한 면에서 종교개혁 시기 나온 문서들 가운데 가장 감동적인 글들이 재세례파 신도들의 순교 이야기라는 것은 그리 놀라운 일이 아니다. 그들을 반대했던 이의 표현을 빌리면 그들은 "마치 춤을 추러 가는 듯 교수대를 향해 행진했다". 그들에게 교수대나 화형대에서 맞이하는 죽음은 십자가의 길, 예수의 삶과 죽음, 부활에 참여할 기회를 얻는 것이었기 때문이다.

이처럼 제자도를 중시한 재세례파에게 가장 중요한 책무는 예수의 가르침에 순종하고 예수가 보여준 삶을 닮아감으로써 하느님의 뜻에 완전히 순종하는 것이었다. 이를 재세례파에서는 '수동성'passivity,

---

27　Ethelbert Stauffer, 'The Anabaptist Theology of Martyrdom', *Mennonite Quarterly Review* 19 (1945), 179~214.

'내어줌'yieldedness이라고 불렀다. 토마스 뮌처의 혁명적 행동주의와는 날카로운 대조를 이루며, 프로테스탄트 재세례파는 자신들이 하느님께 전적으로 의존하는 삶, 자신을 내어주는 삶, 그리스도가 살았던 삶을 살도록 부름받았다고 믿었다. 그들은 외적 세계와 세속질서를 예수의 뜻에 맞는 그리스도교 사회로 바꾸려 하지 않고 예수가 말한 "적은 무리"(루가 12:32), 곧 헌신적인 제자들의 공동체, 참된 교회가 되려 했다. 또한 루터가 그리스도교적 삶의 세속성을 풀이한 것과는 달리 재세례파는 예수를 진정으로 따른다면 세상, 세속의 삶과 과감하게 결별해야 한다고 주장했다. 자신의 두 왕국 이론을 따라 루터는 시민으로서 그리스도교인이 감당해야 할 의무와 제자로서 그리스도교인이 감당해야 할 의무를 구분했다. 루터가 읽은 복음서에 따르면 그 둘은 모두 필요하다. 그러나 실제로 산상 설교에서 예수는 제자로서 그리스도교인이 감당해야 할 의무만을 이야기하지 정부와 세속사회의 외적 구조(이를테면 병역 문제)에 대해서는 아무런 이야기도 하지 않는다. 재세례파는 자신들의 방식으로 그리스도의 나라와 이 세상의 나라를 구별하고, 그러한 구별에 기초하여 루터의 구별은 제자도에 따르는 희생, 그리고 이를 위해 나아가야 할 십자가의 길을 모두 회피한다고 공격했다. 그들에게 예수는 다른 무엇보다도 평화의 왕이었다.

이러한 맥락 아래 평화주의자로서 재세례파는 전쟁과 폭력이라는 문제를 다루었고 이는 1527년 그들이 작성한 7개 조, 흔히 슐라이트하임 고백(침례교 신앙고백서)Schleitheim Confession이라고 부르는 신앙고백속 간명한 진술에 잘 드러난다.

우리는 칼에 관하여 아래와 같이 동의한다. 칼은 하느님이 주신 것
이되 그리스도의 완전함 밖에 있는 것이다. 칼은 악한 자를 벌하며
죽음에 이르게 하고, 선한 자를 지키고 보호한다. (구약성서의) 율법
에서 칼은 악한 자를 처벌하고 죽이기 위해 주어졌으며, 바로 그 칼
이 지금은 세상의 통치자들이 쓰도록 주어져 있다. 그러나 그리스도
의 완전함 안에서는 죄지은 이에 대해 경고와 파문을 할 때 금지령
만을 내릴 뿐 육신을 죽음에 이르게 하지는 않는다. 그저 경고하고
더는 죄를 짓지 말라고 명령할 뿐이다.[28]

재세례파를 적대시했던 이들은 재세례파들이 무정부주의자라고 비
난했지만, 그들은 결코 무정부주의자가 아니었다. 전통적으로 정부
를 정당화할 때 쓰였던 신약성서 구절("사람은 누구나 위에 있는 권세에
복종해야 합니다. 모든 권세는 하느님으로부터 온 것이며, 이미 있는 권세들도
하느님께서 세워주신 것입니다")을 따라 재세례파는 하느님이 정부를 세
우셨음을 인정했다. 이후 절에서도 말하듯 그 정부는 "공연히 칼을
차고 있는 것이 아니"기 때문이다(로마 13:1~4). 어떠한 면에서 그들은
"위에 있는 권세"를 전복하려 한 것이 아니라 지지했다고도 말할 수
있다. 재세례파는 다른 무엇보다 그리스도를 따르는 이들이 스스로

---

28 Hans J. Hillerbrand(ed.), *The Reformation* (New York: Harper and Row, 1964), 235~238.

통치자가 되어 칼을 휘두를 수 있다는 생각을 반대했기 때문이다. 정부는 "그리스도의 완전함 밖"에서 세워진 것이다. "그리스도의 완전함"을 따르며 살아가고자 한다면 칼이 아니라 금지령과 파문이라는 징계를 하느님의 뜻을 수행하는 도구로 삼아야 한다고 재세례파는 믿었다.

그리스도교 평화주의 역사의 다음 단계 또한 "그리스도의 완전함"에 관한 재세례파의 논의와 유사했다. 영국과 미국에서 나타난 친구들의 모임(친우회, 퀘이커)Society of Friends 구성원들은 그리스도교인이 전쟁에 참여하지 말아야 하는 이유에 대해 신학적으로 더욱 정교한 공식을 제시했다. 그중에서도 대표적인 인물은 조직신학자이자 변증가였던 로버트 바클레이Robert Barclay*였다. 그는 전쟁이 "그리스도교 세계를 현재 통치하는 이들에게는 전혀 불법이" 아님을 인정했다. 그들의 신앙은 "온전한 그리스도교 신앙과는 거리가 멀기" 때문이다. 그러나 "그리스도의 인도를 받고 있는 이들이 무기로 자신을 지키는 것은 불법이다. 그들은 전적으로 주님을 신뢰해야만 한다". 그리스도의 인도를 받고 있는 이들은 그리스도의 영의 인도 또한 받아 전쟁과 "그리스도의 법" 사이의 근원적인 불일치를 본다. 퀘이커는 바로 이 "그리스도의 법"에 대한 참된 순종을 구성원들에게 요구했다. 좀 더 구체

---

* 로버트 바클레이(1648~1690)는 스코틀랜드의 퀘이커 신학자이다. 파리에서 신학을 공부하고 스코틀랜드에 돌아와 친우회, 즉 퀘이커 교도가 되었으며 퀘이커의 정신을 대변하는 주요 신학 저작들을 펴냈다. 그중에서도 『참된 그리스도교를 위한 변증』An Apology for the true Christian Divinity은 당대 대표적인 신학서 중 하나로 꼽힌다.

적으로 전쟁에 참여해서는 안 되며 적과 만나더라도 "어떠한 저항도 하지 말고 자신이 망가지는 일, 붙잡혀 감옥에 갇히는 일, 추방당하는 일, 학대당하는 일을 기꺼이 감내해야" 한다고, "오직 하느님을 신뢰하고 그분이 우리를 지키시며 십자가의 길을 통해 당신의 나라로 인도하실 것을" 믿어야 한다고 이야기했다. 많은 사람이 그리스도를 따른다며 칼을 휘두르고 전쟁에 나선다 해도 개의할 필요는 없다. 하느님은 대다수가 걷는 길이 아닌 좁은 길, '평화의 왕'인 예수의 "십자가의 길"을 통해 "당신의 나라로 인도하"시기 때문이다.[29]

그러나 종교개혁 시기 '평화의 왕'이라는 예수상은 그리스도교 예술에서 그리 비중 있는 주제가 아니었다. 그 이유 중 하나는 그리스도교 평화주의를 주창하던 이들 다수가 교회의 성상 사용에 비판적이었기 때문이다. 그러나 한편으로는 평화의 왕 예수의 모습을 극적으로 표현해내는 것이 본질적으로 어렵기 때문인 이유도 있다. 19세기에 베토벤의《교향곡 9번》*과 같은 곡은 단 하나만 발표된 반면《군대 행진곡》Marche militaire이나 《1812년 서곡》1812 Overture과 같은 곡은 무수히 나왔다. 평화의 왕 예수라는 주제를 가장 잘 보여준 작품은 예상치 못한 곳에서 나왔다. 바로 이탈리아 르네상스 문학 최후의 걸작인 토르콰토 타소Torquato Tasso의 『해방된 예루살렘』Gerussalemme liberata에 실린 한 장의 삽화다. 이 작품은 마치 (앞서 언급한) 코메니우스의 『평

---

29 Roland H. Bainton, *Christian Attitudes Toward War and Peace*, 157~165.

* 베토벤은 교향곡 9번 "합창"에서 교향곡에 대한 당시의 통념을 깨고 대규모 합창단을 동원해 가사가 있는 교향곡을 만들어냈다. 제4악장 '환희의 노래'는 하느님이 주시는 화해와 해방, 기쁨을 노래한다.

화의 천사』에 나온 "창과 칼, 전차와 고삐 … 십자가 형틀과 화형에
쓸 불, 교수형 집행인"을 묘사하는 것처럼 보인다. 실제로 이 삽화 앞
에는 십자군에 관한 시가 등장한다.

> 어떤 이는 사슬 갑옷을, 어떤 이는 판 갑옷을,
>
> 어떤 이는 흉갑, 어떤 이는 밝게 빛나는 갑옷을,
>
> 소매 달린 미늘 갑옷, 소매 없는 사슬 갑옷을,
>
> 모두가 무기를 들고 재빨리 갖춰 입었다.
>
> 이들의 군기는 바람에 가벼이 멋대로 나부끼고,
>
> 이들은 하늘을 향해 왕의 깃발을 펼쳐
>
> 이교도의 시체 위로 승리의 십자가를 세운다.[30]

"승리의 십자가"는 십자군이든 평화주의자이든, 모든 그리스도교인
에게 성스러운 것이었다. 그러나 그리스도교 평화주의는 이는 갑옷
과 무기에 '대한' 승리의 상징이지, 그것들을 '통한' 승리의 상징이라
고 생각하지 않았다. 평화주의자들은 평화의 왕 예수가 칼날 쪽으로
칼을 움켜잡아 군인들의 손에서 이를 빼앗은 뒤, 자루 쪽을 위로 향
해 하늘로 들어 올려 십자가 모양을 만들었다고 믿었다.

예수상의 전체 역사를 놓고 생각해 본다면, 전쟁을 정당화하기 위
해 예수를 이용한 전통적인 입장을 반대한 이들 중 상당수가 예수 그

30　Torquato Tasso, *Jerusalem Delivered* 1.72 (Carbondale: Southern Illinois University Press, 1962),
21.

《해방된 예루살렘》(1774년), 데사우 밀덴제. 바이네커 희소본 소장 도서관.

리스도의 위격에 관한 전통적인 교리를 거부하는 운동을 열정적으로 주도했다는 점은 매우 흥미로운 일이다. 일부 재세례파 신도는 다비드 요리스David Joris*처럼 반삼위일체론자가 되었고 이성과 "내면의 빛"inner light을 강조한 퀘이커 중 일부는 그리스도교 정통주의를 거부했다. 이 때문에 전통의 편에 서서 정당한 전쟁 이론과 그리스도의 두 본성 교리를 모두 지지하던 사람들은, 평화주의자들이 한편으로는 예수 그리스도의 신적인 권위를 들어 그의 가르침을 전쟁을 거부하는 자신들 주장의 핵심 논거로 삼으면서도 다른 한편으로는 전통으로 내려오는 예수 그리스도의 특권적 위치와 하느님과의 관계에 관한 논의들을 체계적으로 부정하는, 일관성 없는 이야기를 하고 있다며 비판했다. 예수가 진실로 주님이라면, 그래서 정당방위에 해당하는 싸움조차도 그분이 명령했다면 하지 말아야 할 정도의 권위를 지닌 이라면, 국가와 사회의 근본적인 요구를 파기할 수 있는 절대적인 권리를 지닌 분으로 본다면 그는 재세례파와 퀘이커에서 고백하는 소박한 그리스도론이 가리키는 이보다 훨씬 더 큰 분이어야 한다고 전통주의자들은 생각했다. 각 입장은 모두 나름의 타당성을 갖고 있다. 그러나 양측 모두를 향해 복음서는 지적한다. 옳은 일을 말하는 것과 옳은 일을 하는 것은 다르다고 말이다.

---

* 다비드 요리스(1501~1556)는 네덜란드의 재세례파 지도자다. 청년 시절에는 앤트워프에서 스테인드글라스 화가로 활동했으나 1533년 재세례파의 신앙을 받아들이고 델프트에서 침례를 받았다. 신앙 박해를 피해 1544년 바젤로 이주해 개혁교회에 가입했으나 재세례파의 입장을 대변하는 신학 저술 활동을 이어갔다. 사후에 바젤 당국으로부터 이단 판정을 받아 시신이 발굴되어 화형에 처해졌다.

너희는 어떻게 생각하느냐? 어떤 사람에게 아들이 둘 있는데, 아버지가 맏아들에게 가서 '얘야, 너 오늘 포도원에 가서 일해라' 하고 말하였다. 그런데 맏아들은 대답하기를 '싫습니다' 하고 말하였다. 그러나 그 뒤에 그는 뉘우치고 일하러 갔다. 아버지는 둘째 아들에게 가서, 같은 말을 하였다. 그는 대답하기를, '예, 가겠습니다, 아버지' 하고서는, 가지 않았다. 이 둘 가운데서 누가 아버지의 뜻을 행하였느냐? (마태 21:28~31)

15

상식의 교사

참 빛이 있었다. 그 빛이 … 모든 사람을 비추고 있다. (요한 1:9)

이성의 시대, 즉 17~18세기 계몽주의 시대가 열리면서 정통주의 그리스도교의 예수 그리스도상은 신랄한 공격의 대상이 되었으며 급격한 변화를 맞이했다. 이 시기 예수를 이해하려는 시도 중 가장 널리 알려진 것은 예수의 전기를 완성하려는 시도였다. 알베르트 슈바이처(정확하게는 그의 저작을 영역한 번역가)는 이를 "역사적 예수 탐구"라고 불렀다. 계몽주의가 역사적 예수를 탐구할 수 있게 된 이유는, 그리고 탐구할 수밖에 없게 된 이유는 계몽주의 철학이 예수를 우주의 그리스도에서 폐위했기 때문이다.[1]

---

1 Peter Gay, *The Enlightenment: An Interpretation* (New York: Alfred A. Knopf, 1966~1969), 1:256~321. 『계몽주의의 기원』(민음사)

1730년 런던에서는 매튜 틴들Matthew Tindal*이 쓴 『창조만큼 오래된 그리스도교: 혹은 자연 종교의 재공표로서의 복음』Christianity as Old as the Creation: The Gospel, a Republication of the Religion of Nature 1권이 등장했다. 이 저작은 뜨거운 논쟁의 도마 위에 올랐으며 수많은 비평가는 그가 예수 그리스도의 복음을 공격했다고 비판했다. 그러나 틴들이 이 저작을 출간한 이유는 그리스도의 복음을 옹호하기 위해서였다(적어도 자신은 그렇게 생각했다). 다만 그는 당시 자신이 택한 길(복음의 본질을 이성, 자연 종교와 동일시하고, 예수를 본질적으로 상식의 교사로 보는 것)만이 당대 문화 속에서 복음을 옹호할 수 있는 유일한 길이라 믿었을 뿐이다. 그가 예수를 새롭게 이해해야 한다는 주장을 지지한 이유 중 하나는 기적이 더는 예수라는 인물의 독특성과 그가 전한 메시지의 타당성을 담보하는 증거로 기능할 수 없게 되었기 때문이다. 그때까지 그리스도교 역사를 통틀어 사람들은 이론의 여지 없이 기적을 입증하는 역사적 증거가 있으며 이를 논증의 토대로 삼을 수 있다고 믿었다. 성서에 나오는 기적 이야기의 진실성에 의문을 제기하는 행위는 사실상 "하느님의 능력이 존재한다는 것, 혹은 그분의 능력이 인간사에 개입한다는 것"을 부정하는 것이나 다름없었다.[2] 아우구스티누스도

---

2   Augustine, *City of God* 10.18.

*   매튜 틴들(1657~1733)은 잉글랜드의 법률가이자 정치 평론가다. 옥스퍼드 대학교에서 법학을 공부했고 중년까지 별다른 활동을 하지 않다 이후 법학과 신학 관련 글을 발표했다. 자신을 '그리스도교 이신론자'Christian deist라고 부르고 이와 관련된 논의를 기술함으로써 '이신론'이라는 말을 확립했다. 이 때문에 『창조만큼 오래된 그리스도교: 혹은 자연 종교의 재공표로서의 복음』은 '이신론자들의 경전'으로 평가받았으며 당대 많은 지식인에게 커다란 영향을 미쳤다.

예수가 "사람들이 자신을 믿게 하려고 기적을 행했고 이로써 자신의 권위를 확보했다"고 이야기했다.[3] 물론 그리스도교를 옹호하는 이 가운데서도 적잖은 이들은 이러한 이야기가 미심쩍으며 사실상 순환논증이라는 것을 이미 알고 있었다. 기적 이야기의 역사적 신빙성은 예수가 신성을 지니고 있다는 신학 교리에 근거하며, 이 교리는 다시금 기적이 과학적으로나 철학적으로 보았을 때도 가능하다는 전제를 통해 참인 것으로 여겨졌다. 그러나 이러한 순환논법은 그 순환이 깨지지 않을 때만 타당하다. 순환이 한 번 깨지기 시작하자 기존의 논법은 과학, 철학, 역사, 신학 등 여러 분야에서 힘을 잃어갔다. 물론 이러한 일이 단숨에 일어나지는 않았다. 여기서는 각 분야에 어떠한 변화가 일어났는지를 살피며, 그러한 변화가 예수상에 어떠한 영향을 미쳤는지 살펴보려 한다.

예수가 로고스이자 우주의 그리스도라는 생각은 근대 과학 사상을 형성하는 철학적 원천 중 하나였지만 17~18세기 과학 사상은 점차 자신의 원천을 버렸다. 이러한 변화를 가장 잘 보여주는 인물은 바로 아이작 뉴턴Isaac Newton이다. 그리스 교부들처럼 그의 정신에는 '부정 신학'negative theology의 요소가 살아있었다. 가장 널리 알려진 그의 저작 마지막 부분에서 그는 말했다.

맹인이 색을 전혀 알지 못하듯, 우리는 모든 것을 아시는 하느님께

---

3   Augustine, *On the Profit of Believing* 14.32.

서 어떻게 만물을 인식하고 이해하시는지 전혀 알지 못한다.

그러나 동시에 그는 "태양, 행성들, 혜성들로 이루어진 이 가장 아름
다운 체계는 알 수 없는 형이상학적 필연성에 의해" 존재하는 것이
아니라 "세계에 속한 영혼이 아닌 만물 위에 계신 주님", 만물을 다
스리는 "지성과 힘을 지닌 한 존재가 이를 계획하고 지배할 때만 계
속 존재할 수 있다"고 믿었으며 이에 따라 "사물의 존재 방식을 탐구
함으로써 하느님에 관해 논의할 수 있는" 자연 철학이 가능해진다고
생각했다.[4] 또한 다른 저작에서 그는 제1 원인으로서 하느님이 "자연
법칙을 바꿀 수 있음"(이렇게 되면 기적이 가능하다)을 인정하지만 그럼
에도 "이전에 형성된 세계가 ⋯ 매우 오랜 세월 일정한 자연법칙들에
의해 지속될 수도 있음"(이렇게 되면 기적은 불가능하다)을 전제하는 것
은 "전혀 모순되지 않는다"고 말했다.[5] 신학과 성서 해석에 관한 저작
들에서 뉴턴은 성서에 나오는 기적 이야기들, 특히 예수가 일으킨 기
적 이야기들을 신뢰할 만하다고 여겼지만, 그렇다고 이러한 생각이
우주의 그리스도라는 전통적인 그리스도상을 받아들이는 것으로 연
결되지는 않았다. 그는 이성과 성서에 부합하지 않는다는 이유로 전
통적인 삼위일체 교리와 예수의 위격에 관한 교리를 거부했으며 존
밀턴John Milton처럼 예수가 성부 하느님에게 종속되어 있다고 주장했

---

4 Isaac Newton, *Mathematical Principles of Natural Philosophy* 3, 'The System of the World',
   General Scholium. 『프린키피아 1~3』(교우사)

5 Isaac Newton, *Optics*, 3.1.

다. 이러한 주장으로 인해 어떤 사람들은 그를 아리우스주의자라고 부르기도 했다.[6]

이제 기적은 법정에서 채택할 수 없는 증거로 기각되었다. 데이비드 흄David Hume은 말했다.

> 우리가 허상에 빠지지 않게 해주는 고매한 분별력, 교양, 학식을 충분히 갖춘 이들에 의해 입증된 기적은 전 역사를 통틀어 나온 적이 없다.[7]

로마 가톨릭 교회를 공격함으로써 그리스도교의 모든 역사적 요소들을 폄하하던 계몽주의의 선례를 따라 그는 과거에서 오늘에 이르기까지 "고대 그리스, 중국, 로마 가톨릭에서" 기적이라고 부르는 수많은 일을 언급한다. 여기에 복음서의 기적은 포함되지 않았지만, 오경에 나오는 기적들은 포함되었다. 결론에서 흄은 "우리의 가장 거룩한 종교"의 토대는 이성이 아니라 신앙이라고, 신앙 자체가 가장 위대한 기적이자 사실상 유일한 기적이라고 말한다.

> 그리스도교라는 종교는 처음부터 기적이 따랐다. 지금도 합리적인 사람이 기적 없이 이를 믿기란 불가능하다. 우리의 이성만으로는 그

---

6 Edwin A. Burtt, *The Metaphysical Foundations of Modern Science* (Garden City, N.Y.: Anchor Books, 1954), 283~302.

7 David Hume, *Enquiry concerning Human Understanding, The English Philosophers from Bacon to Mill* (New York: Modern Library, 1939), 657~667.

리스도교의 진실성을 확신할 수 없다. 신앙을 통해 이를 받아들일 때만 자신의 인격 속에서 끊임없이 기적이 일어나고 있음을 감지할 수 있다. 신앙은 관습과 경험과 가장 반대되는 것을 믿도록 결단하게 한다.

이러한 맥락에서 보면 예수가 일으킨 기적들이 예수가 누구인지를 입증해주지는 않는다. 괴테가 파우스트의 입을 빌려 말했듯 "기적은 신앙이 가장 사랑하는 자식"이지 그 반대는 아니기 때문이다.[8]

　과학(당시에는 보통 자연 철학이라고 불렸다)뿐만 아니라 역사학에서도 기적은 문젯거리가 되었다. 에드워드 기번Edward Gibbon은 로마 제국에서 그리스도교가 승리를 거둔 역사적 원인을 다섯 가지로 설명했는데 세 번째 원인으로 기적을 들었다. 그는 초기 3세기 동안 그리스도교 운동에 얼마나 '천박한 신앙'과 '열광주의'가 만연했는지를 설명하면서 기적의 예를 든다. 기적이 사도 시대 이후에도 일어났느냐는 질문과 관련해 기번은 조롱조로 말했다.

　　이 고상하고 중요한 논쟁에 자신의 개인적인 견해를 보이는 것은 역사가의 의무가 아니다.

그리고 마치 내숭을 떨 듯 그는 사도 시대의 기적들, 특히 예수가 일

8　Goethe, *Faust* 766.

으킨 기적들에 대해 검토한다. 기번은 물었다.

전능한 신이 이성이 아니라 감각에게 보여준 저 증거들에 이교도들이
나 철학자들이 무관심했다는 사실을 우리는 어떻게 보아야 하는가?

그는 이야기를 이어갔다.

그리스도의 시대, 사도 시대, 이 기간에 셀 수 없이 많이 일어난 경이
로운 사건들은 그리스도와 사도가 전한 가르침이 참되다는 것을 뒷
받침했다. … 자연법칙은 교회의 이익을 위해 몇 번이고 중지되었다.

저 사건들 중에서도 가장 경이로운 기적과 관련해 기번은 익살맞게
고대 작가들을 비난했다. 그들이 "인류의 경탄과 호기심, 열심을 불
러일으켰을 법한 … 기적 사건", 곧 성금요일 예수가 십자가에 매달
렸을 때 3시간 동안 온 땅이 어두워졌다는 것에 대해 "아무런 언급도
하지 않고 무시했다"고 말이다.[9]

그러므로 기번이 예수 그리스도라는 인물이 지닌 도덕적이고 종
교적인 권위를 "그리스도교 교회가 급속하게 성장한 부가적인 (다섯
가지) 원인"에 넣지 않은 것은 그리 놀라운 일이 아니다. 그는 이 모
든 문제에 대한 "뻔하지만 충분한 답"으로서 그리스도교의 승리(이후

9　Edward Gibbon, *The History of the Decline and Fall of the Roman Empire* (London: Methuen, 1896~1900), 2:28~31, 69~70. 『로마제국 쇠망사 1~6』(민음사)

그는 이를 "야만과 종교의 승리"라 불렀다)가 "교리 자체의 설득력 있는 증거, 그리고 이를 만들어낸 위대한 '저자'의 강력한 섭리 덕분이었다"고 말했다. 그리고 기번에게 이 답을 고민하는 것은 "역사가의 의무"를 넘어서는 것이었다. 대신 그는 초기 그리스도교를 대상으로 면밀하면서도 여러 면에서 파괴적인 역사 분석을 진행했다. 삼위일체 교리의 발생과 발전, 그리스도가 "성부와 동일본질"이라는 고백, 성육신 교리의 역사 등에 관해 논의했는데, 예수의 생애와 관련해서는 그리스도의 위격과 본성에 관한 신학적 논쟁을 다룰 때만 잠시 언급할 뿐이었다.[10] 논의를 마친 후 그는 예수에 관해 간략하게 이야기했다.

> 나자렛 예수의 동료들은 자신들의 친구, 동포와 대화했다. 그들은 예수를 정신적인 면으로나 육체적인 면으로나 모든 부분에서 자신들과 같은 인간이라고 보았다. 갓난아기에서 청소년기를 거쳐 성인이 될 때까지의 과정 역시 모든 부분에서 평범한 사람과 다를 바 없었으며 극도의 정신적, 육체적 고통을 겪은 뒤 십자가 위에서 숨을 거두었다. 그는 인류를 섬기기 위해 살고 죽었다. … 그가 친구와 민족을 위해 흘린 눈물은 그의 인간성을 보여주는 가장 순수한 증거로 평가될 것이다.[11]

물론 어느 20세기 학자가 말했듯 "공관복음이 그린 그리스도교의 중

---

10 Edward Gibbon, *Decline and Fall* 2:335~387, 5:96~168.

11 Edward Gibbon, *Decline and Fall* 5:97~98.

심인물이 지닌 독특한 매력을 그리스도교가 성공을 거둔 제1 요인"
으로 보는 것은 "19세기 관념론과 그리스도 인성론humanitarianism의 산
물"일지도 모른다.[12] 그럼에도 예수의 삶과 죽음, 가르침과 기적, 선
재preexistence와 승영昇榮, exaltation의 역사가 그리스도교 운동의 역사에서
결정적인 요소로 자리 잡고 있음을 부정할 수는 없다. '역사가' 기번
은 그러한 '역사'는 다루지 않았다.

　기번과 동시대를 살았던 역사가들은 이 문제를 다루는 데 기번보
다 더 주저함이 없었다. 기번이 『로마 제국 쇠망사』 1권을 낸 1776년
즈음 복음서에 담긴 정보에 근거해 예수의 삶을 재구성하는 것은 유
럽 학자들과 지식인들의 최대 관심사 중 하나였다. 1778년 독일의 철
학자이자 문학비평가 고트홀트 에프라임 레싱Gotthold Ephraim Lessing은 7
편으로 된 『볼펜뷔텔 단편들』Wolfenbüttel Fragments Wolfenbütteler Fragmente 중 마
지막 단편 「예수와 그의 가르침의 의도에 관하여」Concerning the Intention of
Jesus and His Teaching라는 제목의 논문을 익명으로 출간했다. 이 글을 포함
한 7편의 실제 저자는 헤르만 사무엘 라이마루스Hermann Samuel Reimarus
였다(그는 『이성으로 하느님을 예배하는 이들을 위한 변론』Apology for the Rational
Worshipers of God이라는 제목의 방대한 저작을 남기고 세상을 떠났다). 논문은
지금까지 2세기 동안 계속되고 있는 예수의 참된 메시지와 목적에 관
한 논쟁을 촉발했다. 저자는 틴들과 유사하게 창조주와 창조에 관한
전통적인 그리스도교 교리를 비판하며 이신론적 종교철학을 옹호했

12　Arthur Darby Nock, *Conversion: The Old and the New in Religion from Alexander the Great to Augustine of Hippo* (Oxford: Oxford University Press, 1933), 210.

다. 그는 말했다.

(복음서의 예수는) 새로운 신비나 신앙의 조항들을 가르치지도, 가르치려 하지도 않았다. ⋯ 예수가 하나의 신적 본질 안에 서로 다른 세 위격이 있다는 이상한 교리를 설명하려 했다면 ⋯ 왜 부활하고 난 뒤에도 이에 관해 침묵했겠는가?[13]

라이마루스가 보기에 예수와 그의 메시지가 성공을 거둔 이유는 "언급할 만한 가치도 없는" 기적이나 삼위일체 같은 신비의 계시 때문이 아니라 순전히 자연적인 동기와 원인, 곧 "자연적으로 작동하며 언제나 이어져 온, 그래서 모든 것을 명료하고 분명하게 이해하는 데 기적을 필요 없게 만드는 이성" 때문이다. 이어서 그는 말했다.

이성이야말로 모든 사람에게 불어온 세찬 바람(사도 2:2)이다. 이것이야말로 기적을 일으키는 참되고 본래적인 언어다.[14]

레싱이 라이마루스의 글을 출간함으로써 불거진 논쟁은 기본적으로 신학사와 신약학에 속한 문제다. 그러나 논쟁은 신학계를 뛰어넘어 퍼져 나갔으며 (이 책에서 다루는) 문화 전반에 영향을 미쳤다. 레싱이 책을 출간한 지 100년이 지났을 무렵 또 한 사람의 독일 문필가,

---

13   Hermann Samuel Reimarus, *Fragments* (Philadelphia: Fortress Press, 1970), 72, 95~96.

14   Hermann Samuel Reimarus, *Fragments*, 269.

린더 켁Leander Keck*이 "한때 신학자였던 이"ex-theologian라 불렀던 다비드 프리드리히 슈트라우스David Friedrich Strauss는 복음서 기사들 안에, 그 이면에 있는, 규정하기 어려운 인물로서 예수를 이해하기 위한 수단으로 자신이 내세운 '신화'myth라는 개념을 옹호하기 위해 다시 한번 라이마루스의 저작에 주목했다.[15] 1835~1836년 출간된 슈트라우스의 『예수의 생애』Life of Jesus는 메리 앤 에번스Mary Ann Evans라는 영국의 여류 문필가에 의해 영역되면서 전 세계에 판매되었으며 학계의 인정뿐만 아니라 대중의 사랑을 받았다. 에번스는 조지 엘리엇George Eliot이라는 필명으로 더 잘 알려져 있는데, 1854년에는 루트비히 포이어바흐Ludwig Feuerbach의 『그리스도교의 본질』Das Wesen des Christentums을 번역했다.[16] 그녀의 전기 작가에 따르면 "19세기 책 중 영국 종교 사상에 이(에번스가 번역한 슈트라우스의 책)보다 더 심대한 영향을 미친 책은 없었다".[17] 라이마루스가 대담하게 길을 열어 놓은 덕분에 슈트라우스는 처음에는 독일에서, 이후 영국과 미국에서 심대한 영향력을 떨칠 수 있었다.

---

15 Leander E. Keck(ed.), *The Christ of Faith and the Jesus of History* (Philadelphia: Fortress Press, 1977), xxxiii.

16 David Friedrich Strauss, *The Life of Jesus Critically Examined* (London: Swan Sonnenschein, 1906).

17 Gordon Haight, *George Eliot: A Biography* (New York: Oxford University Press, 1968), 59.

* 린더 켁(1928~)은 미국의 신약학자이자 프로테스탄트 목사다. 린드빌 칼리지에서 신학을 공부하고 예일 대학교에서 박사학위를 받았다. 이후 밴더빌트 대학교, 에모리 대학교를 거쳐 예일 대학교 신학대학원에서 신약학 교수가 되어 신약학을 가르쳤다. 현재 예일 대학교 명예교수로 활동 중이다. 주요 저서로 『바울과 그의 서신들』Paul and his Letters, 『역사적 예수의 미래』A future for the historical Jesus 등이 있다.

레싱이나 슈트라우스의 『예수의 생애』에 관심을 보였던 조지 엘리엇의 예를 보면 알 수 있듯 역사적 예수 탐구는 알베르트 슈바이처의 『역사적 예수 탐구』 목차에 나오는 독일 성서학자와 신학자들만 관심을 기울인 것이 아니다. 게다가 오토 플라이더러Otto Pfleiderer*가 지적했듯 당시 신학자들은 "복음서의 문학적 세부 사항을 검토"하는데 너무 관심을 기울인 나머지 "복음의 역사evangelical history라는 가장 중요한 문제에 대해서는 거의 관심을 쏟지 않았다".[18] 18세기 말과 19세기 초에는 신학자나 신약학자보다도 일반 지식인들이 역사적 예수 탐구에 더 열중했다. 그들은 현실을 이해하고 도덕의 가치를 입증하며 사회를 조직하기 위한 새로운 길을 찾는 인류의 여정 가운데 전통적인 그리스도교는 낡고 신뢰할 만하지 않다고 생각했다. 이러한 맥락에서 역사적 예수 탐구는 당대 지식인들에게 서구 문화의 주요 고전들을 재해석해 변치 않는 메시지를 새로운 시대에 맞게 전하는 자신들의 중요한 과업 중 하나였다. 예수 메시지의 신뢰성이 삼위일체 논의, 하느님과 예수의 형이상학적 일치와 위로부터 오는 기적적인 계시로 담보되지 못한다면 그의 메시지는 어디서나 받아들여질 수 있는 것, 인간 지혜의 정점과 조화를 이루는 것이어야 한다고 그들은 생각했

---

18 Otto Pfleiderer, "Introduction" to English translation of Strauss, *The Life of Jesus*, 21.

* 오토 플라이더러(1839~1908)는 독일의 프로테스탄트 신학자다. 튀빙엔 대학교에서 신학을 공부한 뒤 스코틀랜드 교회에서 사목 활동을 하다 예나 대학교를 거쳐 베를린 대학교 신학부에서 신학을 가르쳤다. 신약학, 종교학, 종교철학, 초기 그리스도교 역사 등의 분야에서 다양한 저서를 남겼다. 『종교의 역사』Die Geschichte der Religion, 『칸트 이후 독일의 신학 발전과 1825년 이후 영국에서의 발전』The Development of Theology in Germany since Kant and its Progress in Great Britain since 1825 등이 있다.

다. 다른 이들이 삶을 부분적으로만 이해했다면 예수는 삶을 (매슈 아 널드Matthew Arnold*가 소포클레스에 관해 말했듯) "끊임없이, 그리고 총체적 으로 온전히 바라보았다"고, 그러나 그러한 그의 이해 방식은 다른 인간들의 경험과 분명한 연속성이 있다고 지식인들은 이야기했다.

그러므로 역사적 예수를 탐구하던 계몽주의 시대 학자들은 역사 적 호메로스 탐구, 역사적 소크라테스 탐구, 역사적 모세 탐구에도 몰두했다. 복음서의 예수에 관한 라이마루스의 글이 출간되고 20년 이 채 되지 않아 근대의 고전학을 개척한 학자 중 한 사람인 프리드 리히 아우구스트 볼프Friedrich August Wolf는 『호메로스 서설』Prolegomena ad Homerum을 썼다. 이 책에서 그는 호메로스가 『일리아스』와 『오뒷세이 아』를 쓴 한 천재 시인의 이름이 아니라 하나의 서사시를 이루는 다 수의 원자료를 가리키는 이름이라고 주장했다. 이를 입증하기 위해 볼프가 택한 방법론은 모세 오경을 이루는 다수의 원자료를 식별하 기 위해 학자들이 활용한 방법과 일정한 유사성이 있었으며 다른 한 편으로는 복음서를 세심하게 살펴 다양한 층위를 가려내는 것과도 유사성이 있었다. 같은 맥락에서 학자들은 영원히 풀리지 않고 있던 문제인 소크라테스의 문제를 탐구하곤 했다. 물론 베르너 예거Werner

---

* 매슈 아널드(1822~88)는 영국의 문학비평가이자 시인이다. 옥스퍼드 대학교 발 리올 칼리지에서 공부를 하고 청년기에는 시인으로 활동했으나 1950년대 말부 터 비평으로 방향을 전환해 문학과 사회에 관한 다양한 글을 남겼다. 당대 대표 적인 논객으로 평가받았을 뿐만 아니라 그의 비평 이념과 낭만주의 문학에 대 한 평가는 후대에 커다란 영향을 미쳤다. 주요 저서로 『교양과 무질서』Culture and Anarchy(한길사)가 있다.

Jaeger[*]가 말했듯 "이 역사적 문제가 지닌 복잡다단함을 단 하나의 물음으로 집약한 사람은 슐라이어마허였다". 플라톤의 저작들을 독일어로 옮기기도 했던 슐라이어마허는 공관복음과 요한 복음서의 관계 문제(후에 그는 『예수의 생애에 관한 강의』Lectures on the Life of Jesus에서 이 문제를 다룬다)를 연상시키는 표현으로 소크라테스 문제에 관해 물었다.

크세노폰이 기술한 소크라테스, 크세노폰이 소크라테스의 특징이라고 분명하게 선언한 성품, 삶의 모습과 모순되는 소크라테스는 가능한가? 또한 플라톤이 그의 대화편에서 했던 것처럼 소크라테스를 묘사하고자 하는 충동과 이유를 주려면 소크라테스는 어떤 사람이어야 했을까?[19]

앞서 언급했듯 2세기와 3세기에 이미 사람들은 소크라테스와 예수의 평행 관계를 주목한 바 있다. 그리고 계몽주의 시기에 이 평행 관계는 단순한 문학적 중요성 이상으로 중요해졌다. 소크라테스와 예수는 모두 탁월한 교사였으며 사람들에게 소박한 삶을 살라고 촉구했고 그 가르침대로 살았다. 또한 두 사람은 모두 자신이 속한 공

---

19 Werner Jaeger, *Paideia: The Ideals of Greek Culture* (New York: Oxford University Press, 1943~1945), 2:21.

* 베르너 예거(1888~1961)는 독일의 고전 문헌학자로 마르부르크 대학교와 베를린 대학교에서 공부하고 아리스토텔레스의 형이상학에 관한 연구로 박사학위를 받았다. 이후 바젤 대학교, 베를린 대학교 등에서 고전학을 가르치다 나치의 박해를 피해 미국으로 이주하여 시카고 대학교, 하버드 대학교 교수를 역임했다. 니사의 그레고리우스 비평판을 편집했으며 전 3권으로 된, 고대 그리스 문화를 다룬 『파이데이아』Paideia가 널리 알려져 있다.

동체가 믿던 종교의 반역자로 간주되었다. 그리고 두 사람 모두 아무런 글도 남기지 않았으며, 두 사람 모두 처형당했다. 마지막으로 두 사람 모두 조화를 이루기 어렵거나 조화를 이루는 것이 불가능해 보이는 전승들의 주인공이었다. 두 사람을 비교하는 연구는 양자가 놀랄 만큼 유사하다고 결론을 내리는 지점에서 그치지 않고 더 먼 곳까지 나아갔다. 계몽주의 사상가에게 소크라테스는 이른바 성서에서 증언하는 계시 너머에도, 예수가 아버지라 부른 하느님께서 다른 이에게도 지혜와 도덕적 능력을 주셨음을 보여주는 증거였기 때문이다. 요한 복음서 머리말이 주장했듯 나자렛 예수로 성육신한 로고스-말씀이 유대인이든 그리스도교인이든, 그리스인이든 이교도이든 상관없이 "모든 사람을 비추"는 "참 빛"이라면, 소크라테스의 존재는 하느님의 계시 활동(그뿐만 아니라 하느님의 구원 활동)을 이스라엘 민족의 역사와 교회의 역사에만 제한하는 것을 극히 어렵게 만든다. 참 하느님이 소크라테스를 통하여 말씀하시고 활동하셨다면, 이는 하느님의 진리가 보편적임을 의미하며 그리고 이 진리가 보편적이라면 소크라테스와 예수 모두 이를 가르쳤음이 틀림없다고 계몽주의 사상가들은 생각했다.

다른 한편, 이러한 유사성에 수긍하면서도 예수의 인격과 가르침의 우월성과 독특함을 규명하고자 노력한 이들도 있었다. 이를 위해 그들은 사도나 복음서 저자라는 베일 너머에 있는 예수의 참된 인격과 진정한 가르침을 발견하려 애썼다. 이를테면 과학자이자 신학자였던 조지프 프리스틀리Joseph Priestley는 예수에 '관한' 자료들에서 '역사적 예수'를 분리해 내는 문제를 다루기 위해 방대한 책인『그리스도교의 변질』The Corruptions of Christianity을 저술하고『복음서 대조표』A Harmony of the Gospels를 엮었다. 또한 그는 예수와 소크라테스의 공통점과 차이점을 다룬 60쪽 분량의 소책자를 써서 철학사에서 차지하는 소크라테스의 비중, 그의 도덕적 위상을 정당하게 평가하려 했다. 물론 그럼에도 예수가 본질적으로 우월하다는 입장을 고수했지만 말이다.

> 소크라테스와 예수의 성격, 도덕적 가르침, 그들과 관련된 역사 전체를 비교해 보면 유대교와 그리스도교 같은 계시 종교가 사람들의 정신을 계몽하고 마음을 넓히며 탁월한 성품을 갖게 하는 데 훨씬 이롭다는 점을 어렵지 않게 알 수 있다. 이것만으로도 소크라테스와 예수의 차이, 그리고 소크라테스와 예수의 제자들의 차이를 설명할 수 있다. 그리고 소크라테스와 예수가 어떻게 다른지를 충분히 알 수 있다.[20]

프리스틀리에게 예수는 더는 우주의 그리스도나 삼위일체의 제2 위격이 아니었다. 그에게 예수는 (소크라테스와는 다르게) 하느님의 영감을 받은 교사였다.

여러 신학 저서, 성서학 관련 저서와 더불어 프리스틀리의『소크라테스와 예수 비교』Socrates and Jesus Compared는 역사적 예수 탐구에 뛰어

---

20   Joseph Priestley, *Socrates and Jesus Compared* (Philadelphia: printed for the author, 1803), 48.

든 참가자 중 가장 걸출했던 사람에게 심대한 영향을 주었다(비록 슈바이처는 그의 이름을 언급조차 하지 않았지만 말이다). 그는 바로 미합중국의 제3대 대통령 토머스 제퍼슨이다. 역사적 예수와 복음서는 폭넓은 지식과 날카로운 지성을 지녔던 그가 손을 뻗은 셀 수 없이 많은 학문적이며 과학적인 취미 중 하나가 아니었다. 그는 사실상 성인이 된 후 대부분의 시간을 이 문제를 가지고 씨름했다. 대니얼 부어스틴 Daniel Boorstin[*]이 말했듯 그는 "순수한 그리스도교가 18세기 미국이라는 환경에서 사람들의 윤리 의식을 고양할 수 있다"고 확신했다.[21] 그에게 순수한 그리스도교에 대한 탐구는 단순히 학문적인 과제일 뿐 아니라 정치적인 과제이기도 했던 것이다. 그리고 그의 탐구 결과는 미국 특유의 전통이 형성되는 데 기여했다.

40대 중반에 쓴 글에서 제퍼슨은 "삶의 매우 이른 시기부터" 전통적인 그리스도교 교리에서 "하느님의 유일성과 삼위일체론을 조화시키는 데 어려움을" 겪었다고 말했다. 그는 삼위일체론 같은 교리들이 나자렛 예수를 설명하는 데 필요하지 않다고 판단했다. 제퍼슨이

---

21 Daniel J. Boorstin, *The Lost World of Thomas Jefferson* (Boston: Beacon Press, 1960), 156.

* 대니얼 부어스틴(1914~2004)은 미국의 역사가이자 교육가다. 하버드 대학교와 옥스퍼드 대학교에서 공부했으며 1944년부터 1969년까지 시카고 대학교에서 역사학을 가르치고 로마 대학교, 제네바 대학교, 교토 대학교, 케임브리지 대학교 등 세계 여러 대학교에서 객원 교수로 미국사를 강의했다. 1975년부터 1987년까지 미국 의회 도서관 운영 책임을 맡았고 국립 미국사 박물관장, 워싱턴 스미소니언 박물관 수석 역사 연구원을 역임했다. 미국 역사에 대한 해박한 지식과 역사에 대한 독특한 접근으로 미국의 대표적인 역사가로 꼽히며 문필가로도 인정받아 폴리처상, 파크만상, 반크로프트상 등을 수상했다. 주요 저서로 '미국인들' 3부작(『미국인들: 식민지 경험』The Americans: The Colonial Experience, 『미국인들: 국가의 경험』The Americans: The National Experience, 『미국인들: 민주주의의 경험』The Americans: The Democratic Experience)이 있다.

보기에 예수는 "사생아로 태어났으나 자비로운 마음과 뜨거운 가슴을 가진 사람"이었고 "신성을 내세우지 않은 채 삶을 시작했으되 자신 안에 신성이 있음을 믿으며 삶을 마감한, 군중을 선동했다는 이유로 로마법에 따라 모욕을 당하고 처형당한 사람"이었다. 그는 정통 그리스도교의 교리 전통과 전례 전통을 거부하는 것으로는, 성서의 메시지를 회복하는 것만으로는 결코 순수한 그리스도교를 되찾을 수 없다고 생각했으며 이를 위해서는 복음서 전체 내용과 예수가 전한 참된 메시지를 동일시하는 관행을 바꾸어야 한다고, 복음서 본문에서 예수의 메시지를 추출해야 한다고 확신했다. 이러한 확신 아래 그는 "잡동사니들 속에 묻힌 진정한 예수의 것을 끄집어내는" 일을 시도했다. 그는 말했다.

> 예수의 참된 가르침은 빛을 발하므로 잡동사니, 곧 그의 전기 작가들의 창작물과 쉽게 구별할 수 있다. 이는 오물더미에서 다이아몬드를 찾아내는 것만큼이나 쉬운 일이다.[22]

첫 번째 시도는 제퍼슨이 대통령으로 재임 중이던 1804년 2월에 이루어졌다. 백악관에 있던 그는 "이틀 혹은 사흘 밤 만에, 그것도 서신과 보고서를 읽는 저녁 일과를 마쳐 두고" 작업을 마쳤다(훗날 그는 이 작업이 너무 성급했음을 인정했다). 제퍼슨의 필체를 모방해 쓴 책의

첫 페이지를 보면 알 수 있듯 작업의 결과물에는 『나자렛 예수의 철학』The Philosophy of Jesus of Nazareth이라는 제목이 붙었다. 부제를 보면 이 책이 "마태오, 마르코, 루가와 요한 복음서에 나온 그의 생애와 가르침에 관한 이야기들에서 발췌" 했음을, 그가 "인디언들이 자신들의 이해 수준을 넘어서는 사실 때문에, 신앙의 문제로 당혹스러워하지 않도록 신약성서를 요약" 했음을 알 수 있다. 여기서 "인디언"이라는 말이 실제 아메리카 원주민을 가리키는지, 그의 정치적 반대자들을 가리키는지는 불확실하지만, 영어 성서 사본 두 권에서 자신이 생각하는 진정한 예수 어록을 오려냈다는 것만큼은 확실하다. 앞서 말했듯 제퍼슨은 자신이 복음서 저자들이 쓴 "잡동사니"에서 진정한 예수의 말을 "쉽게 구별할" 수 있다고 자신했다.

대통령직에서 물러나고 한참의 시간이 흐른 뒤 그는 신약성서 연구를 재개했다. 더욱 야심 찬 편집 작업을 통해 그는 1820년 여름 무렵 『그리스어, 라틴어, 프랑스어, 영어 복음서에서 문자 그대로 발췌한 나자렛 예수의 생애와 교훈』The Life and Morals of Jesus of Nazareth Extracted textually from the Gospels in Greek, Latin, French & English이라는 완결된 작품을 내놓았다. 이 책은 세로 단을 네 언어로 나누었으며, 사전에 준비된 목차에 맞추어 구성한 개요에 따라 본문을 구성했다. 여러 면에서 흥미로운 부분은 이 책에 포함시킨 내용이 아니라 포함시키지 않은 내용이다. 제퍼슨은 복음서 이야기의 시작 부분과 끝부분을 포함시키지 않았으며, 요한 복음서 서문, 수태 고지와 동정녀 잉태 기사, 천사들과 목자들이 나오는 이야기도 제외했다. 제퍼슨의 편집판은 요한 복음

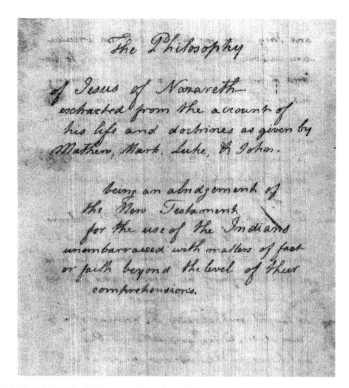

The Philosophy

of Jesus of Nazareth
exhacted from the account of
his life and doctrines as given by
Mathew, Mark, Luke, & John.

being an abridgement of
the New Testament
for the use of the Indians
unembarrassed with matters of fact
or faith beyond the level of their
comprehensions.

《나자렛 예수의 철학》 제목면, 토머스 제퍼슨의 육필 사본, 버지니아 대학교 도서관.

서 19장 42절 상반절과 마태오 복음서 27장 60절 하반절을 합쳐놓은
것으로 마무리된다.

그들은 예수를 거기에 모셨으며 무덤 어귀에다가 큰 돌을 굴려 놓고
갔다.

그는 부활에 관해서 언급하지 않았다. 또한 전작인 『나자렛 예수의 철학』에는 루가 복음서 2장 40절("아기는 자라나면서 튼튼해지고, 지혜로 가득 차게 되었고, 또 하느님의 은혜가 그와 함께 하였다") 전체가 수록되어 있지만 『나자렛 예수의 생애와 교훈』에는 "또 하느님의 은혜가 그와 함께 하였다"는 말이 삭제되었다.[23] 이를 두고 제퍼슨판 복음서의 편집자는 조심스러우면서도 적절한 평을 남겼다.

수많은 저명한 성서학자가 신약성서의 다양한 층위를 구별하는 문제 앞에 주눅 들었지만, 합리주의자 제퍼슨은 예수가 전한 가르침 중 진짜와 가짜를 구별할 수 있다고 누구보다도 자신했다.[24]

"진짜와 가짜를 구별"함으로써 드러난 예수는 상식의 교사였으며 제퍼슨의 말을 빌리면 "자기 민족, 국가의 부패한 종교를 개혁한 이들 가운데 가장 위대한 개혁가"였다. 예수가 전한 메시지의 핵심은 절대적인 사랑과 섬김이라는 도덕률이라고 제퍼슨은 결론 내렸다. 그리고 이는 삼위일체론이나 그리스도의 두 본성론이라는 교리, 그리고 예수가 하느님에게 특별한 영감을 받았다는 주장에 결코 의존하지 않는다고 그는 주장했다. 그에 따르면 사랑과 섬김이라는 도덕률은 그 고유의 가치를 통해 듣는 이들에게 자신을 증명한다. 제퍼슨에 관한 한 연구자가 지적했듯 제퍼슨은 "그가 받은 교육, 그가 읽은

---

23 Adams, *Jefferson's Extracts*, 60, 135, 300.
24 Adams, *Jefferson's Extracts*, 27~28.

책과 비평, 또한 그가 쓴 독립선언문에 담긴 언어와 부합하는 자명한 진리 개념"을 갖고 있었다. 그러나 그가 "자명하다"self-evident고 열거한 "진리들"truths은 동시대 사람들이 생각하던 자명한 진리들보다 훨씬 더 구체적인 동시에 복잡했다.[25] 그리고 이 구체적이면서도 복잡한 진리들의 원천은 분명 상식의 교사인 예수가 전한 메시지에 담긴 "철학"과 "교훈"이었다. 계몽주의자들이 그린 예수상이 지닌 이러한 문제는 제퍼슨의 동료 벤저민 프랭클린Benjamin Franklin이 세상을 떠나기 몇 주 전 예일 대학교 학장이었던 에즈라 스타일스Ezra Stiles에게 보낸 유명한 편지에 간결하게 요약되어 있다.

당신이 특히 듣고 싶어 하셨던 나자렛 예수에 관한 제 의견을 말씀드리자면, 그가 우리에게 남긴 윤리와 종교 체계는 이 세상이 지금까지 본, 또 앞으로 보게 될 것 중에 가장 빼어난 것이라고 생각합니다. 그러나 또한 저는 이 체계가 수많은 변화를 거치며 망가졌다고 봅니다. 오늘날 영국의 비국교도들 대부분이 그러하듯 저는 예수의 신성에 의구심을 갖고 있습니다. 제가 이 문제를 자세히 연구해 보지 않았기에 자신 있게 주장할 수는 없지만 말이지요. 그러나 머지않아 애를 먹지 않고도 진실을 알 기회가 올 것이니 벌써부터 제가 동분서주할 일은 아니라고 생각합니다. 그러나 예수의 신성을 믿어 그의 가르침에 더 큰 경의를 표하고 그것이 그의 가르침을 더 잘 지

---

25   Garry Wills, *Inventing America: Jefferson's Declaration of Independence* (New York: Vintage Books, 1979), 191.

키게 만든다면, 그것이 선한 결과로 이어진다면 이를 믿는다고 나쁠
것은 없겠지요.[26]

누군가 지적했듯 "당대의 미국인 중 그 말고 이렇게 말할 수 있는 사
람은 거의 없었"을 것이다.[27] 하지만 적어도 프랭클린과 제퍼슨은 예
수가 전한 상식의 메시지만으로도 충분하다고 생각했다. 이러한 맥
락에서 『가난한 리처드의 달력』Poor Richard's Almanak*은 그들이 생각한 상
식의 메시지들의 모음집으로 보아도 좋을 것이다. 그러나 그들을 제
외한 많은 이는 저 메시지들이 지나치게 많은 것을 말하고 있다고,
혹은 너무나 적은 것을 말하고 있다고 여겼다. 어쩌면 둘 다였을지도
모른다.

---

26 *Benjamin Franklin's Autobiographical Writings*, ed. Carl Van Doren (New York: Viking Press, 1945), 784.

27 Henry F. May, *The Enlightenment in America* (New York: Oxford University Press, 1976), 128~129.

* 벤저민 프랭클린이 "가난한 리처드"Poor Richard, 혹은 "리처드 선더스"Richard Saunders라는 필명으로 1732년부터 1758년까지 펴낸 달력으로 실용적인 생활 조언, 금언, 퍼즐 등을 수록해 커다란 인기를 끌었다. 프랭클린 사후에는 달력에 실렸던 금언들만을 모아 『가난한 리처드의 달력』이라는 이름의 책으로 출간되었으며 오늘날에도 시중에 판매되고 있다.

16
—
영혼의 시인

사람이 낳은 아들 가운데서 (당신은) 가장 아름다운 분,

… (당신의) 입술에서는 은혜가 쏟아집니다. (시편 45:2)

 셰익스피어는 햄릿의 입을 빌려 말했다.

하늘과 땅에는 말이다. 호레이쇼,

너의 철학이 꿈꾸는 것보다 훨씬 더 많은 것이 있어.[1]

어쩌면 그는 19세기 사상과 문학이 18세기 사상과 문학을 향해 쏟아낸 비난을 예견했는지도 모른다. 계몽주의 시기의 합리주의가 신비

---

1 Shakespeare, *Hamlet* 1.5.166~167. 『햄릿』(아침이슬)

를 이성으로 환원하고 초월을 짓눌러 상식으로 만들었으며 미신을
권좌에서 몰아냈으되, 그 자리에 진부함을 앉혀 놓았다고 말이다. 이
러한 합리주의를 대신해 19세기 지성인들은 (르네 웰렉René Wellek[*]이 말했
듯) "실패할 운명을 지닌, 우리 시대에 이르기까지 버림받아 온 시도,
'모든 앎의 시작이면서 동시에 끝'인 시를 통해 주관과 객관을 하나로
만들고 인간과 자연, 의식과 무의식을 화해시키려는 시도"를 했다.[2]
웰렉은 "'낭만적'이라는 말은 너무나 많은 뜻을 지니고 있어 실제로는
아무것도 의미하지 않는다"고 말한 러브조이에 대한 응답으로 낭만
이 무엇인지, 낭만적이라는 말은 무엇인지에 대해 정의를 내린 바 있
다.[3] 문화사 속 예수상들에 대한 연구라는 맥락에서 낭만에 대한 웰
렉의 정의를 응용해 낭만주의를 정의하자면, 수많은 19세기 저술가
들과 사상가들이 역사적 예수 탐구를 뛰어넘어 주관과 객관을 하나
로 만들고 인간과 자연, 의식과 무의식을 화해시키려 한 '영혼의 시
인'이라 부를 수 있는 예수에 이르기 위해 기울였던 일련의 노력이라
할 수 있다.

18세기가 끝났음을 알리기라도 하듯 1799년 그리스도 신앙에 대

---

2 René Wellek, 'Romanticism Re-examined', *Concepts of Criticism* (New Haven: Yale University
   Press, 1963), 221.

3 Arthur O. Lovejoy, 'Essays', *The History of Ideas* (New York: Braziller Press, 1955), 232.

* 르네 웰렉(1903~1995)은 체코계 미국 문학 비평가다. 빈에서 태어나 프라하 찰스
   대학교에서 문학을 전공했으며 2차 세계 대전이 발발하자 미국으로 옮겨 아이
   오와 대학교를 거쳐 예일 대학교에서 비교 문학을 가르쳤다. 이른바 '신비평'을
   대표하는 비평가로 평가받는다. 주요 저서로 『1793~1838년 잉글랜드에서의 임
   마누엘 칸트』Immanuel Kant in England 1793-1838, 『문학과 관념들』Literature and Ideas, 『근대
   비평의 역사 1750~1950』A History of Modern Criticism 1750-1950 등이 있다.

한 낭만주의적 해석을 선도했던 독일 학자 프리드리히 슐라이어마허
는『종교론 - 종교를 멸시하는 교양인을 위한 강연』Über die Religion: Reden
an die Gebildeten unter ihren Verächtern을 내놓았다.[4] 1806년에는 그리스도에 관
한 일종의 플라톤식 대화편이라 할 수 있는『성탄 축제』Die Weihnachtsfeier
를 출간했으며 1819년에는 최초로 "예수의 생애를 주제로 공개 강연"
을 했다. 1819년에서 1832년까지 그는 같은 주제로 베를린 대학교에
서 다섯 번의 학술 강좌를 열었다(책은 학생들의 강의록을 토대로 1864년
이 되어서야 출간되었다).[5] 슐라이어마허의 저서 중에서 가장 중요한, 그
리고 가장 영향력 있는 저서는 1821~1822년에 출간한 조직신학 저
서인『그리스도교 신앙』Der Christliche Glaube이다.[6] 독일의 낭만주의를 영
미권에 소개한 저술가 중 가장 깊이 있고, 가장 중요한 학자는 슐라
이어마허와 같은 해에 세상을 떠난 새뮤얼 테일러 콜리지Samuel Taylor
Coleridge다.[7] 1825년 펴낸『성찰을 도움』Aids to Reflection과 사후 출간된『탐
구하는 한 영혼의 고백』Confessions of an Inquiring Spirit은 철학적이고 신학적
인 산문 형식으로 표현한 그의 생각들, 특히 역사적인 그리스도교 신
앙에 자신이 다가가고 있음을 깨달은 1810년 이후 그의 사상을 잘 보
여준다. 그리고 이러한 사상은 자연스럽게 그의 시에 녹아들었다. 또

---

4   Friedrich Schleiermacher, *On Religion: Speeches to Its Cultured Despisers* (New York: Harper
    Torchbooks, 1958)『종교론』(대한기독교서회)

5   Jack C. Verheyden, 'Introduction' to Friedrich Schleiermacher, *The Life of Jesus* (Philadelphia:
    Fortress Press, 1975), 11.

6   Friedrich Schleiermacher, *The Christian Faith* (Edinburgh: T. and T. Clark, 1928)

7   Samuel Taylor Coleridge, *The Complete Works* (New York: Harper, 1956)

한 콜리지는 랄프 왈도 에머슨의 지적, 정신적 발달에 지대한 영향을 미쳤다. 콜리지 다음 세대에 속하는 그는 19세기 미국에 가장 커다란 영향을 미친 사상가다.[8] "'낭만주의'라는 말은 하나의 뜻이 아닌 여러 뜻이 있음을 깨달아야 한다"는 러브조이의 제안을 받아들인다 하더라도[9] 이 세 사람(한 사람은 독일인, 한 사람은 영국인, 한 사람은 미국인)은 각기 나름의 방식으로 19세기 낭만주의 문학과 철학 정신의 대변자 역할을 했다고, 각자의 자리에서 낭만주의 정신이 예수라는 인물에게서 어떻게 드러났는지를 살폈다고 말할 수 있다.

계몽주의 시기 합리주의자들이 그랬듯 이들도 복음서에 있는 예수의 기적 이야기들을 역사적 사실로 받아들일 수는 없다고 생각했다. 그러나 그들은 이를 어떻게든 변명하기보다는 좀 더 포괄적인 세계관에 담아내려 애썼다.[10] 이와 관련해 콜리지는 말했다.

우리가 일상에서 겪게 되는 경험과 상반되는 기적(을) ⋯ 더욱 깊은 통찰력으로, 더욱 높은 차원의 신앙으로 받아들인다면 ⋯ 직관적 이성을 바탕으로 경험과 믿음의 대립을 더 깊은 일치로 받아들인다면 기적을 하나의 거대한 기적이라는 복합체와 조화를 이루는 하나의

---

8 *The Complete Essays and Other Writings of Ralph Waldo Emerson* (New York: Modern Library, 1940)

9 Arthur O. Lovejoy, 'Essays', *The History of Ideas*, 235.

10 J. Robert Barth, *Coleridge and Christian Doctrine* (Cambridge, Mass.: Harvard University Press, 1969), 37~42.

부분으로 여길 수 있을 것이다.[11]

18세기 계몽주의자들은 기적이 자연법칙을 위배한다고 공격했으며 그리스도교 변증가들은 기적을 변호하려 했지만, 낭만주의자들이 보기에 이는 모두 핵심을 놓친 것이었다. 1836년 출간된 에머슨의 첫 번째 저서에 따르면 두 가지 시도는 모두 "시적이지 않다"는데 문제가 있다. 에머슨이 보기에 저 시도들은 "추측이 더욱 유의미한 결과를 얻을 수 있으며, 한 몽상이 100여 명이 합심해서 하는 실험보다도 더 깊이 자연의 비밀로 우리를 인도하기도 함"을 깨닫지 못했다.[12]

자연과 기적, 경험과 믿음의 대립을 뛰어넘는 "직관적 이성"을 찾는 여정에서 그들은 결정적인 문제와 동시에 그 문제를 해결하는 열쇠는 예수에게 있다고 믿었다. "그리스도를 대하는 콜리지의 태도는 언제나 변화"했는데 이는 콜리지를 포함한 낭만주의자들이 18세기식 딜레마들에서 탈피하려 애를 썼음을 보여준다.[13] 이러한 맥락에서 슐라이어마허는 『예수의 생애』에서 "학문 용어로 '기적'이라는 말을 쓸 때 여기에는 초자연과 자연이 대조를 이룬다는 생각이 전제되어 있다"며 이러한 생각은 별다른 도움이 되지 않는다고 이야기했다.[14] 그에 따르면 기적은 '징표'이자 '(하느님의) 권능을 드러내는 활동'이기 때

---

11 Samuel Taylor Coleridge, 'The Friend', *The Complete Works* 2:468.

12 Ralph Waldo Emerson, *Nature*, 37.

13 James D. Boulger, *Coleridge as Religious Thinker* (New Haven: Yale University Press, 1961), 175.

14 Friedrich Schleiermacher, *The Life of Jesus*, 190~229.

문에 기적 이야기를 접했을 때 관심을 기울여야 할 것은 자연법칙이 유예될 수 있느냐 없느냐가 아니라 그 이야기의 '의미'가 무엇이냐는 것이다. 그러므로 역사적 예수의 전기를 쓰는 이는 예수가 이룬 기적들을 그의 생애와 활동이라는 중심 주제와 연관시켜 기술해야 한다고 슐라이어마허는 이야기했다.

> 기적을 그의 도덕적 행위로 이해하면 할수록, 그리고 하나의 결과를 이루기 위해 그가 걸어간 길과 다른 이들이 택한 길의 차이를 규명하면 할수록, 우리는 기적이 예수의 생애를 이루는 참된 요소임을 알게 된다. 기적을 그의 도덕적 행위로 이해하지 못한다면, 이 유비를 놓친다면, 전체 이야기를 분명하게 그리기란, 그 토대가 되는 사실들을 이해하기란 더욱 어려워진다.[15]

이 토대 위에서 슐라이어마허는 기적 이야기들을 다양한 범주로 분류하고 각 이야기에 담긴 역사적 내용을 검토할 수 있다고 생각했다.

슐라이어마허가 쓴 『예수의 생애』의 중심 내용은 예수에게서 "하느님 의식"God-consciousness이 "발전"했다는 것이다. 그가 보기에 다른 이들의 하느님-의식과 견주어 예수의 하느님-의식은 "완전하다". 여기에 그의 독특성이 있다. 그러나 예수의 하느님-의식이 다른 이들의 하느님-의식이 본질적으로 다르지는 않다.[16] 슐라이어마허가 이러

---

15 Friedrich Schleiermacher, *The Life of Jesus*, 205.

16 Friedrich Schleiermacher, *The Life of Jesus*, 87~122.

한 논의를 그리스도교 정통 교리인 양성론, 예수가 신성과 인성을 모두 갖고 있다는 생각을 고찰한 뒤 개진한다는 것은 그리 놀라운 일은 아니다. 그는 예수의 하느님-의식에 대한 설명으로 예수의 신성과 인성에 관한 교리를 대체했다. 그러므로 『예수의 생애』에 나오는 예수에 대한 기술은 그의 1799년작 『종교론』 마지막 부분에 등장하는 예수에 대한 묘사와 1821~1822년 『그리스도교 신앙』에 등장하는 훨씬 정교한 예수에 대한 논의 사이에 있는, 일종의 전환점이라 할 수 있다. 『종교론』에서 슐라이어마허는 예수와 다른 이와 구별되는 독특한 점은 "도덕적 가르침의 순수성"이나 "뛰어난 능력과 사람들의 감동을 일으키는 온유함의 내적 결합"이 아니라고 이야기했다. 이러한 특징은 모든 위대한 종교 교사들에게서 흔히 발견될 수 있기 때문이다. 예수의 독특한 점, 그에게 있는 신적 요소는 "위대한 이념이 그의 영혼 가운데서 선명한 빛으로 드러났다"는 것이다. 다시 말해 예수는 "모든 유한자는 하느님과 일치를 이루기 위해 자신보다 높은 중재자가 필요하다는 것을, 그리고 유한성과 특수성 아래 놓여 있으며 그러한 형식을 통해서만 신성을 상상할 수 있는 인간에게 구원은 오직 속죄를 통해서만 가능하다는 것"을 몸소 보여주었다.[17] 이러한 맥락에서 예수는 『종교론』의 앞부분에서 선언한 주제를 실현한 '영혼의 시인'이었다.

---

17 Friedrich Schleiermacher, *On Religion*, 246.

나는 한 사람의 인간으로서 인간성의 성스러운 신비에 대한 내 견해를 말하고자 한다. 젊은 날 열정적으로 미지의 것을 추구할 때 내 마음에 있었던 것에 관해, 그 이후 내가 생각하고 경험해온 것에 관해, 아무리 시간과 인간성의 변화로 흔들린다 할지라도 내게 영원히 가장 중요한 것으로 남게 될 것에 관해, 나라는 존재의 가장 깊은 곳에 있는 샘에 관해.[18]

이로부터 20년 후 『그리스도교 신앙』을 쓸 때까지 슐라이어마허는 예수를 하느님과 관계하는, 하느님을 의식하는 참된 인간의 "원형"Urbild으로 규정했다. 『그리스도교 신앙』에서 그는 말했다.

예수 그리스도에게서 원형은 완전하게 역사화되었으며 … 이 한 사람의 각 역사적 순간은 그 안에 원형을 품고 있었다.[19]

이러한 '하느님-의식'과 신적 영감은 주로 예술가나 시인들의 작품을 통해 표현되었으므로 이 시기 예수라는 인물을 해석할 때 가장 적절한 범주를 제공한 것은 미적 체험이었다. 예수의 생애와 가르침을 다룬 초창기 작품인 『그리스도교 정신과 그 운명』The Spirit of Christianity and Its Fate에서 헤겔은 "진리"를 "지적으로 표현된 미"라고 정의했으며 "예

---

18 Friedrich Schleiermacher, *On Religion*, 3.
19 Friedrich Schleiermacher, *Christian Faith*, 90장.

수의 정신"을 "도덕보다 더 고양된 정신"으로 보았다.[20] 물론 그리스 도교가 시작된 이래 예술가, 시인, 음악가들에게 예수는 끊임없는 영감의 원천이었다. 하지만 19세기 사상은 저 보편적인 전통과는 거리가 멀었다. 19세기 예술가들, 시인, 음악가들은 예수에 대한 시적이고 예술적인 이해로 교리적, 도덕적, 나아가 역사적 예수 이해를 대체하려 했기 때문이다. 윌리엄 블레이크William Blake의 강렬한 시「영원한 복음」The Everlasting Gospel은 비록 완성되지 못했지만 전통과 교리에 파묻힌 진정한 예수를 재발견하려 했다는 점에서 당대 다른 시도들과 흐름을 같이한다. 블레이크가 그린 예수는 자신이 '시적인 것'이라고 부른 것을 체현한 사람으로 고답적인 지배 계층의 종교로 물든 관습을 고발하고 또 행동으로 깨뜨렸다. 이러한 예수는 본질적으로 묵시적인 예수상, 계몽주의자들이 기적과 더불어 부서뜨린 복음서 메시지가 전하는 예수의 모습을 다시 표현한 것이었다.[21] 블레이크에게 예수에 대한 "시적이고 예술적인 이해"라는 말은 각별한 의미가 있었다. 그가 묘사한 예수 초상들을 보면 예수를 자연과 초자연의 대립을 넘어서는 이로 그리고 있음을 알 수 있다. 18세기에서 19세기로 넘어가기 직전에 그린 《부활 이후 사도들에게 나타난 그리스도》Christ Appearing to the Apostles after the Resurrection를 보면 중앙에 있는 예수를 둘러싼 빛은 이 인물이 자연 질서가 아닌 또 다른 현실에 속해 있음을 암시

---

20 Georg Wilhelm Friedrich Hegel, *Early Theological Writings* (Chicago: University of Chicago Press, 1948), 196, 212. 『헤겔의 종교론집』(한들출판사)

21 Harold Bloom, *Blake's Apocalypse* (Ithaca, N.Y.: Cornell University Press, 1970).

《부활 이후 사도들에게 나타난 그리스도》(1795년경), 윌리엄 블레이크, 예일 대학교.

한다. 그럼에도 불구하고 예수의 두 손과 옆구리에는 상처가 나 있
다. 부활한 예수와, 제자들이 자연 세계의 일부로 알았던 역사적 예
수는 동일한 인물이기 때문이라고 작가는 생각했기 때문이다. 이 예
수를 대하는 제자들의 행동은 사뭇 다른데 "젊은 제자는 부활한 그리
스도를 바라보며 경배를 드리고 다른 제자들은 마치 우상을 숭배하
는 것처럼 그리스도 앞에 엎드려 있다". 이 그림에 흐르는 전체 흐름
을 고려한다면 마틴 버틀린Martin Butlin*이 말했듯 이 작품이 실질적으

---

* 마틴 버틀린(1929~)은 영국의 역사가다. 케임브리지 트리니티 칼리지와 런던 대
　학교 코톨드 미술연구소에서 공부했으며 1967년부터 1989년까지 테이트 미술

로 의식하고 있는 관람자는 '의심하는 토마(도마)'인지도 모르겠다.[22] 여러 면에서 '의심하는 토마'는 계몽주의자들의 수호성인이라 할 수 있기 때문이다.

낭만주의자들에게, 자연 세계에 대한 과학적 발견으로 인해 이제 모든 신비가 (귀신이 쫓겨나듯) 자연 세계에서 축출되었다는 생각은 성급하고도 피상적인 결론이었다. 그리고 설사 18세기의 자식들 중에 있던 의심하는 토마들에게 신앙의 신비가 별다른 의미를 갖지 못한다 하더라도 아름다움의 신비는 의미를 잃지 않으리라고 그들은 믿었다. 에머슨은 이 아름다움의 신비를 분명하게 표현했다(꽤나 널리 알려진(그리고 때로는 조롱의 대상이 되는) 이 구절을 두고 어느 문학 평론가는 "모든 상실의 가능성 때문에 안달하는 심상 … 아니, 심상이라기보다는 차라리 끝없이 반복되는 약속을 제시한다"[23]고 평가했다).

헐벗은 대지 위에 서 있을 때 나의 머리는 쇄락한 공기로 멱감고 무한한 공간으로 들려 올라간다. 모든 천박한 자기 집착은 사라진다. 나는 하나의 투명한 안구가 된다. 나는 무無다. 나는 모든 것을 본다. 우주적 존재의 흐름이 나를 관류한다. 나는 신의 일부가 된다.

관에서 일했다. 1984년에는 영국 학술원 회원이 되었다. 터너와 윌리엄 블레이크 전문가로 정평이 나 있다. 주요 저서로『윌리엄 블레이크』William Blake, 『터너』 Turner 등이 있다.

22 *The Paintings and Drawings of William Blake* (New Haven: Yale University Press, 1981), 175~176.

23 Harold Bloom, *Figures of Capable Imagination* (New York: Seabury Press, 1976), 50.

… 나는 억압되어 있지 않은 영원한 미를 사랑하는 자다.[24]

이어서 그는 말했다.

고대 그리스인들은 세계를 아름다움이라 불렀다. 만물의 구성이 그러하고, 인간의 눈이 갖는 조형력이 그러하기에, 하늘, 산, 나무, 동물과 같은 근원적 형상은 그 자체로 또 그 스스로 기쁨을 준다.

이처럼 에머슨은 그의 초기 강의 중 하나에서 이야기했듯 "예술가의 눈으로 자연을 보고자" 했다. 그렇게 함으로써 "그 피가 우리의 혈관에서 맥박치고 그 심미안이 우리의 아름다움을 지각하는, 저 위대한 예술가에게 배울 수 있다고" 생각했기 때문이다.[25] 이는 인간의 의식에, 그리고 그 기전에 미의 신비를 감지하는 능력이 있다는 생각으로 과거 중세 스콜라 철학자들이 '존재의 유비'analogia entis라고 부른 것을 에머슨이 자기식으로 바꾸어 말한 것이라 할 수 있다. 그렇게 존재의 유비는 미적인 자연의 유비analogia Naturae가 되었다.

에머슨이 말한 이러한 유미주의aestheticism, 유미주의적 예수 이해가 가장 잘 드러난 작품은 슐라이어마허의 『예수의 생애』나 젊은 헤겔의 그리스도교 관련 저작이 아니라 에머슨과 동시대 프랑스인이었던 에

---

24 Ralph Waldo Emerson, *Nature*, 6, 9.

25 Ralph Waldo Emerson, *Early Lectures* (Cambridge, Mass: Harvard University Press, 1961~1972), 1:73.

르네스트 르낭Ernest Renan이 1863년에 쓴 예수 전기였다. 과장된 표현이기는 하나 이 책은 "지금까지 나온 예수에 관해 나온 책들 가운데 가장 뛰어난, 불후의 작품"이라는 평가를 받았다.[26] 르낭의 예수 전기, 『예수의 생애』The Life of Jesus는 출간된 지 여섯 달 만에 6만 부 이상 팔렸다. 이 책에서 그는 영혼의 시인인 예수의 목소리로 전해진 (그의 말을 따르면) "영혼의 시, 즉 신앙과 자유, 덕성, 헌신이라는 시"를 찬미하는 책이었다.[27] 그는 말했다.

> 지금까지, 날마다 세계의 운명을 주재하는 이 숭고한 인간을 우리는 신적 존재라 부를 수 있다.

다만 그가 이렇게 말한 것은 그가 정통주의의 두 본성 교리에 동의하기 때문이 아니라 "그의 종교는 끊임없이 젊음을 되찾을 것이며, 그의 생애를 전하는 이야기는 끝없이 사람들이 눈물 흘리게 할 것이며, 그가 받은 수난은 사람들의 완고한 가슴을 누그러뜨릴 것"이라고 생각했기 때문이다.[28] 르낭은 한 사람의 역사가로서 이 전기를 썼다. 1862년 그는 콜레주 드 프랑스의 교수로 임명되었다. 비록 1864년 교수직 사임을 강요받았지만 말이다. 역사가로서 그는 합리주의적 회의주의가 불러일으킨 참상에 대한 해결책으로 미적 신비를 제시했

---

26 Ernest Renan, *The Life of Jesus* (New York: Modern Library, 1927), 23.

27 Ernest Renan, *The Life of Jesus*, 69.

28 Ernest Renan, *The Life of Jesus*, 392~393.

다. 그는 역사가라면 반드시 신앙이 어떻게 "인간의 영혼을 매혹하고 만족시키는지"를 이해해야 한다고 말했다. 그러나 그렇다고 해서 반드시 역사가가 신앙을 가질 필요는 없다고 르낭은 생각했다. "절대적인 신앙은 진실한 역사와 양립할 수 없다"고 보았기 때문이다. 그러면서 르낭은 "사람이 자신을 사로잡아 숭배하게 만드는 온갖 성상들을 단념한다고 해서 곧 그들 중 선하고 아름다운 것을 만끽하며 얻는 기쁨까지 그에게서 앗아갈 수는 없"다며 자신을 위로했다.[29] 예수에 대한 태도도 이와 마찬가지였다.

그러나 르낭을 포함해 예수를 이러한 틀에 맞추어 주조하려 한 수많은 시도는 도덕적인 물음 앞에서 완전히 무너졌다. 아무리 발버둥쳐도 그들은 진, 선, 미를 결합할 수 없었으며, 예수에 대한 미학적 평가라는 그들의 근본 범주는 예수가 제자들을 부를 때 분명하게 드러난 예언자적 태도와 연결되지 않았다. 에머슨의 경우 이 문제는 그에게 "폭풍 전야"Gathering Storm의 시기였던, 남북전쟁이 발발하기 전 노예제도를 둘러싼 분쟁에서 도드라졌다(그의 전기 작가는 윈스턴 처칠Winston Churchill의 『제2차 세계 대전』The Second World War 제1권 제목에서 이 말을 빌려왔다).[30] 1844년 펴낸 『에세이 제2집』Essays: Second Series의 첫 번째 에세이 「시인」The Poet에서 그는 진, 선, 미의 결합을 시도했다. 에세이에 그는 썼다.

---

29 Ernest Renan, *The Life of Jesus*, 65.

30 Gay Wilson Allen, *Waldo Emerson, A Biography* (New York: The Viking Press, 1981), 570~592.

우주에게는 세 명의 자식이 있는데 이 자식은 동시에 태어났다.

이어서 그는 말했다.

그리스도교 신학에서 이 자식들은 성부, 성자, 성령이라고 불리나 우리는 이들을 아는 자, 행하는 자, 말하는 자라고 부를 것이다. 이는 각각 진리에 대한 사랑, 선에 대한 사랑, 미에 대한 사랑을 뜻한다.

이 문장을 쓰고나서 에머슨은 자신이 거부했던 삼위일체 교리를 분명하게 암시하는 말을 덧붙였다.

이 셋은 동일하다.

진리와 선을 "말하는 자"이자 이 둘의 "이름 붙이는 자"가 되는 것, 그리고 미를 보여주는 것이 시인이 받은 과업이라고 그는 말했다. 이 과업을 맡음으로써 시인은 하느님과 연속성을 갖게 된다. "세계는 칠해지거나 장식되어서 아름다운 것이 아니라 본래 아름다우며, 하느님이 아름다운 것들을 창조한 것이 아니라 아름다움이 우주의 창조자이기 때문이다." 영혼의 시인 예수가 그러하듯 이제 시인은 삼위일체의 새로운 제2 위격이 되어야 한다고, 자신을 통해 우주의 창조자인 아름다움美이 빛을 발하게, 미가 본질적으로 진, 선과 하나임을 드러내야 한다고 에머슨은 말했다. 그러나 에세이 마지막 부분에서 그는 한탄했다.

나는 여기서 서술한 시인을 찾고 기다렸다. 그러나 헛된 일이었다. … 시간과 자연은 우리에게 많은 선물을 내어주지만 만물이 기다리는 사람, 지금 우리가 열망하는 사람, 새로운 종교, 화해자는 아직 보내주지 않았다.[31]

1847년 에머슨이 출간한 시집 『시집』Poems에 속한 시 「사랑에게 다 주어라」Give All to Love는 이렇게 마무리된다.

마음으로부터 아네,
반신半神들이 떠나가면
신들이 도래한다는 것을.[32]

그러나 "반신" 예수가 떠나간 자리에는 아무 "신"도, 어떤 새로운 영혼의 시인도 오지 않았다. 진, 선, 미가 결합하는 일은 일어나지 않았다.
계몽주의에 대한 낭만주의의 반동이 담지 못한 것은 예수의 도덕성만이 아니었다. 슐라이어마허와 르낭의 경탄할 만한 노력에도 불구하고 역사적 예수는 그들의 범주에 썩 어울리지 않았다. 이와 관련해 칼 바르트Karl Barth는 말했다.

---

31 Ralph Waldo Emerson, *Essays: Second Series*, 321~338.
32 Ralph Waldo Emerson, *Poems*, 775.

나자렛 예수는 이러한 신학에 전혀 들어맞지 않는다. … 그리스도교
에서 역사적 존재이자 객관적 요소, 주님인 예수는 이 신학자(슐라이
어마허)에게 골칫거리Sorgenkind였다. 신학자는 모든 면에서 이 골칫거
리가 존경할만하다 이야기했고 실제로 이 골칫거리를 존경했지만,
그럼에도 불구하고 골칫거리였다.[33]

바르트의 슐라이어마허 비판은 아이러니하지만 슈트라우스의 슐라
이어마허 비판과 유사한 측면이 있다. 슈트라우스는 슐라이어마허가
'예수의 생애'를 주제로 강의를 했음에도 불구하고 실제로는 "예수가
아니라 그리스도라는 이름을 내내 사용한다"고 비판했다.[34] 알베르트
슈바이처 역시 동일한 비판을 했다.[35] 슈트라우스는 복음서의 예수에
관한 역사비평 연구를 교회가 고백하고 긍정하는 교리적 그리스도와
결합하려는 슐라이어마허의 노력을 반대했다. 그의 시선에 슐라이어
마허의 작업은 불가능할 뿐만 아니라 지적으로 정직해 보이지 않았
다. 이 불가능해 보이고, 지적으로 정직해 보이지 않았던 작업을 타
의 추종을 불허하는 방식으로 수행했던 이가 바로 바르트였다. 바르
트의 시선에 슐라이어마허의 낭만주의적 예수상은 아름답지만 실패
로 끝난 시도였다.

---

33 Karl Barth, *Die protestantische Theologie im 19. Jahrhundert* (Evangelischer Verlag, 1947),
    385, 412~413.

34 David Friedrich Strauss, *The Christ of Faith and the Jesus of History* (Philadelphia: Fortress
    Press, 1977), 37.

35 Albert Schweitzer, *Quest*, 67.

또한 바르트는 슈트라우스가 했던, 그리고 슐라이어마허가 『종교론』에서 시도한 변증이라는 기획(『종교론』의 부제가 '종교를 멸시하는 교양인을 위한 강연'이라는 것만 보아도 분명하게 알 수 있다)에 적대적이었다. 그는 슐라이어마허가 종교를 멸시하는 교양인들에게 호소하기 위해 그리스도교 전통의 핵심 요소를 빠뜨리거나 왜곡하면서까지 이를 잘라내고 손질하며 조정하고 누락했다고 판단했다. 바르트는 말했다.

『종교론』의 독특한 예술적 문체조차도 이러한 면에서는 (부정적인 의미에서) '변증적'이라고 이해해야 마땅하다. 슐라이어마허는 (언젠가 스스로 말했듯 논증을 하는 이가 아닌 음악을 연주하는 이처럼) 청중의 언어에 자신을 맞추어버렸다.

그리고 결론지었다.

그리스도교 변증가로서 그는 거장이 바이올린을 켜며 그 소리가 기분 좋게까지는 아니라 할지라도 적어도 청중이 받아들일 수 있도록, 음색과 주법을 골라가며 연주하듯 그리스도교를 연주했다. 슐라이어마허는 그리스도교 계시라는 문제를 떠맡은, 책임이 막중한 종으로서 말하지 않는다. 그는 진정한 거장의 방식으로, 마음대로 그 문제를 다루는 대가로서 말한다.[36]

---

36 Karl Barth, *Die protestantische Theologie im 19. Jahrhundert*, 397~399.

바르트가 보기에 역사적 예수, 저 "골칫거리"는 이러한 경향을 보여주는 결정적인 예였다.

교회, 그리고 교회의 교의 신학이라는 성역 안에서 교리로 고백되는 예수 그리스도를 이처럼 변증의 대상으로 축소하는 것에 대해 제기한 물음은 진지하며 숙고해볼 만하다. 그러나 19세기 대중에게 낭만주의자들이 제시한 예수상이 좀 더 매력적으로 보였다는 점에는 논쟁의 여지가 없다. 당시 사람들에게는 전통적인 교회와 교리에서 말하는 그리스도 이야기가 전혀 들리지 않았다. 지금까지의 맥락에서 본다면 낭만주의는 적어도 부분적으로는 역사적 예수 탐구와 관련된 신앙의 위기로 인해 등장했다. 그뿐만 아니라 과거를 바라보는 관점으로서, 그리고 과거를 이해하는 방법으로서 19세기 낭만주의는 17~18세기 계몽주의, '역사적'이라는 말을 자신이 독점하려 했던 합리주의보다 과거가 보내는 신호를 훨씬 더 민감하게 포착하는 능력을 갖추고 있었다. 이는 그들이 구체적으로 이룬 성과를 보면 분명하게 알 수 있다. 이를테면 낭만주의자들의 노력이 없었다면 오늘날 우리는 중세 문화와 사상에 대해 별다른 이해를 갖지 못했을 것이다. 낭만주의는 학문 분야에서 중세 연구가 활발하게 이루어지는 데 영향을 주었다. 미국 신학계에서 낭만주의 운동을 이끈 모범적인 신학자 필립 샤프Philip Schaf*는 1845년 『프로테스탄티즘의 원리』Principle of

---

* 필립 샤프(1819~1893)는 스위스 출신 미국 프로테스탄트 신학자이자 교회사가다. 튀빙엔 대학교, 베를린 대학교 등에서 신학을 공부하고 베를린 대학교에서 주석학과 교회사를 가르치다 1843년 미국으로 옮겨 펜실베이니아주 머서스버그에 있는 독일 개혁교회 신학교, 뉴욕 유니온 신학교에서 교회사를 가르쳤다.

Protestantism를 출간했다. 이 책에는 역사 발전에 대한 그의 이론이 잘 드러나 있으며 그 이론 안에는 종교개혁도 포함되어 있다.[37] 같은 해 존 헨리 뉴먼John Henry Newman(일반적으로 그는 낭만주의와 깊은 관련을 맺고 있는 인물로 평가되곤 한다)은 획기적인 책『그리스도교 교리 발전에 관한 에세이』Essay on Development를 출간했다(이 책은 "전통의 재발견"과 "전통의 회복"이라는 두 가지 흐름 모두에서 주요한 역할을 했다).[38] 낭만주의는 과거의 깊이와 복잡함을 현대 실존주의보다 많은 부분에서 훨씬 더 정당하게 평가했으며, 그래서 그 과거를 생생하게 되살려낼 수 있었다. 최소한 낭만주의의 전제를 공유한 이들에게는 말이다.

랄프 왈도 에머슨은 1838년 7월 15일 하버드 대학교 신학부 졸업반 학생들의 초청으로 졸업식 날 강연을 하게 되었는데 이 강연은 뉴잉글랜드 사람들을 격분케 했고 이로 인해 그는 거의 30년 동안 하버드 대학교에 출입할 수 없게 되었다. 강연에서 그는 "전통적인 그리스도교는 예수라는 인물에 대한 대단히 해로운 과장과 더불어 존재해 왔고, 지금도 그렇게 존재하고 있다"고, 실제로 "저 영혼은 아무 위격도 알지 못한다"고 공격했다.[39] 에머슨에 따르면 전통적인 그리

1888년에는 미국 교회사 협회를 설립했고 초대 회장을 지냈다. 당시 미국 신학계에 독일 신학계의 성과를 소개하는 역할을 했으며 7권으로 이루어진『그리스도교 교회의 역사』History of the Christian Church는 미국 교회사 연구에 새로운 장을 연 작품으로 평가받는다.

37 James Hastings Nichols, *Romanticism in American Theology* (Chicago: University of Chicago Press, 1961), 107~139.

38 Jaroslav Pelikan, *The Vindication of Tradition, The 1983 Jefferson Lecture in the Humanities* (New Haven: Yale University Press, 1984), 3~40.

39 Ralph Waldo Emerson, *An Address*, 67~84.

스도교는 결코 "여러분 안에 있는 불멸의 법칙을 따라, 하늘과 땅이 온갖 사랑스러운 모습으로 비추어 보여주는 무한한 아름다움과 어울리며 살라"고 촉구하지 않으며 "여러분의 본성을 그리스도의 본성에 종속"시켜야 한다고, "자신들이 해석한 것을 그대로 받아들이고, 저속한 이들이 그린 예수의 초상화를 그대로 받아들여야" 한다고 이야기한다. 이는 그가 보기에 "모든 인간이 … 마음에서 우러나는 사랑 외에는 아무것도 우선시하지 말고 … 우주라는 충만한 원에 이르기까지 마음을 넓히라"는 명령을 어기는 것이다.

이는 예수의 참된 의미, 예수가 전한 참된 메시지를 왜곡하는 것이기도 하다. "그의 가르침과 기억"은 그의 시대에 이미 심각한 "왜곡"을 겪었으며 이후 시대에 왜곡은 더 심해졌다. 사람들은 그가 전한 비유를 문자적으로 이해했고, "그의 문장 속 수사가 그가 말한 진리의 자리를 강탈했"다고 에머슨은 말했다. 교회는 산문과 시의 차이를 이해하지 못했으며 자신을 예수의 정통 제자라 공언한 이들은 "그분은 하늘에서 내려온 야훼이니, 그분을 인간이라고 말한다면 당신들을 죽이겠다"며 자신들의 의견에 반대하는 신학적 적수들을 협박했다. 물론 예수는 "기적을 말했다". 그러나 기적을 말한 이유는 "인간의 삶, 그리고 인간이 하는 모든 행위가 기적"임을 감지했고 "성품이 고양됨에 따라 이 일상적인 기적은 더욱 빛날 것"임을 알았기 때문이다. 그러나 그리스도교 교회들이 "'기적'이라는 단어를 입에 올리면서" 이 말은 "그릇된 인상"을 사람들에게 심어주었다. 기적은 "바람에 살랑거리는 클로버와 하늘에서 내리는 비"를 가리키는 것이 아닌 "괴물"이 되어버렸다. 완전히 관습화되고 통속화되어버린 설교는 이러한 왜곡의 결과다. 에머슨은 말했다.

> 일전에 저는 어떤 목사의 설교를 들었습니다. 제 입에서 금방이라도 "다시 교회 나오나 봐라"라는 말이 나올 것 같았습니다. 그때 저는 생각했습니다. '사람들은 습관처럼 가던 곳에 가기 마련이지. 그게 아니라면 이 오후에 예배당을 찾을 수는 없어.'

이러한 설교자들은 "자신들이 예수의 복음을 불쾌한 것으로 만든다는 것을 모른 채 예수에게서 아름다움이라는 열쇠와 하늘의 상징들을 **빼앗아**" 간다고 그는 생각했다. 이에 반해 영혼의 시인 예수는 "자신의 신성한 생각들로 우리를" 섬긴다. "참된 회심, 참 그리스도인은 아름다운 감정을 맞이함으로써 이루어" 진다. 그리고 이 아름다운 감정들은 복음서의 예수에만 국한되어 일어나지는 않으나 복음서의 예수를 통해 그 정점을 이룬다. 엄밀하게 보았을 때 이 감정들이 보편적이기 때문이다.

> 예수는 참된 예언자 중 하나였습니다. 그는 열린 눈으로 현실에서 영혼의 신비를 보았습니다. 그는 영혼의 완벽한 조화에, 그 아름다움에 매료된 채 그 안에서 살았으며, 자신의 존재를 거기에 두었습니다. 역사를 통틀어 단 한 사람, 오직 예수만 인간의 위대함을 제대로 평가했습니다. 오직 그만이 여러분과 제 안에 존재하는 것에 충

실했습니다. 예수는 하느님께서 당신의 형상을 인간 속에 구현하시며 당신이 창조하신 세계를 영유하시기 위해 끊임없이 새롭게 나아가신다는 사실을 알게 되었습니다. 예수는 이 숭고한 감정에 고무된 가운데 말했습니다. "나는 신성하다. 하느님께서는 나를 통해 활동하시고, 나를 통해 말씀하신다. 하느님을 보고자 한다면 나를 보아라. 내가 지금 생각하는 대로 너희 또한 생각한다면 그때는 너희 자신을 보아라."

그러므로 에머슨은 말한다.

참된 교사(성직자)의 책무는 하느님이 과거에 존재하셨던 것이 아니라 지금 존재하신다는 사실, 그분은 과거에 말씀하셨던 것이 아니라 지금 말씀하신다는 사실을 보여주는 것입니다. (그렇지 않으면) 참된 그리스도교 신앙, 예수가 그랬던 것처럼 인간의 위대함, 영혼에 대한 신앙은 사라져버리고 맙니다.

강연은 "저 동방 사람들, 히브리인들의 영혼을 매료시킨 … 최고의 아름다움이 서방에서도 그처럼 퍼질 것이라"는 희망, 성직자들이 "자신의 책무, 성직이라는 의무가 과학과 아름다움과 환희를 모두 아우른 것"임을 보여주리라는 희망을 표현하면서 마무리된다. 갓 성직자의 길에 들어선 예수 그리스도의 대리인들에게 에머슨은 촉구했다.

여러분은 성령의 힘으로 다시 태어난 시인입니다. 순종은 모두 던져 버리십시오. 사람들이 직접 하느님을 만날 수 있게 도우십시오.

그것이야말로 진정으로 영혼의 시인 예수라는 인물과 그가 전한 메시지에 충실한 것이기 때문이다.

그러나 예수라는 인물을 '시인'으로 다루는 것은 전혀 다른 방향으로도, 그에 관한 정통주의 신앙, 역사적 그리스도교 신앙을 부정하는 것이 아니라 긍정하는 방식으로도 이루어질 수 있다. 가장 좋은 예로 도스토예프스키의 『죄와 벌』 중 한 장면을 들 수 있다.[40] 여기서 주인공 라스콜리니코프는 온몸을 굽혀 바닥에 엎드리더니 소냐의 발에 입을 맞춘다. 소냐가 소스라치게 놀라자 그는 말한다.

나는 당신에게 절한 게 아니야. 인류의 모든 고통 앞에 절한 거야.

그리고서 라스콜리니코프는 러시아어 신약성서를 집어 들어 그녀에게 라자로 이야기를 찾아서 읽어달라고 부탁한다. 라스콜리니코프가 애처롭게 부탁을 반복하지만 소냐는 망설인다. 그는 그녀에게 라자로 이야기 읽기를 주저하는 마음과 "읽고 싶다는, 바로 그에게 읽어 주고 싶다는 … 반드시 지금 그에게 들려주고 싶다는 간절한 욕망이 그녀의 마음을 고통스러울 정도로 가득 채우고" 있음을 알게 된

40　Fyodor Dostoevsky, *Crime and Punishment* 4.4. 『죄와 벌』(문학동네)

다. 이윽고 소냐는 라자로 이야기, 요한 복음서 11장의 구절들을 (온 세상 사람들에게 설교라도 하는 것 같이) 읽는다. 처음에 그녀가 복음서를 읽을 때 그녀에게는 (그리스도를) 믿지 않는 이들을 향한 "의심과 비난과 비방이 격렬하게 솟구쳤다". 그러나 라자로의 부활 기적 이야기에 이르자 그녀는 "마치 자기가 눈으로 직접 보기라도 하듯 온몸에 전율을 느끼고 부들부들 떨었다". 복음서 이야기가 울려 퍼지는 동안 방에 있는 촛불은 "가물가물 꺼져 가고 있었"으나 "묘하게도 잘 어울리는 살인자와 창녀를" 밝힌다. 도스토예프스키에게 이들은 새로운 막달라 마리아와 새로운 라자로다. 이윽고 라스콜리니코프는 그녀에게 자신이 전당포 주인 노인네를 죽였음을 고백해야 함을 깨달았다. 그리고 라스콜리니코프의 고백에 소냐는 응답한다.

일어나세요. 지금 당장 나가 … 몸을 굽혀 절을 하고 당신이 더럽힌 대지에 입을 맞추세요.

소냐가 복음서 이야기가 진리라고 믿었기에, 죽은 라자로를 살린 예수와 그 놀라운 활동에 관한 증언을 통해 라스콜리니코프는 자신이 누구인지, 무엇을 했는지를 깨달을 수 있었다. 그가 전당포 노인네를 죽인 일은 곧 대지를 더럽힌 일이었다. 이 깨달음은 르네 웰렉이 낭만주의를 정의하면서 말한, 인간과 자연, 의식과 무의식, 주관과 객관의 화해가 이루어진 것이다. 이러한 화해, 그리스도와의 일치의 온전한 시적 의미는 도스토예프스키가 이 소설을 쓰며 사용한 공책에

담긴, 최종본에는 삽입되지 않은 한 부분을 통해 명백해진다.[41]

이제 성서에 입 맞추세요. 입 맞추고, 이제 읽으세요.

(라자로가 나온다.)

(그 후 스비드리가일로프가 그녀에게 돈을 주었을 때)

"내가 바로 죽은 라자로였어.

그러나 그리스도가 나를 부활하게 했지."

주의: 소냐는 그를 따라 골고다까지 간다. 마흔 걸음 떨어져서.

이 그리스도 역시 영혼의 시인이었다.

---

41   *The Notebooks for 'Crime and Punishment'* (Chicago: University of Chicago Press, 1967), 231.

17

해방자

유대 사람도 그리스 사람도 없으며,

종도 자유인도 없으며, 남자와 여자가 없습니다.

여러분 모두가 그리스도 예수 안에서 하나이기 때문입니다. (갈라 3:28)

그리스도께서 우리를 해방시켜 주셔서, 자유를 누리게 하셨습니다.

그러므로 굳게 서서, 다시는 종살이의 멍에를 메지 마십시오. (갈라 5:1)

합리주의자와 낭만주의자의 시선으로 예수를 보면 그가 도대체 왜 십자가에 달려 죽었는지를 이해하기 어렵다. 그들은 모두 당대 시대 정신에 비추어 예수를 보았고 십자가에 달린 예수는 각 정신에 잘 들어맞지 않았다. 이를테면 영어로 쓰인 책 중 가장 널리 읽힌 책 중 하나인 1896년작 찰스 먼로 쉘던Charles Monroe Sheldon*이 쓴 『그분의 발자취 따라: 예수님이라면 어떻

---

* 찰스 먼로 쉘던(1857~1946)은 미국 프로테스탄트 목사이자 사회복음운동의 지도자다. 필립스 아카데미를 나와 회중교회 목사가 되었으며 버몬트와 캔자스에서

게 하실까?』In His Steps: What Would Jesus Do?는 미국 사회의 모든 구성원이 예수의 발자취를 따라가기를 고대하며 실제로 그들이 예수를 따른다면 개인적인 차원과 사회적인 차원에서 어떠한 변화가 일어날지, 어떠한 성공을 거둘지를 기술한 책이다. 여기서 쉘던은 예수를 실제 삶의 모범, 설득력 있고 합리적인 선생으로 그렸다. 눈부시게 아름다웠던 인물 예수는 1세기는 물론 18세기나 19세기에도 모든 인류가 본받을 만큼 호소력이 있다고 그는 생각했다.

그러나 『죄와 벌』에서 소냐와 라스콜리니코프가 라자로의 부활 이야기를 함께 읽는 장면을 그려냄으로써 '영혼의 시인' 예수의 의미를 생생하게 그려낸 19세기 러시아 작가는 대심문관에 대한 이반 카라마조프의 이야기를 통해 1세기는 물론, 이후 모든 시기에 인류가 끊임없이 거부한 '해방자 예수'의 의미를 심오하게(어쩌면 이전에도 이후에도 나오지 못할 수준으로) 보여주었다.[1] 이 이야기에서는 그리스도가 세상에 돌아온다. 그가 다시 나타나 기적을 행하고 축복을 베풀자 사람들은 그를 반긴다. 하지만 추기경이자 세비야의 대주교이며 신앙의 수호자인 대심문관의 명령으로 그리스도는 또다시 체포된다. 체포된 그리스도를 마주해 이 제도 종교의 대변자는 예수가 이 땅에 있을 때 행한 실책들을 조목조목 지적한다. 윌리엄 샤프William Sharp의 유명한

사목활동을 하며 많은 책을 저술했다. 사회참여에 관심이 많았던 그는 당대 그리스도교인들이 사회적 문제 및 윤리적 실천에 너무나 무관심하다는 사실에 충격을 받고 『그분의 발자취 따라: 예수님이라면 어떻게 하실까?』를 집필했다. 이 저서는 즉각적으로 커다란 호응을 일으켰고 본인이 저작권을 포기함에 따라 순식간에 전 세계적으로 보급되었다.

1 Dostoevsky, *The Brothers Karamazov* 5.5.

《대심문관 목판화》(1943년), 윌리엄 샤프, 대심문관 목판화, 예일 대학교.

목판화에서 두 사람은 극적인 대비를 이루며 서 있다. 수척한 모습으로 성직자복을 입고 있는 노심문관은 촛불을 들고 죄수인 예수를 마주한다. 판화를 보는 이들을 등진 채 심문관을 향해 돌아서 있기 때문에 예수의 얼굴은 보이지 않는다. 그러나 이 그림을 지배하고 있는 인물은 촛불을 들고 있어 빛을 받은 심문관이 아니라 어둡게 묘사된 죄수다. 이 죄수가 실제로는 해방자이기 때문이다. 심문관은 "무섭고도 영리한 영이자 자기 파괴와 무의 영"인 사탄이 광야에서 예수를 시험하며 던졌던 세 물음을 다시 그에게 던졌을 때 이를 인정했다.

> 이 세 가지 물음 속에는 이후의 인류 역사 전체가 하나의 전체로 응축되고 예언되어 있으며, 인간 본성에 관한 모든 풀리지 않은 역사적 모순이 모여 있다.

사탄이 예수에게 던진 첫 번째 물음("네가 하느님의 아들이거든, 이 돌들에게 빵이 되라고 말해보아라"(마태 4:3))은 돌을 빵으로 바꾸어 "인류가 … 영원히 두려움에 떨면서도 그저 은혜에 고마워하는 온순한 양 떼처럼" 예수를 따르게 할 것인가, 아니면 "단순할 뿐만 아니라 비천하게 타고난" 인간이 "이해하기는 고사하고 오히려 두려워하며 겁을 낼" 뿐인 자유를 약속할 것인가 하는 물음이다. "인간에게, 인간 사회에 있어 자유보다 더 견딜 수 없는 것은 결코 그 무엇도 없기 때문이다." 예수는 빵을 주는 왕이 아니라 자유를 주는 해방자가 되기를 택했으나 이는 그의 실책이었다고 대심문관은 지적한다. 그가 준 자유는 "소수의 위대하고 강한 이들"만 누릴 뿐 정작 다수의 사람은 교회의 권력자들, 국가의 권세자들에게 다가와 그들에게 자기들의 자유를 내려놓고선 자기들을 종으로 삼아 달라고, 자기들을 먹여 달라고 울부짖는다면서 말이다. 그리고 이후 일어난 일에 대해 도스토예프스키는 기술한다.

> 심문관은 말을 끝맺고 그의 포로가 대답을 해오길 한참 기다렸다. … 그러나 그는 갑자기 노인에게 말없이 다가와 아흔 살 먹은 그 핏기 없는 입술에 조용히 입을 맞추었다. 그게 대답의 전부였다. 노인은 몸을 움찔했다. 그의 입술 양 끝은 파르르 떨렸다. 노인은 문 쪽으로 걸어가 문을 열고 그에게 말했다. "가시오, 그리고 다시는 오지 마시오. … 절대로 오지 마시오. … 절대로, 절대로!" 노인은 그를 '도시의 어두운 광장'으로 내보냈다. 죄수는 떠나갔다.

그리고 도스토예프스키는(적어도 이반 카라마조프는) 그가 다시는 돌아오지 않았음을 넌지시 암시했다.

현재 국가와 교회를 떠받치는 기둥 역할을 하는 예수상에 대한 전통과 함께 그를 해방자로 묘사하는 전통 또한 계속 이어져 왔다. 예수와 동시대를 살았던 이들은 분명 그를 모든 사회 체제에 도전하는 이, 모든 종교, 사회 체제를 하느님의 심판대에 세우고 추궁하는 이로 보았다. 그러나 인류를 억압하는 모든 세력에 맞서 하느님의 공의를 선포한 1세기 예언자가 '해방자 예수'가 된 것은, 예수의 그러한 면모에 방점을 둔 시기는 19세기와 20세기였다. 이 해방자 예수는 제국, 심지어 그리스도교(를 종교로 믿는) 제국까지도 뒤집는 정치적 힘이 되었다. 이는 오늘날도 마찬가지다. 예수 그리스도를 해방자로 보는 대표적인 헌장은 그리스도교적 해방의 대헌장이라고 불리는, 갈라디아인들에게 보낸 바울의 편지에 있다.

> 유대 사람도 그리스 사람도 없으며, 종도 자유인도 없으며, 남자와 여자가 없습니다. 여러분 모두가 그리스도 예수 안에서 하나이기 때문입니다. … 그리스도께서 우리를 해방시켜 주셔서, 자유를 누리게 하셨습니다. 그러므로 굳게 서서, 다시는 종살이의 멍에를 메지 마십시오. (갈라 3:28, 5:1)

인류의 역사 속에서 오랜 기간 이 세 가지 억압과 차별(유대인/그리스인, 종/자유인, 남자/여자)은 자연 질서이자 법칙으로 간주되었으며 억압하는 세력들은 이를 창조주이자 주님인 그리스도의 이름으로 정당화했다. 그러나 19~20세기에 이르러 이 억압과 차별들은 '해방자 예수 그리스도'의 이름으로 도전을 받았고 마침내 극복되었다.

17세기부터 19세기에 이르기까지 사회 질서와 관련해 해방자 예수가 어떠한 의미를 갖느냐는 복잡한 문제를 시험대 위에 올린 것은 노예제 논쟁이었다.[2] 노예제를 찬성하는 이들과 반대하는 이들은 모

---

2 이에 관한 전반적인 내용을 살피기 위해서는 다음을 참조하라. John Francis Maxwell, *Slavery and the Catholic Church* (London: Barry Rose, 1975), 특히 88~125.

두 성서 본문과 예수라는 인물에게서 자기 입장의 정당성을 찾았다. 1865년 3월 4일 에이브러햄 링컨이 대통령에 재선되면서 한 취임 연설에서 말했듯 양측은 "똑같은 성서를 읽고 똑같은 하느님께 기도한다. 그러나 양측은 하느님께서 자신들의 편에 서서 반대자들에게 맞서주시기를" 부르짖었다. 그는 지적했다.

자신의 빵을 얻어내기 위해 다른 사람의 얼굴에 땀을 흘리게 하면서 정의로운 하느님의 도움을 구하는 모습은 기이하기 짝이 없다.

여기에 링컨은 예수가 산상 설교를 하면서 내린 명령을 덧붙였다.

너희가 심판을 받지 않으려거든, 남을 심판하지 말아라. (마태 7:1)

그는 "인간은 유한하기에 결코 무한한 하느님의 뜻을 올바로 알고 있다고 확신할 수" 없음을 깨달았기에 "미국 역사의 진정한 정신적 지주"가 될 수 있었다.[3] 그러나 「반-노예제 신문」Anti-Slavery Standard의 편집자이자 뉴잉글랜드의 저명한 문필가였던 제임스 러셀 로웰James Russell Lowell[*] 같은 노예폐지론자에게 이러한 상황에서 예수가 가리키는 바는

---

3 Sidney E. Mead, *Lively Experiment*, 73.

* 제임스 러셀 로웰(1819~1891)은 미국의 시인, 비평가, 외교관이다. 하버드 대학교에서 법학을 공부하고 법조계에서 활동했으나 문필가로 직업을 바꾸었고 1855년부터는 하버드 대학교에서 유럽 문학을 가르쳤다. 만년에는 스페인과 영국 외교관을 역임했다. 노예제 폐지 운동에 적극적으로 참여했으며 그 외에도 노동자들의 열악한 환경 개선 운동, 사형제 반대 운동에도 참여했다.

분명했다.[4] 멕시코와의 전쟁이 노예제의 미래에 끼칠 영향을 직시한 그는 1845년 쓴 시를 통해 노예제도와 전쟁의 불의함에 반대하여 목소리를 높였다(이 시는 이후 100년 넘게 '사회 복음'the Social Gospel*을 상징하는 노래가 되었다).

어느 민족 누구에게나
결단할 때 있나니
참과 거짓 싸울 때에
선과 악, 어느 편에 설 건가.
하느님 보내신 새 메시아의 이상이
한 편은 꽃피우고 한 편은 마르게 하리니
빛과 어둠 사이에서
영원히 선택하며 살리라.

순교자의 빛을 따라
피투성이 예수의 발을 좇아
십자가를 등에 지고

---

4 Julian, *Dictionary of Hymnology* 2:1684.
* 사회 복음, 혹은 사회 복음 운동Social Gospel Movement은 19세기부터 20세기 초까지 월터 라우센부쉬, 찰스 먼로 쉘던 같은 미국 프로테스탄트 지식인들이 벌인 진보적인 신학 운동이다. 그들은 그리스도교 교회, 그리고 교인들이 사회 정의, 빈곤 감소, 아동 노동 철폐, 전쟁 반대 등과 같은 문제들에 적극적으로 참여해야 한다고 주장하고 실제로 이와 관련된 운동을 벌였다. 이 운동은 훗날 1960년대 민권운동에 영향을 준 것으로 평가받는다.

새 갈보리를 향해 앞만 향해 가리라.

새 시대는 새 사명을 가르치고

시간은 옛 선을 헛되게 하니

진리와 함께 가려는 자

계속 위를 향해, 앞을 향해 가리라.*

17세기 성공회 주교 로버트 샌더슨Robert Sanderson은 선언했다.

> 그리스도교인은 오직 하늘에 계신 주인이신 그리스도 외에는 … 그 어떤 궁극적인 주인도 인정하지 않으며 누구의 뜻에도 완전히 굴복하거나 지배받지 않습니다.

그러나 동시에 같은 설교에서 그는 그리스도가 이 땅의 모든 주인들의 궁극적인 주님이라는 해석을 거부했다.

> 마치 그리스도나 사도들이 인간이 이루는 모든 공동체를 이루는 저 크고 작은 요소들을 … 하나로 묶어주는 … 힘줄과 인대를 약하게 하려는 목적이 있는 것처럼 생각해서는 안 됩니다.

---

* 한국찬송가공회, 『찬송가』(2006) 586장, 대한성공회 『성가』(2015) 360장 《어느 민족 누구게나》

샌더슨이 보기에 이 힘줄에는 노예제도 포함되었다.[5]

이처럼 한 설교에서도 예수를 해방자라고 부르는 것이 무엇을 의미하며 무엇을 의미하지 않는지에 대한 두 가지 견해가 나란히 존재한 경우는 이 시기에 무척 많았으며 노예제 논쟁을 다룬 다른 문헌에서도 쉽게 발견된다. 그러나 이렇게 대립하는 두 의견이 나란히 자리잡을 때 생기는 긴장이 근대 시기의 문헌들에만 있었던 것은 아니다. 이러한 긴장은 복음서 안에 이미 존재했다. 예로부터 그리스도를 따른다고 자칭하는 이들은 노예제도를 마땅치 않게 여기는 경우가 많았다. 이들은 그리스도가 이 땅에 옴으로써 "노예제도는 인간 본성의 구조에 근거한, 내적 필연성을 지닌 제도라고 주장할 근거를 잃어버렸다"고 생각했다.[6] 언젠가 아우구스티누스는 "창조주가 만든 이성을 지닌 피조물은 이성을 지니고 있지 않은 창조물 외에는 지배해서는 안 된다. 즉 인간은 짐승들을 지배할 수 있지만 인간을 지배해서는 안 된다"는 것이 하느님의 본래 뜻이라고 선언했다. 이러한 맥락에서 노예제도는 하느님께서 창조하신 제도가 아니라 인류가 죄에 빠져 타락한 결과였다.[7] 그러나 타락한 세상에서는 인간이 만든 모든 제도가 불완전한 것이기 때문에 그 불완전함 가운데서 노예제도도 나름의 존재 이유가 있다고 그는 말했다. 여기서 '해방자 그리스도'의 권

---

5 David Brion Davis, *The Problem of Slavery in Western Culture* (Ithaca, N.Y.: Cornell University Press, 1966), 199~200.

6 Wilhelm Gass, *Geschichte der christlichen Ethik* (Berlin: G. Reimer, 1881~1887), 1:226.

7 Augustine, *City of God* 19.15.

위는 노예제도를 전복하는 근거가 될 수 없다. 이와 같은 사회적 보수주의를 보여주는 가장 강력한 증거는 바울이 필레몬에게 보낸 편지(빌레몬서)다. "종도 자유인도 없다"며 인간해방의 대헌장을 선언했던 바로 그 사도 바울이 이 편지에서는 도망친 노예 오네시모를 소유자인 필레몬에게 보내며 "그대의 승낙이 없이는 아무것도 하고 싶지 않았"다고 말한다. 물론 그는 필레몬이 오네시모를 "종이 아니라 … 종 이상으로 곧 사랑받는 형제로 그대의 곁에" 두기를 바란다는 소망을 표현했다. 존 녹스John knox는 이 구절이 오네시모가 그리스도교 복음 전도자가 되었음을 뜻한다고 보았다.[8] 주교 라이트푸트Lightfoot는 "바울의 입술에서 떨리는 목소리로 '해방'이라는 말이 나왔을 것이다"라고 보았지만, 분명한 것은 바울이 필레몬에게 오네시모를 해방하라고, 그것이 그리스도교인의 의무라고 말하지 않았다는 것이다(필레 1:14~16).[9] 제도로서의 노예제에 대해 그리스도교인이 어떠한 태도를 취해야 하느냐는 물음 앞에서 바울은 어떠한 방식으로도 답하지 않았다.

그러므로 노예제가 큰 문제가 되지 않는다고 여긴 이들은 성서 구절들을 그대로 인용해 자신들의 논거로 삼을 수 있었다. 문자적으로 보았을 때 인간이 다른 인간을 소유하는 것은 구약성서와 신약성서

---

8 John Knox, *Philemon among the Letters of Paul* (Chicago: University of Chicago Press, 1935), 46~56.

9 J. B. Lightfoot, *Saint Paul's Epistles to the Colossians and to Philemon* (London: Macmillan, 1900), 321.

에 반하지 않는다.[10] 황제에게 세금을 내야 하느냐는 문제(마태 22:21) 와 마찬가지로 신약성서는 사회에 노예제도가 있음을 당연시한 것으로 보인다. 더 나아가 노예제는 그리스도와 신자의 관계, 마귀와 죄 인의 관계를 설명하는 유비로 쓰이기도 했다.[11] 이러한 입장을 취한 이들에게 예수가 한 말을 노예제를 공격하는 무기로 삼는 행동은 하 느님 나라에 관한 예수의 말을 빌려 이 세상 모든 국가체제를 거부하 거나 비난하는 행동만큼이나 잘못된 것으로 보였다. 그러나 필레몬 에게 보낸 편지에 (쓰여 있는 문자가 아니라) 흐르고 있는 정신은 노예제 도에 의문을 제기하게 했다. 새로운 시대에 걸맞은 새로운 사명을 가 르친 것이다. 일정 기간 "노예제도의 존속을 허용했다" 하더라도 교 회는 이미 "이 제도와 그리스도교의 이상인 개인 내면의 자유, 그리 고 모든 구성원의 평등에 어긋남을 충분히 알고 있었다".[12] 이러한 맥 락에서 노예제를 묵인하는 것과 예수를 해방자로 선포하는 것 사이 의 불일치를 인식하고 새로운 변화를 끌어내는 행동이 나오는 것은 시간문제였을 뿐이다. 물론 매우 오랜 시간이 걸렸지만 말이다.

이러한 해방자 예수의 재발견이 노예제 논쟁, 영국과 미국의 사상 에만 국한된 것은 아니다. 19세기 해방자 예수의 면모를 다시 발견한 사람으로 가장 널리 알려진 사람은 아마도 레프 톨스토이일 것이다.

---

10 Isaac Mendelsohn, *Slavery in the Ancient Near East: A Comparative Study* (New York: Oxford University Press, 1949).

11 로마 6:16, 요한 8:34, 2베드 2:19

12 Ernst Troeltsch, *The Social Teachings of the Christian Churches* (New York: Harper Torchbooks, 1960), 1:133. 『기독교 사회윤리』(한국신학연구소)

그가 쓴 『부활』의 비검열판은 『카라마조프가의 형제들』이 출간되고 20년이 지나서야 나왔지만, 이 작품에서도 해방자 그리스도와 심문관과 동일한 대결이 나온다. 주인공 네흘류도프가 감옥을 방문하는 장면을 묘사하며 톨스토이는 말한다.

집합소라 불리는 이 방의 벽에 움푹 들어간 장식장에서 네흘류도프는 전혀 뜻밖에 십자가에 못 박힌 예수상을 보았다. "예수상을 왜 저기에 걸어두었을까?" 그는 자신의 마음이 자기도 모르게 그리스도상을 감금이 아닌 해방과 연결하고 있음에 놀랐다.[13]

이 작품 전체를 통해 톨스토이는 예수의 가르침을 문자 그대로 따라야 한다고 말한다. 이러한 맥락에서 『부활』 마지막 장은 복음서, 특히 산상 설교에 나오는 예수의 명령들에 대한 톨스토이의 해설로 보아도 무방하다.

네흘류도프는 처음으로 이 명령이, 아름답고 추상적인 사상과 과장되고 실행 불가능한 것을 요구하는 것이 아니라 지극히 단순하고 명확하며 실제로 실행에 옮길 수 있는 가르침을 주고 있다는 것을 알았다. 이 가르침이 실행되기만 한다면 인간 사회는 더욱 새로운 체제를 형성하고 … 온갖 폭력이 저절로 소멸될 뿐만 아니라 인간이

---

13 Lev Nikolaevich Tolstoy, *Resurrection*, 1부, 41장. 『부활』(작가정신)

누릴 수 있는 최고의 행복인 이 지구상에서의 천국을 이룰 수 있게
된다. … 인간 삶의 모든 추악함을 떠올리며 그는 세상 사람들이 이
명령들을 지키며 살아간다면 우리의 인생이 얼마나 훌륭해질 것인
가를 생각해보았다.

"복음서를 읽은 사람에게 흔히 일어나듯" 네흘류도프는 흥분과 환희
에 젖는다. 그는 확신하게 되었다.

산상 수훈을 따르면 사람들은 인간이 누릴 수 있는 최고의 행복을
누릴 수 있게 된다. 이 산상 수훈을 실천하는 것 외에 다른 것은 할
필요가 없다. 이 명령들 속에 인생의 유일한, 이치에 맞는 의의가 있
기 때문이다.

이러한 깨달음으로 "그는 오랫동안 겪어온 괴로움과 고통 끝에 갑자
기 안식과 자유를 발견했다. 그는 해방되었다".[14]
소련 문학사가 G. I. 페트로프G.I.Petrov는 한 학술 논문에서 말했다.

1899년 『부활』이 출간되자 정부와 교회 지도자들은 당혹감과 불쾌
함을 감출 수 없었다.[15]

---

14 Lev Nikolaevich Tolstoy, *Resurrection*, 3부, 28장.

15 G. I. Petrov, *Otluchenie Lva Tolstogo ot tserkvi* (Moscow: Znanie, 1978), 28.

이 책에 표현된 그리스도에 대한 급진적 이해로 인해 톨스토이는 러시아 정교회에서 파문되었다. 그러나 예수의 메시지에 대한 그의 재해석은 정교회뿐 아니라 러시아 안팎의 수많은 사람의 관심을 받았다. 어떤 이들은 이 새로운 그리스도교 예언자를 찾아 (톨스토이가 태어난 곳인) 야스나야 폴랴나로 순례를 갔으며 전 세계 각지의 사람들이 그에게 편지를 써서 보냈다. 조지 버나드 쇼George Bernard Shaw 또한 자신의 '신학'에 관해 편지를 써서 보냈다. 물론 톨스토이는 쇼가 복음을 경솔하게 다룬다고 여겼고 이에 불쾌해했다. "하느님과 악의 문제는 농담처럼 말하기에는 너무나 중요한 문제"였기 때문이다.[16] 이사야 벌린Isaiah Berlin*의 말에 따르면 그는 소설가로서 "현실을 다양성 가운데 인지했으며 필적할 만한 사람을 찾을 수 없을 정도로 명확하게, 이 독립된 개체들의 집합체를 꿰뚫어 보았다". 그러나 철학자이자 신학자로서 "그는 오직 하나의 거대하고 통일된 전체를 믿었으며" 이러한 믿음은 "그 어떤 복잡한 신학이나 형이상학과 결별한 하나의 소박한 그리스도교 윤리 … 반드시 지켜야 하는 보편적이며 단순한 기준, 말하자면 농부가 좋아하는 것과 싫어하는 것이 분명한 만큼이나 단

---

16 Tolstoy to Shaw, 9 May 1910, in *Tolstoy's Letters* (New York: Charles Scribner's Sons, 1978), 2:700.

* 이사야 벌린(1909~1997)은 라트비아 출신의 영국 정치이론가, 철학자, 사상사가다. 라트비아의 수도 리가에서 태어나 러시아를 거쳐 1921년 영국으로 이주해 옥스퍼드 코퍼스 크리스티 칼리지에서 공부했다. 이후 올 솔즈 칼리지와 뉴 칼리지에서 사회정치 이론을 가르치고 울프선 칼리지 초대 학장, 영국 학술원 회장을 역임했다. 자유에 관한 두 개념으로 널리 알려져 있으며 정치이론, 사상사, 문학비평 분야에서 탁월한 저작을 펴냈다. 주요 저서로 『자유론』Liberty(아카넷), 『칼 마르크스』Karl Marx(미다스북스), 『낭만주의의 뿌리』The Roots of Romanticism(이제이북스) 등이 있다.

순한, 복음서가 선하다고 공언한 기준을 따"라야 한다는 생각으로 이어졌다(톨스토이에게 둘은 동일한 것이었다).[17]

> 악한 사람에게 맞서지 말아라. 누가 네 오른쪽 뺨을 치거든, 왼쪽 뺨
> 마저 돌려대어라. (마태 5:39)

이러한 예수의 말을 글자 그대로 따르려 하는 톨스토이의 급진적 시각은 정치적 해방을 외치던 많은 예언자, 사회에서 억압받는 이들을 위해 싸우는 투사들에게 비현실적인 생각, 불의에 대한 항복, "민중의 아편"으로 여겨졌다.

그러나 남아프리카에서 활동한 한 인도인 변호사만큼은 톨스토이의 종교적이고 윤리적인 철학에 커다란 영향을 받았다. 노년에 그는 자신이 톨스토이의 책 『하느님 나라는 네 안에 있다』The Kingdom of God is within You를 처음으로 접했을 때를 회상하며 말했다.

> 나는 그 책에 압도되었으며 그 후에도 읽을 때마다 변치 않는 깊은
> 감명을 받았다. 이 책의 독립적인 사고, 심오한 윤리, 진실함 앞에서
> 모든 다른 그리스도교인의 책은 하찮아 보였다.[18]

---

17 Isaiah Berlin, 'The Hedgehog and the Fox', *Russian Thinkers* (New York: Penguin Books, 1978), 51~52. 『고슴도치와 여우』(애플북스)

18 Mohandas K. Gandhi, *An Autobiography: The Story of My Experiments with Truth* (Boston: Beacon Press, 1957), 137~138. 『간디 자서전』(한길사)

나아가 그는 톨스토이가 세상을 떠난 해인 1910년 남아프리카에 톨스토이 정신을 따르는 공동체commune를 세웠다. 톨스토이는 자신을 존경하던 이 인도인에게 (영어로) 편지를 썼다. 1910년 9월 7일, 그가 죽기 두 달 전이었다. 친구와 가족에게 쓴 짤막한 사적인 편지를 제외하면, 이 편지는 그의 마지막 편지였으며 종교적이고 철학적인 유서라 할 수 있다.

> 오래 살면 살수록, 특히 죽음이 가까웠음을 예민하게 느끼게 되는 요즈음, 제가 특별히 예민하게 느끼는 바를, 그리고 제가 생각하기에 너무도 중요한 것을 사람들에게 전하고 싶습니다. 간단하게 말하면 무저항이라 이야기할 수 있을 것이고 본질적으로는 잘못된 해석으로 왜곡되지 않은 사랑이라 할 수 있을 것입니다.. … 이 법칙은 인도, 중국, 유대, 그리스, 로마 등 온 세계의 성인들이 선언했습니다. 그리고 그중에서 이를 가장 분명하게 드러낸 사람이 예수 그리스도였지요. … 그리스도교 문명 전체는 겉으로 보기에는 눈부시게 찬란하지만, 해방자 예수의 진정한 가르침과는 모순되는, 때로는 의식적이었지만 거의 대부분은 무의식적이었던 명백하고 이상한 오해 위에서 성장해 왔습니다. … 1900년 동안 그리스도교인들은 이런 식으로 살아왔습니다. … 이와 같은 명백한 모순, 곧 권력을 유지하는 데 필요하다는 이유로 그리스도교라는 종교를 받아들였다는 것, 혹은 역시나 권력을 유지하는 데 필요하다는 이유로 그 종교의 지지를 받아 군대나 폭력을 유지했다는 사실이 머잖아, 어쩌면 곧 세상에

드러날 것이고 종지부를 찍게 될 것입니다.[19]

그리고 톨스토이는 "당신의 영국, 그리고 우리 러시아" 정부는 명목
상으로는 예수 그리스도를 주님으로 고백하며 충성을 맹세하지만 실
제로 이러한 모순은 해결되지 않았으며 언젠가 그에 따른 결과를 마
주하게 되리라고 덧붙였다.

톨스토이의 인도인 제자이자 남아프리카에서 그와 편지를 나
눈 이 사람의 이름은 모한다스 카람찬드 간디였다. 에릭 에릭슨Erik
Erikson*이 "전투적 비폭력"militant non-violence이라 이름 붙였던 그의 철학
은 처음에는 그가 거부했으나 나중에는 호의적으로 보게 된 전통적
힌두교에서 나온 요소와 그리스도교 혹은 더 구체적으로 예수의 가
르침에서 나온 요소를 결합한 것이었다. 그리고 톨스토이의 해석은
간디와 인도 동포들이 선교사들에게 배운 전통적인 그리스도교, 그
리고 그 이면에 있던 예수의 참된 메시지를 이해하는 데 도움을 주었
다. 그 결과 간디는 경제학자들의 모임에 초청을 받아 강연을 하는
와중에도 예수에 관해 언급할 수 있을 정도가 되었다("아마 여러분들은

---

19 Tolstoy to Mohandas K. Gandhi, 7 September 1910, *Letters* 2:706~708.

* 에릭 에릭슨(1902~1994)은 독일 출신 미국 심리학자, 정신분석학자다. 김나지움
을 졸업하고 예술가를 꿈꾸며 유럽 각지를 떠돌다 1927년부터 6년간 빈의 정
신분석연구소에서 안나 프로이트에게 정신분석 훈련을 받았다. 나치의 억압
을 피해 1933년 미국으로 이주, 하버드 의과대학에서 미국 최초의 아동 정신분
석가로 활동을 시작했다. 이후 캘리포니아 대학교(UC버클리), 예일 대학교를 거
쳐 1960년부터 하버드 대학교에서 교수로 재직했다. '성격 발달 이론'으로 널리
알려져 있으며 심리학뿐만 아니라 역사학, 정치학, 종교학 등 여러 분야에 광
범위한 영향을 미쳤다. 주요 저서로『유년기와 사회』Childhood and Society(연암서가),
『청년 루터』Young man Luther(CH 북스) 등이 있다.

제가 경제 분야에 관해 주제넘은 의견들만 제시하다 인제야 들을만한 이야기를 한다고 생각하겠지요").[20] 1948년 1월 30일 간디가 암살당한 것을 계기로 역사는 톨스토이가 죽기 전 남긴 예언을 실현했다. 정치적 해방을 외치면서도 비폭력 노선을 따르던 세력은 그리스도교적 가치를 구현하고 있다고 주장하던 "당신의 영국", 그리고 "우리 러시아"라는 제국들을 타도했다. 그들이 해방자 예수의 메시지에 대한 전통적인 그리스도교 해석을 따르지는 않았을지라도 말이다.

이처럼 해방자 예수의 정신을 복음으로 여긴 간디의 비폭력주의를 따르는 제자들은 계속해서 출현했다. 그들은 해방자 예수의 발자취를, 마하트마 간디의 발자취를 따르다 보면 예수나 간디가 그랬듯 잠시나마 종려주일과 같은 승리의 행렬에 합류할 수도 있음을, 그러나 이내 반드시 지배층과 맞닥뜨리고 대립하게 된다는 것을 알게 되었다(마태 21:1~11).[21] 그리하여 그들 중 몇몇은 해방자 예수의 "발자취를 따라" 종려주일에서 성금요일에 이르는 길, 승리의 길이 십자가의 길이 되고 그리스도를 닮는 것이 곧 문자 그대로 신약성서가 말한 "그분의 죽으심을 본받는"(필립 3:10) 것까지를 포함하는 길고 긴 길을 걸어갔다. 그 길을 걸어간 사람 중 한 사람이 바로 마틴 루터 킹 주니어였다. 간디가 그랬듯 그 역시 1968년 4월 4일 암살범이 쏜 총알에 순교했다.

---

20 Erik Erikson, *Gandhi's Truth: On the Origins of Militant Non-Violence* (New York: Norton, 1969), 281. 『간디의 진리』(연암서가)

21 마태 21:12~17, 마태 23장

마틴 루터 킹이 예수의 삶뿐만 아니라 그의 죽음까지도 철저히 닮아 갔다는 것, 예수의 명령에 철저하게 순종했다는 사실은 그가 자라난 특정 전통을 염두에 둔다면 그리 이례적인 일은 아니다. 그는 미국에서 태어난 흑인이었으며 16세기 대륙 재세례파의 혈통을 이어받았다고 자부하는 침례교회 신자였다. 즉 그는 역사적으로 오랫동안 괄시받은 소수자들, 무수한 억압을, 때로는 죽음을 감내하며 '제자도의 대가'를 치러야 했던 이들의 후손이었다. 많은 프로테스탄트 지도자가 그랬듯 마틴 루터 킹은 목사 집안에서 태어났다. 훗날 그는 학교에서 책 읽는 법을 배우기 전부터 교회와 집에서 복음서 이야기와 말씀을 들었다고 회상했다. 대학 시절 그는 아버지와 할아버지를 따라 그리스도교 사목의 길을 걷기로 마음먹고 신학교와 신학대학원에 갔다. 학교에서 그는 신학적, 철학적, 윤리적 원리들을 익혔으며 이는 그 안에서 무르익어 그의 삶을, 그가 전한 메시지의 공적 활동의 형태를 빚어냈다. 그리고 결국 그를 죽음으로 이끌었다.

신학교와 신학대학원에서 그가 읽은 책들의 목록을 살펴보면 대체로 당시 프로테스탄트 신학을 공부하는 이들이라면 으레 읽는 책들을 크게 벗어나지 않았지만(그는 학위 논문에서 폴 틸리히Paul Tillich와 헨리 넬슨 위먼Henry Nelson Wieman*의 사상에 나타난 신론을 다루었다), 한 사람

---

* 헨리 넬슨 위먼(1884~1975)은 미국의 철학자이자 프로테스탄트 신학자다. 샌프란시스코 신학교, 독일 예나 대학교, 하이델베르크 대학교 등에서 신학을 공부했으며 미국으로 돌아와 장로교 목사로 활동하다 하버드 대학교에서 박사 학위를 받았다. 이후 시카고 대학교, 오리건 대학교 등을 거쳐 서던 일리노이 대학교에서 철학 교수로 활동했다. 20세기 주요 신학 흐름 중 하나였던 초자연주의와 신정통주의에 비판적이었으며 종교 자연주의에 입각한 종교철학과 신학적

의 이름(마하트마 간디)이 눈에 띈다. 간디가 세상을 떠난 1948년 마틴 루터 킹은 신학교에 입학했다. 비폭력을 도구 삼아 대영 제국의 식민 통치에서 인도를 해방시키려고 투쟁하던 간디는 미국 흑인들을 통해 "비폭력의 순수한 메시지가 세상에 전달되리라"는 소망을 표현한 바 있다. 마틴 루터 킹 이전 간디에게 영향을 받은 미국의 중요한 흑인 그리스도교 지도자는 하워드 서먼Howard Thurman*이었다.[22] 그는 간디의 철학을 통해, 그러나 이를 뛰어넘어 간디가 의지했던 예수의 메시지에 도달했다. 서먼은 예수를 무언가를 성취할 기회를 박탈당한 이들, 그렇게 사회 주변부로 내몰린 이들의 해방자로 묘사했다. 그는 신학생 시절 필라델피아의 크로처 신학교에서 유명한 흑인 설교자이자 사상가인 모데카이 존슨Mordecai Johnson의 설교를 듣고 간디의 사상이 당대 현실에 맞닿은 탁월한 사유 체계임을 깨달았다. 존슨을 통해 서먼은 간디가 "단순한 개인 간의 관계를 넘어 예수가 보여준 사랑의

사유를 펼쳤다. 주요 저서로『종교 체험과 과학적 방법』Religious Experience and Scientific Method,『종교의 성장』The Growth of Religion,『새로운 시대의 신앙 추구』Seeking a Faith for a New Age 등이 있다.

* 하워드 서먼(1899~1981)은 미국의 프로테스탄트 목사다. 모어하우스 칼리지에서 경제학을, 로체스터 신학교에서 신학을 공부한 뒤 1926년 시온산침례교회의 목사가 되었다. 이후 스펠만 칼리지, 하워드 대학교에서 신학을 가르쳤다. 1936년 마하트마 간디와의 만남을 계기로 인종 차별에 반대하는 운동을 본격적으로 펼쳐나가기 시작했으며 알프레드 피스크와 함께 미국에서 인종 간 협력을 한 최초의 교회인 모든 사람을 위한 친교의 교회를 설립했다. 1952년부터는 보스턴 대학교에서 교수이자 교목으로 활동했으며 1965년 은퇴 후에는 하워드 서먼 교육재단을 설립해 흑인 청년들의 교육에 헌신했다. 20세기 미국의 대표적인 그리스도교 지도자이자 흑인 민권운동의 정신적 지주로 평가받는다. 주요 저서로『창조적 만남』The creative Encounter,『예수와 상속권을 박탈당한 사람들』Jesus and the Disinherited 등이 있다.

22 Howard Thurman, *Jesus and the Disinherited* (New York: Abingdon-Cokesbury Press, 1949).

윤리를 온전히 살아낸 역사상 최초의 인물"이라고 확신했다. 훗날 마지막 저작에서 그는 다시 한번 간디를 인용해 "허무주의 철학"에 대항했으며, 그가 따르고자 하는 혁명을 "유혈과 폭력"으로 얼룩진 혁명으로 만들려는 흐름을 분명하게 거부했다. 이와 같은 선상에서 마틴 루터 킹은 선언했다.

> 마하트마 간디가 인도에서 이끈 운동이 새로운 점은 그가 희망과 사랑, 희망과 비폭력 위에서 혁명을 시작했다는 점이다.[23]

예수가 폭력을 거부하고 개인주의를 넘어선 사랑의 윤리를 가르쳤다는 해석은 마틴 루터 킹의 사상과 행동의 지적, 윤리적 토대였다. 여기서 사랑은 곧 실천으로 이어져야 했다. 신학교 시절 그는 산상 설교를 성서를 이루고 있는 본문 중 하나로 여겼지만, 사목이 원숙해졌을 무렵에는 이를 사회적, 정치적 행동을 위한 교과서로 여겼다. 훗날 그는 회고했다.

> 몽고메리에 목사로 부임했을 때만 해도 나는 훗날 내가 비폭력 저항을 해야 할 국면에 휘말리리라고는 꿈에도 생각하지 못했다. 나는 저항을 시작하지 않았고 그러한 저항을 하자고 다른 사람들에게 제안하지도 않았다. 그저 나는 사람들의 요청에 응해 그들의 대변인이

---

23 Martin Luther King, Jr., *Where Do We Go from Here: Chaos or Community?* (Boston: Beacon Press, 1968), 44.

되었을 뿐이다. 저항 운동이 시작되자 내 마음은 의식적으로든 무의식적으로든 사랑을 전하는 숭고한 가르침이었던 산상 설교, 비폭력 저항이라는 간디의 방법으로 끊임없이 돌아갔다.[24]

간디와 산상 설교는 끊임없이 그에게 영감을 주었다. 산상 설교가 강조한 내용은 다양한 경험을 익힌 마틴 루터 킹의 해석을 통해, 그의 모든 설교, 그가 만든 모든 공적 문서를 통해 울려 퍼졌다. 이 문서들 가운데 가장 깊은 울림을 주는 글은 아마도 1963년 4월 16일에 쓴 「버밍엄 감옥에서 보낸 편지」A Letter from Birmingham Jail일 것이다. 이 편지에 마틴 루터 킹은 자신의 소망을 담아냈다.

언젠가 남부인들은 알게 될 것입니다. 이 상속권을 잃은 하느님의 자녀들이 식탁에 함께 앉게 될 때, 바로 그때 미국이 꿈꾸는 것 가운데 가장 고귀한 꿈이 실현된 것임을, 우리가 물려받은 유대교-그리스도교의 유산 중 가장 거룩한 가치가 실현된 것임을 알게 되기를 진심으로 소망합니다.[25]

이를 두고 그를 비판하던 이들, 심지어는 그를 지지하던 몇몇 사람조차 마틴 루터 킹이 세상 물정 모르고 말한다고 여겼다. 예수의

---

24 Martin Luther King, Jr., *Stride toward Freedom* (New York: Harper and Brothers, 1958), 101.
『자유를 향한 대행진』(예찬사)

25 David Levering Lewis, *King: A Critical Biography* (Baltimore: Penguin Books, 1971), 191.

가르침과 산상 설교를 연구하는 주류 학자들과 신학자들도 마찬가지였다. 당시 학자들은 예수의 메시지가 "확고하고 일관된 종말론"이라는 점에 의견을 모았다. 이와 달리 킹은 신중한 사유에 바탕을 둔, 고도로 정교한 전략 아래 산상 설교를 해석했다. 1959년 마틴 루터 킹과 그의 아내 코레타 스콧 킹Coretta Scott King은 간디의 땅 인도로 순례를 갔다. 그곳에서 그들은 "세상 물정 몰랐던" 마하트마가 어떠한 성과를 일구어냈는지를 보았다. "전투적 비폭력"을 통해 간디는 1857년 세포이 항쟁Sepoy Mutiny* 아니 그 이전부터 대영 제국에 대항해 일어났던 움직임들이 이루어내지 못한 해방을 이루어냈다. 이에 관해 마틴 루터 킹은 말했다.

나는 비폭력 저항이 억압받는 사람들이 자유를 위해 투쟁할 때 쓸 수 있는 가장 강력한 무기임을 그 어느 때보다 확신하며 인도를 떠났다.

덧붙여 그는 간디의 역사적인 업적에 관해 말했다.

비폭력 운동이 이뤄낸 성과는 실로 경이로웠다.[26]

---

26 David Levering Lewis, *King*, 105.

* 인도인 용병들을 중심으로 일어난 반영反英 항쟁이다. 영국은 동인도 회사를 통해 인도를 간접적으로 통치하고 있었고 동인도 회사는 군대를 보유하고 있었는데, 세포이는 페르시아어로 용병을 뜻하며 영국 동인도 회사에서 고용한 인도인 용병을 가리키는 말이었다. 이 항쟁은 인도 독립운동의 시작이라는 평가를 받기도 한다.

이후 마틴 루터 킹은 10년간 비폭력 운동을 이끌며 간디의 철학을 시험대에 올렸다. 흑인, 백인을 불문하고 그를 따르던 많은 이는 점차 비폭력의 시대는 갔다고, 산상 설교가 전하는 해방의 메시지는 "억압받는 이들이 자유를 얻기 위해 투쟁할 때 쓸 수 있는 무기"가 될 수 없다고 충고하기 시작했다. 이러한 반응에 마틴 루터 킹은 이러한 주장, 그리고 이러한 주장 밑에 깔려 있는 조급한 마음은 충분히 이해가 가며 직접 행동이라는 전략이 더 그럴듯해 보임을 안다고 여러 차례 말했다. 그러나 동시에 그때마다 그는 산상 설교의 가르침이 미국의 흑인들을 해방하기 위한 정치 기획으로서 실현 가능함을 보여주기 위해 전력을 다했다. 그리고 이 기획의 핵심에는 인간 사회를 "사랑의 공동체"Beloved Community로 보는 그의 꿈이 있었다.[27] 이 꿈을 그는 『자유를 향한 행진』Stride toward freedom에서 상세하게 그렸다.[28] '사랑의 공동체'는 (사랑, 힘, 정의라는 세 요소가 서로 맞물리는 가운데) 역사에서 규정된 정의가 사랑을 통해 권력(힘)을 조율하는 사회다. 물론 그는 이러한 사회가 어느 날 갑자기 만들어지지 않는다는 것을 알았다. 또한 그에게는 사랑이라는 복음의 명령으로 변화되지 않는 사람들이 있다는 것을, 오직 법, 법을 통한 강제만 듣는 이들이 있다는 것을 알 정도로 충분한 현실 감각이 있었다. 그러나 그는 간디에게 "예수가 보여준 사랑의 윤리"는 "단순한 개인 간의 관계"에서만 그치지

---

27 이와 관련해서는 다음을 참조하라. Kenneth L. Smith and Ira G. Zepp, Jr., *Search for the Beloved Community: The Thinking of Martin Luther King, Jr.* (Valley Forge, Pa.: Judson Press, 1974)

28 Martin Luther King, Jr., *Stride toward Freedom*, 102~106, 189~224.

않는다는 것을 배웠다. 설사 수백 년간 그리스도교가 그렇게 해석해 왔다 할지라도 말이다. 사랑의 윤리는 사회 구조를 꿰뚫고 들어가 이를 변혁해야 한다고, 사랑과 정의가 넘치는 환경을 빚어내 설사 이를 거부하거나 거역하는 이들이 있다 할지라도 이러한 행동을 중단하고 저 흐름을 따르도록 힘으로 그들을 인도해야 한다고 마틴 루터 킹은 믿었다.

언젠가 미국 흑인 문학계에서 명성을 떨친 한 학자가, 마틴 루터 킹은 왜 마르크스주의자가 되지 않았으며 마틴 루터 킹을 따르던 이들은 왜 그가 말한 비폭력의 철학을 받아들였냐는 질문을 받았다. 그는 조금의 주저함도 없이 답했다. "예수라는 인물이 지닌 압도적인 힘 때문이지요." 이는 백인 그리스도교인들이 마틴 루터 킹의 메시지를 긍정적으로 받아들였던 이유기도 하다(이렇게 되기까지 과정은 고통스러울 정도로 더뎠지만 말이다). 물론 그러한 와중에도 그를 부정적으로 본 무수한 사람이 있었고 마틴 루터 킹은 바로 이들의 손에 희생되었다. 어쩌면 이는 오래전부터 예견된 일이었다. 그는 죽음을 통해 자신이 늘 마음에 새겨두던 바, 곧 '그분의 발자취를 따르라'는 부름을 완수했다. 1963년 노벨 평화상 수상을 수락하며 그는 산상 설교가 뚜렷하게 전하는 해방의 복음에 담긴 예수의 명령과 약속을 다시 한번 외쳤다.

세월이 흘러 진리의 빛이 타올라 우리가 사는 이 경이로운 시대를 밝게 비출 때, 남자와 여자는 알게 되고 아이들은 배우게 될 것입니다. 우리가 더 나은 땅, 더 좋은 사람들, 더 고귀한 문명을 갖게 되는 것은 이 보잘것없는 하느님의 자녀들이 "의를 위한 고난"을 기꺼이 받아들이기 때문이라는 것을 말입니다.

신학적으로, 또한 정치적으로도 모호한 점이 있음에도, 예수의 메시지를 읽어내는 이러한 시도는 이후 인간의 해방을 위한 모든 운동에 끊임없이 영감을 불어넣어 주었다. 특히 제3 세계에서 '해방자 예수'는 지금도 모든 대심문관과 맞서고 있다. 그들이 성직에 있건 세속에 있건 말이다. 이제 사람들은 종종 예수가 했던 말(마태 4:4)을 뒤집어 사람이 하느님의 말씀으로만 살 것이 아니라 빵으로도 산다고 이야기한다. 또한 예수를 전투적 비폭력뿐 아니라 직접적인 정치 행동 또한 허락하는 이, 내세에서 누리게 될 기쁜 삶을 기다리는 영적인 가난만을 축복하는 이가 아니라 이 세상의 가난한 이들을 이 세상에서 기쁨을 누리는 삶으로 인도하는 이로 여기기도 한다. 이러한 이해를 조르주 카잘리스Georges Casalis*는 "혁명적 실천의 그리스도론"이라 불렀다.[29] 이와 같은 해방자 예수상과 앞선 해방자 예수상의 차이는

---

29 Georges Casalis, *Correct Ideas Don't Fall from the Skies*, 114.
* 조르주 카잘리스(1917~1987)는 프랑스의 개신교 신학자이자 목사다. 처음에는 의학을 공부했으나 전공을 바꾸어 파리 개신교 신학교, 그리고 스위스 바젤 대학교에서 신학을 공부하고 사목 활동을 하다 1961년 파리 개신교 신학교 실천신학교 교수로 부임해 1982년 은퇴할 때까지 그곳에서 신학을 가르쳤다. 제2차 세계 대전 때 나치에 반대하는 운동에 참여했으며 이후에는 제3 세계 투쟁과 교회의 움직임에 관심을 기울이면서 해방신학을 유럽 지역에 소개하는 데 힘썼다. 주요 저서로 『칼 바르트의 초상』Portrait de Karl Barth, 『프로테스탄티즘』Protestantisme 등이 있다.

신약성서 속 하나의 팔복에 대한 양 입장의 설명을 비교해 보면 좀 더 분명하게 알 수 있다. 해방자 그리스도를 비정치적으로 해석하는 이들은 팔복과 관련해 마태오 복음서를 주로 예시로 든다.

> 마음이 가난한 사람은 복이 있다. 하늘나라가 그들의 것이다.
>
> (마태 5:3)

그러나 해방신학은 루가 복음서를 자신의 출발점으로 삼는다.

> 너희 가난한 사람들은 복이 있다. …
>
> 그러나 너희, 부요한 사람들은 화가 있다! (루가 6:20, 24)[30]

도스토예프스키가 대심문관 이야기를 통해 가장 심오한 해방자로서 예수를 우리에게 보여주었다면, 링컨은 특정 정치 행위를 정당화하기 위해 예수의 권위를 얻으려는 시도가 얼마나 자의적일 수 있는지를 깨닫게 했다. 남북전쟁은 이러한 생각뿐만 아니라 정치적 해방자 예수의 이름 때문에 살고 죽는 사람들을 끌어내고 많은 사람에게 감동을 일으켰다. 1862년 2월, 줄리아 워드 하우Julia Ward Howe*는 낭만

---

30 Gustavo Guttierez, *A Theology of Liberation: History, Politics, and Salvation* (Maryknoll, N.Y.: Orbis Books, 1973) 『해방신학』(분도출판사)

* 줄리아 워드 하우(1819~1910)는 미국의 시인이자 작가다. 부유한 가정에서 태어나 16세가 될 때까지 사립 교사, 사립 학교에서 교육을 받았다. 결혼 후 노예제 폐지, 여성 참정권 운동에 적극적으로 나섰고 미국 여성 협회를 창립해 1876년부터 1897년까지 회장을 지냈다. 그 외에도 다양한 시, 산문, 사회적 에세이를

주의적 예수상에 의지하여 《공화국 전투찬가》The Battle Hymn of the Republic 를 발표했다.

나리꽃의 아름다움 속에 그리스도께서 바다 건너 나셨노라,
그대와 나를 변모하게 하는 주님 품 안 영광으로.
하느님께서 행군하실 때에,
그분의 죽으심으로 사람을 거룩하게 하셨듯
우리의 죽음으로 사람을 자유케 하소서.*

써서 여성으로서는 최초로 미국 문예 아카데미The American Academy of Arts and Letters 회원이 되었다.

* 한국찬송가공회, 『찬송가』(2006) 348장 《마귀들과 싸울지라》. 한국어 가사와는 영어 가사는 차이가 있다.

18

온 세계에 속한 이

예루살렘과 온 유대와 사마리아에서,

그리고 마침내 땅 끝에까지 이르러 ... (사도 1:8)

일상 영어에서 나자렛이라는 말은 촌 동네, 볼품없는 마을이라는 뜻으로 쓰인다. 요한 복음서에서 나타나엘이 했던 말("나자렛에서 무슨 선한 것이 나올 수 있겠소?"(요한 1:46))을 오늘날 사람들은 관용구처럼 쓴다. 실제로 나자렛 예수는 시골 사람이었고 지방 출신이었다. 그가 갓난아기였을 때 부모가 그를 데리고 이집트로 도피했다는 이야기의 역사적 신빙성은 차치하더라도, 성년이되고 난 뒤 그는 레반트 지역(지중해 동부 지역)을 벗어나 여행해 본 적이 없다.

우리가 아는 한, 그는 당대 세계 공용어였던 라틴어나 그리스어 중 어느 말도 쓰지 않았다. 요한 복음서는 그가 달린 십자가 명패에 두 언어가 모두 적혀 있었다고 전하지만 말이다(요한 19:20).* 게다가 예수가 어떤 언어를 무언가를 썼다는 유일한 언급, 곧 그가 몸을 굽혀 손가락으로 땅에 무슨 말을 썼다는 이야기(요한 8:6,8)는 후대에 삽입된 것으로 그 원문의 진정성을 의심받고 있다.** 마태오 복음서에서 그는 "이방 민족들의 통치자들은 백성을 마구 내리누르고, 고관들은 백성에게 세도를 부린다"(마태 20:25)고 말하지만, 이는 그 자신이 살던 곳과는 거리가 있는 곳에서 일어나던 현상에 관한 이야기다. 사도행전 저자가 묘사한 바에 따르면, 부활 이후 바깥세상을 언급할 때조차도 예수는 자신이 속한 주변 지역과 그 외의 모든 지역을 나눌 뿐이다. 즉 그가 말한 바깥세상도 (온 세상을 말하는 것이 아니라) 지방의 한 영역에 불과했다.

> 너희는 ... 예루살렘과 온 유대와 사마리아에서, 그리고 마침내 땅끝에까지 이르러 내 증인이 될 것이다. (사도 1:8)

그래서 로마 제국에 속해 지리적으로 더 넓은 시야를 갖고 있던

---

* "예수께서 십자가에 달리신 곳은 도성에서 가까우므로, 많은 유대 사람이 이 명패를 읽었다. 그것은, 히브리 말과 로마 말과 그리스 말로 적혀 있었다." (요한 19:20)

** "그들이 이렇게 말한 것은, 예수를 시험하여 고발할 구실을 찾으려는 속셈이었다. 그러나 예수께서는 몸을 굽혀서, 손가락으로 땅에 무엇인가를 쓰셨다. ... 그리고는 다시 몸을 굽혀서, 땅에 무엇인가를 쓰셨다." (요한 8:6,8)

이들은 예수가 "이 땅 구석진 어딘가에서" 모습을 드러내기는 했지만 진짜 세상에 나타난 적은 없다며 조롱했다.[1] 그러나 '나자렛 예수'가 시골 사람이었을지언정 '예수 그리스도'는 온 세계에 속한 이다. 지리적으로 더 넓은 시야를 갖고 있던, 이방 종교에 속해 그를 폄하하던 이들, 혹은 그리스도교에 속해 있던 사도행전 저자가 상상할 수 있던 영역을 훌쩍 넘어 예수의 이름은 "이 땅 구석진 어딘가에서"부터 퍼져 나가 "땅끝에까지" 나아갔다. 언젠가 아이작 와츠Isaac Watts[*]가 시편 72편을 바꾸어 노래했듯 말이다.

예수는 통치할 것이다,
태양이 계속하여 나아가는 모든 곳을.
그의 나라는 해안 이쪽에서 저쪽까지 뻗어 있으며
이는 달이 차고 기울기를 더할 수 없을 때까지 계속되리라.
… 사람들, 그리고 모든 나라가
가장 달콤한 노래로 그의 사랑을 깊이 생각하리라.[**]

1　Eusebius, *Ecclesiastical History* 1.4.2.

*　아이작 와츠(1674~1748)는 영국의 목사이자 논리학자, 찬송 작가로 특히 750편 이상의 찬송시를 남겨 "영어 찬송가의 대부"로 불린다. 성서의 찬송시인 "시편"에 따라 찬송하던 교회 전통을 거슬러 "그리스도교의 경험을 담은 독창적인 노래"를 만들고 신약성서의 언어로 시편을 재해석하는 등의 새로운 시도를 통해 회중 찬송 문화를 새로운 방향으로 이끌었다. 논리학 교과서로 『논리학』Logick을 썼으며, 《기쁘다 구주 오셨네》Joy to the World, 《웬말인가 날 위하여》Alas! and did my Savior bleed?, 《주 달려 죽은 십자가》When I survey the wondrous cross 등 그가 쓴 많은 찬송시가 여러 나라 말로 번역되어 불리고 있다.

**　한국찬송가공회, 『찬송가』(2006) 138장 《햇빛을 받는 곳마다》

1719년 이 시가 발표되었을 때는 예수의 영향력이 극적으로 확장되기 시작하던 시기였다. 이와 같은 비약적인 파급력 때문에 영어로 기록된 가장 유명한 그리스도교 확장사 저작은 전체 7권 중 3권을 19세기 하나에만 할애하며 이 세기를 "위대한 세기"The Great Century라고 불렀다.[2] 왕이신 예수, "온 세계에 속한 이"의 제국은 해가 지지 않는 나라였다.

그리스도교가 확장된 저 위대한 세기가 동시에 유럽 식민주의가 확대된 세기이기도 했다는 것은 여러 면에서 우연이 아니다.[3] 그 이전에도 그랬듯 여러 민족을 선교하는 과정에서 그리스도교 선교사는 군인과 밀접한 관계를 맺었으며 서로의 목적을 도왔다. 그리고 이러한 활동이 언제나 그리스도의 정신과 조화를 이루지는 않았다. 중세 그리스도교 교회의 선교 방식은 전쟁을 일으켜 부족을 정복하고 적군 전체를 가까운 강으로 강제로 끌고 가 세례를 주는 식일 때가 많았다.[4] 방법에서는 많은 차이가 있었지만 기본적인 원리에 있어서는 근대 선교 역시 마찬가지였다. 결과적으로 예수 자신은 근동 지역에 태어나 평생 근동 지역을 벗어나지 않았지만, 그에 관한 이야기와 그

---

2 Kenneth Scott Latourette, *A History of the Expansion of Christianity* (New York: Harper and Brothers, 1939~1945)

3 Arthur Schlesinger, Jr., 'The Missionary Enterprise and Theories of Imperialism', *The Missionary Enterprise in China and America* (Cambridge, Mass.: Harvard University Press, 1974), 336~373.

4 Karl Holl, 'Die Mission Methode der alten und die der mittelalterlichen Kirche', *Gesammelte Aufsätze zur Kirchengeschichte* (Darmstadt: Wissenschaftliche Buchgesellschaft, 1964), 3:117~129.

가 전한 메시지는 유럽의 종교(유럽에서 온 종교이자 유럽에 관한 종교)로
서 온 세상 나라와 바다 위 섬들에 전해졌다. 이와 관련해 "위대한 세
기"의 마지막 시기, 제1차 세계 대전 직전에 힐레어 벨록Hilaire Belloc*은
도발적인 경구를 남겼다.

(그리스도교) 신앙은 유럽이며 유럽은 곧 (그리스도교) 신앙이다.[5]

유럽과 "(그리스도교) 신앙"의 이 같은 동일시는 한편으로는 유럽의
경제적, 정치적, 군사적 지배를 받고 이로 인해 유럽 문명을 받아들
여야 했던 이들이 유럽식 예수 그리스도 신앙으로 개종하라는 압력
을 받았음을 암시한다. 또한 이는 그리스도교 신앙을 받아들이냐 받
아들이지 않느냐의 문제는 곧 유럽의 신앙 방식을 받아들이냐 받
아들이지 않느냐의 문제가 되었음을, 그리스도교 신앙의 형태는 (구
조적으로나 윤리적으로나 교리적으로나 전례적으로나) 유럽식이어야 하며
정말 필요하다면 어느 정도 수정은 할 수 있되 가능한 한 큰 변화는
주지 않아야 함을 암시한다.
　　이러한 생각은 동방과 서방을 불문하고 오늘날 반식민주의 문학
의 기본 전제가 되었지만, 그렇다고 교회의 선교를 유럽 국가들의 제

5　Hilaire Belloc, *Europe and the Faith* (New York: Paulist Press, 1921), 8.

*　힐레어 벨록(1870~1953)은 프랑스 출신 영국 역사가이자 문필가다. 옥스퍼드 대
　학교 발리올 칼리지에서 공부하고 다양한 영역에서 활발한 활동을 펼쳤으며 시
　집, 산문집, 역사서 등 150여 권 이상의 책을 썼다. G. K. 체스터턴과 더불어 당대
　대표적인 그리스도교 지식인으로 평가받는다. 주요 저서로 『유럽과 신앙』Europe
　and Faith, 『유대인』The Jews 등이 있다.

국주의를 가리기 위한 구실에 지나지 않았다고 일축해 버리는 것은 현실을 지나치게 단순화해서 보는 것이다. 이처럼 과도한 단순화는 "위대한 세기"와 그 전부터 이루어진 그리스도교 선교의 역사 전체에 흐르고 있는 연대기적, 종교적, 정치적 현실들을 외면한다. 선교사들은 예수의 이름으로 자신들이 만난 문화의 특수성을 존중했으며 이를 이해하고 배우려 애썼다. 또한 동방 교회와 서방 교회의 선교 방식에는 분명한 차이가 있었다는 것도 염두에 두어야 한다. 9세기에 키릴로스와 메토디우스는 슬라브족을 선교하기 위해 성서뿐만 아니라 동방 정교회 예식서까지 슬라브어로 번역했다.[6] 반면 캔터베리의 아우구스티누스가 597년 잉글랜드에 갔을 때 그는 복음서와 교황청의 권위뿐 아니라 라틴어로 된 미사 예식문을 가져갔다. 그는 이 모두를 받아들여야 그리스도교 신앙을 받아들인 것으로 인정했다.[7] 키릴로스와 메토디우스처럼 그리스어를 쓰던 선교사들은 슬라브인 제자들에게 그리스어 읽는 법을 가르치지 않았으나, 서방 교회 선교사들은 자신들이 개종시킨 나라에 라틴어를 가르칠 준비를 해야 했다. 카롤링거 왕조 시기에 이르러 "라틴어는 어느 곳에서든 전례를 하거나 문서를 만들 때 쓰이는 언어", 순전히 "인공적인 언어"가 되었다. 그럼에도 불구하고 당시 라틴어는 "지적 생활을 할 수 있게 하는 유일한 매체"였다. 그렇기에 선교 대상이 되었던 사람들은 부수적으로,

---

6 Francis Dvornik, *Byzantine Missions among the Slavs* (New Brunswick, N.J.: Rutgers University Press, 1970), 107~109.

7 Venerable Bede, *Ecclesiastical History of the English People* 22.

의도치 않게 그리스도교 이전 로마 문화의 유산과 고전 라틴 문학 작품을 접할 수 있게 되었다.[8]

그리스도교가 토착 문화를 이해하고 존중한 가장 유명한 예는 동방 정교회 선교사가 아니라 로마 가톨릭 선교사, 중국으로 간 예수회 수사 마테오 리치Matteo Ricci의 활동이다. 중국 문화사를 연구한 어떤 영국 역사가는 그를 "역사상 가장 비범하고 탁월한 사람 중 하나"라고 평했다.[9] 프란치스코 하비에르Francis Xavier[*]의 지도를 받은 1세대 예수회 수사들은 중국 선교를 그들의 선교 계획에서 가장 중요한 과업으로 삼았다. 처음 중국 사람들에게 선교하면서 그들은 중세 서방 교회가 했던 방식을 따라 로마 가톨릭의 미사 예식을 소개했고, 예배를 드릴 때 라틴어 사용을 강제했다. 그러나 1582년 리치가 마카오에 도착한 뒤 이러한 전략은 커다란 변화를 겪었다. 그는 불교 승려복이나 유학자의 옷을 입었으며 이내 자연과학, 중국 역사 및 문학 분야에서 권위자로 이름을 떨쳤다.

중국 문화에 대한 해박한 지식 덕분에 그는 초기 교부들이 예수를

---

8   Erich Auerbach, *Literary language and Its Public*, 120~121.

9   Joseph Needham, *Science and Civilization in China, Introductory Considerations* (Cambridge: Cambridge University Press, 1961), 1:148.

*   프란치스코 하비에르(1506~1552)는 스페인의 로마 가톨릭 사제이자 수도사다. 스페인 북부 바스크 지방에서 태어나 파리 대학교에서 공부했으며 그곳에서 로욜라의 이냐시오를 만나 예수회 설립 회원 7명 중 한 명이 되었다. 1537년 사제 서품을 받았으며 1540년 예수회원으로서는 최초로 선교사로서 인도로 파견돼 이후 인도 중서부 고아, 말레이시아 말라카, 말루쿠 제도, 모로타이 섬, 일본에서 선교 활동을 했다. 1619년 시복되고, 3년 뒤인 1622년 교황 그레고리우스 15세에 의해 로욜라의 이냐시오와 함께 시성됐다.

그리스-로마 문화에 흐르고 있던 로고스 신앙의 완성이라고 소개하고, 신약성서가 예수를 유대인들의 메시아 열망의 성취라 소개했던 것처럼 예수와 그의 메시지가 중국 문화의 역사적 염원을 성취하는 것이라고 말할 수 있었다. 리치는 말했다.

> 중국인은 틀림없이 그리스도인이 될 수 있다. 이들이 지닌 신념의 정수에는 가톨릭 신앙의 정수와 배치되는 것이 전혀 없으며 가톨릭 신앙이 그들을 가로막지도 않는다. 오히려 그리스도 신앙은 그들 자신의 목적이 주장하는 국가의 태평성대를 이루는 데 도움을 준다.[10]

그가 살아있던 동안에도, 그리고 1610년 세상을 떠난 뒤 '적응주의'accommodationism의 정당성을 두고 "전례 논쟁"rites controversy이 벌어지는 동안에는 더욱더, 리치는 그리스도의 유일성을 양보했다는 이유로 비난을 받았다. 그러나 1603년에 쓴 저작 『천주실의』天主實義를 비롯해 중국어로 된 그의 신학 저작들에 관한 본격적인 연구가 시작되면서 리치가 정통 가톨릭 신자였으며 그 신앙을 끝까지 지켰다는 사실, 그리고 그가 중국 전통의 고결함을 진지하게 받아들인 것은 바로 그 정통 신앙 때문이었다는 사실이 분명하게 드러났다.[11] 리치만큼 토착 사상과 문화에 몰두하지는 않았다 하더라도, 19세기의 많은 로마 가

---

10 Jonathan D. Spence, *The Memory Palace of Matteo Ricci* (New York: Viking Press, 1984), 210. 『마테오 리치, 기억의 궁전』(이산)

11 *Entretiens d'un lettré chinois et d'un docteur européen, sur le vraie idée de Dieu*, in *Les Lettres édifiantes et curieuses* 25 (1811), 143~185.

톨릭과 프로테스탄트 선교사들은 예수의 이름으로 복음을 전하고자 헌신하는 동시에 그들이 파송된 나라의 고유한 문화와 토착 전통들을 깊이 존중하며 이를 어떻게 해서든 복음과 결합하려 했다.

과거에도 그랬듯 19세기와 20세기의 그리스도교 선교는 선교 대상자의 종교를 바꾸는 일뿐 아니라 선교 대상자가 속한 사회를 변화시키는 일도 했다. 이를 통해 선교 대상 국가, 혹은 민족이 겪게 된 문화적 변화 중 가장 중요한 것은 문맹을 벗어나게 되었다는 점이다. 슬라브족의 역사에서 가장 기념비적인 예는 오늘날 슬라브족 대부분이 사용하고 있는 문자다. 이는 '슬라브인의 사도' 성 키릴로스에게 경의를 표하는 차원에서 키릴 문자라고 불리기도 한다. 전설에 따르면 키릴로스는 형 메토디우스와 함께 복잡한 슬라브어 음소를 표현하기 위해 언셜체uncial script* 그리스어를 기반으로 하되 히브리어에서 따온 글자 몇 개를 추가하여 이 문자를 발명했다고 한다. 9세기 슬라브인들에게뿐 아니라 19세기의 이른바 이교도들에게도, 성서 특히 신약성서 번역과 학교를 통한 교육은 천 년이 넘게 지속된 그리스도교 선교 활동의 두 가지 핵심 요소였다. 아프리카와 남태평양의 많은 나라에 도착한 그리스도교 선교사들은 토착민들에게 글쓰기에 적합한 문자가 없다는 것을, 그래서 하느님의 말씀을 그들의 말로 옮기기 위해서는 그들의 언어를 이해하고 이에 걸맞은 문자를 만들어내고 이에 적합하게 말씀을 다듬어야 한다는 것을 알게 되었다. 따라

---

* 언셜체는 4~8세기에 라틴어와 그리스어 필사본에 사용되던 대문자로만 된 글꼴이다.

서 많은 경우 특정 언어를 체계적으로 이해하려는 최초의 노력은 원주민이든 외국인이든 그리스도교 선교사에 의해 시작되었다. 그들은 최초의 사전을 편찬하고 최초의 문법책을 썼으며 최초의 문자를 만들어냈다. 그리고 그들의 언어로 기록된 최초의 중요한 고유 명사는 예수의 이름일 때가 많았으며, 그 발음은 모든 유럽 언어가 그랬듯 그 언어 고유의 발음법에 맞도록 변형되었다. 프로테스탄트 성서공회들, 특히 영국해외성서공회와 미국성서공회는 모두 19세기 그리스도교 선교가 활발하던 시기 만들어졌다. 19세기에서 20세기 사이 이들은 복음서, 때에 따라서는 신약성서 나머지 부분과 성서 전체를 1,000개 이상의 언어로 번역했다. 1년에 평균 다섯 개의 새로운 언어로 성서를 옮긴 셈이다.[12]

프로테스탄트 선교회와 로마 가톨릭 수도회가 세운 학교들은 번역 사업과 밀접한 관계가 있었으며 복음서 번역과 이를 뒷받침하는 언어 연구의 중심 역할을 할 때가 많았다.[13] 동시에 그들은 그리스도교로 개종한 사람들의 자녀들, 그리고 학교에 찾아온 모든 어린이에게 이들 선교사들을 파송한 서구의 언어와 서구-그리스도교 교회 문화를 가르쳤다. 이로 인해 토착 문화에 대한 양면적인 태도가 생겨났다. 곧 선교학교 교사들은 한편으로는 그리스도의 이름으로 선교지

---

12 이 내용은 다음 책에 수록되어 있다. *The Book of a Thousand Tongues* (New York: Harper and Brothers, 1938)

13 이와 관련해서는 수많은 사례가 있지만 하나만 고른다면 다음과 같다. P. Yang Fu-Mien, 'The Catholic Missionary Contribution to the Study of Chinese Dialects', *Orbis* 9 (1960), 158~185.

문화를 완전히 습득하고 이해하기를 바라면서도 한편으로는 그리스도의 이름으로 선교지 문화를 정화해야 한다고 생각했다. 토착민들 사이에서 내려오는 전설들, 토착민들의 관습에는 이교의 정신과 미신이 깊게 배어있다고 보았기 때문에 선교학교들은 이러한 전설들과 관습들을 전파하는 일을 하지 않았다. 그럼에도 불구하고 선교학교의 교사들이 예수의 메시지를 가르치기 위해서는 이러한 것들을 가르치지는 않더라도 배워야 했다. 이러한 학교들에서 학업을 마친 아시아와 아프리카 지도자들의 회고록을 보면 선교지나 본국의 선교 교육이나 제국주의 학교의 교육으로 인해 자신들이 속한 민족, 혹은 국가 고유의 뿌리를 잃어버렸다고 비통해하는 모습이 자주 나온다(이어서 이들은 거의 의무처럼 그리스도교 식민주의를 맹렬히 비난했다). 이를테면 자와할랄 네루Jawaharlal Nehru는 해로우 학교와 케임브리지 대학교에서 공부했는데, 유창한 영어 표현으로 자신이 "동양과 서양의 괴상한 혼종이 되어 어디에도 어울리지 않으며 어디에서도 편안함을 느끼지 못하게" 되었다고 회고했다. 그는 인도 민중의 종교와 자기 자신이 한참이나 동떨어져 있음을, 결코 회복할 수 없을 만큼 동떨어져 있음을 감지했다.[14] 이러한 맥락에서 네루는 많은 나라, 많은 민족의 여러 세대를 대변하는 인물이라고 할 수 있다. 이들 중 일부는 독실한 그리스도교인이 되었고 나머지 일부는 "어디에도 어울리지 않으며 어디에서도 편안함을 느끼지 못하게" 된 아시아인 혹은 아프리카인이

14 Jawaharlal Nehru, *Toward Freedom: Autobiography* (Boston: Beacon Press, 1958), 236~250. 『네루 자서전』(간디서원)

되었다. 복음서에서 예수가 말한 소외가 개별 가족 단위에서뿐만 아니라 민족, 문화 단위에서 문자 그대로 일어난 것이다.

나는, 사람이 자기 아버지와 맞서게 하고, 딸이 자기 어머니와 맞서게 하고, 며느리가 자기 시어머니와 맞서게 하려고 왔다. 사람의 원수가 자기 집안 식구일 것이다. (마태 10:35~36)

이 때문에 선교지 사람들은 예수를 서양인으로 여겼다. 같은 맥락에서 "더 젊은 교회"younger churches*의 초기 예술 작품들도 유럽과 영국, 미국의 선교 운동에 불을 지핀 복음주의, 경건주의 문학에서 그린 예수의 모습을 그대로 따라 한 경우가 많았다. 그러나 이미 마테오 리치가 활동한 때부터, 아니 그 이전부터 선교사들은 선교지에서 이루어지는 그리스도교 예술, 선교지에서 그리는 예수상이 토착민들의 공감을 일으킬 수 있는 형태로 이루어져야 한다는 것을 알고 있었다. 그래서 리치는 중국에서 자신이 뜻한 바에 걸맞게 부활 이후 만난 그리스도와 베드로(요한 21장)를 그린 안톤 비릭스Anthony Wierix의 판화를 개작해 베드로가 물 위를 걷고 있는 것으로 바꾸었다(마태 14장).[15] 이와 유사한 경우를 중국식 성과 아우구스티누스의 어머니 이름을 딴 그리스도교식 이름을 가진 작가 모니카 리우 호페Monika Liu Ho-Peh의 작

---

15 Jonathan D. Spence, *The Memory Palace of Matteo Ricci*, 59~92.

* 더 젊은 교회란 근대 이후 그리스도교 선교로 인해 생겨난 아시아와 아프리카 등지 비그리스도교 국가의 교회를 뜻한다.

《폭풍을 잠잠케 함》(1950년대 경), 모니카 리우 호페.

품《폭풍을 잠잠케 함》에서 엿볼 수 있다. 이 그림에서 뱃머리에 서 있는 중국인 예수는 파도를 꾸짖으며 명한다. "고요하고, 잠잠하여 라!"(마르 4:39) 한편 겁에 질린 중국인 제자들(대부분 서양화에서 그러하 듯 턱수염을 기르고 있지만 기본적으로 동양인의 모습을 하고 있다)은 필사적 으로 노를 젓거나 펄럭이는 돛을 붙들고 있다. 당시 선교사들이나 토 착민 신자들에게 바다에서 만나게 되는 위험한 폭풍은 익숙한 소재 였고 예수가 자연의 힘을 다스린다는 것을 보여주는 이 기적 이야기 는 그들이 처한 상황에 잘 들어맞았다.

복음주의자들과 경건주의자들 역시 예수의 그림과 예수에 관한 이야기들을 (설령 그것이 현지인으로 그려진 예수, 현지 말로 번역된 예수 이 야기라 할지라도) 비그리스도교 세계에 전하는 것만으로는 충분치 않 다는 것을 일찍부터 알고 있었다. 그리고 이러한 깨달음은 본국에 있 을 때보다 선교지에 갔을 때 훨씬 더 굳건해졌다. 그리스도교 초기에 도 마찬가지였다. 초기 그리스도교인들에게 예수는 선생일 뿐 아니 라 치유자였고 이를 좇아 2세기와 3세기 예수를 따르는 이들의 선교 는 복음을 전하는 방식과 선교지 사람들을 돕고 치유하는 방식이 함 께 이루어지곤 했다. 애초에 '구원'salvation이라는 말(그리스어로는 '소테리 아'σωτηρία, 라틴어와 그 파생어로는 '살루스'salus, 독일어권에서는 '하일'heil)이 '건 강'을 뜻했다. 이와 관련해 하르낙은 말했다.

구원을 갈망하는 이 세상을 향해, 그리스도교의 설교는 나아갔다. 그리스도교는 인상적인 종교철학을 제시해 최후의 승리를 얻기 한 참 전부터 구원을 약속하고 제안했다. 그때 이미 성공은 보장되어 있었다. 이것이야말로 그리스도교가 다른 종교나 신앙을 뛰어넘는 중요한 지점이었다. 그리스도교는 단지 상상 속 꿈나라의 아이스쿨라피우스Aesculapius*를 대신해 실존 인물인 예수를 내세운 것이 아니었다. 의도적으로 그리고 의식적으로, 그리스도교는 "구원과 치유의 종교", 혹은 "영과 육의 치유제"라는 형태를 취했으며, 동시에 자신들의 주요한 본분 중 하나가 아픈 사람들의 몸을 헌신적으로 돌보는 것임을 알고 있었다.[16]

예수를 통한 구원의 복음이 어떻게 전해졌는지에 관한 하르낙의 설명은 2~3세기 그리스도교 선교는 물론 19~20세기에 이루어진 그리스도교 선교에도 잘 들어맞는다. 3세기에 오리게네스는 말했다.

예수 안에 있는 로고스와 치유의 능력은 영혼에 있는 어떠한 악보다도 강력합니다.[17]

또한 신약성서의 마지막 장은 하느님의 도성에 하느님의 어린양 예수 그리스도의 보좌와 생명 나무가 있는 것으로 묘사하며 "그 나뭇잎이 민족(혹은 나라)들을 치료하는 데 쓰"인다고 설명한다(묵시 22:2).

---

16   Adolf von Harnack, *Mission and Expansion*, 6장의 각주 5와 108을 참조.

17   Origen, *Against Celsus* 8.72.

*   아이스쿨라피우스는 로마 신화에 등장하는 의술과 의약의 신이다.

기아, 병, 전쟁으로 고통받고 있는 민족과 나라를 치유하는 것이 긴급하게 요청되었던 시기에는 치유자로서의 예수가 중심 위치를 맡았다. 1864년 체결된 '육상전에 있어서 군대의 부상자 및 병자의 상태 개선'에 관한 제네바 협약Geneva Convention을 구체적으로 이행하기 위해 창설된 국제기구가 그 이름을 '적십자사'Red Cross Society라고 한 것은 치유자 예수가 중심 위치를 차지하게 되었음을 보여주는 문장紋章이라 할 수 있었다(적십자사의 상징은 스위스 국기를 기반으로 색을 반전한, 흰 바탕에 붉은 십자가 모양이다). 물론 예수의 이름을 전하는 복음 전도와 돕고 치유하는 선교의 연결고리는 언제나 논의의 대상이었으며 이는 특히 20세기에 두드러졌다. 이와 관련해 사람들은 복음서에 나오는 말, "너희가 그리스도의 사람이라고 해서 너희에게 물 한 잔이라도 주는 사람은, 절대로 자기가 받을 상을 잃지 않을 것이다"(마르 9:41)라는 예수의 말을 어떻게 받아들여야 할지를 두고 논쟁을 벌였다. 어느 시대나 그리스도의 이름을 알리는 것에 주된 관심을 쏟고 이에 대한 교리적이고 신학적인 의미를 해명하며, 공격하는 이들에 맞서 이를 변호하되 다른 이에게 물 한 잔도 주지 않은 사람들이 있었다. 그런가 하면 그리스도의 이름을 명시적으로 부르지 않되 다른 이에게 물 한 잔을 건네던 이들, 병든 이와 다친 이를 낫게 해주며 도움의 손길이 필요한 이들을 위해 그들의 사회적 처우를 바꾸려 노력한 이들도 있었다. 예수의 저 말은 그의 부름에 응답하는 각각의 방식이 자신이 내린 이중적인 명령에 부분적으로 순종했을 뿐이라는 의미일까? 이러한 물음에 대한 답변, 오늘날 세계를 살아가는 그리스도의 제자들이 가장 중요하게 여겨야 할 책무가 무엇이냐는 논쟁은 사실상 저 두 방식 사이의 괴리를 어떻게 생각하느냐에 초점이 맞춰 져 있다.

이 논쟁에서는 예수의 제자들과 고대에 길을 제시한 현자들을 따르는 이들이 경쟁을 벌여야 하는 것이 아니라 협력을 해야 한다고 말한 쪽이 주도권을 잡았다. 협력을 지지한 예수의 제자들은 복음 전도를 통한 정복이라는 전통적인 방식을 지지하는 이들 못지않게 자신들 또한 예수라는 인물과 그의 메시지의 보편성을 신뢰한다고 말한다. 다만 그들은 예수와 그의 메시지가 갖는 보편성이 세상 나라들에서 이미 인정받은 빛과 진리의 요소들을 닥치는 대로 없애버림으로써 확립되는 것은 아님을 지적했다. 복음이 전해지지 않은 나라, 복음을 듣지 못한 이들의 진리가 비록 궁극적이지 않으며, 그 역사적 원천이 무엇이든 그 궁극적 원천은 하느님, 예수가 아버지라고 불렀던 바로 그 하느님이기 때문이다. 그렇지 않다면 하느님이 한 분이라는 고백은 공허하다. 역사 속 그리스도교의 면면에 대한 비판, 특히 교조주의나 문화 제국주의에 대한 비판은 그리스도교 신앙이 다른 신앙과 맞닥뜨렸을 때 가르쳐줄 것만큼이나 배울 것 또한 많다는 생각으로 이어졌다. 예수가 진실로 세계에 속한 이인 이유는 그로 인해 하느님의 계시가 세계사, 온 인류의 역사에 언제 어떻게 나타나든 이를 더욱 깊고 온전하게 받아들일 수 있게 되기 때문이다. 그리고 이러한 가운데 예수와 그의 메시지는 더욱 심대한 의미를 지니게 된다. 이와 관련해 스웨덴 교회의 총감독이었던 나탄 쇠데르블롬은 1931년

기포드 강연에서 역설적인 말을 남겼다.

그리스도교는 역사적 계시자이자 육신이 된 말씀이신 그리스도의 유일성을 고백한다. 그리고 갈보리의 신비는 근본적으로 그리스도교 고유의 특성이다. 그러나 역설적으로 이 둘은 하느님께서 역사 속에서, 교회 안에서와 마찬가지로 교회 밖에서 당신을 드러내심을 확언하게 한다.[18]

이러한 입장을 가장 완전하게 표현한 진술은 1932년 미국 7개 프로테스탄트 교단을 대표하는 평가 위원회Commission of Appraisal가 출간한 방대한 양의 보고서인 『선교를 다시 생각하다: 지난 100년에 대한 평신도들의 조사 보고서』Re-thinking Missions: A Laymen's Inquiry after One Hundred Years에 나온다. 이 보고서는 여러모로 많은 생각할 거리를 던진다.

세계 선교, 특히 아시아와 아프리카 선교에 대해 광범위한 조사를 수행한 저자들은 일곱 권에 달하는 자료를 통해 복음 전도와 그리스도교의 세계 봉사의 현 상태를 상세히 살피고, 세부적인 전략뿐 아니라 그것의 기초를 이루는 철학까지 근본적으로 검토하고 변경할 것을 권고했다. 저자들은 예수의 특수성과 그의 메시지가 지닌 절대성을 강조하는 것은 분명 필요하나 선교라는 커다란 계획에서는 임시적 요소라고 결론지었다. 한 선교사학자는 『선교를 다시 생각하다』의

---

18 Nathan Söderblom, *The Living God: Basic Forms of Personal Religion* (Boston: Beacon Press, 1962), 349, 379.

입장을 다음과 같이 요약했다.

> 이 보고서가 주장하는 바에 따르면, 오늘날 선교의 과업은 다른 종교에 있는 가장 좋은 것을 발견하는 일, 그 종교에 몸담은 이들이 자신들의 전통 안에 있는 가장 좋은 모든 것을 발견(혹은 재발견)하도록 돕는 일, 그리고 다른 전통 속에 담긴, 사회를 개혁하고 종교적 표현을 정화할 수 있는 가장 왕성하고 생동감 있는 요소들과 협력하는 일이다. 선교의 목표는 개종, 곧 한 종교를 믿는 신자를 끌어내 다른 종교를 갖게 하거나 그리스도교가 모든 것을 독점하려는 시도여서는 안 된다. 협력이 침략을 대체해야 한다. 선교의 궁극적인 목표는 다양한 종교가 고립에서 벗어나 세계 공동체의 친교를 향해 나아가게 하고 이를 통해 각자의 자리를 찾게 하는 것이다.[19]

"이 예수 밖에는, 다른 아무에게도 구원은 없습니다. 사람들에게 주신 이름 가운데 우리가 의지하여 구원을 얻어야 할 이름은, 하늘 아래에 이 이름 밖에 다른 이름이 없습니다"(사도 4:12)라는 그리스도교의 전통적 이해가 이처럼 극적인 변화를 이루게 되면서, 활발한 토론과 이에 따른 광범위한 논쟁이 불가피하게 되었다. 마침 이러한 논의가 나왔을 때 다른 곳에서는 예수의 유일성과 그의 주장의 중추성을 강조하는 칼 바르트의 신학이 각광을 받고 있던 터라 논쟁은 더욱 뜨

---

19 Stephen Neill, *A History of Christian Missions* (Baltimore: Penguin Books, 1964), 456.

거워질 수밖에 없었다.

이처럼 예수의 보편성을 새롭게 정의하자는 주장이 대두되던 때 일련의 서구 학자들은 다른 종교 전통의 언어와 문화에 새로이 관심을 기울였다. 앞선 이야기를 염두에 둔다면 이러한 학자 중 다수가 (그들의 가족과 관련해서든 그들이 받은 교육과 관련해서든 혹은 둘 다이든) 그리스도교 선교와 연결고리가 있다는 점은 그리 놀라운 일이 아니다. 프로테스탄트 선교사 자녀들은, 많은 선교사가 그러했듯, 동양의 문화를 유럽과 미국에 소개하는 데 앞장섰다. 본래는 복음서를 1,000개 이상의 언어로 번역하기 위해 필요한 활동이었던 언어학 연구는 이제 서양의 여행자들을 정반대의 방향으로 이끄는 가교가 되었다. 1875년 옥스퍼드 대학교 교수였던 저명한 독일 출신 인도학 연구자 프리드리히 막스 뮐러Friedrich Max Müller는 기념비적인 책 『동방의 성스러운 경전들』Sacred Books of the East의 출간을 시작했다(훗날 이 총서는 51권으로 완간되었다). 이 총서는 원전을 연구할 수 없는 독자들에게 동양의 종교적 현자들, 특히 인도의 현자들이 전하는 풍요로운 사상을 열어 보여주었다. 이로부터 그리 오랜 시간이 흐르지 않은 1893년, 콜럼버스의 신세계 발견 400주년을 기념하기 위해 시카고에서 개최된 세계 콜럼버스 박람회World's Columbian Exposition와 연계해 세계종교회의world parliament of religions가 열렸다. 이 회의의 목적은 유럽인만이 인류가 아니며 그렇기에 그리스도교인만이 인류가 아니라는, 전 지구에는 다양한 인간이 있으며 그러한 와중에도 모두 종교를 갖고 있다는 발견에 담긴 함의를 도출해내는 데 있었다. 19세기와 20세기 그리스도교 선교가 경이로운 성공을 거두었음에도 전 세계 인구 중 그리스도교인이 차지하는 비율이 계속해서 줄어들고 있다는 것은 이론의 여지가 없어 보이며, 그렇기에 그리스도교 교회와 그리스도교의 메시지가 세계를 정복하고 인류가 믿고 있는 다른 종교들을 대체할 수 있다는(혹은 그래야 한다는) 생각은 터무니없어 보이게 되었다. 예수가 '세계에 속한 이'가 되어야 한다면, 무언가 다른 길을 찾아야만 한다는 생각이 싹트기 시작했다.

이처럼 새로운 보편주의를 모색해야 한다는 여론이 높아지면서 나온 문서 중 가장 주목할 만한 문서는 1932년의 『선교를 다시 생각하다』가 아니라 그보다 대략 30년 뒤인 1965년 10월 28일 제2차 바티칸 공의회에서 공포한 '비그리스도교와 교회의 관계에 대한 선언', 「우리 시대」Nostra aetate다. 간결하고도 인상적인 문장들이 쉼 없이 이어지는 이 선언은 원시 종교, 힌두교, 불교, 이슬람교에서 이뤄지고 있는 종교적 탐구와 그 가치를 설명했다. 그리고 공의회는 역사적인 증언을 남겼다.

가톨릭 교회는 이들 종교에서 발견되는 옳고 거룩한 것은 아무것도 배척하지 않는다. 그들의 생활양식과 행동 방식뿐 아니라 그 계율과 교리도 진심으로 존중한다. 그것이 비록 가톨릭 교회에서 주장하고 가르치는 것과는 여러 가지로 다르더라도, 모든 사람을 비추는 참 진리의 빛을 반영하는 일도 드물지는 않다(요한 1:9). 교회는 그리스도를 선포하며 또 끊임없이 선포하여야 한다. 그리스도께서는 "길이요 진리요 생명"이시며(요한 14:6) 그분 안에서 모든 사람은 풍요로운 종

교 생활을 한다. 하느님께서는 그리스도 안에서 모든 사람을 당신과 화해시키셨다.[20]

선언이 인용한 요한 복음서의 두 구절은 오늘날 그리스도교가 당면한 문제가 무엇인지를 분명하게 보여준다. 이 복음서에서 예수는 자신을 "길이요 진리요 생명"이라고 말했으며 그를 통하지 않고는 아버지께 갈 자가 없다고 말했다. 그러나 이 복음서에는 계몽주의 Enlightenment의 예수상이 주장하는 보편주의의 표어가 되는 말도 있다. 요한 복음서는 서문을 통해 로고스 곧 예수 안에서 성육신한 하느님의 말씀이 세상에 온 모든 사람을 비추었다고enlighten 선포한다. 이 두 구절이 지닌 권위를 모두 인용함으로써 제2차 바티칸 공의회는 보편성과 특수성을 동시에 긍정하고, 그 양자의 근거를 예수라는 인물에 두고자 했다.

제2차 바티칸 공의회에서, 그리고 그리스도교 전 역사에서(특히 제2차 세계 대전 이래로 더욱 중요해진) 문제 하나는 그리스도교와 그 기원이 되는 신앙인 유대교의 관계였다. 홀로코스트가 일어난 곳은 명목상 그리스도교의 영토였던 곳이었다. 게다가 이에 반대한 교회의 기록이 있기는 하지만 이는 그리스도교 역사에서 자랑스럽게 내세울 수 있는 정도는 결코 아니었다. 독일 로마 가톨릭 신자와 프로테스탄트 신자 중에는 신약성서 속 사도 바울이 스데파노의 순교에 가담한 사건에서 그랬듯 유대인들이 "죽임당한 것을 마땅하게 여긴"(사도 8:1)

---

20   *Documents of Vatican II*, 660~668.

이들도 있었으며, 그보다 훨씬 많은 이들이 (지금에 와서 보기에는) 이러한 상황에 눈을 감거나 침묵했으며 아예 아무런 반응도 하지 않았다. 제2차 바티칸 공의회는 "언제 누가 자행하든 유대인들에 대한 온갖 박해와 증오와 반유대주의 시위를 통탄"했다(여기서 '언제 누가 자행하든'에는 교회가 과거에 행한 일에 관한 공식 자료도 포함된다).[21] 또한 공의회는 예수 죽음의 책임을 "당시에 살고 있던 모든 유대인에게 그리스도 수난의 책임을 구별 없이 지우거나 오늘날의 유대인들에게" 물으려는 모든 시도를 규탄하며 "유대인들을 하느님께 버림받고 저주받은 백성인 것처럼 표현해서는 안 된다"고 강조했다.

이처럼 그리스도교와 유대교의 관계를 다시 생각하게 된 것은 부분적으로 홀로코스트가 또다시 일어나서는 안 된다는 경각심의 결과이지만, 부분적으로는 그리스도교인들의 자기 이해와 자기 반성이 더 깊어지게 되었기 때문이기도 하다. 현대에 이르러 그리스도교는 1세기 이래 자신과 유대교의 관계를 가장 근본적으로 재고하게 되었다. 아이러니하게도 나치가 반유대주의를 선동하고 홀로코스트가 일어났던 바로 그때는 독일 그리스도교 신학계에서 예수와 사도들이 유대인이었으며 신약성서가 유대교에서 비롯되었음을 새롭게 인식하던 시기, 제2차 바티칸 공의회에서 공표하게 될 깨달음이 무르익어가던 시기였다. 독일에서 나치가 권력을 장악한 1933년 게르하르트 키텔Gerhard Kittel은 20세기 가장 영향력 있는 성서 참고서 중 하나인

---

21 *Documents of Vatican II*, 666~667.

(여러 권으로 된)『신약신학 사전』Theological Dictionary of the New Testament 제1권을 엮어 출간했다.[22] 키텔의 사전에 담긴 수백 개의 항목에서 얻을 수 있는 가장 중요한 학문적, 신학적 결론은 예수의 가르침과 언어를 포함한 신약성서의 가르침과 언어는 유대교라는 맥락에서 형성된 당시 환경을 배제하고는 결코 이해할 수 없다는 것이다. 비록 유대인에 관한 요한 복음서 일부분은 유대인들에게 적대적인 표현을 하고 있지만 예수가 유대인으로서 비유대인에게 말하는 대목이 나오는 것 또한 요한 복음서다.

> 우리(유대인)는 우리가 아는 분을 예배한다. 구원은 유대인들에게서 나기 때문이다. (요한 4:22)

곧바로 다음 절에서 예수는 말한다.

> 참되게 예배를 드리는 사람들(이는 물론 유대인과 이방인 모두를 가리킨다)이 영과 진리로 아버지께 예배를 드릴 때가 온다. 지금이 바로 그때이다.

여기서도 문제는 특수성과 함께하는 보편성universality-with-particularity이다.

---

22 이 책의 출간과 관련한 아이러니한 일들과 관련해서는 다음을 참조하라. Robert P. Ericksen, *Theologians Under Hitler: Gerhard Kittel, Paul Althaus, and Emanuel Hirsch* (New Haven: Yale University Press, 1985)

그리고 그 둘은 모두 유대인 예수라는 인물에게 근거를 두고 있다.

이처럼 종교적 신앙과 학문의 흐름은 그만큼 강력한 회의주의와 종교적 상대주의와 기묘하게 뒤섞이면서 예수에게 특수성과 보편성이 함께 있다는 문제는 20세기 그리스도교인들뿐 아니라 인류에게 중요한 문제가 되었다. 이 책 후반부는 조직화된 교회에 대한 경의가 사라지면서 더 많은 사람이 예수를 존경하게 되었음을 보여준 바 있다. 역사 속에 등장한 무수한 예수상들에서 나타나는 통일성과 다양성은 예수에게 신학자들이 철학과 그리스도론을 통해 그리는 것 이상의 것이 있음을 증명했다. 아우구스티누스의 표현을 빌려 말하자면 교회 안에서도, 교회 담벼락을 훌쩍 넘어서도 예수라는 인물과 그의 메시지는 너무나도 오래되었으나 그만큼 새로운 아름다움을 자아내고 있다.[23] 그렇게 지금, 그는 세계에 속해 있다.

---

23 Augustine, *Confessions* 9.27.38.

찾아보기

예수, 역사와 만나다
– 인류가 역사 속에서 이해하고 표현한 예수의 모습들

초판 1쇄 ┃ 2019년 12월 28일
    2쇄 ┃ 2022년 3월 4일

지은이 ┃ 야로슬라프 펠리칸
옮긴이 ┃ 민경찬 · 손승우

발행처 ┃ 비아
발행인 ┃ 이길호
편집인 ┃ 김경문
편 집 ┃ 민경찬 · 양지우
검 토 ┃ 방현철 · 정다운
제 작 ┃ 김진식 · 김진현 · 이난영
재 무 ┃ 이남구
마케팅 ┃ 유병준 · 김미성
디자인 ┃ 민경찬 · 손승우

출판등록 ┃ 2020년 7월 14일 제2020-000187호
주 소 ┃ 서울시 강남구 봉은사로 442 75th Avenue 빌딩 7층
주문전화 ┃ 010-7585-1274
팩 스 ┃ 02-395-0251
이메일 ┃ innuender@gmail.com

ISBN ┃ 978-89-286-4668-5 03990
한국어판 저작권 ⓒ 2019 ㈜타임교육C&P